LES
MILLE ET UNE NUITS
CONTES ARABES

TRADUITS

PAR M. A. D. GALLAND

SUIVIS

DE NOUVEAUX CONTES DE CAYLUS ET DE L'ABBÉ BLANCHET

AVEC UNE PRÉFACE HISTORIQUE

PAR M. JULES JANIN

TOME DEUXIÈME

PARIS
AUGUSTE BOURET ET Cⁱᵉ, LIBRAIRES-ÉDITEURS
RUE BONAPARTE, 7.

1857

LES
MILLE ET UNE NUITS
CONTES ARABES

POISSY. — TYPOGRAPHIE ARBIEU.

LES
MILLE ET UNE NUITS

CONTES ARABES

TRADUITS

PAR M. A. D. GALLAND

SUIVIS

DE NOUVEAUX CONTES DE CAYLUS ET DE L'ABBÉ BLANCHET

AVEC UNE PRÉFACE HISTORIQUE

PAR M. JULES JANIN

TOME DEUXIÈME

PARIS
IMPRIMERIE ET LIBRAIRIE GÉNÉRALE DE FRANCE

7, RUE BONAPARTE

1857

LES
MILLE ET UNE NUITS,

CONTES ARABES.

CLXXXII^e NUIT.

INARZADE ne tint pas exactement la promesse qu'elle avait faite de réveiller sa sœur de meilleure heure, et la nuit était très-avancée, lorsque Scheherazade, s'adressant au sultan, son époux, reprit le cours de son récit, qu'elle continua les nuits suivantes de la manière accoutumée :

Sire, le prince de Perse et Ebn Thaher s'arrêtèrent long-temps à examiner cette grande magnificence. A chaque chose qui les frappait, ils s'écriaient pour marquer leur surprise et leur admiration, particulièrement le prince de Perse, qui n'avait jamais rien vu de comparable à ce qu'il voyait alors. Ebn Thaher, quoiqu'il fût entré quelquefois dans ce bel endroit, ne laissait pas d'y remarquer des beautés qui lui paraissaient toutes nouvelles. Enfin, ils ne se lassaient pas d'admirer tant de choses singulières, et ils en étaient encore agréablement occupés, lorsqu'ils aperçurent une troupe de femmes richement habillées : elles étaient toutes assises au dehors et à quelque distance du dôme, chacune sur un siége de bois de platane des Indes, enrichi de fil d'argent à compartiments, avec un instrument de musique à la main ; et elles n'attendaient que le moment qu'on leur commandât d'en jouer.

Ils allèrent tous deux se mettre dans l'avance du dôme, d'où l'on pouvait voir ces esclaves en face, et, en regardant à la droite, ils virent une grande cour d'où l'on montait au jardin par des degrés, et qui était environnée de très-beaux appartements. L'esclave les avait quittés ; et comme ils étaient seuls, ils s'entretinrent quelque temps : « Pour vous, qui êtes un homme sage, dit le prince de Perse, je ne doute pas que vous ne regardiez avec bien de la satisfaction toutes ces marques de grandeur et de puissance; moi-même, je ne pense pas qu'il y ait rien au monde de plus surprenant : mais quand je viens à faire réflexion que c'est ici la demeure éclatante de la trop aimable Schemselnihar, et que c'est le premier monarque de la terre qui l'y retient, je vous avoue que je me crois le plus infortuné de tous les hommes. Il me paraît qu'il n'y a point de destinée plus cruelle que la mienne, d'aimer un objet soumis à mon rival, et dans un lieu où ce rival est si puissant, que je ne suis pas même en ce moment assuré de ma vie. »

Ebn Thaher, entendant parler le prince de Perse de cette manière, lui dit : « Seigneur, plût à Dieu que je pusse vous donner des assurances aussi certaines de l'heureux succès de vos amours, que je le puis de la sûreté de votre vie. Quoique ce palais superbe appartienne au kalife, qui l'a fait bâtir exprès pour Schemselnihar, sous le nom de Palais des Plaisirs Éternels, et qu'il fasse partie du sien propre, néanmoins il faut que vous sachiez que cette dame y vit dans une entière liberté : elle n'est point obsédée d'eunuques qui veillent sur ses actions; elle a sa maison particulière, dont elle dispose absolument. Elle sort de chez elle pour aller dans la ville, sans en demander permission à personne; elle rentre lorsqu'il lui plaît; et jamais le kalife ne vient la voir qu'il ne lui ait auparavant envoyé Mesrour, chef de ses eunuques, pour lui en donner avis et se préparer à le recevoir. Ainsi vous devez avoir l'esprit tranquille et donner toute votre attention au concert dont je vois que Schemselnihar veut vous régaler. »

Dans le temps qu'Ebn Thaher achevait ces paroles, le prince de Perse et lui virent venir l'esclave confidente de la favorite, qui ordonna aux femmes qui étaient assises devant eux de chanter et de jouer de leurs instruments. Aussitôt elles jouèrent toutes ensemble comme pour préluder; et quand elles eurent joué quelque temps, une seule commença de chanter, et accompagna sa voix d'un luth, dont elle jouait admirablement bien. Comme elle avait été avertie du sujet sur lequel elle devait chanter, les paroles se trouvèrent si conformes aux sentiments du prince de Perse, qu'il ne put s'empêcher de lui applaudir à la fin du couplet : « Serait-il possible, s'écria-t-il, que vous eussiez le don de pénétrer dans les cœurs, et que la connaissance que vous avez de ce qui se passe dans le mien vous eût obligée à nous donner un essai de votre voix charmante par ces mots? Je ne m'exprimerais pas moi-même en d'autres termes. » La musicienne ne répondit rien à ce discours : elle continua et chanta plusieurs autres couplets, dont le prince fut si touché qu'il en répéta quelques-uns les larmes aux yeux; ce qui faisait assez connaître qu'il s'en appliquait le sens. Quand elle eut achevé tous les couplets, elle et ses compagnes se levèrent et chantèrent toutes ensemble des paroles dont le sens était : « que la pleine lune allait se lever avec tout son éclat, et qu'on la verrait bientôt s'approcher du soleil. » Cela signifiait que Schemselnihar allait paraître, et que le prince de Perse aurait bientôt le plaisir de la voir.

En effet, en regardant du côté de la cour, Ebn Thaher et le prince de Perse remarquèrent que l'esclave confidente s'approchait, et qu'elle était suivie de dix femmes noires qui apportaient avec bien de la peine un grand trône d'argent massif et admirablement travaillé, qu'elle fit poser devant eux à une certaine distance; après quoi les esclaves noires se retirèrent derrière les arbres à l'entrée d'une allée. Ensuite vingt femmes toutes belles et très-richement habillées d'une parure uniforme s'avancèrent en deux files, en chantant et en jouant d'un instrument que tenait chacune d'elles, et se rangèrent auprès du trône autant d'un côté que de l'autre.

Toutes ces choses tenaient le prince de Perse et Ebn Thaher dans une attention d'autant plus grande, qu'ils étaient curieux de savoir à quoi elles se termineraient. Enfin ils virent paraître à la même porte par où étaient venues les dix femmes noires qui avaient apporté le trône, et les vingt autres qui venaient d'arriver, dix autres femmes également belles et bien vêtues, qui s'y arrêtèrent quelques moments. Elles attendaient la favorite, qui se montra enfin, et se mit au milieu d'elles.... »

CLXXXVIII^e NUIT

Sire, dit Scheherazade au sultan des Indes :
Schemselnihar se mit donc au milieu des dix femmes qui l'avaient attendue à la porte. Il était aisé de la distinguer autant par sa taille et par son air majestueux, que par une espèce de manteau, d'une étoffe fort légère, or et bleu céleste, qu'elle portait attaché sur ses épaules, par-dessus son habillement, qui était le plus propre, le mieux entendu et le plus magnifique que l'on puisse imaginer. Les perles, les diamants et les rubis qui lui servaient d'ornement n'étaient pas en confuse profusion : le tout était en petit nombre, mais bien choisi et d'un prix inestimable. Elle s'avança avec une majesté qui ne représentait pas mal le soleil dans sa course au milieu des nuages qui reçoivent sa splendeur sans en cacher l'éclat, et vint s'asseoir sur le trône d'argent qui avait été apporté pour elle.

Dès que le prince de Perse aperçut Schemselnihar, il n'eut plus d'yeux que pour elle : « On ne demande plus de nouvelles de ce que l'on cherchait, dit-il à Ebn Thaher, dès qu'on le voit, et l'on n'a plus de doute sitôt que la vérité se manifeste. Voyez-vous cette charmante beauté? C'est l'origine de mes maux : maux que je bénis, et que je ne cesserai de bénir, quelque rigoureux et de quelque durée qu'ils puissent être! A cet objet, je ne me possède plus moi-même ; mon âme se trouble, se révolte, je sens qu'elle veut m'abandonner : pars donc, ô mon âme, je te le permets! mais que ce soit pour le bien et la conservation de ce faible corps. C'est vous, trop cruel Ebn Thaher, qui êtes cause de ce désordre : vous avez cru me faire un grand plaisir de m'amener ici ; et je vois que j'y suis venu pour achever de me perdre : pardonnez-moi, continua-t-il en se reprenant, je me trompe, j'ai bien voulu venir, et je ne puis me plaindre que de moi-même. » Il fondit en larmes en achevant ces paroles : « Je suis bien aise, lui dit Ebn Thaher, que vous me rendiez justice. Quand je vous ai appris que Schemselnihar était la première favorite du kalife, je l'ai fait exprès pour prévenir cette passion funeste que vous vous plaisez à nourrir dans votre cœur. Tout ce que vous voyez ici doit vous en dégager, et vous ne devez conserver que des sentiments de reconnaissance de l'honneur que Schemselnihar a bien voulu vous faire en m'ordonnant de vous amener avec moi : rappelez donc votre raison égarée, et vous mettez en état de paraître devant elle comme la bienséance le demande. La voilà qui approche : si c'était à recommencer, je prendrais d'autres mesures ; mais puisque la chose est faite, je prie Dieu que nous ne nous en repentions pas. Ce que j'ai encore à vous représenter, ajouta-t-il, c'est que l'amour est un traître qui peut vous jeter dans un précipice d'où vous ne vous tirerez jamais. »

Ebn Thaher n'eut pas le temps d'en dire davantage, parce que Schemselnihar arriva. Elle se plaça sur son trône et les salua tous deux par une inclination de tête. Mais elle arrêta ses yeux sur le prince de Perse, et ils se parlèrent l'un et l'autre un langage muet entremêlé de soupirs, par lequel en peu de moments ils se dirent plus de choses qu'ils n'en auraient pu dire en beaucoup de temps. Plus Schemselnihar regardait le prince, plus ses regards la confirmaient dans la pensée qu'il ne lui était pas indifférent ; et Schemselnihar, déjà persuadée de la passion du prince, s'estimait la plus heureuse personne du monde. Elle détourna enfin les yeux de dessus lui pour commander que les premières femmes, qui avaient commencé de chanter, s'approchassent. Elles se levèrent ; et pendant qu'elles s'avançaient, les femmes noires, qui sortirent de l'allée où elles étaient, apportèrent leurs siéges et les placèrent près de la fenêtre de l'avance du dôme où étaient Ebn Thaher et le prince de Perse; de manière que les siéges ainsi disposés, avec le trône de la favorite et les femmes qu'elle avait à ses côtés, formèrent un demi-cercle devant eux.

Lorsque les femmes qui étaient assises auparavant sur ces siéges eurent repris chacune leur place avec la permission de Schemsel-nihar, qui le leur ordonna par un signe, cette charmante favorite choisit une d'elles pour chanter. Cette femme, après avoir employé quelques moments à mettre son luth d'accord, chanta une chanson dont le sens était : que deux amants qui s'aimaient parfaitement avaient l'un pour l'autre une tendresse sans bornes; que leurs cœurs en deux corps différents n'en faisaient qu'un, et que lorsque quelque obstacle s'opposait à leurs désirs, ils pouvaient se dire, les larmes aux yeux : « Si nous nous aimons, parce que nous nous trouvons aimables, doit-on s'en prendre à nous? Qu'on s'en prenne à la destinée! »

Schemselnihar laissa si bien connaître, dans ses yeux et par ses gestes, que ces paroles devaient s'appliquer à elle et au prince de Perse, qu'il ne put se contenir. Il se leva à demi, et s'avançant par-dessus le balustre qui lui servait d'appui, il obligea une des compagnes de la femme qui venait de chanter de prendre garde à son action. Comme elle était près de lui : « Écoutez-moi, lui dit-il, et me faites la grâce d'accompagner de votre luth la chanson que vous allez entendre. » Alors il chanta un air dont les paroles tendres et passionnées exprimaient parfaitement la violence de son amour. Dès qu'il eut achevé, Schemselnihar, suivant son exemple, dit à une de ses femmes : « Écoutez-moi aussi, et accompagnez ma voix. » En même temps, elle chanta d'une manière qui ne fit qu'embraser davantage le cœur du prince de Perse, qui ne lui répondit que par un nouvel air encore plus passionné que celui qu'il avait déjà chanté.

Ces deux amants s'étant déclaré par leurs chants leur tendresse mutuelle, Schemselnihar céda à la force de la sienne : elle se leva de dessus son trône, tout hors d'elle-même, et s'avança vers la porte du salon. Le prince, qui connut son dessein, se leva aussitôt et alla au-devant d'elle avec précipitation. Ils se rencontrèrent sous la porte, où ils se donnèrent la main, et s'embrassèrent avec tant de plaisir qu'ils s'évanouirent : ils seraient tombés, si les femmes qui avaient suivi Schemselnihar ne les en eussent empêchés. Elles les soutinrent et les transportèrent sur un sofa, où elles les firent revenir à force de leur jeter de l'eau de senteur au visage, et de leur faire respirer plusieurs sortes d'odeurs.

Quand ils eurent repris leurs sens, la première chose que fit Schemselnihar fut de regarder de tous côtés ; et comme elle ne vit pas Ebn Thaher, elle demanda avec empressement où il était. Ebn Thaher s'était écarté par respect, tandis que les femmes étaient occupées à soulager leur maîtresse, et craignait en lui-même avec raison quelque suite fâcheuse de ce qu'il venait de voir. Dès qu'il eut entendu que Schemselnihar le demandait, il s'avança et se présenta devant elle...

CLXXXIX^e NUIT.

Sire, reprit le lendemain la sultane des Indes, Schemselnihar fut bien aise de voir Ebn Thaher. Elle lui témoigna sa joie dans ces termes obligeants : « Ebn Thaher, je ne sais comment je pourrai reconnaître les obligations infinies que je vous ai ; sans vous je n'aurais jamais connu le prince de Perse, ni aimé ce qu'il y a au monde de plus aimable. Soyez persuadé pourtant que je ne mourrai pas ingrate, et que ma reconnaissance, s'il est possible, égalera le bienfait dont je vous suis redevable. » Ebn Thaher ne répondit à ce compliment que par une profonde inclination, et qu'en souhaitant à la favorite l'accomplissement de tout ce qu'elle pouvait désirer.

Schemselnihar se tourna du côté du prince de Perse, qui était assis auprès d'elle, et le regardant avec quelque sorte de confusion, après ce qui s'était passé entre eux : « Seigneur, lui dit-elle, je suis bien assurée que vous m'aimez ; et de quelque ardeur que vous m'aimiez, vous ne pouvez douter que mon amour ne soit aussi violent que le vôtre. Mais ne nous flattons point : quelque conformité qu'il y ait entre vos sentiments et les miens, je ne vois, et pour vous et pour moi, que des peines, que des impatiences, que des chagrins mortels. Il n'y a pas d'autre remède à nos maux que de nous aimer toujours, de nous en remettre à la volonté du Ciel, et d'attendre ce qu'il lui plaira d'ordonner de notre destinée. — Madame, lui répondit le prince de Perse, vous me feriez la plus grande injustice du monde, si vous doutiez un seul moment de la durée de mon amour ; il est uni à mon âme de manière que je puis dire qu'il en fait la meilleure partie, et que je le conserverai après ma mort : peines, tourments, obstacles, rien ne sera capable de m'empêcher de vous aimer. » En achevant ces mots, il laissa couler des larmes en abondance, et Schemselnihar ne put retenir les siennes.

Ebn Thaher prit ce temps-là pour parler à la favorite : « Madame, lui dit-il, permettez-moi de vous représenter qu'au lieu de fondre en pleurs, vous devriez avoir de la joie de vous voir ensemble : je ne comprends rien à votre douleur. Que sera-ce donc, lorsque la nécessité vous obligera de vous séparer? Mais que dis-je, vous obligera? Il y a long-temps que nous sommes ici ; et vous savez, madame, qu'il est temps que nous nous retirions. — Ah! que vous êtes cruel! repartit Schemselnihar. Vous qui connaissez la cause de mes larmes, n'auriez-vous pas pitié du malheureux état où vous me voyez? Triste fatalité! Qu'ai-je commis pour être soumise à la dure loi de ne pouvoir jouir de ce que j'aime uniquement? »

Comme elle était persuadée qu'Ebn Thaher ne lui avait parlé que par amitié, elle ne lui sut pas mauvais gré de ce qu'il lui avait dit; elle en profita même. En effet, elle fit un signe à l'esclave sa confidente, qui sortit aussitôt, et apporta peu de temps après une collation de fruits sur une petite table d'argent, qu'elle posa entre sa maîtresse et le prince de Perse. Schemselnihar choisit ce qu'il y avait de meilleur, et le présenta au prince, en le priant de manger, pour l'amour d'elle. Il le prit et le porta à sa bouche par l'endroit qu'elle avait touché. Il présenta à son tour quelque chose à Schemselnihar, qui le prit aussi et le mangea de la même manière. Elle n'oublia pas d'inviter Ebn Thaher à manger avec eux; mais se voyant dans un lieu où il ne se croyait pas en sûreté, il aurait mieux aimé être chez lui, et il ne mangea que par complaisance. Après qu'on eut desservi, on apporta un bassin d'argent avec de l'eau dans un vase d'or, et ils se lavèrent les mains ensemble. Ils se remirent ensuite à leur place ; et alors trois des dix femmes noires apportèrent chacune une tasse de cristal de roche pleine d'un vin exquis, sur une soucoupe d'or, qu'elles posèrent devant Schemselnihar, le prince de Perse et Ebn Thaher.

Pour être plus en particulier, Schemselnihar retint seulement auprès d'elle les dix femmes noires avec dix autres qui savaient chanter et jouer des instruments ; et après qu'elle eut renvoyé tout le reste, elle prit une des tasses, et la tenant à la main, elle chanta des paroles tendres, qu'une des femmes accompagna de son luth. Lorsqu'elle eut achevé, elle but ; ensuite elle prit une des deux autres tasses, et la présenta au prince en le priant de boire, pour l'amour d'elle, de même qu'elle venait de boire pour l'amour de lui. Il la reçut avec des transports d'amour et de joie; mais avant que de boire, il chanta à son tour une chanson qu'une autre femme accompagna d'un instrument, et en chantant, les pleurs lui coulèrent des yeux abondamment : aussi lui marqua-t-il, par les paroles qu'il chantait, qu'il ne savait si c'était le vin qu'elle lui avait présenté qu'il allait boire, ou ses propres larmes. Schemselnihar présenta enfin la troisième tasse à Ebn Thaher, qui la remercia de sa bonté, et de l'honneur qu'elle lui faisait.

Après cela, elle prit un luth des mains d'une de ses femmes et l'accompagna de sa voix d'une manière si passionnée, qu'il semblait qu'elle ne se possédait pas; et le prince de Perse, les yeux attachés sur elle, demeura immobile, comme s'il eût été enchanté. Sur ces entrefaites, l'esclave confidente arriva tout émue, et s'adressant à sa maîtresse : « Madame, lui dit-elle, Mesrour et deux autres officiers avec plusieurs eunuques qui les accompagnent sont à la porte, et demandent à vous parler de la part du kalife. » Quand le prince de Perse et Ebn Thaher eurent entendu ces paroles, ils changèrent de couleur et commencèrent à trembler, comme si leur perte eût été assurée. Mais Schemselnihar, qui s'en aperçut, les rassura par un soupir.....

« Ce conte est bien intéressant, dit la bonne Dinarzade à sa sœur, qui avait cessé de parler; je suis fâchée que le jour soit venu si tôt vous interrompre; il me tarde de savoir si l'arrivée imprévue du kalife ne fut pas fatale à l'aimable prince de Perse. » Vous l'apprendrez demain, répondit Scheherazade, si le sultan, notre seigneur, prend à mon récit autant de plaisir que vous, et veut me faire la grâce de m'écouter encore. Schahriar se leva sans rien dire, pour aller à la prière et présider le conseil.

CXC^e NUIT.

Cette nuit et les nuits suivantes, Scheherazade, encouragée par le silence approbateur du sultan des Indes, poursuivit ainsi l'histoire des amours du prince de Perse et de la favorite du kalife Haroun Alraschid :

Schemselnihar, après avoir rassuré le prince de Perse et Ebn Thaher, chargea l'esclave sa confidente d'aller entretenir Mesrour et les deux autres officiers du kalife, jusqu'à ce qu'elle se fût mise en état de les recevoir, et qu'elle lui fît dire de les amener. Aussitôt elle donna ordre qu'on fermât toutes les fenêtres du salon, et qu'on baissât les toiles peintes qui étaient du côté du jardin; et, après avoir assuré le prince et Ebn Thaher qu'ils y pouvaient demeurer sans crainte, elle sortit par la porte qui donnait sur le jardin, qu'elle tira et ferma sur eux. Mais quelque assurance qu'elle leur eût donnée de leur sûreté, ils ne laissèrent pas de sentir les plus vives alarmes, pendant tout le temps qu'ils furent seuls.

Dès que Schemselnihar fut dans le jardin avec les femmes qui l'avaient suivie, elle fit emporter les siéges qui avaient servi aux femmes qui jouaient des instruments, et lorsqu'elle vit les choses dans l'état qu'elle souhaitait, elle s'assit sur son trône d'argent. Alors elle envoya avertir l'esclave sa confidente d'amener le chef des eunuques, et les deux officiers ses subalternes.

Ils parurent suivis de vingt eunuques noirs tous proprement habillés avec le sabre au côté, et une ceinture d'or large de quatre doigts. De si loin qu'ils aperçurent la favorite Schemselnihar, ils lui firent une profonde révérence, qu'elle leur rendit de dessus son trône. Quand ils furent plus avancés, elle se leva, et alla au-devant de Mesrour qui marchait le premier. Elle lui demanda quelle nouvelle il apportait; il lui répondit : « Madame, le Commandeur des croyants, qui m'envoie vers vous, m'a chargé de vous témoigner qu'il ne peut vivre plus long-temps sans vous voir; il a dessein de venir vous rendre visite cette nuit; je viens vous en avertir pour vous préparer à le recevoir : il espère, madame, que vous le verrez avec autant de plaisir qu'il a d'impatience d'être à vous. »

A ce discours de Mesrour, la favorite Schemselnihar se prosterna contre terre pour marquer la soumission avec laquelle elle recevait l'ordre du kalife. Lorsqu'elle se fut relevée : « Je vous prie, lui dit-elle, de dire au Commandeur des croyants que je ferai toujours gloire d'exécuter les commandements de sa majesté, et que son esclave s'efforcera de la recevoir avec tout le respect qui lui est dû. » En même temps elle ordonna à l'esclave sa confidente de faire mettre le palais en état de recevoir le kalife, par les femmes noires destinées à ce ministère. Puis congédiant le chef des eunuques : « Vous voyez, lui dit-elle, qu'il faudra quelque temps pour préparer toutes choses. Faites en sorte, je vous en supplie, qu'il se donne un peu de patience, afin qu'à son arrivée il ne nous trouve pas dans le désordre. »

Le chef des eunuques et sa suite s'étant retirés, Schemselnihar retourna au salon, extrêmement affligée de la nécessité où elle se voyait de renvoyer le prince de Perse plus tôt qu'elle ne s'y était attendue. Elle le rejoignit les larmes aux yeux; ce qui augmenta la frayeur d'Ebn Thaher, qui en augura quelque chose de sinistre : « Madame, lui dit le prince, je vois bien que vous venez m'annoncer qu'il faut nous séparer. Pourvu que je n'aie rien de plus funeste à redouter, j'espère que le Ciel me donnera la patience dont j'ai besoin pour supporter votre absence. — Hélas! mon cher cœur, ma chère âme, interrompit la trop tendre Schemselnihar, que je vous trouve heureux, et que je me trouve malheureuse, quand je compare votre sort avec ma triste destinée! Vous souffrirez sans doute de ne me voir pas; mais ce sera toute votre peine, et vous pourrez vous en consoler par l'espérance de me revoir. Pour moi, juste Ciel, à quelle rigoureuse épreuve suis-je réduite? Je ne serai pas seulement privée de la vue de ce que j'aime uniquement, il me faudra soutenir celle d'un objet que vous m'avez rendu odieux! L'arrivée du kalife ne me fera-t-elle pas souvenir de votre départ? Et comment, occupée de votre chère image, pourrai-je montrer à ce prince la joie qu'il a remarquée dans mes yeux toutes les fois qu'il m'est venu voir? J'aurai l'esprit distrait en lui parlant; et les moindres complaisances que j'aurai pour son amour seront autant de coups de poignard qui me perceront le cœur. Pourrai-je goûter ses paroles obligeantes et ses caresses? Jugez, prince, à quels tourments je serai exposée dès que je ne vous verrai plus. » Les larmes qu'elle laissa couler alors et les sanglots l'empêchèrent d'en dire davantage. Le prince de Perse voulut lui repartir; mais il n'en eut pas la force: sa propre douleur, et celle que lui faisait voir sa maîtresse, lui avaient ôté la parole.

Ebn Thaher, qui n'aspirait qu'à se voir hors du palais, fut obligé de les consoler, en les exhortant à prendre patience. Mais l'esclave confidente vint l'interrompre: « Madame, dit-elle à Schemselnihar, il n'y a pas de temps à perdre; les eunuques commencent à arriver, et vous savez que le kalife paraîtra bientôt. — O Ciel! que cette séparation est cruelle! s'écria la favorite. Hâtez-vous, dit-elle à sa confidente; conduisez-les tous les deux à la galerie qui regarde sur le jardin d'un côté, et de l'autre sur le Tigre, et, lorsque la nuit répandra sur la terre sa plus grande obscurité, faites-les sortir par la porte de derrière, afin qu'ils se retirent en sûreté. » A ces mots, elle embrassa tendrement le prince de Perse, sans pouvoir lui dire un seul mot, et alla au-devant du kalife dans le désordre qu'il est aisé de s'imaginer.

Cependant l'esclave confidente conduisit le prince et Ebn Thaher à la galerie que Schemselnihar lui avait marquée, et, lorsqu'elle les y eut introduits, elle les y laissa et ferma sur eux la porte en se retirant, après les avoir assurés qu'ils n'avaient rien à craindre, et qu'elle viendrait les faire sortir quand il en serait temps...

CXCIᵉ NUIT.

Sire, poursuivit le lendemain Scheherazade, l'esclave confidente de Schemselnihar s'étant retirée, le prince de Perse et Ebn Thaher oublièrent qu'elle venait de les assurer qu'ils n'avaient rien à craindre. Ils examinèrent toute la galerie, et ils furent saisis d'une frayeur extrême, lorsqu'ils connurent qu'il n'y avait pas un seul endroit par où ils pussent s'échapper, si le kalife ou quelques-uns de ses officiers s'avisaient d'y venir.

Une grande clarté qu'ils virent tout à coup du côté du jardin, au travers des jalousies, les obligea de s'en approcher pour voir d'où elle venait : elle était causée par cent flambeaux de cire blanche, qu'autant de jeunes eunuques noirs portaient à la main. Ces eunuques étaient suivis de plus de cent autres plus âgés, tous de la garde des dames du palais du kalife, habillés et armés d'un sabre, de même que ceux dont j'ai déjà parlé; et le kalife marchait après eux entre Mesrour, leur chef, qu'il avait à sa droite, et Vassif, leur second officier, qu'il avait à sa gauche.

Schemselnihar attendait le kalife à l'entrée d'une allée, accompagnée de vingt femmes toutes d'une beauté surprenante, et ornées de colliers et de pendants d'oreilles de gros diamants et d'autres, dont elles avaient la tête toute couverte; elles chantaient au son de leurs instruments, et formaient un concert charmant. La favorite ne vit pas plutôt paraître ce prince, qu'elle s'avança et se prosterna à ses pieds. Mais faisant cette action : « Prince de Perse, dit-elle en elle-même, si vos tristes yeux sont témoins de ce que je fais, jugez de la rigueur de mon sort : c'est devant vous que je voudrais m'humilier ainsi; mon cœur n'y sentirait aucune répugnance. »

Le kalife fut ravi de voir Schemselnihar : « Levez-vous, madame, lui dit-il, approchez-vous. Je me sais mauvais gré à moi-même de m'être privé si long-temps du plaisir de vous voir. » En achevant ces paroles, il la prit par la main; et sans cesser de lui dire des choses obligeantes, il alla s'asseoir sur le trône d'argent que Schemselnihar lui avait fait apporter. Cette dame s'assit sur un siége devant lui, et les vingt femmes formèrent un cercle autour d'eux sur d'autres siéges, pendant que les jeunes eunuques qui tenaient les flambeaux se dispersèrent dans le jardin à certaine distance les uns des autres, afin que le kalife jouît du frais de la soirée plus commodément

Lorsque le kalife fut assis, il regarda autour de lui, et vit avec une grande satisfaction tout le jardin illuminé d'une infinité d'autres lumières que les flambeaux que tenaient les jeunes eunuques. Mais il prit garde que le salon était fermé; il s'en étonna, et en demanda la raison. On l'avait fait exprès pour le surprendre. En effet, il n'eut pas plutôt parlé, que les fenêtres s'ouvrirent toutes à la fois, et qu'il le vit illuminé au dehors et en dedans d'une manière bien mieux entendue qu'il ne l'avait vu auparavant : « Charmante Schemselnihar, s'écria-t-il à ce spectacle, je vous entends. Vous avez voulu me faire connaître qu'il y a d'aussi belles nuits que les plus beaux jours. Après ce que je vois, je n'en puis disconvenir. »

Revenons au prince de Perse et à Ebn Thaher, que nous avons laissés dans la galerie. Ebn Thaher ne pouvait assez admirer tout ce qui s'offrait à sa vue : « Je ne suis pas jeune, dit-il, et j'ai vu de grandes fêtes en ma vie; mais je ne crois pas que l'on puisse rien voir de si surprenant, ni qui marque plus de grandeur. Tout ce qu'on nous dit des palais enchantés n'approche pas du prodigieux spectacle que nous avons devant les yeux ; que de richesse et de magnificence à la fois! »

Le prince de Perse n'était pas touché de tous ces objets éclatants qui faisaient tant de plaisir à Ebn Thaher; il n'avait des yeux que pour regarder Schemselnihar, et la présence du kalife le plongeait dans une affliction inconcevable : « Cher Ebn Thaher, dit-il, plût à Dieu que j'eusse l'esprit assez libre pour ne m'arrêter, comme vous, qu'à ce qui devrait me causer de l'admiration ! Mais, hélas! je suis dans un état bien différent! Tous ces objets ne servent qu'à augmenter mon tourment. Puis-je voir le kalife tête à tête avec ce que j'aime, et ne pas mourir de désespoir? Faut-il qu'un amour aussi tendre que le mien soit troublé par un rival si puissant? Ciel, que mon destin est bizarre et cruel ! Il n'y a qu'un moment que je m'estimais l'amant du monde le plus fortuné, et dans cet instant je me sens frapper le cœur d'un coup qui me donne la mort. Je n'y puis résister, mon cher Ebn Thaher; ma patience est à bout; mon mal m'accable, et mon courage y succombe. » En prononçant ces derniers mots, il vit qu'il se passait quelque chose dans le jardin qui l'obligea de garder le silence, et d'y prêter son attention.

En effet, le kalife avait ordonné à une des femmes qui étaient près de lui de s'accompagner sur son luth; et elle commençait à chanter. Les paroles qu'elle fit entendre étaient fort passionnées; et le kalife, persuadé qu'elle les chantait par ordre de Schemselnihar, qui lui avait donné souvent de pareils témoignages de tendresse, les expliqua en sa faveur. Mais ce n'était pas l'intention de Schemselnihar pour cette fois : elle les appliquait à son cher Ali Ebn Becar, et elle se laissa pénétrer d'une si vive douleur d'avoir devant elle un objet dont elle ne pouvait plus soutenir la présence, qu'elle s'évanouit. Elle se renversa sur le dos de sa chaise qui n'avait pas de bras d'appui, et elle serait tombée, si quelques-unes de ses femmes ne l'eussent promptement secourue. Elles l'enlevèrent et l'emportèrent dans le salon.

Ebn Thaher, qui était dans la galerie, surpris de cet accident, tourna la tête du côté du prince de Perse, et, au lieu de le voir appuyé contre la jalousie pour regarder comme lui, il fut extrêmement étonné de le voir étendu à ses pieds sans mouvement. Il jugea par là de la force de l'amour dont ce prince était épris pour Schemselnihar, et il admira cet étrange effet de sympathie, qui lui causa une peine mortelle, à cause du lieu où ils se trouvaient. Il fit cependant tout ce qu'il put pour faire revenir le prince, mais ce fut inutilement. Ebn Thaher était dans cet embarras, lorsque la confidente de Schemselnihar vint ouvrir la porte de la galerie, et entra hors d'haleine et comme une personne qui ne savait plus où elle en était : « Venez promptement, s'écria-t-elle, que je vous fasse sortir. Tout est ici en confusion, et je crois que voici le dernier de nos jours. — Hé ! comment voulez-vous que nous partions ? répondit Ebn Thaher d'un air qui marquait sa tristesse : approchez de grâce, et voyez en quel état est le prince de Perse ! » Quand l'esclave le vit évanoui, elle courut chercher de l'eau, sans perdre le temps à discourir, et revint en peu de moments.

Enfin, le prince de Perse, après qu'on lui eut jeté de l'eau sur le visage, reprit ses sens : « Prince, lui dit alors Ebn Thaher, nous courons risque de périr ici, vous et moi, si nous y restons davantage ; faites donc un effort, et sauvons-nous au plus vite. » Il était si faible qu'il ne put se lever lui seul. Ebn Thaher et la confidente lui donnèrent la main, et le soutenant des deux côtés, ils allèrent jusqu'à une petite porte de fer qui s'ouvrait sur le Tigre. Ils sortirent par là, et s'avancèrent jusque sur le bord d'un petit canal qui communiquait au fleuve. La confidente frappa des mains, et aussitôt un petit bateau parut et vint à eux avec un seul rameur. Ali Ebn Becar et son compagnon s'embarquèrent, et l'esclave confidente demeura sur le bord du canal. Dès que le prince se fut assis dans le bateau, il étendit une main du côté du palais, et mettant l'autre sur son cœur : « Cher objet de mon âme, s'écria-t-il d'une voix faible, recevez ma foi de cette main, pendant que je vous assure de celle-ci que mon cœur conservera éternellement le feu dont il brûle pour vous....

CXCIIᵉ NUIT.

Sire, nous avons laissé le prince de Perse dans le bateau, s'éloignant à regret du palais de la favorite :

Cependant le batelier ramait de toute sa force, et l'esclave confidente de Schemselnihar accompagna le prince de Perse et Ebn Thaher, en marchant sur le bord du canal, jusqu'à ce qu'ils furent arrivés au courant du Tigre. Alors, comme elle ne pouvait aller plus loin, elle prit congé d'eux et se retira.

Le prince de Perse était toujours dans une grande faiblesse. Ebn Thaher le consolait et l'exhortait à prendre courage : « Songez, lui dit-il, que quand nous serons débarqués, nous aurons encore bien du chemin à faire avant que d'arriver chez moi ; car de vous mener à l'heure qu'il est, et dans l'état où vous êtes, jusqu'à votre logis, qui est bien plus éloigné que le mien, je n'en suis pas d'avis : nous pourrions même courir risque d'être rencontrés par le guet. » Ils sortirent enfin du bateau ; mais le prince avait si peu de force, qu'il ne pouvait marcher : ce qui mit Ebn Thaher dans un grand embarras. Il se souvint qu'il avait un ami dans le voisinage : il traîna le prince jusque-là avec beaucoup de peine. L'ami les reçut avec bien de la joie ; et quand il les eut fait asseoir, il leur demanda d'où ils venaient si tard. Ebn Thaher lui répondit : « J'ai appris ce soir qu'un homme qui me doit une somme d'argent assez considérable était dans le dessein de partir pour un long voyage : je n'ai point perdu de temps ; je suis allé le chercher ; et en chemin, j'ai rencontré ce jeune seigneur que vous voyez, et à qui j'ai mille obligations ; comme il connaît mon débiteur, il a bien voulu me faire la grâce de m'accompagner. Nous avons eu assez de peine à mettre notre homme à la raison. Nous en sommes pourtant venus à bout, et c'est ce qui est cause que nous n'avons pu sortir de chez lui que fort tard. En revenant, à quelques pas d'ici, ce bon seigneur, pour qui j'ai toute la considération possible, s'est senti tout à coup attaqué d'un mal qui m'a fait prendre la liberté de frapper à votre porte. Je me suis flatté que vous voudriez bien nous faire le plaisir de nous donner le couvert pour cette nuit. »

L'ami d'Ebn Thaher se paya de cette fable, leur dit qu'ils étaient les bienvenus, et offrit au prince de Perse, qu'il ne connaissait pas, toute l'assistance qu'il pouvait désirer. Mais Ebn Thaher, prenant la parole pour le prince, dit que son mal était d'une nature à n'avoir besoin que de repos. L'ami comprit par ce discours qu'ils souhaitaient de se reposer : c'est pourquoi il les conduisit dans un appartement, où il leur laissa la liberté de se coucher.

Si le prince de Perse dormit, ce fut d'un sommeil troublé par des songes fâcheux, qui lui représentaient Schemselnihar évanouie aux pieds du kalife, et l'entretenaient dans son affliction. Ebn Thaher, qui avait une grande impatience de se revoir chez lui, et qui ne doutait pas que sa famille ne fût dans une inquiétude mortelle (car il ne lui était jamais arrivé de coucher dehors), se leva et partit de bon matin, après avoir pris congé de son ami, qui s'était levé pour faire sa prière de la pointe du jour. Enfin il arriva chez lui ; et la première chose que fit le prince de Perse, qui s'était fait un grand effort pour marcher, fut de se jeter sur un sofa, aussi fatigué que s'il eût fait un long voyage. Comme il n'était pas en état de se rendre à sa maison, Ebn Thaher lui fit préparer une chambre ; afin qu'on ne fût point en peine de lui, il envoya dire à ses gens l'état et le lieu où il était. Il pria cependant le prince de Perse d'avoir l'esprit en repos, de commander chez lui, et d'y disposer à son gré de toutes choses : « J'accepte de bon cœur les offres obligeantes que vous me faites, lui dit le prince ; mais que je ne vous embarrasse pas, s'il vous plaît ; je vous conjure de faire comme si je n'étais pas chez vous. Je n'y voudrais pas demeurer un moment, si je croyais que ma présence vous contraignît en la moindre chose. »

Dès qu'Ebn Thaher eut un moment pour se reconnaître, il apprit à sa famille tout ce qui s'était passé au palais de Schemselnihar, et finit son récit en remerciant Dieu de l'avoir délivré du danger qu'il avait couru. Les principaux domestiques du prince de Perse vinrent recevoir ses ordres chez Ebn Thaher, et l'on y vit bientôt arriver plusieurs de ses amis, qu'ils avaient avertis de son indisposition ; ils passèrent la meilleure partie de la journée avec lui ; et si leur entretien ne put effacer les tristes idées qui causaient son mal, il en tira du moins cet avantage, qu'elles lui donnèrent quelque relâche. Il voulait prendre congé d'Ebn Thaher sur la fin du jour ; mais ce fidèle ami lui trouva encore tant de faiblesse, qu'il l'obligea d'attendre au lendemain. Cependant, pour contribuer à le réjouir, il lui donna le soir un concert de voix et d'instruments ; mais ce concert ne fit que rappeler dans la mémoire du prince celui du soir précédent, et irrita ses ennuis au lieu de les soulager : de sorte que le jour d'après son mal parut avoir augmenté. Alors Ebn Thaher ne s'opposa plus au dessein que le prince avait de se retirer dans sa maison. Il prit soin lui-même de l'y faire porter ; il l'accompagna, et quand il se vit seul avec lui dans son appartement, il lui représenta toutes les raisons qu'il avait de faire un généreux effort pour vaincre une passion dont la fin ne pouvait être heureuse ni pour lui, ni pour la favorite : « Ah! cher Ebn Thaher, s'écria le prince, qu'il vous est aisé de donner ce conseil; mais qu'il m'est difficile de le suivre! J'en conçois toute l'importance, sans pouvoir en profiter : je l'ai déjà dit, j'emporterai avec moi dans le tombeau l'amour que j'ai pour Schemselnihar. » Lorsqu'Ebn Thaher vit qu'il ne pourrait rien gagner sur l'esprit du prince, il prit congé de lui et voulut se retirer....

CXCIIIᵉ NUIT.

Le prince de Perse le retint: « Obligeant Ebn Thaher, lui dit-il, si je vous ai déclaré qu'il n'était pas en mon pouvoir de suivre vos sages conseils, je vous supplie de ne pas m'en faire un crime, et de ne pas cesser pour cela de me donner des marques de votre amitié. Vous ne sauriez m'en donner une plus grande que de m'instruire du destin de ma chère Schemselnihar, si vous en apprenez des nouvelles; l'incertitude où je suis de son sort, les appréhensions mortelles que me cause son évanouissement, m'entretiennent dans la langueur que vous me reprochez. — Seigneur, lui répondit Ebn Thaher, vous devez espérer que son évanouissement n'aura pas eu de suite funeste, et que sa confidente viendra incessamment m'informer de quelle manière la chose se sera passée. Aussitôt que je saurai ce détail, je ne manquerai pas de venir vous en faire part. »

Ebn Thaher laissa le prince dans cette espérance, et retourna chez lui, où il attendit inutilement tout le reste du jour la confidente de Schemselnihar : il ne la vit pas même le lendemain. L'inquiétude où il était de savoir l'état de la santé du prince de Perse ne lui permit pas d'être plus long-temps sans le voir; il alla chez lui dans le dessein de l'exhorter à prendre patience. Il le trouva au lit, aussi malade qu'à l'ordinaire, et environné d'un nombre d'amis et de quelques médecins, qui employaient toutes les lumières de leur art pour découvrir la cause de son mal. Dès qu'il aperçut Ebn Thaher, il le regarda en souriant, pour lui témoigner deux choses: l'une, qu'il se réjouissait de le voir, et l'autre, combien ses médecins, qui ne pouvaient deviner le sujet de sa maladie, se trompaient dans leurs raisonnements.

Les amis et les médecins se retirèrent les uns après les autres, de sorte que Ebn Thaher demeura seul avec le malade. Il s'approcha de son lit pour lui demander comment il se trouvait depuis qu'il ne l'avait vu : « Je vous dirai, lui répondit le prince, que mon amour, qui prend continuellement de nouvelles forces, et l'incertitude de la destinée de l'aimable Schemselnihar, augmentent mon mal à chaque moment, et me mettent dans un état qui afflige mes parents et mes amis, et déconcerte mes médecins, qui n'y comprennent rien. Vous ne sauriez croire, ajouta-t-il, combien je souffre de voir tant de gens qui m'importunent, et que je ne puis chasser honnêtement. Vous êtes le seul dont je sens que la compagnie me soulage; mais enfin ne me dissimulez rien, je vous en conjure. Quelles nouvelles m'apportez-vous de Schemselnihar? Avez-vous vu sa confidente? Que vous a-t-elle dit? » Ebn Thaher répondit qu'il ne l'avait pas vue; et il n'eut pas plutôt appris au prince cette triste nouvelle, que les larmes lui vinrent aux yeux; il ne put repartir un seul mot, tant il avait le cœur serré : « Prince, reprit alors Ebn Thaher, permettez-moi de vous remontrer que vous êtes trop ingénieux à vous tourmenter. Au nom de Dieu, essuyez vos larmes : quelqu'un de vos gens peut entrer en ce moment, et vous savez avec quel soin vous devez cacher vos sentiments, qui pourraient être démêlés par là. » Quelque chose que pût dire ce judicieux confident, il ne fut pas possible au prince de retenir ses pleurs : « Sage Ebn Thaher, s'écria-t-il quand l'usage de la parole lui fut revenu, je puis bien empêcher ma langue de révéler le secret de mon cœur; mais je n'ai pas de pouvoir sur mes larmes, dans un si grand sujet de craindre pour Schemselnihar. Si cet adorable et unique objet de mes désirs n'était plus au monde, je ne lui survivrais pas un moment. — Rejetez une pensée si affligeante, répliqua Ebn Thaher : Schemselnihar vit encore, vous n'en devez pas douter. Si elle ne vous a pas fait savoir de ses nouvelles, c'est qu'elle n'en a pu trouver l'occasion, et j'espère que cette journée ne se passera point que vous n'en appreniez. » Il ajouta à ce discours plusieurs autres choses consolantes; après quoi il se retira.

Ebn Thaher fut à peine de retour chez lui, que la confidente de Schemselnihar arriva. Elle avait un air triste, et il en conçut un mauvais présage. Il lui demanda des nouvelles de sa maîtresse : « Apprenez-moi auparavant des vôtres, lui répondit la confidente; car j'ai été dans une grande peine de vous avoir vu partir dans l'état où était le prince de Perse. » Ebn Thaher lui raconta ce qu'elle voulait savoir; et lorsqu'il eut achevé, l'esclave prit la parole : « Si le prince de Perse, lui dit-elle, a souffert et souffre encore pour ma maîtresse, elle n'a pas moins de peine que lui. Après que je vous eus quittés, poursuivit-elle, je retournai au salon, où je trouvai que Schemselnihar n'était pas encore revenue de son évanouissement, quelque soulagement qu'on eût tâché de lui apporter. Le kalife était assis près d'elle avec toutes les marques d'une véritable douleur : il demandait à toutes les femmes, et à moi particulièrement, si nous n'avions aucune connaissance de la cause de son mal ; mais nous gardâmes le secret, et nous lui dîmes toute autre chose que ce que nous n'ignorions pas. Nous étions cependant toutes en pleurs de la voir souffrir si long-temps, et nous n'oubliions rien de tout ce que nous pouvions imaginer pour la secourir. Enfin il était bien minuit, lorsqu'elle revint à elle. Le kalife, qui avait eu la patience d'attendre ce moment, en témoigna beaucoup de joie, et demanda à Schemselnihar d'où ce mal pouvait lui être venu. Dès qu'elle entendit sa voix, elle fit un effort pour se mettre sur son séant ; et après lui avoir baisé les pieds avant qu'il pût l'en empêcher : « Sire, dit-elle, j'ai à me plaindre du Ciel de ce qu'il ne m'a pas fait la grâce entière de me laisser expirer aux pieds de votre majesté, pour vous marquer par là jusqu'à quel point je suis pénétrée de vos bontés. — Je suis bien persuadé que vous m'aimez, lui dit le kalife ; mais je vous commande de vous conserver pour l'amour de moi. Vous avez apparemment fait aujourd'hui quelque excès, qui vous aura causé cette indisposition : prenez-y garde, et je vous prie de vous en abstenir une autre fois. Je suis bien aise de vous voir en meilleur état, et je vous conseille de passer ici la nuit, au lieu de retourner à votre appartement, de crainte que le mouvement ne vous soit contraire. » A ces mots, il ordonna qu'on apportât un doigt de vin, qu'il lui fit prendre pour lui donner des forces. Après cela, il prit congé d'elle, et se retira dans son palais. Dès que le kalife fut parti, ma maîtresse me fit signe de m'approcher ; elle me demanda de vos nouvelles avec inquiétude. Je l'assurai qu'il y avait long-temps que vous n'étiez plus dans le palais, et lui mis l'esprit en repos de ce côté-là. Je me gardai bien de lui parler de l'évanouissement du prince de Perse, de peur de la faire retomber dans l'état d'où nos soins l'avaient tirée avec tant de peine ; mais ma précaution fut inutile, comme vous l'allez entendre : « Prince, s'écria-t-elle alors, je renonce désormais à tous les plaisirs, tant que je serai privée de celui de ta vue. Si j'ai bien pénétré dans ton cœur, je ne fais que suivre ton exemple : tu ne cesseras de verser des larmes, que tu ne m'aies retrouvée ; il est juste que je pleure et que je m'afflige jusqu'à ce que tu sois rendu à mes vœux. » En achevant ces paroles, qu'elle prononça d'une manière qui marquait la violence de sa passion, elle s'évanouit une seconde fois entre mes bras....

CXCIV⁰ NUIT.

Sire, la confidente de Schemselnihar continua de raconter à Ebn Thaher tout ce qui était arrivé à sa maîtresse depuis son premier évanouissement : « Nous fûmes encore long-temps, dit-elle, à la faire revenir, mes compagnes et moi. » Elle revint enfin ; alors je lui dis : « Madame, êtes-vous donc résolue de vous laisser mourir, et de nous faire mourir nous-mêmes avec vous? Je vous supplie au nom du prince de Perse, pour qui vous avez intérêt de vivre, de vouloir conserver vos jours. De grâce, laissez-vous persuader, et faites les efforts que vous vous devez à vous-même, à l'amour du prince et à notre attachement pour vous. — Je vous suis bien obligée, reprit-elle, de vos soins, de votre zèle et de vos conseils. Mais, hélas! peuvent-ils m'être utiles? Il ne nous est pas permis de nous flatter de quelque espérance, et ce n'est que dans le tombeau que nous devons attendre la fin de nos tourments. » Une de mes compagnes voulut la détourner de ses tristes pensées en chantant un air sur son luth; mais elle lui imposa silence, et lui ordonna, comme à toutes les autres, de se retirer. Elle ne retint que moi pour passer la nuit avec elle. Quelle nuit! ô Ciel! Elle la passa dans les pleurs et dans les gémissements ; et, nommant sans cesse le prince de Perse, elle se plaignait du sort qui l'avait destinée au kalife qu'elle ne pouvait aimer, et non pas à lui qu'elle aimait éperdument. Le lendemain, comme elle n'était pas commodément dans le salon, je l'aidai à passer dans son appartement, où elle ne fut pas plutôt arrivée, que tous les médecins du palais vinrent la voir par ordre du kalife; et ce prince ne fut pas long-temps sans venir lui-même. Les remèdes que les médecins ordonnèrent à Schemselnihar firent d'autant moins d'effet, qu'ils ignoraient la cause de son mal; et la contrainte où la mettait la présence du kalife ne faisait que l'augmenter. Elle a pourtant un peu reposé cette nuit ; et d'abord qu'elle a été éveillée, elle m'a chargée de vous venir trouver pour apprendre des nouvelles du prince de Perse. »

« Je vous ai déjà informée de l'état où il est, lui dit Ebn Thaher : ainsi retournez vers votre maîtresse, et l'assurez que le prince de Perse attendait de ses nouvelles avec la même impatience qu'elle en attendait de lui. Exhortez-la surtout à se modérer et à se vaincre, de peur qu'il ne lui échappe devant le kalife quelque parole qui pourrait nous perdre avec elle. — Pour moi, reprit la confidente, je vous l'avoue, je crains tout de ses transports. J'ai pris la liberté de lui dire ce que je pensais là-dessus, et je suis persuadée qu'elle ne trouvera pas mauvais que je lui parle encore de votre part. »

Ebn Thaher, qui ne faisait que d'arriver de chez le prince de Perse, ne jugea point à propos d'y retourner si tôt et de négliger des affaires importantes qui lui étaient survenues en rentrant chez lui; il y alla seulement sur la fin du jour. Le prince était seul, et ne se portait pas mieux que le matin : « Ebn Thaher, lui dit-il en le voyant paraître, vous avez sans doute beaucoup d'amis; mais ces amis ne connaissent pas ce que vous valez, comme vous me le faites connaître par votre zèle, par vos soins et par les peines que vous vous donnez, lorsqu'il s'agit de les obliger. Je suis confus de tout ce que vous faites pour moi avec tant d'affection, et je ne sais comment je pourrai m'acquitter envers vous. — Prince, lui répondit Ebn Thaher, laissons là ce discours, je vous en supplie : je suis prêt non-seulement à donner un de mes yeux pour vous en conserver un, mais même à sacrifier ma vie pour la vôtre. Ce n'est pas de quoi il s'agit présentement. Je viens vous dire que Schemselnihar m'a envoyé sa confidente pour me demander de vos nouvelles, et en même temps pour m'informer des siennes. Vous jugez bien que je ne lui ai rien dit qui ne lui ait confirmé l'excès de votre amour pour sa maîtresse, et la constance avec laquelle vous l'aimez. » Ebn Thaher lui fit ensuite un détail exact de tout ce que lui avait dit l'esclave confidente. Le prince l'écouta avec tous les différents mouvements de crainte, de jalousie, de tendresse et de compassion que son discours lui inspira, faisant sur chaque chose qu'il entendait toutes les réflexions affligeantes ou consolantes dont un amant aussi passionné qu'il l'était pouvait être capable.

Leur conversation dura si long-temps, que, la nuit se trouvant fort avancée, le prince de Perse obligea Ebn Thaher à demeurer chez lui. Le lendemain matin, comme ce fidèle ami s'en retournait au logis, il vit venir à lui une femme, qu'il reconnut pour la confidente de Schemselnihar, et qui, l'ayant abordé, lui dit : « Ma maîtresse vous salue, et je viens vous prier de sa part de rendre cette lettre au prince de Perse. » Le zélé Ebn Thaher prit la lettre, et retourna chez le prince, accompagné de l'esclave confidente....

CXCV^e NUIT.

Sire, quand Ebn Thaher fut entré chez le prince de Perse avec la confidente de Schemselnihar, il la pria de demeurer un moment dans l'antichambre et de l'attendre. Dès que le prince l'aperçut, il lui demanda avec empressement quelle nouvelle il avait à lui annoncer : « La meilleure que vous puissiez apprendre, lui répondit Ebn Thaher : on vous aime aussi chèrement que vous aimez. La confidente de Schemselnihar est dans votre antichambre; elle vous apporte une lettre de la part de sa maîtresse; elle n'attend que vos ordres pour entrer. — Qu'elle entre ! » s'écria le prince avec un transport de joie. En disant cela, il se mit sur son séant pour la recevoir.

Comme les gens du prince étaient sortis de la chambre d'abord qu'ils avaient vu Ebn Thaher, afin de le laisser seul avec leur maître, Ebn Thaher alla ouvrir la porte lui-même, et fit entrer la confidente. Le prince la reconnut, et la reçut d'une manière fort obligeante : « Seigneur, lui dit-elle, je sais tous les maux que vous avez soufferts depuis que j'eus l'honneur de vous conduire au bateau qui vous attendait pour vous ramener; mais j'espère que la lettre que je vous apporte contribuera à votre guérison. » A ces mots, elle lui présenta la lettre. Il la prit, et après l'avoir baisée plusieurs fois, il l'ouvrit, et lut les paroles suivantes :

LETTRE

DE SCHEMSELNIHAR AU PRINCE DE PERSE, ALI EBN BECAR

« La personne qui vous rendra cette lettre vous dira de mes nou-
« velles mieux que moi-même, car je ne me connais plus depuis
« que j'ai cessé de vous voir. Privée de votre présence, je cherche
« à me tromper en vous entretenant par ces lignes mal formées,
« avec le même plaisir que si j'avais le bonheur de vous parler.

« On dit que la patience est un remède à tous les maux, et toute-
« fois elle aigrit les miens au lieu de les soulager. Quoique votre por-
« trait soit profondément gravé dans mon cœur, mes yeux souhaitent
« d'en revoir incessamment l'original, et ils perdront toute leur
« lumière s'il faut qu'ils en soient encore long-temps privés. Puis-je
« me flater que les vôtres aient la même impatience de me voir?

« Oui, je le puis, ils me l'ont fait assez connaître par leurs tendres
« regards. Que Schemselnihar serait heureuse, et que vous seriez
« heureux, prince, si mes désirs, qui sont conformes aux vôtres,
« n'étaient pas traversés par des obstacles insurmontables ! Ces ob-
« stacles m'affligent d'autant plus vivement, qu'ils vous affligent
« vous-même.

« Ces sentiments, que mes doigts tracent, et que j'exprime avec
« un plaisir incroyable, en les répétant plusieurs fois, partent du
« plus profond de mon cœur, et de la blessure incurable que vous
« y avez faite : blessure que je bénis mille fois, malgré le cruel ennui
« que je souffre de votre absence. Je compterais pour rien tout ce
« qui s'oppose à nos amours, s'il m'était seulement permis de vous
« voir quelquefois en liberté : je vous possèderais alors ; que pour-
« rais-je souhaiter de plus ?

« Ne vous imaginez pas que mes paroles disent plus que je ne
« pense ; hélas ! de quelques expressions que je puisse me servir, je
« sens bien que je pense plus de choses que je ne vous en dis. Mes
« yeux, qui sont dans une veille continuelle et qui versent inces-
« samment des pleurs, en attendant qu'ils vous revoient, mon cœur
« affligé, qui ne désire que vous seul, les soupirs qui m'échappent
« toutes les fois que je pense à vous, c'est-à-dire à tout moment,
« mon imagination, qui ne me représente plus d'autre objet que
« mon cher prince, les plaintes que je fais au Ciel de la rigueur de
« ma destinée, enfin ma tristesse, mes inquiétudes, mes tourments,
« qui ne me donnent aucun relâche depuis que je vous ai perdu de
« vue, sont garants de ce que je vous écris.

« Ne suis-je pas bien malheureuse d'être née pour aimer, sans
« espérance de jouir de ce que j'aime ? Cette pensée désolante m'ac-
« cable à un point que j'en mourrais, si je n'étais pas persuadée
« que vous m'aimez. Mais une si douce consolation balance mon
« désespoir et m'attache à la vie. Mandez-moi que vous m'aimez
« toujours : je garderai votre lettre précieusement ; je la lirai mille
« fois le jour ; je souffrirai mes maux avec moins d'impatience. Je
« souhaite que le Ciel cesse d'être irrité contre nous, et nous
« fasse trouver l'occasion de nous dire sans contrainte que nous
« nous aimons, et que nous ne cesserons jamais de nous aimer. Adieu.
« Je salue Ebn Thaher, à qui nous avons tant d'obligations l'un et
« l'autre. »

CXCVIᵉ NUIT.

Le prince de Perse ne se contenta pas d'avoir lu une fois cette lettre ; il lui sembla qu'il l'avait lue avec trop peu d'attention. Il la relut plus lentement ; et en lisant, tantôt il poussait de tristes soupirs, tantôt il versait des larmes, et tantôt il faisait éclater des transports de joie et de tendresse, selon qu'il était touché de ce qu'il lisait. Enfin il ne se lassait point de parcourir des yeux des caractères tracés par une main si chère ; et il se préparait à les lire pour la troisième fois, lorsque Ebn Thaher lui représenta que la confidente n'avait pas de temps à perdre, et qu'il devait songer à faire réponse : « Hélas ! s'écria le prince, comment voulez-vous que je fasse réponse à une lettre si obligeante ? En quels termes m'exprimerai-je dans le trouble où je suis ? J'ai l'esprit agité de mille pensées cruelles, et mes sentiments se détruisent au moment que je les ai conçus, pour faire place à d'autres. Pendant que mon corps se ressent des impressions de mon âme, comment pourrai-je tenir le papier et conduire la canne[1] pour former les lettres ? »

En parlant ainsi, il tira d'un petit bureau, qu'il avait près de lui, du papier, une canne taillée, et un cornet où il y avait de l'encre....

Scheherazade, apercevant le jour en cet endroit, interrompit sa narration. Elle en reprit la suite le lendemain, et dit à Schahriar :

---

[1] Les Arabes, les Persans et les Turcs, quand ils écrivent, tiennent le papier de la main gauche, appuyé ordinairement sur le genou, et écrivent de la main droite avec une petite canne taillée et fendue comme nos plumes. Cette sorte de canne est creuse, et ressemble à nos roseaux ; mais elle a plus de consistance.

CXCVIIᵉ NUIT.

Sire, le prince de Perse, avant que d'écrire, donna la lettre de Schemselnihar à Ebn Thaher, et le pria de la tenir ouverte pendant qu'il écrirait, afin qu'en jetant les yeux dessus, il vît mieux ce qu'il y devait répondre. Il commença d'écrire ; mais les larmes, qui lui tombaient des yeux sur son papier, l'obligèrent plusieurs fois de s'arrêter pour les laisser couler librement. Il acheva enfin sa lettre, et la donnant à Ebn Thaher : « Lisez-la, je vous prie, lui dit-il, et me faites la grâce de voir si le désordre où est mon esprit m'a permis de faire une réponse convenable. » Ebn Thaher la prit, et lut ce qui suit :

RÉPONSE
DU PRINCE DE PERSE A LA LETTRE DE SCHEMSELNIHAR.

« J'étais plongé dans une affliction mortelle, lorsqu'on m'a rendu
« votre lettre. A la voir seulement, j'ai été transporté d'une joie
« que je ne puis vous exprimer ; et à la vue des caractères tracés
« par votre belle main, mes yeux ont reçu une nouvelle lumière,
« plus vive que celle qu'ils avaient perdue, lorsque les vôtres se
« fermèrent subitement aux pieds de mon rival. Les paroles que
« contient cette obligeante lettre sont autant de rayons lumineux
« qui ont dissipé les ténèbres dont mon âme était obsédée. Elles
« m'apprennent combien vous souffrez pour l'amour de moi, et me
« font connaître aussi que vous n'ignorez pas que je souffre pour
« vous, et par là elles me consolent dans mes maux : d'un côté,
« elles me font verser des larmes abondamment, et de l'autre, elles
« embrasent mon cœur d'un feu qui le soutient, et m'empêchent
« d'expirer de douleur. Je n'ai pas eu un moment de repos depuis
« notre cruelle séparation. Votre lettre seule a porté quelque sou-
« lagement à mes peines. J'ai gardé un morne silence jusqu'au mo-
« ment que je l'ai reçue : elle m'a redonné la parole. J'étais enseveli
« dans une mélancolie profonde : elle m'a inspiré une joie qui a
« d'abord éclaté dans mes yeux et sur mon visage. Mais ma surprise
« de recevoir une faveur que je n'ai point encore méritée a été si
« grande, que je ne savais par où commencer pour vous en marquer
« ma reconnaissance. Enfin, après l'avoir baisée plusieurs fois,
« comme un gage précieux de vos bontés, je l'ai lue et relue, et

« suis demeuré confus de l'excès de mon bonheur. Vous voulez que
« je vous mande que je vous aime toujours. Ah! quand je ne vous
« aurais pas aimée aussi parfaitement que je vous aime, je ne pour-
« rais m'empêcher de vous adorer après toutes les marques que
« vous me donnez d'un amour si rare! Oui, je vous aime, ma chère
« âme, et ferai gloire de brûler toute ma vie du beau feu que vous
« avez allumé dans mon cœur. Je ne me plaindrai jamais de la vive
« ardeur dont je sens qu'il me consume; et quelque rigoureux que
« soient les maux que votre absence me cause, je les supporterai
« constamment, dans l'espérance de vous voir un jour. Plût à Dieu
« que ce fût dès aujourd'hui, et qu'au lieu de vous envoyer ma
« lettre, il me fût permis d'aller vous assurer que je meurs d'amour
« pour vous! Mes larmes m'empêchent de vous en dire davantage.
« Adieu. »

Ebn Thaher ne put lire ces dernières lignes sans pleurer lui-même. Il remit la lettre entre les mains du prince de Perse, en l'assurant qu'il n'y avait rien à corriger. Le prince la ferma, et quand il l'eut cachetée : « Je vous prie de vous approcher, dit-il à la confidente de Schemselnihar, qui était un peu éloignée de lui : voici la réponse que je fais à la lettre de votre chère maîtresse. Je vous conjure de la lui porter, et de la saluer de ma part. » L'esclave confidente prit la lettre, et se retira avec Ebn Thaher....

En achevant ces mots, la sultane des Indes, voyant paraître le jour, se tut; et la nuit suivante elle continua de cette manière :

CXCVIII^e NUIT.

Ebn Thaher, après avoir marché quelque temps avec l'esclave confidente, la quitta, et retourna dans sa maison, où il se mit à rêver profondément à l'intrigue amoureuse dans laquelle il se trouvait malheureusement engagé. Il se représenta que le prince de Perse et Schemselnihar, malgré l'intérêt qu'ils avaient de cacher leur intelligence, se ménageaient avec si peu de discrétion, qu'elle pourrait bien n'être pas long-temps secrète. Il tira de là toutes les conséquences qu'un homme de bon sens en devait tirer : « Si Schemselnihar, se disait-il à lui-même, était une dame du commun, je contribuerais de tout mon pouvoir à rendre heureux son amant et elle; mais c'est la favorite du kalife, et il n'y a personne qui puisse impunément entreprendre de plaire à ce qu'il aime. Sa colère tombera d'abord sur Schemselnihar; il en coûtera la vie au prince de Perse, et je serai enveloppé dans son malheur. Cependant j'ai mon honneur, mon repos, ma famille et mon bien à conserver ; il faut donc, pendant que je le puis, me délivrer d'un si grand péril. »

Il fut occupé de ces pensées durant tout ce jour-là. Le lendemain matin, il alla chez le prince de Perse dans le dessein de faire un dernier effort pour l'obliger à vaincre sa passion. Effectivement, il lui représenta ce qu'il lui avait déjà inutilement représenté, qu'il ferait beaucoup mieux d'employer tout son courage à détruire le penchant qu'il avait pour Schemselnihar, que de s'y laisser entraîner ; que ce penchant était d'autant plus dangereux, que son rival était plus puissant : « Enfin, Seigneur, ajouta-t-il, si vous m'en croyez, vous ne songerez qu'à triompher de votre amour. Autrement, vous courez risque de vous perdre avec Schemselnihar, dont la vie vous doit être plus chère que la vôtre. Je vous donne ce conseil en ami ; et quelque jour vous m'en remercierez. »

Le prince écouta Ebn Thaher assez impatiemment. Néanmoins il le laissa dire tout ce qu'il voulut ; mais prenant la parole à son tour : « Ebn Thaher, lui dit-il, croyez-vous que je puisse cesser d'aimer Schemselnihar, qui m'aime avec tant de tendresse ? Elle ne craint pas d'exposer sa vie pour moi ; et vous voulez que le soin de conserver la mienne soit capable de m'occuper ? Non, quelque malheur qui puisse m'arriver, je veux aimer Schemselnihar jusqu'au dernier soupir. »

Ebn Thaher, choqué de l'opiniâtreté du prince de Perse, le quitta assez brusquement, et se retira chez lui, où, rappelant dans son esprit ses réflexions du jour précédent, il se mit à songer fort sérieusement au parti qu'il avait à prendre. Pendant ce temps-là, un joaillier de ses intimes amis vint le voir. Ce joaillier s'était aperçu que la confidente de Schemselnihar allait chez Ebn Thaher plus souvent qu'à l'ordinaire, et qu'Ebn Thaher était presque toujours avec le prince de Perse, dont la maladie était sue de tout le monde, sans toutefois qu'on en connût la cause : tout cela lui avait donné des soupçons. Comme Ebn Thaher lui parut rêver, il jugea bien que quelque affaire importante l'embarrassait ; et, croyant être au fait, il lui demanda ce que voulait l'esclave confidente de Schemselnihar. Ebn Thaher demeura un peu interdit à cette demande, et voulut dissimuler en lui disant que c'était pour une bagatelle qu'elle venait si souvent chez lui. « Vous ne me parlez pas sincèrement, lui répliqua le joaillier, et vous m'allez persuader, par votre dissimulation, que cette bagatelle est une affaire plus importante que je ne l'ai cru d'abord. »

Ebn Thaher, voyant que son ami le pressait si fort, lui dit : « Il est vrai que cette affaire est de la dernière conséquence. J'avais résolu de la tenir secrète ; mais, comme je sais l'intérêt que vous prenez à tout ce qui me regarde, j'aime mieux vous en faire confidence, que de vous laisser penser là-dessus ce qui n'est pas. Je ne vous recommande point le secret : vous connaîtrez par ce que je vais vous dire combien il est important de le garder. » Après ce préambule, il lui raconta les amours de Schemselnihar et du prince de Perse : « Vous savez, ajouta-t-il ensuite, en quelle considération je suis à la cour et dans la ville auprès des plus grands seigneurs et des dames les plus qualifiées. Quelle honte pour moi si ces téméraires amours venaient à être découvertes ! Mais, que dis-je ? Ne serions-nous pas perdus, tout ma famille et moi ? Voilà ce qui m'embarrasse le plus ; mais je viens de prendre mon parti. Il m'est dû, et je dois : je vais travailler incessamment à satisfaire mes créanciers et à recouvrer mes dettes ; et après que j'aurai mis tout mon bien en sûreté, je me retirerai à Balsora, où je demeurerai jusqu'à ce que la tempête que je prévois soit passée. L'amitié que j'ai pour Schemselnihar et pour le prince de Perse me rend très-sensible au mal qui peut leur arriver : je prie Dieu de leur faire connaître le danger où ils s'exposent, et de les conserver ; mais si leur mauvaise destinée veut que leurs amours aillent à la connaissance du kalife, je serai au moins à couvert de son ressentiment : car je ne les crois pas assez méchants pour vouloir m'envelopper dans leur malheur. Leur ingratitude serait extrême si cela arrivait : ce serait mal payer les services que je leur ai rendus, et les bons conseils que je leur ai donnés, particulièrement au prince de Perse, qui pourrait se tirer encore du précipice, lui et sa maîtresse, s'il le voulait. Il lui est aisé de sortir de Bagdad comme moi, et l'absence le dégagerait insensiblement d'une passion qui ne fera qu'augmenter tant qu'il s'obstinera à y demeurer. »

Le joaillier entendit avec une extrême surprise le récit que lui fit Ebn Thaher : « Ce que vous venez de me raconter, lui dit-il, est d'une si grande importance, que je ne puis comprendre comment Schemselnihar et le prince de Perse ont été capables de s'abandonner à un amour si violent. Quelque penchant qui les entraîne l'un vers l'autre, au lieu d'y céder lâchement, ils doivent y résister et faire un meilleur usage de leur raison. Ont-ils pu s'étourdir sur les suites fâcheuses de leur intelligence ? Que leur aveuglement est déplorable ! J'en vois comme vous toutes les conséquences. Mais vous êtes sage et prudent, et j'approuve la résolution que vous avez formée : c'est par là seulement que vous pouvez vous dérober aux événements funestes que vous avez à craindre. » Après cet entretien, le joaillier se leva, et prit congé d'Ebn Thaher....

Schehérazade, voyant paraître le jour, remit à la nuit suivante la suite des amours du prince de Perse et de la favorite du kalife.

CXCIX^e NUIT.

Sire, poursuivit Scheherazade, avant que le joaillier se retirât, Ebn Thaher ne manqua pas de le conjurer, par l'amitié qui les unissait tous deux, de ne rien dire à personne de tout ce qu'il lui avait appris : « Ayez l'esprit en repos, lui dit le joaillier, je vous garderai le secret au péril de ma vie. »

Deux jours après cette conversation, le joaillier passa devant la boutique d'Ebn Thaher, et voyant qu'elle était fermée, il ne douta pas qu'il n'eût exécuté le dessein dont il lui avait parlé. Pour en être sûr, il demanda à un voisin s'il savait pourquoi elle n'était pas ouverte. Le voisin lui répondit qu'il ne savait autre chose, sinon qu'Ebn Thaher était allé faire un voyage. Il n'eut pas besoin d'en dire davantage, et il songea d'abord au prince de Perse : « Malheureux prince, dit-il en lui-même, quel chagrin n'aurez-vous pas, quand vous apprendrez cette nouvelle? Par quelle entremise entretiendrez-vous le commerce que vous avez avec Schemselnihar? Je crains que vous n'en mouriez de désespoir. J'ai compassion de vous : il faut que je vous dédommage de la perte que vous avez faite d'un confident trop timide. »

L'affaire qui l'avait obligé de sortir n'était pas de grande conséquence; il la négligea, et quoiqu'il ne connût le prince de Perse que pour lui avoir vendu quelques pierreries, il ne laissa pas d'aller chez lui. Il s'adressa à un de ses gens, et le pria de vouloir bien dire à son maître qu'il souhaitait de l'entretenir d'une affaire très-importante. Le domestique revint bientôt trouver le joaillier, et l'introduisit dans la chambre du prince, qui était à demi couché sur le sofa, la tête sur le coussin. Comme il se souvint de l'avoir vu, il se leva pour le recevoir, lui dit qu'il était le bienvenu; et, après l'avoir prié de s'asseoir, il lui demanda s'il y avait quelque chose en quoi il pût lui rendre service, ou s'il venait lui annoncer quelque nouvelle qui le regardât lui-même : « Prince, lui répondit le joaillier, quoique je n'aie pas l'honneur d'être connu de vous particulièrement, le désir de vous marquer mon zèle m'a fait prendre la liberté de venir chez vous, pour vous faire part d'une nouvelle qui vous touche; j'espère que vous me pardonnerez ma hardiesse en faveur de ma bonne intention. »

Après ce début, le joaillier entra en matière, et poursuivit ainsi :
« Prince, j'aurai l'honneur de vous dire qu'il y a long-temps que la conformité d'humeur et quelques affaires que nous avons eues ensemble nous ont liés d'une étroite amitié, Ebn Thaher et moi. Je sais qu'il est connu de vous, et qu'il s'est employé jusqu'à présent à vous obliger en tout ce qu'il a pu ; j'ai appris cela de lui-même : car il n'a rien eu de caché pour moi, ni moi pour lui. Je viens de passer devant sa boutique, que j'ai été assez surpris de voir fermée. Je me suis adressé à un de ses voisins pour lui en demander la raison, et il m'a répondu qu'il y avait deux jours qu'Ebn Thaher avait pris congé de lui et des autres voisins, en leur offrant ses services pour Balsora, où il allait, disait-il, pour une affaire de grande importance. Je n'ai pas été satisfait de cette réponse ; et l'intérêt que je prends à ce qui le regarde m'a déterminé à venir vous demander si vous ne saviez rien de particulier touchant un départ si précipité »

A ce discours, que le joaillier avait accommodé au sujet pour mieux parvenir à son dessein, le prince de Perse changea de couleur, et regarda le joaillier d'un air qui lui fit connaître combien il était affligé de cette nouvelle : « Ce que vous m'apprenez, lui dit-il, me surprend ; il ne pouvait m'arriver un malheur plus mortifiant. Oui, s'écria-t-il les larmes aux yeux, c'est fait de moi, si ce que vous me dites est véritable ! Ebn Thaher, qui était toute ma consolation, en qui je mettais toute mon espérance, m'abandonne ! Il ne faut plus que je songe à vivre après un coup si cruel. »

Le joaillier n'eut pas besoin d'en entendre davantage, pour être pleinement convaincu de la violente passion du prince de Perse, dont Ebn Thaher l'avait entretenu. La simple amitié ne parle pas ce langage ; il n'y a que l'amour qui soit capable de produire des sentiments si vifs.

Le prince demeura quelques moments enseveli dans les pensées les plus tristes. Il leva enfin la tête, et s'adressant à un de ses gens : « Allez, lui dit-il, jusque chez Ebn Thaher ; parlez à quelqu'un de ses domestiques, et sachez s'il est vrai qu'il soit parti pour Balsora. Courez, et revenez promptement me dire ce que vous aurez appris. »
En attendant le retour du domestique, le joaillier tâcha d'entretenir le prince de choses indifférentes ; mais le prince ne lui donna presque pas d'attention : il était la proie d'une inquiétude mortelle. Tantôt il ne pouvait se persuader qu'Ebn Thaher fût parti, et tantôt il n'en doutait pas, quand il faisait réflexion au discours que ce confident lui avait tenu la dernière fois qu'il l'était venu voir, et à l'air brusque dont il l'avait quitté.

Enfin le domestique du prince arriva, et rapporta qu'il avait parlé à un des gens d'Ebn Thaher, qui l'avait assuré qu'il n'était plus à Bagdad, qu'il était parti depuis deux jours pour Balsora : « Comme je sortais de la maison d'Ebn Thaher, ajouta le domestique, une esclave bien mise est venue m'aborder ; et après m'avoir demandé si je n'avais pas l'honneur de vous appartenir, elle m'a dit qu'elle avait à vous parler, et m'a prié en même temps de vouloir bien qu'elle vînt avec moi : elle est dans l'antichambre, et je crois qu'elle a une lettre à vous rendre de la part de quelque personne de considération. » Le prince commanda aussitôt qu'on la fît entrer ; il ne douta pas que ce ne fût l'esclave confidente de Schemselnihar, comme en effet c'était elle. Le joaillier la reconnut pour l'avoir vue quelquefois chez Ebn Thaher, qui lui avait appris qui elle était. Elle ne pouvait arriver plus à propos pour empêcher le prince de se désespérer. Elle le salua....

Mais, sire, dit Scheherazade en cet endroit, je m'aperçois qu'il est jour. Elle se tut, et la nuit suivante elle poursuivit de cette manière :

CC^e NUIT.

Sire, le prince de Perse rendit le salut à la confidente de Schemselnihar. Le joaillier s'était levé dès qu'il l'avait vue paraître, et s'était retiré à l'écart pour leur laisser la liberté de se parler. La confidente, après s'être entretenue quelque temps avec le prince, prit congé de lui, et sortit. Elle le laissa tout autre qu'il était auparavant. Ses yeux parurent plus brillants, et son visage plus gai : ce qui fit juger au joaillier que la bonne esclave venait de dire des choses favorables pour son amour.

Le joaillier, ayant repris sa place auprès du prince, lui dit en souriant : « A ce que je vois, prince, vous avez des affaires importantes au palais du kalife. » Le prince de Perse, fort étonné et alarmé de ce discours, répondit au joaillier : « Sur quoi jugez-vous que j'aie des affaires au palais du kalife? — J'en juge, repartit le joaillier, par l'esclave qui vient de sortir. — Et à qui croyez-vous qu'appartienne cette esclave? répliqua le prince. — A Schemselnihar, favorite du kalife, répondit le joaillier. Je connais, poursuivit-il, cette esclave, et même sa maîtresse, qui m'a quelquefois fait l'honneur de venir chez moi acheter des pierreries. Je sais de plus que Schemselnihar n'a rien de caché pour cette esclave, que je vois depuis quelques jours aller et venir par les rues, assez embarrassée, à ce qu'il me semble. Je m'imagine que c'est pour quelque affaire de conséquence qui regarde sa maîtresse. »

Ces paroles du joaillier troublèrent fort le prince de Perse : « Il ne me parlerait pas dans ces termes, dit-il en lui-même, s'il ne soupçonnait ou plutôt s'il ne savait pas mon secret. » Il demeura quelques moments dans le silence, ne sachant quel parti prendre. Enfin il reprit la parole, et dit au joaillier : « Vous venez de me dire des choses qui me donnent lieu de croire que vous en savez encore plus que vous n'en dites. Il est important pour mon repos que j'en sois parfaitement éclairci : je vous conjure de ne rien dissimuler. »

Alors le joaillier, qui ne demandait pas mieux, lui fit un détail exact de l'entretien qu'il avait eu avec Ebn Thaher : ainsi il lui fit connaître qu'il était instruit du commerce qu'il avait avec Schemselnihar, et il n'oublia pas de lui dire qu'Ebn Thaher, effrayé du danger où sa qualité de confident le jetait, lui avait fait part du dessein qu'il avait de se retirer à Balsora, et d'y demeurer jusqu'à ce que l'orage qu'il redoutait se fût dissipé : « C'est ce qu'il a exécuté, ajouta le joaillier, et je suis surpris qu'il ait pu se résoudre à vous abandonner dans l'état où il m'a fait connaître que vous étiez. Pour moi, prince, je vous avoue que j'ai été touché de compassion pour vous : je viens vous offrir mes services ; et si vous me faites la grâce de les agréer, je m'engage à vous garder la même fidélité qu'Ebn Thaher. Je vous promets d'ailleurs plus de fermeté : je suis prêt à vous sacrifier mon honneur et ma vie ; et afin que vous ne doutiez pas de ma sincérité, je jure, par ce qu'il y a de plus sacré dans notre religion, de vous garder un secret inviolable ; soyez donc persuadé, prince, que vous trouverez en moi l'ami que vous avez perdu. » Ce discours rassura le prince, et le consola de l'éloignement d'Ebn Thaher : « J'ai bien de la joie, dit-il au joaillier, d'avoir en vous de quoi réparer la perte que j'ai faite. Je n'ai point d'expressions capables de vous bien marquer l'obligation que je vous ai. Je prie Dieu qu'il récompense votre générosité, et j'accepte de bon cœur l'offre obligeante que vous me faites. Croiriez-vous bien, continua-t-il, que la confidente de Schemselnihar vient de me parler de vous? Elle m'a dit que c'est vous qui avez conseillé à Ebn Thaher de s'éloigner de Bagdad. Ce sont les dernières paroles qu'elle m'a dites en me quittant, et elle m'en a paru bien persuadée. Mais on ne vous rend pas justice : je ne doute pas qu'elle ne se trompe, après tout ce que vous venez de me dire. — Prince, lui répliqua le joaillier, j'ai eu l'honneur de vous faire un récit fidèle de la conversation que j'ai eue avec Ebn Thaher. Il est vrai que quand il m'a déclaré qu'il voulait se retirer à Balsora, je ne me suis point opposé à son dessein, et que je lui ai dit qu'il était homme sage et prudent; mais cela ne vous empêche pas de me donner votre confiance : je suis prêt à vous rendre mes services avec toute l'ardeur imaginable. Si vous en usez autrement, cela ne m'empêchera pas de vous garder très-religieusement le secret, comme je m'y suis engagé par serment. — Je vous ai déjà dit, reprit le prince, que je n'ajoutais pas foi aux paroles de la confidente : c'est son zèle qui lui a inspiré ce soupçon, qui n'a point de fondement; et vous devez l'excuser de même que je l'excuse. »

Ils continuèrent encore quelque temps leur conversation, et délibérèrent ensemble sur les moyens les plus convenables pour entretenir la correspondance du prince avec Schemselnihar. Ils demeurèrent d'accord qu'il fallait commencer par désabuser la confidente, qui était si injustement prévenue contre le joaillier. Le prince se chargea de la tirer d'erreur la première fois qu'il la reverrait, et de la prier de s'adresser au joaillier lorsqu'elle aurait des lettres à lui apporter, ou quelque autre chose à lui apprendre de la part de sa maîtresse. En effet, ils jugèrent qu'elle ne devait point paraître si souvent chez le prince, parce qu'elle pourrait par là donner lieu de découvrir ce qu'il était si important de cacher. Enfin le joaillier se leva; et, après avoir de nouveau prié le prince de Perse d'avoir une entière confiance en lui, il se retira....

Le point du jour imposa silence à Scheherazade. La nuit suivante, elle dit au sultan des Indes :

CCI^e NUIT.

Sire, le joaillier, en se retirant à sa maison, aperçut devant lui dans la rue une lettre que quelqu'un avait laissée tomber. Il la ramassa. Comme elle n'était pas cachetée, il l'ouvrit, et trouva qu'elle était conçue dans ces termes :

LETTRE

DE SCHEMSELNIHAR AU PRINCE DE PERSE.

« Je viens d'apprendre par ma confidente une nouvelle qui ne
« me donne pas moins d'affliction que vous en devez avoir. En
« perdant Ebn Thaher, nous perdons beaucoup à la vérité; mais
« que cela ne vous empêche pas, cher prince, de songer à vous

« conserver. Si notre confident nous abandonne par une terreur
« panique, considérons que c'est un mal que nous n'avons pu évi-
« ter : il faut que nous nous en consolions. J'avoue qu'Ebn Thaher
« nous manque dans le temps que nous avions le plus de besoin de son
« secours ; mais munissons-nous de patience contre ce coup imprévu
« et ne laissons pas de nous aimer constamment. Fortifiez votre
« cœur contre cette disgrâce : on n'obtient pas sans peine ce que
« l'on souhaite. Ne nous rebutons point : espérons que le Ciel nous
« sera favorable, et qu'après tant de souffrances nous verrons l'heu-
« reux accomplissement de nos désirs. Adieu. »

Pendant que le joaillier s'entretenait avec le prince de Perse, la confidente avait eu le temps de retourner au palais, et d'annoncer à sa maîtresse la fâcheuse nouvelle du départ d'Ebn Thaher. Schemselnihar avait aussitôt écrit cette lettre, et renvoyé sa confidente sur ses pas pour la porter au prince incessamment, et cette femme l'avait laissée tomber par mégarde.

Le joaillier fut bien aise de l'avoir trouvée : car elle lui fournissait un beau moyen de se justifier dans l'esprit de la confidente, et de l'amener au point qu'il souhaitait. Comme il achevait de la lire, il aperçut cette esclave qui la cherchait avec beaucoup d'inquiétude, en jetant les yeux de tous côtés. Il referma la lettre promptement, et la mit dans son sein ; mais l'esclave prit garde à son action, et courut à lui : « Seigneur, lui dit-elle, j'ai laissé tomber la lettre que vous teniez tout à l'heure à la main ; je vous supplie de vouloir bien me la rendre. » Le joaillier ne fit pas semblant de l'entendre, et sans lui répondre continua son chemin jusqu'en sa maison. Il ne ferma point la porte après lui, afin que la confidente qui le suivait y pût entrer. Elle n'y manqua pas ; et lorsqu'elle fut dans sa chambre : « Seigneur, lui dit-elle, vous ne pouvez faire aucun usage de la lettre que vous avez trouvée, et vous ne feriez pas difficulté de me la rendre, si vous saviez de quelle part elle vient, et à qui elle est adressée ; d'ailleurs, vous me permettrez de vous dire que vous ne pouvez pas honnêtement la retenir. »

Avant que de répondre à la confidente, le joaillier la fit asseoir ; après quoi il lui dit : « N'est-il pas vrai que la lettre dont il s'agit est de la main de Schemselnihar, et qu'elle est adressée au prince de Perse ? » L'esclave, qui ne s'attendait pas à cette demande, changea de couleur : « La question vous embarrasse, reprit-il ; mais sachez que je ne vous la fais pas par indiscrétion : j'aurais pu vous rendre la lettre dans la rue ; mais j'ai voulu vous attirer ici, parce que je suis bien aise d'avoir un éclaircissement avec vous. Est-il juste, dites-moi, d'imputer un événement fâcheux aux gens qui n'y ont nullement contribué? C'est pourtant ce que vous avez fait lorsque vous avez dit au prince de Perse que c'est moi qui ai conseillé à Ebn Thaher de sortir de Bagdad, pour sa sûreté. Je ne prétends pas perdre le temps à me justifier auprès de vous; il suffit que le prince de Perse soit pleinement persuadé de mon innocence sur ce point. Je vous dirai seulement qu'au lieu d'avoir contribué au départ d'Ebn Thaher, j'en ai été extrêmement mortifié, non pas tant par amitié pour lui, que par compassion de l'état où il laissait le prince, dont il m'avait découvert le commerce avec Schemselnihar. Dès que j'ai été assuré qu'Ebn Thaher n'était plus à Bagdad, j'ai couru me présenter au prince, chez qui vous m'avez trouvé, pour lui apprendre cette nouvelle et lui offrir les mêmes services qu'il lui rendait. J'ai réussi dans mon dessein, et pourvu que vous ayez en moi autant de confiance que vous en aviez dans Ebn Thaher, il ne tiendra qu'à vous de vous servir utilement de mon entremise. Rendez compte à votre maîtresse de ce que je viens de vous dire, et assurez-la bien que, quand je devrais périr en m'engageant dans une intrigue si dangereuse, je ne me repentirai point de m'être sacrifié pour deux amants si dignes l'un de l'autre. »

La confidente, après avoir écouté le joaillier avec beaucoup de satisfaction, le pria de pardonner la mauvaise opinion qu'elle avait conçue de lui, au zèle qu'elle avait pour les intérêts de sa maîtresse : « J'ai une joie infinie, ajouta-t-elle, de ce que Schemselnihar et le prince retrouvent en vous un homme si propre à remplir la place d'Ebn Thaher. Je ne manquerai pas de bien faire valoir à ma maîtresse la bonne volonté que vous avez pour elle.... »

Scheherazade, en cet endroit, remarquant qu'il était jour, cessa de parler. La nuit suivante, elle poursuivit ainsi son discours :

CCIIᵉ NUIT.

Sire, après que la confidente eut marqué au joaillier la joie qu'elle avait de le voir si disposé à rendre service à Schemselnihar et au prince de Perse, le joaillier tira la lettre de son sein et la lui rendit en lui disant : « Tenez, portez-la promptement au prince de Perse, et repassez par ici, afin que je voie la réponse qu'il y fera. N'oubliez pas de lui rendre compte de notre entretien. »

La confidente prit la lettre, et la porta au prince, qui y répondit sur-le-champ. Elle retourna chez le joaillier lui montrer la réponse, qui contenait ces paroles :

RÉPONSE
DU PRINCE DE PERSE A SCHEMSELNIHAR.

« Votre précieuse lettre produit en moi un grand effet, mais pas
« si grand que je le souhaiterais. Vous tâchez de me consoler de la
« perte d'Ebn Thaher ; hélas ! quelque sensible que j'y sois, ce n'est
« que la moindre partie des maux que je souffre. Vous les connais-
« sez ces maux, et vous savez qu'il n'y a que votre présence qui
« soit capable de les guérir. Quand viendra le temps que j'en pour-
« rai jouir sans crainte d'en être privé ? Qu'il me paraît éloigné ! ou
« plutôt faut-il nous flatter que nous pourrons le voir ? Vous me
« commandez de me conserver : je vous obéirai, puisque j'ai re-
« noncé à ma propre volonté pour ne suivre que la vôtre. Adieu. »

Après que le joaillier eut lu cette lettre, il la donna à la confidente, qui lui dit en le quittant : « Je vais, seigneur, faire en sorte que ma maîtresse ait en vous la même confiance qu'elle avait pour Ebn Thaher ; vous aurez demain de mes nouvelles. » En effet, le jour suivant il la vit arriver avec un air qui marquait combien elle était satisfaite : « Votre seule vue, lui dit-il, me fait connaître que vous avez mis l'esprit de Schemselnihar dans la disposition que vous souhaitiez. — Il est vrai, répondit la confidente, et vous allez apprendre de quelle manière j'en suis venue à bout. Je trouvai hier, poursuivit-elle, Schemselnihar qui m'attendait avec impatience ; je lui remis la lettre du prince ; elle la lut les larmes aux yeux, et quand elle eut achevé, comme je vis qu'elle allait s'abandonner à ses chagrins ordinaires : « Madame, lui dis-je, c'est sans doute l'éloignement d'Ebn Thaher qui vous afflige; mais permettez-moi de vous conjurer, au nom de Dieu, de ne vous point alarmer davantage sur ce sujet : nous avons trouvé un autre lui-même, qui s'offre à vous obliger avec autant de zèle, et, ce qui est le plus important, avec plus de courage. » Alors je lui parlai de vous, continua l'esclave, et lui racontai le motif qui vous avait fait aller chez le prince de Perse; enfin je l'assurai que vous garderiez inviolablement le secret au prince de Perse et à elle, et que vous étiez dans la résolution de favoriser leurs amours de tout votre pouvoir. Elle me parut fort consolée après mon discours : « Ah! quelle obligation, s'écria-t-elle, n'avons-nous pas, le prince de Perse et moi, à l'honnête homme dont vous me parlez? Je veux le connaître, le voir, pour entendre de sa propre bouche tout ce que vous venez de me dire, et le remercier d'une générosité inouïe envers des personnes pour qui rien ne l'oblige à s'intéresser avec tant d'affection. Sa vue me fera plaisir, et je n'oublierai rien pour le confirmer dans de si bons sentiments. Ne manquez pas de l'aller prendre demain et de me l'amener. » C'est pourquoi, seigneur, prenez la peine de venir avec moi jusqu'à son palais. »

Ce discours de la confidente embarrassa le joaillier : « Votre maîtresse, reprit-il, me permettra de dire qu'elle n'a pas bien pensé à ce qu'elle exige de moi : l'accès qu'Ebn Thaher avait auprès du kalife lui donnait entrée partout, et les officiers, qui le connaissaient, le laissaient aller et venir librement au palais de Schemselnihar; mais moi, comment oserai-je y entrer? Vous voyez bien vous-même que cela n'est pas possible; je vous supplie de représenter à Schemselnihar les raisons qui doivent m'empêcher de lui donner cette satisfaction, et toutes les suites fâcheuses qui pourraient en arriver. Pour peu qu'elle y fasse attention, elle trouvera que c'est m'exposer inutilement à un très-grand danger. »

La confidente tâcha de rassurer le joaillier : « Croyez-vous, lui dit-elle, que Schemselnihar soit assez dépourvue de raison pour vous exposer au moindre péril, en vous faisant venir chez elle, vous de qui elle attend des services si considérables? Songez vous-même qu'il n'y a pas la moindre apparence de danger pour vous; nous sommes trop intéressées en cette affaire, ma maîtresse et moi, pour vous y engager mal à propos. Vous pouvez vous fier à ma prudence et vous laisser conduire; après que la chose sera faite, vous avouerez vous-même que votre crainte était mal fondée. »

Le joaillier se rendit aux discours de la confidente, et se leva pour la suivre; mais, de quelque fermeté qu'il se piquât naturellement, la frayeur s'était tellement emparée de lui, que tout le corps lui tremblait : « Dans l'état où vous voilà, lui dit-elle, je vois bien qu'il vaut mieux que vous demeuriez chez vous, et que Schemselnihar prenne d'autres mesures pour vous voir; et il ne faut pas douter que, pour satisfaire l'envie qu'elle en a, elle ne vienne ici vous trouver elle-même. Cela étant ainsi, seigneur, ne sortez pas : je suis assurée que vous ne serez pas long-temps sans la voir arriver. » La confidente l'avait bien prévu : elle n'eut pas plutôt appris à Schemselnihar la frayeur du joaillier, que Schemselnihar se mit en état d'aller chez lui.

Il la reçut avec toutes les marques d'un profond respect. Quand elle se fut assise, comme elle était un peu fatiguée du chemin qu'elle avait fait, elle se dévoila, et laissa voir au joaillier une beauté qui lui fit connaître que le prince de Perse était excusable d'avoir donné son cœur à la favorite du kalife. Ensuite elle salua le joaillier d'un air gracieux, et lui dit : « Je n'ai pu apprendre avec quelle ardeur vous êtes entré dans les intérêts du prince de Perse et dans les miens, sans former aussitôt le dessein de vous en remercier moi-même. Je rends grâces au Ciel de nous avoir si tôt dédommagés de la perte d'Ebn Thaher.... »

Le jour, qui parut, força la sultane à renvoyer la suite de son récit à la nuit suivante.

CCIII^e NUIT.

Sire, Schemselnihar dit encore plusieurs autres choses obligeantes au joaillier; après quoi elle se retira dans son palais. Le joaillier alla aussitôt rendre compte de cette visite au prince de Perse, qui lui dit en le voyant : « Je vous attendais avec impatience. L'esclave confidente m'a apporté une lettre de sa maîtresse; mais cette lettre ne m'a point soulagé. Quoi que me puisse mander l'aimable Schemselnihar, je n'ose rien espérer, et ma patience est à bout. Je ne sais plus quel conseil prendre; le départ d'Ebn Thaher me met au désespoir. C'était mon appui : j'ai tout perdu en le perdant. Je pouvais me flatter de quelque espérance par l'accès qu'il avait auprès de Schemselnihar. »

A ces mots, que le prince prononça avec tant de vivacité, qu'il ne donna pas le temps au joaillier de l'interrompre, celui-ci lui dit : « Prince, on ne peut prendre plus de part à vos maux que j'en prends; et si vous voulez avoir la patience de m'écouter, vous verrez que je puis y apporter du soulagement. » A ce discours, le prince se tut et lui donna audience : « Je vois bien, reprit alors le joaillier, que l'unique moyen de vous rendre content est de faire en sorte que vous puissiez entretenir Schemselnihar en liberté : c'est une satisfaction que je veux vous procurer, et j'y travaillerai dès demain. Il ne faut point vous exposer à entrer dans le palais de Schemselnihar : vous savez par expérience que c'est une démarche fort dangereuse. Je sais un lieu plus propre à cette entrevue, et où vous serez en sûreté. » Comme le joaillier achevait ces paroles, le prince l'embrassa avec transport : « Vous ressuscitez, dit-il, par cette charmante promesse, un malheureux amant qui s'était déjà condamné à la mort. A ce que je vois, j'ai pleinement réparé la perte d'Ebn Thaher. Tout ce que vous ferez sera bien fait : je m'abandonne entièrement à vous. »

Après que le prince eut remercié le joaillier du zèle qu'il lui faisait paraître, le joaillier se retira chez lui, où, dès le lendemain matin, la confidente de Schemselnihar le vint trouver. Il lui dit qu'il avait fait espérer au prince de Perse qu'il pourrait voir bientôt la favorite : « Je viens exprès, lui répondit-elle, pour prendre là-dessus des mesures avec vous. Il me semble, continuat-elle, que cette maison serait assez commode pour cette entrevue. — Je pourrais bien, reprit-il, les faire venir ici ; mais j'ai pensé qu'ils seront plus en liberté dans une autre maison que j'ai, où actuellement il ne demeure personne. Je l'aurai bientôt meublée assez proprement pour les recevoir. — Cela étant, repartit la confidente, il ne s'agit plus à présent que d'y faire consentir Schemselnihar. Je vais lui en parler, et je viendrai vous en rendre réponse en peu de temps. »

Effectivement elle fut fort diligente ; elle ne tarda pas à revenir, et elle rapporta au joaillier que sa maîtresse ne manquerait pas de se trouver au rendez-vous vers la fin du jour. En même temps, elle lui mit entre les mains une bourse, en lui disant que c'était pour acheter la collation. Il la mena aussitôt à la maison où les amants devaient se rencontrer, afin qu'elle sût où elle était, et qu'elle y pût amener sa maîtresse ; et dès qu'ils se furent séparés, il alla emprunter chez ses amis de la vaisselle d'or et d'argent, des tapis, des coussins fort riches, et d'autres meubles, dont il garnit cette maison très-magnifiquement. Quand il y eut mis toute chose en état, il se rendit chez le prince de Perse.

Représentez-vous la joie qu'eut le prince, lorsque le joaillier lui dit qu'il le venait prendre, pour le conduire à la maison qu'il avait préparée pour le recevoir lui et Schemselnihar. Cette nouvelle lui fit oublier ses chagrins et ses souffrances. Il prit un habit magnifique, et sortit sans suite avec le joaillier, qui le fit passer par plusieurs rues détournées, afin que personne ne les observât, et l'introduisit enfin dans la maison, où ils commencèrent à s'entretenir jusqu'à l'arrivée de Schemselnihar.

Ils n'attendirent pas long-temps cette amante trop passionnée : elle arriva après la prière du soleil couché, avec sa confidente et deux autres esclaves. Il m'est impossible de vous exprimer l'excès de joie dont les deux amants furent saisis à la vue l'un de l'autre ! Ils s'assirent sur le sofa, et se regardèrent quelque temps sans pouvoir parler, tant ils étaient hors d'eux-mêmes. Mais quand l'usage de la parole leur fut revenu, ils se dédommagèrent bien de ce silence. Ils se dirent des choses si tendres, que le joaillier, la confidente et les deux esclaves en pleurèrent. Le joaillier néanmoins essuya ses larmes pour songer à la collation, qu'il apporta lui-même. Les amants burent et mangèrent peu ; après quoi s'étant tous deux remis sur le sofa, Schemselnihar demanda au joaillier, s'il n'avait pas un luth ou quelque autre instrument. Le joaillier qui avait eu soin de pourvoir à tout ce qui pouvait lui faire plaisir, lui apporta un luth. Elle mit quelques moments à l'accorder, et ensuite elle chanta....

Là s'arrêta Schéhérazade, le jour commençant à paraître. La nuit suivante, elle poursuivit ainsi :

CCIV^e NUIT.

Dans le temps que Schemselnihar charmait le prince de Perse en lui exprimant sa passion par des paroles qu'elle composait sur-le-champ, on entendit un grand bruit ; et aussitôt un esclave que le joaillier avait amené avec lui parut tout effrayé, et vint dire qu'on enfonçait la porte ; qu'il avait demandé qui c'était, mais qu'au lieu de répondre, on avait redoublé les coups. Le joaillier, alarmé, quitta Schemselnihar et le prince pour aller lui-même vérifier cette mauvaise nouvelle. Il était déjà dans la cour lorsqu'il entrevit dans l'obscurité une troupe de gens armés de haches et de sabres, qui avaient enfoncé la porte et venaient droit à lui. Il se rangea au plus vite contre un mur ; et, sans en être aperçu, il les vit passer au nombre de dix.

Comme il ne pouvait pas être d'un grand secours au prince de Perse et à Schemselnihar, il se contenta de les plaindre en lui-même, et prit le parti de la fuite. Il sortit de sa maison, et alla se réfugier chez un voisin qui n'était pas encore couché, ne doutant point que cette violence imprévue ne se fît par ordre du kalife, qui avait sans doute été averti du rendez-vous de sa favorite avec le prince de Perse. De la maison où il s'était sauvé, il entendait le grand bruit que l'on faisait dans la sienne; et ce bruit dura jusqu'à minuit. Alors, comme il lui semblait que tout y était tranquille, il pria le voisin de lui prêter un sabre, et, muni de cette arme, il sortit, s'avança jusqu'à la porte de la maison, entra dans la cour, où il aperçut avec frayeur un homme qui lui demanda qui il était. Il reconnut à la voix que c'était son esclave : « Comment as-tu fait, lui dit-il, pour éviter d'être pris par le guet? — Seigneur, lui répondit l'esclave, je me suis caché dans un coin de la cour, et j'en suis sorti dès que je n'ai plus entendu de bruit. Mais ce n'est point le guet qui a forcé votre maison ; ce sont des voleurs qui, ces jours passés, en ont pillé une dans ce quartier-ci. Il ne faut pas douter qu'ils n'aient remarqué la richesse des meubles que vous avez fait apporter ici, et qu'elle ne leur ait donné dans la vue. »

Le joaillier trouva la conjecture de son esclave assez probable. Il visita sa maison, et vit en effet que les voleurs avaient enlevé le bel ameublement de la chambre où il avait reçu Schemselnihar et son amant, qu'ils avaient emporté sa vaisselle d'or et d'argent, et enfin qu'ils n'y avaient pas laissé la moindre chose. Il en fut désolé : « O Ciel, s'écria-t-il, je suis perdu sans ressource! Que diront mes amis, et quelle excuse leur apporterai-je, quand je leur dirai que des voleurs ont forcé ma maison et dérobé ce qu'ils m'avaient si généreusement prêté? Ne faudra-t-il pas que je les dédommage de la perte que je leur ai causée? D'ailleurs que sont devenus Schemselnihar et le prince de Perse? Cette affaire fera un si grand éclat, qu'il est impossible qu'elle n'aille pas jusqu'aux oreilles du kalife : il apprendra cette entrevue, et je servirai de victime à sa colère. » L'esclave, qui lui était fort affectionné, tâcha de le consoler : « A l'égard de Schemselnihar, lui dit-il, les voleurs apparemment se seront contentés de la dépouiller, et vous devez croire qu'elle se sera retirée en son palais avec ses esclaves; le prince de Perse aura eu le même sort : ainsi, vous pouvez espérer que le kalife ignorera toujours cette aventure. Pour ce qui est de la perte que vos amis ont faite, c'est un malheur que vous n'avez pu éviter. Ils savent bien que les voleurs sont en si grand nombre, qu'ils ont eu la hardiesse de piller non-seulement la maison dont je vous ai parlé, mais même plusieurs autres des principaux seigneurs de la cour, et ils n'ignorent pas que malgré les ordres qui ont été donnés pour les prendre, on n'a pu encore se saisir d'aucun d'eux, quelque diligence qu'on ait faite. Vous en serez quitte en rendant à vos amis la valeur des choses qui ont été volées, et il vous restera encore, Dieu merci, assez de biens. »

En attendant que le jour parût, le joaillier fit raccommoder par son esclave, le mieux qu'il fut possible, la porte de la rue, qui avait été forcée ; après quoi il retourna dans sa maison ordinaire avec son esclave, en faisant de tristes réflexions sur ce qui était arrivé : « Ebn Thaher, dit-il en lui-même, a été bien plus sage que moi ; il avait prévu ce malheur où je me suis jeté en aveugle. Plût à Dieu que je ne me fusse jamais mêlé d'une intrigue qui me coûtera peut-être la vie ! »

A peine était-il jour, que le bruit de la maison pillée se répandit dans la ville, et attira chez lui une foule d'amis et de voisins, dont la plupart, sous prétexte de lui témoigner de la douleur de cet accident, étaient curieux d'en savoir le détail. Il ne laissa pas de les remercier de l'affection qu'ils lui marquaient. Il eut au moins la consolation de voir que personne ne lui parlait de Schemselnihar, ni du prince de Perse ; ce qui lui fit croire qu'ils étaient chez eux, ou qu'ils devaient être en quelque lieu de sûreté.

Quand le joaillier fut seul, ses gens lui servirent à manger ; mais il ne mangea presque pas. Il était environ midi lorsqu'un de ses esclaves vint lui dire qu'il y avait à la porte un homme qu'il ne connaissait pas, qui demandait à lui parler. Le joaillier, ne voulant pas recevoir un inconnu chez lui, se leva, et alla lui parler à la porte : « Quoique vous ne sachiez pas qui je suis, lui dit l'homme, je ne laisse pas de vous connaître, et je viens vous entretenir d'une affaire importante. » Le joaillier, à ces mots, le pria d'entrer : « Non, reprit l'inconnu, prenez plutôt la peine, s'il vous plaît, de venir avec moi jusqu'à votre autre maison. — Comment savez-vous, répliqua le joaillier, que j'ai une autre maison que celle-ci ? — Je le sais, repartit l'inconnu. Vous n'avez seulement qu'à me suivre, et ne craignez rien ; j'ai quelque chose à vous communiquer qui vous fera plaisir. » Le joaillier partit aussitôt avec lui ; et après lui avoir raconté en chemin de quelle manière la maison où ils allaient avait été volée, il lui dit qu'elle n'était pas dans un état à l'y recevoir.

Quand ils furent devant la maison, et que l'inconnu vit que la porte était à moitié brisée : « Passons outre, dit-il au joaillier ; je vois bien que vous m'avez dit la vérité. Je vais vous mener dans un lieu où nous serons plus commodément. » En disant cela, ils continuèrent de marcher, et marchèrent tout le reste du jour sans s'arrêter. Le joaillier, fatigué du chemin qu'il avait fait, chagrin de voir que la nuit s'approchait, et que l'inconnu marchait toujours sans lui dire où il prétendait le mener, commençait à perdre patience, lorsqu'ils arrivèrent à une place qui conduisait au Tigre. Dès qu'ils furent sur le bord du fleuve, ils s'embarquèrent dans un petit bateau et passèrent de l'autre côté. Alors l'inconnu mena le joaillier par une longue rue, où il n'était venu de sa vie; et, après lui avoir fait traverser je ne sais combien de rues détournées, il s'arrêta à une porte, qu'il ouvrit. Il fit entrer le joaillier, referma et barra la porte d'une grosse barre de fer, et le conduisit dans une chambre où il y avait dix autres hommes, qui n'étaient pas moins inconnus au joaillier que celui qui l'avait amené.

Ces dix hommes reçurent le joaillier sans lui faire beaucoup de compliments. Ils lui dirent de s'asseoir; ce qu'il fit. Il en avait grand besoin : car il n'était pas seulement hors d'haleine d'avoir marché si long-temps; la frayeur dont il était saisi de se voir avec des gens si propres à lui en causer ne lui aurait pas permis de demeurer debout. Comme ils attendaient leur chef pour souper, d'abord qu'il fut arrivé, on servit. Ils se lavèrent les mains, obligèrent le joaillier à faire la même chose et à se mettre à table avec eux. Après le repas, ces hommes lui demandèrent s'il savait à qui il parlait. Il répondit que non, et qu'il ignorait même le quartier et le lieu où il était : « Racontez-nous votre aventure de cette nuit, lui dirent-ils, et ne nous déguisez rien. » Le joaillier, étonné de ce discours, leur répondit : « Messeigneurs, apparemment que vous en êtes déjà instruits? — Cela est vrai, répliquèrent-ils; le jeune homme et la jeune dame qui étaient chez vous hier au soir nous en ont parlé; mais nous la voulons savoir de votre propre bouche. » Il n'en fallut pas davantage pour faire comprendre au joaillier qu'il parlait aux voleurs qui avaient forcé et pillé sa maison : « Messeigneurs, s'écria-t-il, je suis fort en peine de ce jeune homme et de cette jeune dame; ne pourriez-vous pas m'en donner des nouvelles?.... »

Scheherazade en cet endroit s'interrompit pour avertir le sultan des Indes que le jour paraissait. La nuit suivante, elle reprit ainsi son discours :

CCV⁰ NUIT.

Sire, dit-elle, sur la demande que le joaillier fit aux voleurs, s'ils ne pouvaient pas lui apprendre des nouvelles du jeune homme et de la jeune dame : « N'en soyez pas en peine davantage, reprirent-ils ; ils sont en lieu de sûreté ; ils se portent bien. » En disant cela, ils lui montrèrent deux cabinets, et ils l'assurèrent qu'ils y étaient chacun séparément. « Ils nous ont appris, ajoutèrent-ils, qu'il n'y a que vous qui ayez connaissance de ce qui les regarde. Dès que nous l'avons su, nous avons eu pour eux tous les égards possibles en votre considération. Bien loin d'avoir été exposés à la moindre violence, ils ont reçu de nous, au contraire, toutes sortes de bons traitements, et nul ici ne voudrait leur avoir fait le moindre mal. Nous nous disions la même chose de votre personne, et vous pouvez prendre toute sorte de confiance en nous. »

Le joaillier, rassuré par ce discours, et ravi de ce que le prince de Perse et Schemselnihar avaient la vie sauve, prit le parti d'engager davantage les voleurs dans leur bonne volonté. Il les loua, il les flatta, et leur donna mille bénédictions : « Seigneurs, leur dit-il, j'avoue que je n'ai pas l'honneur de vous connaître ; mais c'est un très-grand bonheur pour moi de ne vous être pas inconnu, et je ne puis assez vous remercier du bien que cette connaissance m'a procuré de votre part. Sans parler d'une si grande action d'humanité, je vois qu'il n'y a que des gens de votre sorte capables de garder un secret si fidèlement ; qu'il n'y a pas lieu de craindre qu'il soit jamais révélé ; et s'il y a quelque entreprise difficile, il n'y a qu'à vous en charger ; vous savez en rendre un bon compte par votre ardeur, par votre courage, par votre intrépidité. Fondé sur des qualités qui vous appartiennent à si juste titre, je ne ferai pas difficulté de vous raconter mon histoire et celle des deux personnes que vous avez trouvées chez moi, avec toute la fidélité que vous m'avez demandée. »

Après que le joaillier eut pris ces précautions pour intéresser les voleurs dans la confidence entière de ce qu'il avait à leur révéler, qui ne pouvait produire qu'un bon effet, autant qu'il pouvait le juger, il leur fit, sans rien omettre, le détail des amours du prince de Perse et de Schemselnihar, depuis le commencement jusqu'au rendez-vous qu'il leur avait procuré dans sa maison.

Les voleurs furent dans un grand étonnement de toutes les particularités qu'ils venaient d'entendre : « Quoi ! s'écrièrent-ils quand le joaillier eut achevé, est-il bien possible que le jeune homme soit l'illustre Ali Ebn Becar, prince de Perse, et la jeune dame, la belle et la célèbre Schemselnihar ? » Le joaillier leur jura que rien n'était plus vrai que ce qu'il leur avait dit ; et il ajouta qu'ils ne devaient pas trouver étrange que des personnes si distinguées eussent eu de la répugnance à se faire connaître.

Sur cette assurance, les voleurs allèrent se jeter aux pieds du prince et de Schemselnihar l'un après l'autre, et il les supplièrent de leur pardonner, en leur protestant qu'il ne serait rien arrivé de ce qui s'était passé, s'ils eussent été informés de la qualité de leurs personnes avant de forcer la maison du joaillier : « Nous allons tâcher, ajoutèrent-ils, de réparer la faute que nous avons commise. » Ils revinrent au joaillier : « Nous sommes bien fâchés, lui dirent-ils, de ne pouvoir vous rendre tout ce qui a été enlevé chez vous, dont une partie n'est plus en notre disposition. Nous vous prions de vous contenter de l'argenterie que nous allons vous remettre entre les mains. »

Le joaillier s'estima trop heureux de la grâce qu'on lui faisait. Quand les voleurs lui eurent livré l'argenterie, ils firent venir le prince de Perse et Schemselnihar, et leur dirent, de même qu'au joaillier, qu'ils allaient les ramener en un lieu d'où ils pourraient se retirer chacun chez soi, mais qu'auparavant ils voulaient qu'ils s'engageassent par serment de ne les pas déceler. Le prince de Perse, Schemselnihar et le joaillier leur assurèrent qu'ils auraient pu se fier à leur parole, mais, puisqu'ils le souhaitaient, qu'ils juraient solennellement de leur garder une fidélité inviolable. Aussitôt les voleurs, satisfaits de leur serment, sortirent avec eux.

Dans le chemin, le joaillier, inquiet de ne pas voir la confidente ni les deux esclaves, s'approcha de Schemselnihar, et la supplia de lui apprendre ce qu'elles étaient devenues : « Je n'en sais aucune nouvelle, répondit-elle ; je ne puis vous dire autre chose, sinon qu'on nous enleva de chez vous, qu'on nous fit passer l'eau, et que nous fûmes conduits à la maison d'où nous venons. »

Schemselnihar et le joaillier n'eurent pas un plus long entretien ; ils se laissèrent conduire par les voleurs avec le prince, et ils arrivèrent au bord du fleuve. Les voleurs prirent un bateau, s'embarquèrent avec eux, et les passèrent à l'autre bord.

Dans le temps que le prince de Perse, Schemselnihar et le joaillier débarquaient, on entendit un grand bruit du guet à cheval qui accourait, et il arriva dans le moment que le bateau ne faisait que de quitter le bord, et qu'il repassait les voleurs à toute force de rames.

Le commandant de la brigade demanda au prince, à Schemselnihar et au joaillier, d'où ils venaient si tard, et qui ils étaient. Comme la frayeur les avait tous saisis, et que d'ailleurs ils craignaient de dire quelque chose qui leur fît tort, ils demeurèrent interdits. Il fallait parler cependant ; c'est ce que fit le joaillier, qui avait l'esprit un peu plus libre : « Seigneur, répondit-il, je puis vous assurer premièrement que nous sommes d'honnêtes personnes de la ville. Les gens qui sont dans le bateau qui vient de nous débarquer, et qui repasse de l'autre côté, sont des voleurs qui forcèrent, la dernière nuit, la maison où nous étions. Ils la pillèrent et nous emmenèrent chez eux, où, après les avoir pris par toutes les voies de douceur que nous avons pu imaginer, nous avons enfin obtenu notre liberté, et ils nous ont ramenés jusqu'ici ; ils nous ont même rendu une bonne partie du butin qu'ils avaient fait, que voici. » En disant cela, il montra au commandant le paquet d'argenterie qu'il portait.

Le commandant ne se contenta pas de cette réponse du joaillier ; il s'approcha de lui et du prince de Perse, et les regarda l'un après l'autre : « Dites-moi au vrai, reprit-il en s'adressant à eux, qui est cette dame, d'où vous la connaissez, et dans quel quartier vous demeurez ? »

Cette demande les embarrassa fort, et ils ne savaient que répondre : Schemselnihar franchit la difficulté. Elle tira le commandant à part, et elle ne lui eut pas plutôt parlé, qu'il mit pied à terre avec de grandes marques de respect et d'honnêteté. Il commanda à ses gens de faire venir deux bateaux.

Quand les bateaux furent venus, le commandant fit embarquer Schemselnihar dans l'un, et le prince de Perse et le joaillier dans l'autre, avec deux de ses gens dans chaque bateau, avec ordre de les accompagner chacun jusqu'où ils devaient aller. Les deux bateaux prirent chacun une route différente ; nous ne parlerons présentement que du bateau où étaient le prince de Perse et le joaillier.

Le prince de Perse, pour épargner la peine aux conducteurs qui avaient été donnés à lui et au joaillier, leur dit qu'il mènerait le joaillier chez lui, et leur nomma le quartier où il demeurait. Sur cet enseignement, les conducteurs firent aborder le bateau devant le palais du kalife. Le prince de Perse et le joaillier en furent dans une grande frayeur, dont ils n'osèrent rien témoigner : quoiqu'ils eussent entendu l'ordre que le commandant avait donné, ils ne laissèrent pas néanmoins de s'imaginer qu'on allait les mettre au corps de garde, pour être présentés au kalife le lendemain.

Ce n'était pas là cependant l'intention des conducteurs : quand ils les eurent fait débarquer, comme ils avaient à aller rejoindre leur brigade, ils les recommandèrent à un officier de la garde du kalife, qui leur donna deux de ses soldats pour les conduire par terre à l'hôtel du prince de Perse, qui était assez éloigné du fleuve. Ils y arrivèrent enfin, mais tellement las et fatigués, qu'à peine ils pouvaient se mouvoir.

Avec cette grande lassitude, le prince de Perse était d'ailleurs si affligé du contre-temps malheureux qui lui était arrivé à lui et à Schemselnihar, et qui lui ôtait désormais l'espérance d'une autre entrevue, qu'il s'évanouit en s'asseyant sur son sofa. Pendant que la plus grande partie de ses gens s'occupaient à le faire revenir, les autres s'assemblèrent autour du joaillier, et le prièrent de leur dire ce qui était arrivé au prince, dont l'absence les avait mis dans une inquiétude inexprimable....

Scheherazade cessa de parler, voyant le jour paraître. La nuit suivante, elle dit ainsi au sultan des Indes:

CCVI^e NUIT.

Sire, je racontais hier à votre majesté que pendant que l'on était occupé à faire revenir le prince de son évanouissement, d'autres de ses gens avaient demandé au joaillier ce qui était arrivé à leur maître. Le joaillier, qui n'avait garde de leur révéler rien de ce qu'il ne leur appartenait pas de savoir, leur répondit que la chose était très-extraordinaire, mais que ce n'était pas le temps d'en faire le récit, et qu'il valait mieux songer à secourir le prince. Par bonheur, le prince de Perse revint à lui en ce moment; et ceux qui lui avaient fait cette demande avec empressement s'écartèrent et demeurèrent dans le respect, avec beaucoup de joie de ce que l'évanouissement n'avait pas duré plus long-temps.

Quoique le prince de Perse eût repris connaissance, il demeura dans une si grande faiblesse, qu'il ne pouvait ouvrir la bouche pour parler : il ne répondit que par signes, même à ses parents qui le questionnaient. Il était encore en cet état le lendemain matin, lorsque le joaillier prit congé de lui. Le prince ne lui répondit que par un clin d'œil, en lui tendant la main; et comme il vit qu'il était chargé du paquet d'argenterie que les voleurs lui avaient rendue, il fit signe à un de ses gens de le prendre et de le porter jusque chez lui.

On avait attendu le joaillier avec grande impatience dans sa famille le jour qu'il en était sorti avec l'homme qui l'était venu demander, et que l'on ne connaissait pas, et l'on n'avait pas douté qu'il ne lui fût arrivé quelque autre affaire pire que la première, dès que le temps où il devait être revenu fut passé. Sa femme, ses enfants et ses domestiques en étaient dans de grandes alarmes, et ils en pleuraient encore lorsqu'il arriva. Ils eurent de la joie de le revoir ; mais ils furent troublés de ce qu'il était extrêmement changé depuis le peu de temps qu'ils ne l'avaient vu. La longue fatigue du jour précédent et la nuit qu'il avait passée dans de grandes frayeurs et sans dormir étaient la cause de ce changement, qui l'avait rendu à peine reconnaissable. Comme il se sentait lui-même fort abattu, il demeura deux jours chez lui à se remettre, et il ne vit que quelques-uns de ses amis les plus intimes, à qui il avait commandé qu'on laissât l'entrée libre.

Le troisième jour, le joaillier, qui sentit ses forces un peu rétablies, crut qu'elles augmenteraient s'il sortait pour prendre l'air. Il alla à la boutique d'un riche marchand de ses amis, avec qui il s'entretint assez long-temps. Comme il se levait pour prendre congé de son ami et se retirer, il aperçut une femme qui lui faisait signe, et il la reconnut pour la confidente de Schemselnihar. Entre la crainte et la joie qu'il en eut, il se retira plus promptement, sans la regarder. Elle le suivit, comme il s'était bien douté qu'elle le ferait, parce que ce lieu n'était pas commode pour s'entretenir avec elle. Comme il marchait un peu vite, la confidente, qui ne pouvait le suivre du même pas, lui criait de temps en temps de l'attendre. Il l'entendait bien ; mais, après ce qui lui était arrivé, il ne pouvait pas lui parler en public, de peur de donner lieu de soupçonner qu'il eût ou qu'il eût eu commerce avec Schemselnihar. En effet, on savait dans Bagdad qu'elle appartenait à cette favorite, et qu'elle faisait toutes ses emplettes. Il continua du même pas, et arriva à une mosquée qui était peu fréquentée, et où il savait bien qu'il n'y aurait personne. Elle y entra après lui, et ils eurent toute la liberté de s'entretenir sans témoins.

Le joaillier et la confidente de Schemselnihar se témoignèrent réciproquement combien ils avaient de joie de se revoir, après l'aventure étrange causée par les voleurs, et leur crainte l'un pour l'autre, sans parler de celle qui regardait leur propre personne.

Le joaillier voulait que la confidente commençât par lui raconter comment elle avait échappé avec les deux esclaves, et qu'elle lui apprît ensuite des nouvelles de Schemselnihar, depuis qu'il ne l'avait vue. Mais la confidente lui marqua un si grand empressement de savoir auparavant ce qui lui était arrivé depuis leur séparation si imprévue, qu'il fut obligé de la satisfaire : « Voilà, dit-il en achevant, ce que vous désiriez apprendre de moi ; apprenez-moi, je vous prie, à votre tour, ce que je vous ai déjà demandé. »

« Dès que je vis paraître les voleurs, dit la confidente, je m'imaginai, sans les bien examiner, que c'étaient des soldats de la garde du kalife ; que le kalife avait été informé de la sortie de Schemselnihar, et qu'il les avait envoyés pour lui ôter la vie, au prince de Perse et à nous tous. Prévenue de cette pensée, je montai sur-le-champ à la terrasse du haut de votre maison, pendant que les voleurs entrèrent dans la chambre où étaient le prince de Perse et Schemselnihar ; les deux esclaves de Schemselnihar furent diligentes à me suivre. De terrasse en terrasse, nous arrivâmes à celle d'une maison d'honnêtes gens, qui nous reçurent avec cordialité, et chez qui nous passâmes la nuit. Le lendemain matin, après que nous eûmes remercié le maître de la maison du plaisir qu'il nous avait fait, nous retournâmes au palais de Schemselnihar. Nous y rentrâmes dans un grand désordre, et d'autant plus affligées, que nous ne savions quel avait été le destin de nos deux amants infortunés. Les autres femmes de Schemselnihar furent étonnées de voir que nous revenions sans elle. Nous leur dîmes, comme nous en étions convenues, qu'elle était demeurée chez une dame de ses amies, et qu'elle devait nous envoyer appeler pour aller la reprendre, quand elle voudrait revenir, et elles se contentèrent de cette excuse. Je passai cependant la journée dans une grande inquiétude. La nuit venue, j'ouvris la petite porte de derrière, et je vis un petit bateau sur le canal détourné du fleuve qui y aboutit. J'appelai le batelier, et le priai d'aller de côté et d'autre, le long du fleuve, voir s'il n'apercevait pas une dame, et s'il la rencontrait, de l'amener. J'attendis son retour avec les deux esclaves qui étaient dans la même peine que moi, et il était déjà près de minuit, lorsque le même bateau arriva avec deux hommes dedans, et une femme couchée sur la poupe. Quand le bateau eut abordé, les deux hommes aidèrent la femme à se lever et à débarquer, et je la reconnus pour Schemselnihar, avec une joie de la revoir et de ce qu'elle était retrouvée que je ne puis exprimer.... »

Scheherazade finit ici son discours pour cette nuit. Elle reprit le même conte la nuit suivante, et dit au sultan des Indes :

CCVIIᵉ NUIT.

Sire, nous laissâmes hier la confidente de Schemselnihar dans la mosquée, où elle racontait au joaillier ce qui lui était arrivé depuis qu'ils ne s'étaient vus, et les circonstances du retour de Schemselnihar à son palais : elle poursuivit ainsi :

« Je donnai, dit-elle, la main à Schemselnihar pour l'aider à mettre pied à terre. Elle avait grand besoin de ce secours, car elle ne pouvait presque se soutenir. Quand elle fut débarquée, elle me dit à l'oreille, d'un ton qui marquait son affliction, d'aller prendre une bourse de mille pièces d'or, et de la donner aux deux soldats qui l'avaient accompagnée. Je la remis entre les mains des deux esclaves pour la soutenir; et après avoir dit aux deux soldats de m'attendre un moment, je courus prendre la bourse et je revins incessamment. Je la donnai aux deux soldats, je payai le batelier, et je fermai la porte. Je rejoignis Schemselnihar qu'elle n'était pas encore arrivée à sa chambre. Nous ne perdîmes pas de temps; nous la déshabillâmes et nous la mîmes dans son lit, où elle ne fut pas plutôt qu'elle demeura comme prête à rendre l'âme tout le reste de la nuit. Le jour suivant, ses autres femmes témoignèrent un grand empressement de la voir; mais je leur dis qu'elle était revenue extrêmement fatiguée, et qu'elle avait besoin de repos pour se remettre. Nous lui donnâmes cependant, les deux autres femmes et moi, tous les secours que nous pûmes imaginer, et qu'elle pouvait attendre de notre zèle. Elle s'obstina d'abord à ne vouloir rien prendre, et nous eussions désespéré de sa vie, si nous ne nous fussions aperçues que le vin que nous lui donnions de temps en temps lui faisait reprendre des forces. Enfin, après d'instantes prières, nous vainquîmes son opiniâtreté, et nous l'obligeâmes à manger. Lorsque je vis qu'elle était en état de parler (car elle n'avait fait que pleurer, gémir et soupirer jusqu'alors), je lui demandai en grâce de vouloir bien me dire par quel bonheur elle avait échappé des mains des voleurs : « Pourquoi exigez-vous de moi, me dit-elle avec un profond soupir, que je renouvelle un si grand sujet d'affliction? Plût à Dieu que les voleurs m'eussent ôté la vie, au lieu de me la conserver! Mes maux seraient finis, et je ne vis que pour souffrir davantage. »

« Madame, repris-je, je vous supplie de ne me pas refuser. Vous n'ignorez pas que les malheureux ont quelque sorte de consolation à raconter leurs aventures les plus fâcheuses. Ce que je vous demande vous soulagera, si vous avez la bonté de me l'accorder. »

« Écoutez donc, me dit-elle, la chose la plus désolante qui puisse arriver à une personne aussi passionnée que moi, qui croyais n'avoir plus rien à désirer. Quand je vis entrer les voleurs le sabre et le poignard à la main, je crus que nous étions au dernier moment de notre vie, le prince de Perse et moi; et je ne regrettais pas ma mort, dans la pensée que je devais mourir avec lui. Au lieu de se jeter sur nous pour nous percer le cœur, comme je m'y attendais, deux furent commandés pour nous garder; et les autres, cependant, firent des ballots de tout ce qu'il y avait dans la chambre et dans les pièces à côté. Quand ils eurent achevé, et qu'ils eurent chargé les ballots sur leurs épaules, ils sortirent et nous emmenèrent avec eux.

« Dans le chemin, un de ceux qui nous accompagnaient me demanda qui j'étais; et je lui dis que j'étais danseuse. Il fit la même demande au prince, qui répondit qu'il était bourgeois.

« Lorsque nous fûmes chez eux, où nous eûmes de nouvelles frayeurs, ils s'assemblèrent autour de moi; et après avoir considéré mon habillement et les riches joyaux dont j'étais parée, ils se doutèrent que j'avais déguisé ma qualité : « Une danseuse n'est pas faite comme vous, me dirent-ils. Dites-nous au vrai qui vous êtes. »

« Comme ils virent que je ne répondais rien : « Et vous, demandèrent-ils au prince de Perse, qui êtes-vous aussi? Nous voyons bien que vous n'êtes pas un simple bourgeois, comme vous l'avez dit. » Il ne les satisfit pas plus que moi sur ce qu'ils désiraient de savoir. Il leur dit seulement qu'il était venu voir le joaillier, qu'il nomma, et se divertir avec lui, et que la maison où ils nous avaient trouvés lui appartenait.

« Je connais ce joaillier, dit aussitôt un des voleurs, qui paraissait avoir de l'autorité parmi eux; je lui ai quelque obligation sans qu'il en sache rien, et je sais qu'il a une autre maison; je me charge de le faire venir demain. Nous ne vous relâcherons pas, continua-t-il, que nous ne sachions par lui qui vous êtes. Il ne vous sera fait cependant aucun tort. »

« Le joaillier fut amené le lendemain, et comme ce zélé confident, croyant nous obliger, comme il le fit en effet, déclara aux voleurs qui nous étions véritablement, les voleurs vinrent me demander pardon, et je crois qu'ils en usèrent de même envers le prince de Perse, qui était dans un autre endroit; ils me protestèrent qu'ils n'auraient pas forcé la maison où ils nous avaient trouvés, s'ils eussent su qu'elle appartenait au joaillier. Ils nous prirent aussitôt, le prince de Perse, le joaillier et moi, et ils nous amenèrent jusqu'au bord du fleuve ; ils nous firent embarquer dans un bateau qui nous passa de ce côté ; mais nous ne fûmes pas plutôt débarqués, qu'une brigade du guet à cheval vint à nous.

« Je pris le commandant à part, je me nommai, et lui dis que le soir précédent, en revenant de chez une amie, les voleurs qui repassaient de leur côté m'avaient arrêtée et emmenée chez eux ; que je leur avais dit qui j'étais, et qu'en me relâchant ils avaient fait la même grâce, à ma considération, aux deux personnes qu'il voyait, après que je les eus assurés qu'ils étaient de ma connaissance. Il mit aussitôt pied à terre pour me faire honneur ; et après qu'il m'eut témoigné la joie qu'il avait de pouvoir m'obliger en quelque chose, il fit venir deux bateaux, et me fit embarquer dans l'un, avec deux de ses gens que vous avez vus qui m'ont escortée jusqu'ici : pour ce qui est du prince de Perse et du joaillier, il les renvoya dans l'autre, aussi avec deux de ses gens pour les accompagner et les conduire en sûreté jusque chez eux.

« J'ai confiance, ajouta-t-elle, en finissant et en fondant en larmes, qu'il ne leur sera point arrivé de mal depuis notre séparation, et je ne doute pas que la douleur du prince ne soit égale à la mienne. Le joaillier, qui nous a obligés avec tant d'affection, mérite d'être récompensé de la perte qu'il a faite pour l'amour de nous. Ne manquez pas, demain matin, de prendre deux bourses de mille pièces d'or chacune, de les lui porter de ma part, et de lui demander des nouvelles du prince de Perse. »

« Quand ma bonne maîtresse eut achevé, je tâchai, sur le dernier ordre qu'elle venait de me donner, de m'informer des nouvelles du prince de Perse, de lui persuader de faire des efforts pour se surmonter elle-même, après le danger qu'elle venait d'essuyer, et dont elle n'avait échappé que par un miracle : « Ne me répliquez pas, reprit-elle, et faites ce que je vous demande. »

« Je fus contrainte de me taire, et je suis venue pour lui obéir ; je suis allée chez vous, où je ne vous ai pas trouvé ; et dans l'incertitude si je vous trouverais où l'on m'a dit que vous pouviez être, j'ai été sur le point d'aller chez le prince de Perse ; mais je n'ai osé l'entreprendre. J'ai laissé en passant les deux bourses chez une personne de connaissance : attendez-moi ici, je ne mettrai pas de temps à les apporter.... »

Scheherazade, s'apercevant que le jour paraissait, se tut après ces dernières paroles. Elle continua le même conte la nuit suivante, et dit au sultan des Indes :

CCVIII^e NUIT.

Sire, la confidente revint joindre le joaillier dans la mosquée où elle l'avait laissé, et en lui donnant les deux bourses : « Prenez, dit-elle, et satisfaites vos amis. — Il y en a, reprit le joaillier, beaucoup au delà de ce qui est nécessaire ; mais je n'oserais refuser la grâce qu'une dame si honnête et si généreuse veut bien faire à son très-humble serviteur ; je vous supplie de l'assurer que je conserverai éternellement la mémoire de ses bontés. » Il convint avec la confidente qu'elle viendrait le trouver à la maison où elle l'avait vu la première fois, lorsqu'elle aurait quelque chose à lui communiquer de la part de Schemselnihar, et pour apprendre des nouvelles du prince de Perse ; après quoi ils se séparèrent.

Le joaillier retourna chez lui fort content, non-seulement de ce qu'il avait de quoi satisfaire ses amis pleinement, mais de ce qu'il voyait même que personne ne savait à Bagdad que le prince de Perse et Schemselnihar se fussent trouvés dans son autre maison lorsqu'elle avait été pillée. Il est vrai qu'il avait déclaré la chose aux voleurs ; mais il avait confiance qu'ils lui garderaient le secret. Ils n'avaient pas d'ailleurs assez de commerce dans le monde pour craindre aucun danger de leur côté, quand ils l'eussent divulgué. Dès le lendemain matin il vit les amis qui l'avaient obligé, et il n'eut pas de peine à les contenter ; il eut même beaucoup d'argent de reste pour meubler fort proprement son autre maison, où il mit quelques-uns de ses domestiques pour l'habiter. C'est ainsi qu'il oublia le danger auquel il avait échappé, et sur le soir il se rendit chez le prince de Perse.

Les officiers du prince, qui reçurent le joaillier, lui dirent qu'il arrivait fort à propos ; que le prince, depuis qu'il ne l'avait vu, était dans un état qui donnait tout sujet de craindre pour sa vie, et qu'on ne pouvait tirer de lui une seule parole. Ils l'introduisirent dans sa chambre sans faire de bruit, et il le trouva couché dans son lit, les yeux fermés, et dans un état qui lui fit compassion. Il le salua en lui touchant la main, et il l'exhorta à prendre courage.

Le prince de Perse reconnut que le joaillier lui parlait ; il ouvrit les yeux, et le regarda d'une manière qui lui fit connaître que son affliction était infiniment plus vive que celle qu'il avait éprouvée la première fois qu'il avait vu Schemselnihar. Il lui prit et lui serra la main pour lui marquer son amitié, et lui dit d'une voix faible qu'il lui était bien obligé de la peine qu'il prenait de venir voir un prince aussi malheureux et aussi affligé qu'il l'était :

« Prince, reprit le joaillier, ne parlons pas, je vous en supplie, des obligations que vous pouvez m'avoir ; je voudrais bien que les bons offices que j'ai tâché de vous rendre eussent eu un meilleur succès. Parlons plutôt de votre santé : dans l'état où je vous vois, je crains fort que vous ne vous laissiez abattre vous-même, et que vous ne preniez pas la nourriture qui vous est nécessaire. »

Les gens qui étaient près du prince, leur maître, prirent cette occasion pour dire au joaillier qu'ils avaient toutes les peines imaginables à le décider à prendre quelque chose ; qu'il ne s'aidait pas, et qu'il y avait long-temps qu'il n'avait rien pris. Cela obligea le joaillier de supplier le prince de souffrir que ses gens lui apportassent de la nourriture, et d'en prendre, et il l'obtint après de grandes instances.

Après que le prince de Perse, par la persuasion du joaillier, eut mangé plus amplement qu'il n'avait encore fait, il commanda à ses gens de le laisser seul avec lui, et lorsqu'ils furent sortis : « Avec le malheur qui m'accable, lui dit-il, j'ai une douleur extrême de la perte que vous avez soufferte pour l'amour de moi, il est juste que je songe à vous en récompenser ; mais auparavant, après vous en avoir demandé mille pardons, je vous prie de me dire si vous n'avez rien appris de Schemselnihar, depuis que j'ai été contraint de me séparer d'avec elle. »

Le joaillier, instruit par la confidente, lui raconta tout ce qu'il savait de l'arrivée de Schemselnihar à son palais, de l'état où elle avait été depuis ce temps-là jusqu'au moment où elle se trouva mieux, et où elle envoya la confidente pour s'informer de ses nouvelles.

Le prince de Perse ne répondit au discours du joaillier que par des soupirs et des larmes ; ensuite, malgré sa faiblesse, il se leva, fit appeler quelques-uns de ses gens, et alla en personne à son garde-meuble, qu'on ouvrit par son ordre ; il y fit faire plusieurs ballots de riches meubles et d'argenterie, et ordonna qu'on les portât chez le joaillier.

Le joaillier voulut se défendre d'accepter le présent que le prince de Perse lui faisait ; mais, quoiqu'il lui représentât que Schemselnihar lui avait déjà envoyé plus qu'il n'en avait besoin pour remplacer ce que ses amis avaient perdu, il voulut néanmoins être obéi. Le joaillier fut donc obligé de lui témoigner combien il était confus de sa libéralité, et il lui marqua qu'il ne pouvait assez l'en remercier. Il voulait prendre congé ; mais le prince le pria de rester, et ils s'entretinrent une bonne partie de la nuit.

Le lendemain matin, le joaillier vit encore le prince avant de se retirer, et le prince le fit asseoir près de lui : « Vous savez, lui dit-il, que l'on a un but en toutes choses : le but d'un amant est de posséder ce qu'il aime sans obstacle ; s'il perd une fois cette espérance, il est certain qu'il ne doit plus penser à vivre. Vous comprendrez bien que telle est la triste situation où je me trouve. En effet, dans le temps que, par deux fois, je me crois au comble de mes désirs, c'est alors que je suis arraché d'auprès de ce que j'aime de la manière la plus cruelle. Après cela, il ne me reste plus qu'à songer à la mort : je me la serais déjà donnée, si ma religion ne me défendait d'être homicide de moi-même ; mais il n'est pas besoin que je la prévienne : je sens bien que je ne l'attendrai pas long-temps. » Il se tut à ces paroles, avec des gémissements, des soupirs, des sanglots et des larmes qu'il laissa couler en abondance.

Le joaillier, qui ne savait pas d'autre moyen de le détourner de cette pensée de désespoir qu'en lui remettant Schemselnihar dans la mémoire, et en lui donnant quelque ombre d'espérance, lui dit qu'il craignait que la confidente ne fût déjà venue, et qu'il était à propos qu'il ne perdît pas de temps à retourner chez lui : « Je vous laisse aller, lui dit le prince ; mais, si vous la voyez, je vous supplie de lui bien recommander d'assurer Schemselnihar que si j'ai à mourir, comme je m'y attends bientôt, je l'aimerai jusqu'au dernier soupir et jusque dans le tombeau. »

Le joaillier revint chez lui, et y demeura dans l'espérance que la confidente viendrait. Elle arriva quelques heures après, mais tout en pleurs et dans un grand désordre. Le joaillier, alarmé, lui demanda avec empressement ce qu'elle avait :

« Schemselnihar, le prince de Perse, vous et moi, reprit la confidente, nous sommes tous perdus. Écoutez la triste nouvelle que j'appris hier en entrant au palais, après vous avoir quitté : Schemselnihar avait fait châtier, pour quelque faute, une des deux esclaves que vous vîtes avec elle le jour du rendez-vous dans votre autre maison ; l'esclave, outrée de ce mauvais traitement, a trouvé la porte du palais ouverte, elle est sortie, et nous ne doutons pas qu'elle n'ait tout déclaré à un des eunuques de notre garde, qui lui a donné retraite. Ce n'est pas tout : l'autre esclave, sa compagne, a fui aussi, et s'est réfugiée au palais du kalife, à qui nous avons tout sujet de croire qu'elle a tout révélé. En voici la raison : c'est qu'aujourd'hui le kalife vient d'envoyer prendre Schemselnihar par une vingtaine d'eunuques, qui l'ont menée à son palais. J'ai trouvé le moyen de me dérober et de venir vous donner avis de tout ceci ; je ne sais pas ce qui se sera passé, mais je n'en augure rien de bon. Quoi qu'il en soit, je vous conjure de bien garder le secret.... »

Le jour, qui survint, imposa silence à la sultane, qui, la nuit suivante, continua son récit en ces termes :

CCIX⁰ NUIT.

Sire, la confidente ajouta à ce qu'elle venait de dire au joaillier, qu'il était bon qu'il allât trouver le prince de Perse, sans perdre de temps, et l'avertir de l'affaire, afin qu'il se tînt prêt à tout événement, et qu'il fût fidèle dans la cause commune. Elle ne lui en dit pas davantage, et se retira brusquement, sans attendre sa réponse.

Qu'aurait pu répondre le joaillier dans l'état où il se trouvait? Il demeura immobile et comme étourdi du coup. Il vit bien néanmoins que l'affaire pressait : il se fit violence et alla trouver le prince de Perse à l'instant même. En l'abordant d'un air qui marquait déjà la méchante nouvelle qu'il venait lui annoncer : « Prince, dit-il, armez-vous de patience, de constance et de courage; et préparez-vous à l'assaut le plus terrible que vous ayez eu à soutenir de votre vie. »

« Dites-moi en deux mots ce qu'il y a, reprit le prince, et ne me faites pas languir ; je suis prêt à mourir s'il en est besoin. »

Le joaillier lui raconta ce qu'il venait d'apprendre de la confidente.

« Vous voyez bien, continua-t-il, que votre perte est assurée. Levez-vous, sauvez-vous promptement : le temps est précieux. Vous ne devez pas vous exposer à la colère du kalife, encore moins à rien avouer au milieu des tourments. »

Peu s'en fallut qu'en ce moment le prince n'expirât d'affliction, de douleur et de frayeur. Il se recueillit, et demanda au joaillier quelle résolution il lui conseillait de prendre dans une conjoncture où il n'y avait pas un moment dont il ne dût profiter : « Il n'y en a pas d'autre, repartit le joaillier, que de monter à cheval au plus tôt, et de prendre le chemin d'Anbar¹ pour y arriver demain avant le jour. Prenez de vos gens ce que vous jugerez à propos, avec de bons chevaux, et souffrez que je me sauve avec vous. »

Le prince de Perse, qui ne vit pas d'autre parti à prendre, donna ordre aux préparatifs les moins embarrassants, prit de l'argent et des pierreries; et après avoir pris congé de sa mère, il partit, s'éloi-

---

¹ Anbar était une ville sur le Tigre, à vingt lieues au-dessous de Bagdad.

gna de Bagdad en diligence, avec le joaillier et les gens qu'il avait choisis.

Ils marchèrent le reste du jour et toute la nuit sans s'arrêter en aucun lieu, jusqu'à deux ou trois heures avant le jour du lendemain, que, fatigués d'une si longue traite, et leurs chevaux n'en pouvant plus, ils mirent pied à terre pour se reposer.

Ils n'avaient presque pas eu le temps de respirer, qu'ils se virent assaillis tout à coup par une grosse troupe de voleurs. Ils se défendirent quelque temps très-courageusement ; mais les gens du prince furent tués. Cela obligea le prince et le joaillier à mettre les armes bas, et à s'abandonner à leur discrétion. Les voleurs leur donnèrent la vie ; mais après qu'ils se furent saisis des chevaux et du bagage, ils les dépouillèrent, et, se retirant avec leur butin, ils les laissèrent au même endroit.

Lorsque les voleurs furent éloignés : « Hé bien ! dit le prince désolé au joaillier, que dites-vous de notre aventure et de l'état où nous voilà ? Ne vaudrait-il pas mieux que je fusse demeuré à Bagdad, que j'y eusse attendu la mort, de quelque manière que je dusse la recevoir ? »

« Prince, reprit le joaillier, c'est un décret de la volonté de Dieu : il lui plaît de nous éprouver par afflictions sur afflictions : c'est à nous de n'en point murmurer, et de recevoir ces disgrâces de sa main avec une entière soumission. Ne nous arrêtons pas ici davantage ; cherchons quelque lieu de retraite, où l'on veuille bien nous secourir dans notre malheur. »

« Laissez-moi mourir, lui dit le prince de Perse : il n'importe pas que je meure ici ou ailleurs : peut-être même qu'au moment où nous parlons, Schemselnihar n'est plus, et je ne dois plus chercher à vivre après elle. » Le joaillier le persuada enfin, à force de prières. Ils marchèrent quelque temps, et ils rencontrèrent une mosquée qui était ouverte, où ils entrèrent et passèrent le reste de la nuit.

A la pointe du jour, un homme seul arriva dans cette mosquée. Il y fit sa prière ; et quand il eut achevé, il aperçut en se retournant le prince de Perse et le joaillier qui étaient assis dans un coin. Il s'approcha d'eux en les saluant avec beaucoup de civilité : « Autant que je puis le connaître, leur dit-il, il me semble que vous êtes étrangers. »

Le joaillier prit la parole : « Vous ne vous trompez pas, répondit-il : nous avons été volés cette nuit en venant de Bagdad, comme vous le pouvez voir à l'état où nous sommes, et nous avons besoin de secours ; mais nous ne savons à qui nous adresser : — Si vous voulez prendre la peine de venir chez moi, repartit l'homme, je vous donnerai volontiers l'assistance que je pourrai. »

A cette offre obligeante, le joaillier se tourna du côté du prince de Perse, et lui dit à l'oreille : « Cet homme, prince, comme vous le voyez, ne nous connaît pas, et nous avons à craindre que quelque autre ne vienne et ne nous connaisse. Nous ne devons pas, ce me semble, refuser la grâce qu'il veut bien nous faire. — Vous êtes le maître, reprit le prince, et je consens à tout ce que vous voudrez. »

L'homme, qui vit que le joaillier et le prince de Perse consultaient ensemble, s'imagina qu'ils faisaient difficulté d'accepter la proposition qu'il leur avait faite. Il leur demanda quelle était leur résolution : « Nous sommes prêts à vous suivre, répondit le joaillier ; ce qui nous fait de la peine, c'est que nous sommes nus, et que nous avons honte de paraître en cet état. »

Par bonheur, l'homme eut à leur donner à chacun assez de quoi se couvrir pour les conduire jusque chez lui. Ils n'y furent pas plutôt arrivés que leur hôte leur fit apporter à chacun un habit assez propre ; et comme il ne douta pas qu'ils n'eussent grand besoin de manger, et qu'ils seraient bien aises d'être seuls, il leur fit porter plusieurs plats par une esclave. Mais ils ne mangèrent presque pas, surtout le prince de Perse, qui était dans une langueur et dans un abattement qui firent tout craindre au joaillier pour sa vie.

Leur hôte les vit à diverses fois pendant le jour ; et sur le soir, comme il savait qu'ils avaient besoin de repos, il les quitta de bonne heure. Mais le joaillier fut bientôt obligé de l'appeler pour assister à la mort du prince de Perse. Il s'aperçut que ce prince avait la respiration forte et véhémente ; et cela lui fit comprendre qu'il n'avait plus que peu de moments à vivre. Il s'approcha de lui, et le prince lui dit : « C'en est fait, comme vous le voyez, et je suis bien aise que vous soyez témoin du dernier soupir de ma vie. Je la perds avec bien de la satisfaction, et je ne vous en dis pas la raison, vous la savez. Tout le regret que j'ai, c'est de ne pas mourir dans les bras de ma chère mère, qui m'a toujours aimé tendrement, et pour qui j'ai toujours eu le respect que je devais. Elle aura bien de la douleur de n'avoir pas eu la triste consolation de me fermer les yeux, et de m'ensevelir de ses propres mains ! Témoignez-lui bien la peine que j'en souffre, et priez-la de ma part de faire transporter mon corps à Bagdad, afin qu'elle arrose mon tombeau de ses larmes et qu'elle m'y assiste de ses prières. » Il n'oublia pas l'hôte de la maison ; il le remercia de l'accueil généreux qu'il lui avait fait; et après lui avoir demandé en grâce de vouloir bien que son corps demeurât en dépôt chez lui jusqu'à ce qu'on vînt l'enlever, il expira....

Scheherazade en était à cet endroit, lorsqu'elle s'aperçut que le jour paraissait. La nuit suivante, reprenant son récit, elle dit au sultan des Indes :

CCX^e NUIT.

Sire, dès le lendemain de la mort du prince de Perse, le joaillier profita de la compagnie d'une caravane assez nombreuse qui venait à Bagdad, où il se rendit en sûreté. Il ne fit que rentrer chez lui et changer d'habit à son arrivée, et se rendit à l'hôtel du feu prince de Perse, où l'on fut alarmé de ne pas voir le prince avec lui. Il pria qu'on avertît la mère du prince, qu'il souhaitait de lui parler, et l'on ne fut pas long-temps à l'introduire dans une salle où elle était avec plusieurs de ses femmes : « Madame, lui dit le joaillier d'un air et d'un ton qui marquaient la fâcheuse nouvelle qu'il avait à lui annoncer, Dieu vous conserve et vous comble de ses bontés ! Vous n'ignorez pas que Dieu dispose de nous comme il lui plaît.... »

La dame ne donna pas le temps au joaillier d'en dire davantage: « Ah ! s'écria-t-elle, vous m'annoncez la mort de mon fils ! » Elle poussa en même temps des cris effroyables, qui, mêlés avec ceux des femmes, renouvelèrent les larmes du joaillier. Elle se tourmenta et s'affligea long-temps avant qu'elle lui laissât reprendre ce qu'il avait à lui dire. Elle interrompit enfin ses pleurs et ses gémissements, et elle le pria de continuer et de ne lui rien cacher des circonstances d'une séparation si triste. Il la satisfit, et quand il eut achevé, elle lui demanda si le prince, son fils, dans les derniers moments de sa vie, ne l'avait pas chargé de quelque chose de particulier à lui dire. Il lu assura qu'il n'avait pas eu un plus grand regret que de mourir éloigné d'elle, et que la seule chose qu'il avait souhaitée était qu'elle voulût bien prendre le soin de faire transporter son corps à Bagdad. Dès le lendemain, de grand matin, elle se mit en chemin accompagnée de ses femmes et de la plus grande partie de ses esclaves.

Quand le joaillier, qui avait été retenu par la mère du prince de Perse, eut vu partir cette dame, il retourna chez lui tout triste et les yeux baissés, avec un grand regret de la mort d'un prince si accompli, si aimable et encore à la fleur de son âge.

Comme il marchait recueilli en lui-même, une femme se présenta et s'arrêta devant lui. Il leva les yeux, et vit que c'était la confidente de Schemselnihar, qui était habillée de deuil et pleurait. Il renouvela ses pleurs à cette vue sans ouvrir la bouche pour lui parler, et il continua de marcher jusqu'à sa maison, où la confidente le suivit et entra avec lui.

Ils s'assirent ; et le joaillier en prenant la parole le premier, demanda à la confidente avec un grand soupir, si elle avait déjà appris la mort du prince de Perse, et si c'était lui qu'elle pleurait : « Hélas ! non, s'écria-t-elle. Quoi, ce prince si charmant est mort ! Il n'a pas vécu long-temps après sa chère Schemselnihar : belles âmes, ajouta-t-elle, en quelque part que vous soyez, vous devez être bien contentes de pouvoir vous aimer désormais sans obstacle ! Vos corps étaient un empêchement à vos souhaits, et le Ciel vous en a délivrés pour vous unir ! »

Le joaillier, qui ne savait rien de la mort de Schemselnihar, et qui n'avait pas encore fait réflexion que la confidente qui lui parlait était habillée de deuil, eut une nouvelle affliction d'apprendre cette nouvelle : « Schemselnihar est morte ! s'écria-t-il. — Elle est morte, reprit la confidente en pleurant tout de nouveau, et c'est d'elle que je porte le deuil ! Les circonstances de sa mort sont singulières, et elles méritent que vous les sachiez ; mais avant que je vous en fasse le récit, je vous prie de me faire part de celles de la mort du prince de Perse, que je pleurerai toute ma vie, avec celle de Schemselnihar, ma chère et respectable maîtresse. »

Le joaillier donna à la confidente la satisfaction qu'elle demandait : et dès qu'il lui eut raconté le tout, jusqu'au départ de la mère du prince de Perse, qui venait de se mettre en chemin elle-même pour faire apporter le corps du prince à Bagdad : « Vous n'avez pas oublié, lui dit-elle, que je vous ai dit que le kalife avait fait venir Schemselnihar à son palais ; il était vrai, comme nous avions tout sujet de nous le persuader, que le kalife avait été informé des amours de Schemselnihar et du prince de Perse par les deux esclaves, qu'il avait interrogées toutes deux séparément. Vous allez vous imaginer qu'il se mit en colère contre Schemselnihar, et qu'il donna de grandes marques de jalousie et de vengeance prochaine contre le prince de Perse. Point du tout : il ne songea pas un moment au prince de Perse ; il plaignit seulement Schemselnihar ; et il est à croire qu'il s'attribua à lui-même ce qui est arrivé, sur la permission qu'il lui avait donnée d'aller librement par la ville, sans être accompagnée d'eunuques. On n'en peut conjecturer autre chose, après la manière tout extraordinaire dont il en a usé avec elle, comme vous allez l'entendre.

« Le kalife la reçut avec un visage ouvert ; et quand il eut remarqué la tristesse dont elle était accablée, qui cependant ne diminuait rien de sa beauté (car elle parut devant lui sans aucune marque de surprise ni de frayeur) : « Schemselnihar, lui dit-il avec une bonté digne de lui, je ne puis souffrir que vous paraissiez devant moi avec un air qui m'afflige infiniment. Vous savez avec quelle passion je vous ai toujours aimée : vous devez en être persuadée par toutes les marques que je vous en ai données. Je ne change pas, et je vous aime plus que jamais. Vous avez des ennemis, et ces ennemis m'ont fait des rapports contre votre conduite ; mais tout ce qu'ils ont pu me dire ne me fait pas la moindre impression. Quittez donc cette mélancolie, et disposez-vous à m'entretenir ce soir de quelque chose d'agréable et de divertissant, à votre ordinaire. » Il lui dit plusieurs autres choses très-obligeantes, et il la fit entrer dans un appartement magnifique, près du sien, où il la pria de l'attendre.

« L'affligée Schemselnihar fut très-sensible à tant de témoignages de considération pour sa personne ; mais plus elle connaissait combien elle en était obligée au kalife, plus elle était pénétrée de la vive douleur d'être éloignée peut-être pour jamais du prince de Perse, sans qui elle ne pouvait plus vivre.

« Cette entrevue du kalife et de Schemselnihar, continua la confidente, se passa pendant que j'étais venue vous parler, et j'en ai appris les particularités de mes compagnes qui étaient présentes. Mais dès que je vous eus quitté, j'allai rejoindre Schemselnihar, et je fus témoin de ce qui se passa le soir. Je la trouvai dans l'appartement que j'ai dit ; et comme elle se douta que je venais de chez vous, elle me fit approcher, et sans que personne l'entendît : « Je vous suis bien obligée, me dit-elle, du service que vous venez de me rendre ; je sens bien que ce sera le dernier. « Elle ne m'en dit pas davantage ; et je n'étais pas dans un lieu à pouvoir lui dire quelque chose pour tâcher de la consoler.

« Le kalife entra le soir au son des instruments que les femmes de Schemselnihar touchaient, et l'on servit aussitôt la collation. Le kalife prit Schemselnihar par la main, et la fit asseoir près de lui sur le sofa. Elle se fit une si grande violence pour lui complaire, que nous la vîmes expirer peu de moments après. En effet, elle fut à peine assise, qu'elle se renversa en arrière. Le kalife crut qu'elle n'était qu'évanouie, et nous eûmes toutes la même pensée : nous tâchâmes de la secourir ; mais elle ne revint pas, et voilà de quelle manière nous la perdîmes.

« Le kalife l'honora de ses larmes qu'il ne put retenir ; et avant de se retirer à son appartement, il ordonna de casser tous les instruments, ce qui fut exécuté. Je restai toute la nuit près du corps ;

je le lavai et l'ensevelis moi-même, en le baignant de mes larmes ; et le lendemain elle fut enterrée, par ordre du kalife, dans un tombeau magnifique qu'il avait déjà fait bâtir dans le lieu qu'elle avait choisi elle-même. Puisque vous dites, ajouta-t-elle, qu'on doit apporter le corps du prince de Perse à Bagdad, je suis résolue à faire en sorte qu'on l'apporte pour être mis dans le même tombeau. »

Le joaillier fut fort surpris de cette résolution de la confidente : « Vous n'y songez pas, reprit-il ; jamais le kalife ne le souffrira. — Vous croyez la chose impossible, repartit la confidente : elle ne l'est pas ; et vous en conviendrez vous-même, quand je vous aurai dit que le kalife a donné la liberté à toutes les esclaves de Schemselnihar, avec une pension à chacune, suffisante pour subsister, et qu'il m'a chargée du soin et de la garde de son tombeau, avec un revenu considérable pour l'entretenir et pour ma subsistance en particulier. D'ailleurs le kalife, qui n'ignore pas les amours du prince de Perse et de Schemselnihar, comme je vous l'ai dit, et qui ne s'en est pas scandalisé, n'en sera nullement fâché. » Le joaillier n'eut plus rien à dire : il pria seulement la confidente de le mener à ce tombeau pour y faire sa prière. Sa surprise fut grande en y arrivant, quand il vit la foule du monde des deux sexes qui y accourait de tous les endroits de Bagdad. Il ne put en approcher que de loin ; et lorsqu'il eut fait sa prière : « Je ne trouve plus impossible, dit-il à la confidente en la rejoignant, d'exécuter ce que vous avez si bien imaginé. Nous n'avons qu'à publier, vous et moi, ce que nous savons des amours de l'un et de l'autre, et particulièrement de la mort du prince de Perse, arrivée presque dans le même temps. Avant que son corps n'arrive, tout Bagdad concourra à demander qu'il ne soit pas séparé d'avec celui de Schemselnihar. » La chose réussit ; et le jour que l'on sut que le corps devait arriver, une infinité de peuple alla au-devant à plus de vingt milles.

La confidente attendit à la porte de la ville, où elle se présenta à la mère du prince, et la supplia, au nom de toute la ville, qui le souhaitait ardemment, de vouloir bien que les corps des deux amants, qui n'avaient eu qu'un cœur jusqu'à leur mort, depuis qu'ils avaient commencé à s'aimer, n'eussent qu'un même tombeau. Elle y consentit ; et le corps fut porté au tombeau de Schemselnihar, à la tête d'un peuple innombrable de tous les rangs, et mis à côté d'elle. Depuis ce temps-là, tous les habitants de Bagdad, et même les étrangers de tous les endroits du monde où il y a des musulmans, n'ont cessé d'avoir une grande vénération pour ce tombeau, et d'y aller faire leurs prières. »

C'est là, sire, dit ici Scheherazade, qui s'aperçut en même temps qu'il était jour, ce que j'avais à raconter à votre majesté des amours de la belle Schemselnihar, favorite du kalife Haroun Alraschild et de l'aimable Ali Ebn Becar, prince de Perse.

Quand Dinarzade vit que la sultane sa sœur avait cessé de parler, elle la remercia, le plus obligeamment du monde, du plaisir qu'elle lui avait fait par le récit d'une histoire si intéressante. Si le sultan veut bien me souffrir encore jusqu'à demain, reprit Scheherazade, je vous raconterai celle du prince Camaralzaman[1], que vous trouverez beaucoup plus agréable. Elle se tut; et le sultan, qui ne put encore se résoudre à la faire mourir, consentit à l'écouter la nuit suivante.

CCXI° NUIT.

Le lendemain, avant le jour, dès que la sultane Scheherazade fut éveillée, par les soins de Dinarzade, sa sœur, elle raconta au sultan des Indes l'histoire de Camaralzaman, comme elle l'avait promis, et dit:

HISTOIRE

DES AMOURS DE CAMARALZAMAN, PRINCE DE L'ILE DES ENFANTS DE KHALEDAN, ET DE BADOURE, PRINCESSE DE LA CHINE.

NVIRON à vingt journées de navigation des côtes de Perse, il y a dans la vaste mer une île que l'on appelle l'île des Enfants de Khaledan. Cette île est divisée en plusieurs grandes provinces, toutes considérables par des villes florissantes et bien peuplées, qui forment un royaume très-puissant. Autrefois elle était gouvernée par un roi nommé Schahzaman[2], qui avait quatre femmes en mariage légitime, toutes quatre filles de rois, et soixante concubines.

Schahzaman s'estimait le monarque le plus heureux de la terre, par la tranquillité et la prospérité de son règne. Une seule chose troublait son bonheur: c'est qu'il était déjà avancé en âge, et qu'il n'avait point d'enfants, quoiqu'il eût un si grand nombre de femmes.

---

[1] C'est, en arabe, la lune du temps ou la lune du siècle.
[2] C'est-à-dire, en persan, roi du temps ou roi du siècle.

Il ne savait à quoi attribuer cette stérilité ; et, dans son affliction, il regardait comme le plus grand malheur qui pût lui arriver, de mourir sans laisser après lui un successeur de son sang. Il dissimula long-temps le chagrin cuisant qui le tourmentait, et il souffrait d'autant plus, qu'il se faisait violence pour ne pas le laisser paraître. Il rompit enfin le silence ; et un jour, après qu'il se fût plaint amèrement de sa disgrâce à son grand vizir, à qui il en parla en particulier, il lui demanda s'il ne savait pas quelque moyen d'y remédier.

« Si ce que votre majesté me demande, répondit ce sage ministre, dépendait des règles ordinaires de la sagesse humaine, elle aurait bientôt la satisfaction qu'elle souhaite si ardemment ; mais j'avoue que mon expérience et mes connaissances sont au-dessous de ce qu'elle me propose : il n'y a que Dieu seul à qui l'on puisse recourir dans ces sortes de besoins ; au milieu de nos prospérités, qui font souvent que nous l'oublions, il se plaît à nous mortifier par quelque endroit, afin que nous songions à lui, que nous reconnaissions sa toute-puissance, et que nous lui demandions ce que nous ne devons attendre que de lui. Vous avez des sujets qui font une profession particulière de l'honorer, de le servir et de vivre durement, pour l'amour de lui : mon avis serait que votre majesté leur fît des aumônes, et les exhortât à joindre leurs prières aux vôtres. Peut-être que dans le nombre il s'en trouvera quelqu'un assez pur et assez agréable à Dieu, pour obtenir qu'il exauce vos vœux. »

Le roi Schahzaman approuva fort ce conseil, dont il remercia le grand vizir : il fit porter de riches aumônes dans chaque communauté de ces gens consacrés à Dieu ; il fit même venir les supérieurs ; et, après qu'il les eut régalés d'un festin frugal, il leur déclara son intention, et les pria d'en avertir les dévots qui étaient sous leur obéissance.

Schahzaman obtint du Ciel ce qu'il désirait ; et cela parut bientôt par la grossesse d'une de ses femmes, qui lui donna un fils au bout de neuf mois. En action de grâces il envoya aux communautés des musulmans dévots de nouvelles aumônes dignes de sa grandeur et de sa puissance ; et l'on célébra la naissance du prince, non-seulement dans sa capitale, mais même dans toute l'étendue de ses états, par des réjouissances publiques d'une semaine entière. On lui porta le prince dès qu'il fut né, et il lui trouva tant de beauté qu'il lui donna le nom de Camaralzaman, LUNE DU SIÈCLE.

Le prince Camaralzaman fut élevé avec tous les soins imaginables ; et dès qu'il fut en âge, le sultan Schahzaman, son père, lui donna un sage gouverneur et d'habiles précepteurs. Ces personnages, distingués par leur capacité, trouvèrent en lui un esprit aisé, docile et capable de recevoir toutes les instructions qu'ils voulurent lui donner, tant pour le règlement de ses mœurs que pour les connaissances qu'un prince, comme lui, devait avoir. Dans un âge plus avancé, il apprit de même tous ses exercices, et il s'en acquittait avec grâce et avec une adresse merveilleuse dont il charmait tout le monde, et particulièrement le sultan, son père.

Quand le prince eut atteint l'âge de quinze ans, le sultan, qui l'aimait avec tendresse, et qui lui en donnait tous les jours de nouvelles marques, conçut le dessein de lui en donner la plus éclatante, de descendre du trône, et de l'y établir lui-même. Il en parla à son grand vizir : « Je crains, lui dit-il, que mon fils ne perde dans l'oisiveté de la jeunesse, non-seulement tous les avantages dont la nature l'a comblé, mais même ceux qu'il a acquis avec tant de succès par la bonne éducation que j'ai tâché de lui donner. Comme je suis désormais dans un âge à songer à la retraite, je suis presque résolu à lui abandonner le gouvernement, et à passer le reste de mes jours avec la satisfaction de le voir régner : il y a long-temps que je travaille, et j'ai besoin de repos. »

Le grand vizir ne voulut pas représenter au sultan toutes les raisons qui auraient pu le dissuader d'exécuter sa résolution ; il entra au contraire dans son sentiment : « Sire, répondit-il, le prince est encore bien jeune, ce me semble, pour le charger de si bonne heure d'un fardeau aussi pesant que celui de gouverner un état puissant. Votre majesté craint qu'il ne se corrompe dans l'oisiveté, avec beaucoup de raison ; mais, pour y remédier, ne jugerait-elle pas plus à propos de le marier auparavant ? Le mariage attache et empêche qu'un jeune prince ne se dissipe. Avec cela, votre majesté lui donnerait entrée dans ses conseils, où il apprendrait peu à peu à soutenir dignement l'éclat et le poids de votre couronne, dont vous seriez toujours à temps de vous dépouiller en sa faveur, lorsque vous l'en jugeriez capable par votre propre expérience. »

Schahzaman trouva le conseil de son premier ministre fort raisonnable. Aussi fit-il appeler le prince Camaralzaman dès qu'il l'eut congédié.

Le prince, qui jusqu'alors avait toujours vu le sultan, son père, à des heures réglées, sans avoir besoin d'être appelé, fut un peu surpris de cet ordre. Au lieu de se présenter devant lui avec la liberté qui lui était ordinaire, il le salua avec un grand respect, et s'arrêta en sa présence les yeux baissés.

Le sultan s'aperçut de la contrainte du prince : « Mon fils, lui dit-il d'un air propre à le rassurer, savez-vous à quel sujet je vous ai fait appeler? — Sire, répondit le prince avec modestie, il n'y a que Dieu qui pénètre jusque dans les cœurs : je l'apprendrai de votre majesté avec plaisir. — Je l'ai fait pour vous dire, reprit le sultan, que je veux vous marier : que vous en semble? »

Le prince Camaralzaman entendit ces paroles avec un grand déplaisir : elles le déconcertèrent; la sueur lui en montait même au visage, et il ne savait que répondre. Après quelques moments de silence : « Sire, dit-il, je vous supplie de me pardonner, si je parais interdit à la déclaration que votre majesté me fait; je ne m'y attendais pas dans la grande jeunesse où je suis. Je ne sais même si je pourrai jamais me résoudre au lien du mariage, non-seulement à cause de l'embarras que donnent les femmes, comme je le comprends fort bien, mais même d'après ce que j'ai lu, dans nos auteurs, de leurs fourberies, de leurs méchancetés et de leurs perfidies. Peut-être ne serai-je pas toujours dans ce sentiment : je sens bien néanmoins qu'il me faut du temps avant de me déterminer à ce que votre majesté exige de moi. »

Scheherazade voulait poursuivre; mais elle vit que le sultan des Indes, qui s'était aperçu que le jour paraissait, sortait du lit; et cela fit qu'elle cessa de parler. Elle reprit le même conte la nuit suivante, et lui dit :

CCXII^e NUIT.

Sire, la réponse du prince Camaralzaman affligea extrêmement le sultan, son père. Ce monarque eut une véritable douleur de voir en lui une si grande répugnance pour le mariage. Il ne voulut pas néanmoins la traiter de désobéissance, ni user du pouvoir paternel; il se contenta de lui dire : « Je ne prétends pas vous contraindre là-dessus; je vous donne le temps d'y penser et de considérer qu'un prince comme vous, destiné à gouverner un grand royaume, doit penser d'abord à se donner un successeur. En vous donnant cette satisfaction, vous me la faites éprouver à moi-même, qui suis bien aise de me voir revivre en vous et dans les enfants qui doivent sortir de vous. »

Schahzaman n'en dit pas davantage au prince Camaralzaman. Il lui donna entrée dans les conseils de ses états, et se montra complaisant à tous ses désirs. Au bout d'un an, il le prit en particulier : « Eh bien! mon fils, lui dit-il, vous êtes-vous souvenu de faire réflexion sur le dessein que j'avais de vous marier dès l'année passée?

Refuserez-vous encore de me faire goûter la joie que j'attends de votre obéissance; et voulez-vous me laisser mourir sans me donner cette satisfaction? »

Le prince parut moins déconcerté que la première fois, et il n'hésita pas long-temps à répondre en ces termes, avec fermeté : « Sire, dit-il, je n'ai pas manqué d'y penser avec l'attention que je devais ; mais, après y avoir pensé mûrement, je me suis confirmé davantage dans la résolution de vivre sans m'engager dans le mariage. En effet, les maux infinis que les femmes ont causés de tout temps dans l'univers, comme je l'ai appris pleinement dans nos histoires, et ce que j'entends dire chaque jour de leur malice, sont des motifs qui me persuadent de n'avoir de ma vie aucune liaison avec elles : ainsi, votre majesté me pardonnera si j'ose lui représenter qu'il est inutile qu'elle me parle davantage de me marier. « Il en demeura là, et quitta le sultan, son père, brusquement, sans attendre qu'il lui dît autre chose.

Tout autre monarque que le roi Schahzaman aurait eu de la peine à ne pas s'emporter, après la hardiesse avec laquelle le prince, son fils, venait de lui parler, et à ne pas l'en faire repentir; mais il le chérissait, et il voulait employer toutes les voies de douceur avant de le contraindre. Il communiqua à son premier ministre le nouveau sujet de chagrin que Camaralzaman venait de lui donner : « J'ai suivi votre conseil, lui dit-il ; mais mon fils est plus éloigné de se marier qu'il ne l'était la première fois que je lui en parlai ; et il s'en est expliqué en des termes si hardis, que j'ai eu besoin de ma raison et de toute ma modération pour ne me pas mettre en colère contre lui. Les pères qui demandent des enfants avec autant d'ardeur que j'ai demandé celui-ci sont autant d'insensés qui cherchent à se priver eux-mêmes du repos dont il ne tient qu'à eux de jouir tranquillement : dites-moi, je vous prie, par quels moyens je dois ramener un esprit si rebelle à mes volontés? »

« Sire, reprit le grand vizir, on vient à bout d'une infinité d'affaires avec la patience; peut-être que celle-ci n'est pas d'une nature à y réussir par cette voie ; mais votre majesté n'aura point à se reprocher d'avoir usé d'une trop grande précipitation, si elle juge à propos de donner une autre année au prince pour se consulter lui-même. Si dans cet intervalle il rentre dans son devoir, elle en aura une satisfaction d'autant plus grande, qu'elle n'aura employé que la bonté paternelle pour l'y obliger; si, au contraire, il persiste dans son opiniâtreté, alors, quand l'année sera expirée, il me semble que votre majesté aura lieu de lui déclarer, en plein conseil, qu'il est du bien de l'État qu'il se marie. Il n'est pas croyable qu'il vous manque de respect à la face d'une compagnie célèbre, que vous honorez de votre présence. »

Le sultan, qui désirait si passionnément de voir le prince, son fils, marié, que les moments d'un si long délai lui paraissaient des années, eut bien de la peine à se résoudre à attendre si long-temps : il se rendit néanmoins aux raisons de son grand vizir, qu'il ne pouvait désapprouver.

Le jour, qui avait déjà commencé à paraître, imposa silence à Scheherazade. Elle reprit la suite du conte la nuit suivante, et dit au sultan Schahriar :

CCXIII^e NUIT.

Sire, après que le grand vizir se fut retiré, le sultan Schahzaman alla à l'appartement de la mère du prince Camaralzaman, à qui il avait témoigné depuis long-temps l'ardent désir qu'il avait de le marier. Quand il lui eut raconté avec douleur de quelle manière il venait de le refuser une seconde fois, et marqué l'indulgence qu'il voulait bien avoir encore pour lui, par le conseil de son grand vizir : « Madame, lui dit-il, je sais qu'il a plus de confiance en vous qu'en moi, que vous lui parlez, et qu'il vous écoute plus familièrement ; je vous prie de prendre le temps de lui en parler sérieusement, et de lui faire bien comprendre que s'il persiste dans son opiniâtreté, il me contraindra à la fin d'en venir à des extrémités dont je serais très-fâché, et qui le feraient repentir lui-même de m'avoir désobéi. »

Fatime, c'était ainsi que s'appelait la mère de Camaralzaman, témoigna au prince, son fils, la première fois qu'elle le vit, qu'elle était informée du nouveau refus de se marier qu'il avait fait au sultan, son père, et combien elle était fâchée qu'il lui eût donné un si grand sujet de colère : « Madame, reprit Camaralzaman, je vous supplie de ne pas renouveler ma douleur sur cette affaire ; je craindrais trop, dans le dépit où j'en suis, qu'il ne m'échappât quelque chose contre le respect que je vous dois. » Fatime connut par cette réponse que la plaie était trop récente, et ne lui en dit pas davantage pour cette fois.

Long-temps après, Fatime crut avoir trouvé l'occasion de lui parler sur le même sujet, avec plus d'espérance d'être écoutée : « Mon fils, dit-elle, je vous prie, si cela ne vous fait pas de peine, de me dire quelles sont donc les raisons qui vous donnent une si grande aversion pour le mariage? Si vous n'en avez pas d'autres que celle de la malice et de la méchanceté des femmes, elle ne peut pas être plus faible ni moins raisonnable. Je ne veux pas prendre la défense des méchantes femmes : il y en a un très-grand nombre, j'en suis très-persuadée; mais c'est une injustice des plus criantes de les taxer toutes de l'être. Hé! mon fils, vous arrêtez-vous à quelques-unes dont parlent vos livres, qui ont causé à la vérité de grands désordres, et que je ne veux pas excuser? Mais que ne faites-vous attention à tant de monarques, à tant de sultans et à tant d'autres princes particuliers, dont les tyrannies et les cruautés font horreur à lire dans les histoires que je connais comme vous? Pour une femme, vous trouverez mille de ces tyrans et de ces barbares. Et les femmes honnêtes et sages, mon fils, qui ont le malheur d'être mariées à ces furieux, croyez-vous qu'elles soient fort heureuses? »

« Madame, reprit Camaralzaman, je ne doute pas qu'il n'y ait un grand nombre de femmes sages, vertueuses, bonnes, douces et de bonnes mœurs. Plût à Dieu qu'elles vous ressemblassent toutes! Ce qui me révolte, c'est le choix douteux qu'un homme est obligé de faire pour se marier, ou plutôt qu'on ne lui laisse pas souvent la liberté de faire à sa volonté. Supposons que je me sois résolu à m'engager dans le mariage, comme le sultan, mon père, le souhaite avec tant d'impatience, quelle femme me donnera-t-il? Une princesse apparemment, qu'il demandera à quelque prince de ses voisins, qui se fera un grand honneur de la lui envoyer. Belle ou laide, il faudra la prendre. Mais je veux qu'aucune autre princesse ne lui soit comparable en beauté : qui peut assurer qu'elle aura l'esprit bien fait; qu'elle sera complaisante, aimable, douce, obligeante; qu'elle saura s'entretenir de choses solides, et non pas uniquement de parures, d'ornements, et de mille autres futilités qui doivent faire pitié à tout homme de bon sens; en un mot, qu'elle ne sera pas fière, hautaine, fâcheuse, méprisante, et qu'elle n'épuisera pas tout un état par ses dépenses frivoles en habits, en pierreries, en bijoux, en magnificence folle et mal entendue? Comme vous le voyez, madame, voilà, sur un seul article, une infinité d'endroits par où je dois me dégoûter entièrement du mariage. Que cette princesse enfin soit si parfaite et si accomplie, qu'elle soit irréprochable sur chacun de tous ces points, j'ai un grand nombre de raisons encore plus fortes pour ne me pas désister de mon sentiment, non plus que de ma résolution. »

« Quoi! mon fils, repartit Fatime, vous avez d'autres raisons après celles que vous venez de me dire? Je prétendais cependant vous répondre, et vous fermer la bouche d'un seul mot. — Cela ne doit pas vous en empêcher, madame, répliqua le prince; j'aurai peut-être de quoi réfuter toutes vos objections. »

« Je voulais dire, mon fils, dit alors Fatime, qu'il est aisé à un prince, quand il a eu le malheur d'avoir épousé une princesse telle que vous venez de la dépeindre, de la laisser et de donner de bons ordres pour empêcher qu'elle ne ruine l'état. »

« Eh! madame, reprit le prince Camaralzaman, ne voyez-vous pas quelle mortification terrible pour un prince d'être contraint d'en venir à cette extrémité? Ne vaut-il pas beaucoup mieux, pour sa gloire et pour son repos, qu'il ne s'y expose pas? »

« Mais, mon fils, dit encore Fatime, de la manière que vous l'entendez, je comprends que vous voulez être le dernier des rois de votre race, qui ont régné si glorieusement dans les îles des Enfants de Khaledan. »

« Madame, répondit le prince Camaralzaman, je ne souhaite pas de survivre au roi, mon père. Quand je mourrais avant lui, il n'y aurait pas lieu de s'en étonner, après tant d'exemples d'enfants qui meurent avant leurs pères. Mais il est toujours glorieux à une race de rois de finir par un prince digne de l'être, tel que je tâcherai de me rendre, en prenant pour modèles mes ancêtres, et surtout le premier roi de ma race. »

Depuis ce temps-là, Fatime eut très-souvent de semblables entretiens avec le prince Camaralzaman; elle employa tous les moyens possibles pour vaincre son aversion; mais il éluda toutes les raisons qu'elle put lui apporter, par d'autres raisons auxquelles elle ne savait que répondre, et il demeura inébranlable.

L'année s'écoula, et au grand regret du sultan Schahzaman, le prince Camaralzaman ne donna pas la moindre marque d'avoir changé de sentiment. Un jour de conseil solennel enfin, que le premier vizir, les autres vizirs, les principaux officiers de la couronne et les généraux d'armée étaient assemblés, le sultan prit la parole, et dit au prince: » Mon fils, il y a long-temps que je vous ai fait voir la passion avec laquelle je désirais de vous marier, et j'attendais de vous plus de complaisance pour un père qui ne vous demandait rien que de raisonnable. Après une si longue résistance de votre part, qui a poussé ma patience à bout, je vous montre le même désir en présence de mon conseil. Ce n'est plus simplement pour obliger un père que vous ne devriez pas avoir refusé: c'est que le bien de mes états l'exige, et que tous ces seigneurs le demandent avec moi. Déclarez-vous donc, afin que, selon votre réponse, je prenne les mesures que je dois prendre. »

Le prince Camaralzaman répondit avec si peu de retenue, ou plutôt avec tant d'emportement, que le sultan, justement irrité de la confusion qu'un fils lui donnait en plein conseil, s'écria : « Quoi ! fils dénaturé, vous avez l'insolence de parler ainsi à votre père et à votre sultan ! » Il le fit arrêter par les huissiers, et conduire à une tour ancienne, et abandonnée depuis long-temps, où il fut enfermé, avec un lit, peu d'autres meubles, quelques livres, et un seul esclave pour le servir.

Camaralzaman, content d'avoir la liberté de s'entretenir avec ses livres, regarda sa prison avec assez d'indifférence. Sur le soir, il se leva, fit sa prière, et, après avoir lu quelques chapitres de l'Alcoran, avec la même tranquillité que s'il eût été dans son appartement au palais du sultan, son père, il se coucha sans éteindre la lampe, qu'il laissa près de son lit, et s'endormit.

Dans cette tour il y avait un puits qui servait de retraite, pendant le jour, à une fée nommée Maimoune, fille de Damriat, roi ou chef d'une légion de génies. Il était environ minuit lorsque Maimoune s'élança légèrement au haut du puits pour aller par le monde, selon sa coutume, où la curiosité la porterait : elle fut fort étonnée de voir de la lumière dans la chambre du prince Camaralzaman. Elle y entra, et, sans s'arrêter à l'esclave qui était couché à la porte, elle s'approcha du lit, dont la magnificence l'attira, et elle fut plus surprise qu'auparavant de voir que quelqu'un y était couché.

Le prince Camaralzaman avait le visage à demi caché sous la couverture ; Maimoune, la soulevant un peu, vit le plus beau jeune homme qu'elle eût jamais vu en aucun endroit de la terre habitable, qu'elle avait souvent parcourue : « Quel éclat ! dit-elle en elle-même, ou plutôt quel prodige de beauté ne doit-ce pas être, lorsque les yeux que cachent des paupières si bien formées sont ouverts ! Quel sujet de mécontentement peut-il avoir donné pour être traité d'une manière si indigne du haut rang dont il est ? » Car elle avait déjà appris de ses nouvelles, et elle se douta de l'affaire.

Maimoune ne pouvait se lasser d'admirer le prince Camaralzaman ; mais enfin, après l'avoir baisé sur chaque joue et au milieu du front, sans l'éveiller, elle remit la couverture comme elle était auparavant, et prit son vol dans l'air. Dès qu'elle se fut élevée bien haut vers la moyenne région, elle fut frappée d'un bruit d'ailes, qui l'obligea de voler du même côté. En approchant, elle connut que c'était un génie qui faisait ce bruit ; mais un de ces génies qui sont rebelles à Dieu ; car, pour Maimoune, elle était de ceux que le grand Salomon contraignit de le reconnaître depuis ce temps-là.

Le génie, qui se nommait Danhasch, et qui était fils de Schamhourasch, reconnut aussi Maimoune, mais avec une grande frayeur : en effet, il était forcé d'avouer qu'elle avait une grande supériorité sur lui par sa soumission à Dieu. Il aurait bien voulu éviter sa rencontre ; mais il se trouva si près d'elle, qu'il fallait se battre ou céder.

Danhasch prévint Maimoune : « Brave Maimoune, lui dit-il d'un ton suppliant, jurez-moi, par le grand nom de Dieu, que vous ne me ferez pas de mal, et je vous promets de mon côté de ne vous en pas faire.

« — Maudit génie, reprit Maimoune, quel mal peux-tu me faire ? Je ne te crains pas. Je veux bien t'accorder cette grâce, et je te fais le serment que tu me demandes. Dis-moi présentement d'où tu viens, ce que tu as vu, ce que tu as fait cette nuit ? — Belle dame, répondit Danhasch, vous me rencontrez à propos pour entendre quelque chose de merveilleux.... »

Schahriar, apercevant le jour, se leva pour faire sa prière et se livrer aux soins de son empire. Il permit à la sultane de continuer son récit la nuit suivante ; ce qu'elle fit en ces termes :

CCXIV^e NUIT.

Sire, dit-elle, Danhasch, le génie rebelle à Dieu, parlant à Maimoune :

« Puisque vous le souhaitez, je vous dirai que je viens des extrémités de la Chine, voisines des dernières îles de cet hémisphère.... Mais, charmante Maimoune, dit ici Danhasch, qui tremblait de peur à la présence de cette fée, et qui avait de la peine à parler, vous me promettez au moins de me pardonner et de me laisser aller librement, quand j'aurai satisfait à vos demandes.

« — Poursuis, poursuis, maudit, reprit Maimoune, et ne crains rien : crois-tu que je sois une perfide comme toi, et que je sois capable de manquer au grand serment que je t'ai fait ? Prends bien garde seulement de ne me rien dire qui ne soit vrai ; autrement je te couperai les ailes, et te traiterai comme tu le mérites. »

Danhasch, un peu rassuré par ces paroles de Maimoune : « Ma chère dame, reprit-il, je ne vous dirai rien que de très-vrai ; ayez seulement la bonté de m'écouter. Le pays de la Chine, d'où je viens, est un des plus puissants royaumes de la terre, duquel dépendent les dernières îles de cet hémisphère dont je vous ai déjà parlé. Le roi d'aujourd'hui s'appelle Gaïour, et ce roi a une fille unique, la plus belle qu'on ait jamais vue dans l'univers depuis que le monde est monde : ni vous, ni moi, ni les génies de votre parti ni du mien, ni tous les hommes ensemble, nous n'avons pas de termes propres, d'expressions assez vives, ou d'éloquence suffisante pour en faire un portrait qui approche de ce qu'elle est en effet. Elle a les cheveux bruns, d'une si grande longueur, qu'ils lui descendent beaucoup plus bas que les pieds, et ils sont en si grande abondance, qu'ils ne ressemblent pas mal à une de ces belles grappes de raisin dont les grains sont d'une grosseur extraordinaire, lorsqu'elle les a accommodés en boucles sur sa tête. Au-dessous de ces cheveux, elle a le front aussi uni que le miroir le mieux poli, et d'une forme admirable ; les yeux noirs, à fleur de tête, brillants et pleins de feu ; le nez ni trop long ni trop court ; la bouche petite et vermeille ; les dents sont comme deux files de perles, qui surpassent les plus belles en blancheur, et, quand elle remue la langue pour parler, elle rend une voix douce et agréable, et elle s'exprime par des paroles qui marquent la vivacité de son esprit ; le plus bel albâtre n'est pas plus blanc que sa gorge : par cette faible ébauche, enfin, vous jugerez aisément qu'il n'y a pas de beauté plus parfaite au monde.

« Qui ne connaîtrait pas bien le roi, père de cette princesse, jugerait, aux marques de tendresse paternelle qu'il lui a données, qu'il en est amoureux : jamais amant n'a fait pour la maîtresse la plus chérie ce qu'on lui a vu faire pour elle. En effet, la jalousie la plus violente n'a jamais fait imaginer ce que le soin de la rendre inaccessible à tout autre qu'à celui qui doit l'épouser lui a fait inventer et exécuter. Afin qu'elle n'eût pas à s'ennuyer dans la retraite qu'il avait résolu qu'elle gardât, il lui a fait bâtir sept palais tels qu'on n'a jamais rien vu ni entendu dire de pareil :

« Le premier palais est de cristal de roche, le second de bronze, le troisième de fin acier, le quatrième d'une autre sorte de bronze plus précieux que le premier et que l'acier, le cinquième de pierre de touche, le sixième d'argent, et le septième d'or massif. Il les a meublés avec une somptuosité inouïe, chacun d'une manière proportionnée à la matière dont ils sont construits. Il n'a pas oublié, dans les jardins qui les accompagnent, les parterres couverts de gazon ou émaillés de fleurs, les pièces d'eau, du milieu desquelles s'élancent des jets superbes, les canaux, les cascades, les bosquets plantés d'arbres à perte de vue, où le soleil ne pénètre jamais; le tout d'une ordonnance différente en chaque jardin. Le roi Gaïour, enfin, a fait voir que l'amour paternel pouvait seul être capable d'ordonner une si immense dépense.

« Sur la renommée de la beauté incomparable de la princesse, les rois voisins les plus puissants envoyèrent d'abord la demander en mariage par des ambassades solennelles. Le roi de la Chine les reçut toutes avec le même accueil ; mais comme il ne voulait marier la princesse que de son consentement, et que la princesse n'agréait aucun des partis qu'on lui proposait, si les ambassadeurs se retiraient peu satisfaits, quant au sujet de leur ambassade, ils partaient au moins très-contents des civilités et des honneurs qu'ils avaient reçus.

« Sire, disait la princesse au roi de la Chine, vous voulez me marier, et vous croyez par-là me faire un grand plaisir : j'en suis persuadée, et je vous en suis très-obligée ; mais où pourrais-je trouver ailleurs que près de votre majesté des palais si superbes et des jardins si délicieux ? J'ajoute que, sous votre bon plaisir, je ne suis contrainte en rien, et qu'on me rend les mêmes honneurs qu'à votre propre personne ; ce sont des avantages que je ne trouverais en aucun autre endroit du monde, à quelque époux que je voulusse me donner : les maris veulent toujours être les maîtres, et je ne suis pas d'humeur à me laisser commander. »

« Après plusieurs ambassades, il en arriva une de la part d'un roi plus riche et plus puissant que tous ceux qui s'étaient présentés. Le roi de la Chine en parla à la princesse, sa fille, et lui exagéra combien il lui serait avantageux de l'accepter pour époux. La princesse le supplia de vouloir l'en dispenser, et lui apporta les mêmes raisons qu'auparavant. Il la pressa ; mais, au lieu de se rendre, la princesse perdit le respect qu'elle devait au roi, son père : « Sire, lui dit-elle en colère, ne me parlez plus de ce mariage, ni d'aucun autre ; sinon je m'enfoncerai le poignard dans le sein, et me délivrerai de vos importunités. »

« Le roi de la Chine, extrêmement indigné contre la princesse, lui repartit : « Ma fille, vous êtes une folle, et je vous traiterai en folle. » En effet, il la fit renfermer dans un appartement isolé d'un de ses palais, et ne lui donna que dix vieilles femmes pour lui tenir compagnie et la servir, dont la principale était sa nourrice. Ensuite, afin que les rois voisins, qui lui avaient envoyé des ambassades, ne songeassent plus à elle, il leur dépêcha des envoyés pour leur annoncer l'éloignement où elle était pour le mariage. Et comme il ne douta pas qu'elle ne fût véritablement folle, il chargea les mêmes envoyés de faire savoir dans chaque cour que s'il y avait quelque médecin assez habile pour la guérir, il n'avait qu'à venir, et qu'il la lui donnerait pour femme en récompense.

« Belle Maimoune, poursuivit Danhasch, les choses sont en cet état, et je ne manque pas d'aller régulièrement chaque jour contempler cette beauté incomparable, à qui je serais bien fâché d'avoir fait le moindre mal, quelle que soit ma malice naturelle. Venez la voir, je vous en conjure : elle en vaut la peine. Quand vous aurez connu par vous-même que je ne suis pas un menteur, je suis persuadé que vous m'aurez quelque obligation de vous avoir fait voir une princesse qui n'a pas d'égale en beauté. Je suis prêt à vous servir de guide ; vous n'avez qu'à commander. »

Au lieu de répondre à Danhasch, Maimoune fit de grands éclats de rire, qui durèrent long-temps ; et Danhasch, qui ne savait à quoi en attribuer la cause, demeura dans un grand étonnement. Quand elle eut bien ri à plusieurs reprises : « Bon, bon, lui dit-elle, tu veux m'en faire accroire! Je pensais que tu allais me parler de quelque chose de surprenant et d'extraordinaire, et tu me parles d'une chassieuse? Eh! fi! que dirais-tu donc, maudit, si tu avais vu comme moi le beau prince que je viens de voir en ce moment, et que j'aime autant qu'il le mérite? Vraiment c'est bien autre chose; tu en deviendrais fou. »

« Agréable Maimoune, reprit Danhasch, oserais-je vous demander qui peut être ce prince dont vous me parlez? — Sache, lui dit Maimoune, qu'il lui est arrivé à peu près la même chose qu'à la princesse dont tu viens de m'entretenir. Le roi, son père, voulait le marier à toute force : après de longues et de grandes importunités, il a déclaré franc et net qu'il n'en ferait rien : c'est la cause pourquoi, à l'heure que je te parle, il est en prison dans une vieille tour où je fais ma demeure, et où je viens de l'admirer. »

« Je ne veux pas absolument vous contredire, reprit Danhasch ; mais, ma belle dame, vous me permettrez bien, jusqu'à ce que j'aie vu votre prince, de croire qu'aucun mortel ni mortelle n'approche pas de la beauté de ma princesse. — Tais-toi, maudit, répliqua Maimoune ; je te dis encore une fois que cela ne peut pas être. — Je ne veux pas m'opiniâtrer contre vous, ajouta Danhasch ; le moyen de vous convaincre si je dis vrai ou faux, c'est d'accepter la proposition que je vous ai faite de venir voir ma princesse, et de me montrer ensuite votre prince. »

« Il n'est pas besoin que je prenne cette peine, reprit encore Maimoune ; il y a un autre moyen de nous satisfaire l'un et l'autre ; c'est d'apporter ta princesse, et de la mettre à côté de mon prince sur son lit : de la sorte, il nous sera aisé, à moi et toi, de les comparer ensemble, et de vider notre procès. »

Danhasch consentit à ce que la fée souhaitait, et il voulait retourner à la Chine sur-le-champ. Maimoune l'arrêta : « Attends, lui dit-elle, viens que je te montre auparavant la tour où tu dois apporter ta princesse. » Ils volèrent ensemble jusqu'à la tour, et quand Maimoune l'eut montrée à Danhasch; « Va prendre ta princesse, lui dit-elle, et fais vite; tu me trouveras ici. Mais écoute: j'entends au moins que tu me payeras une gageure, si mon prince se trouve plus beau que ta princesse; et je veux bien aussi t'en payer une, si ta princesse est plus belle.... »

Le jour, qui se faisait voir, obligea Scheherazade de cesser de parler. Elle reprit la suite la nuit suivante, et dit au sultan des Indes:

CCXV^e NUIT.

Sire, Danhasch s'éloigna de la fée, se rendit à la Chine, et revint avec une diligence incroyable, chargé de la belle princesse endormie. Maimoune la reçut et l'introduisit dans la chambre du prince Camaralzaman, où ils la posèrent ensemble sur le lit, à côté de lui.

Quand le prince et la princesse furent ainsi placés à côté l'un de l'autre, il y eut une grande contestation sur la préférence de leur beauté, entre le génie et la fée. Ils furent quelque temps à les admirer et à les comparer ensemble sans parler. Danhasch rompit le premier le silence; « Vous le voyez, dit-il à Maimoune, et je vous l'avais bien dit que ma princesse était plus belle que votre prince. En doutez-vous présentement? »

« Comment, si j'en doute? reprit Maimoune. Oui vraiment, j'en doute. Il faut que tu sois aveugle, pour ne pas voir que mon prince l'emporte de beaucoup au-dessus de ta princesse: la princesse est belle, je ne le désavoue pas; mais je ne te presse pas, et compare-les bien l'un avec l'autre sans prévention, tu verras que la chose est comme je le dis. »

« Quand je mettrais plus de temps à les comparer davantage, reprit Danhasch, je n'en penserais pas autrement que ce que j'en pense: j'ai vu ce que je vois du premier coup d'œil, et le temps ne me ferait pas voir autre chose que ce que je vois; cela n'empêchera pas néanmoins, charmante Maimoune, que je ne vous cède, si vous le souhaitez. — Cela ne sera pas ainsi, reprit Maimoune: je ne veux pas qu'un maudit génie comme toi me fasse de grâce. Je remets la chose à un arbitre; et si tu n'y consens, je prends gain de cause sur ton refus. »

Danhasch, qui était prêt à avoir toute autre complaisance pour Maimoune, n'eut pas plutôt donné son consentement, que Maimoune frappa la terre de son pied. La terre s'entr'ouvrit, et aussitôt il en sortit un génie hideux, bossu, borgne et boiteux, avec six cornes à la tête, et les mains et les pieds crochus. Dès qu'il fut dehors, que la terre se fut rejointe, et qu'il eut aperçu Maimoune, il se jeta à ses pieds; et en demeurant un genou en terre, il lui demanda ce qu'elle souhaitait de son très-humble serviteur.

« Levez-vous, Caschcasch (c'était le nom du génie), lui dit-elle, je vous fais venir ici pour être juge d'une dispute que j'ai avec ce maudit Danhasch : jetez les yeux sur ce lit, et dites-nous sans partialité qui vous paraît plus beau, du jeune homme ou de la jeune dame? »

Caschcasch regarda le prince et la princesse avec des marques d'une surprise et d'une admiration extraordinaires. Après qu'il les eut bien considérés sans pouvoir se déterminer : « Madame, dit-il à Maimoune, je vous avoue que je vous tromperais et que je me trahirais moi-même, si je vous disais que je trouve l'un plus beau que l'autre. Plus je les examine, et plus il me semble que chacun possède au souverain degré la beauté qu'ils ont en partage, autant que je puis m'y connaître, et l'un n'a pas le moindre défaut par où l'on puisse dire qu'il cède à l'autre. Si l'un ou l'autre en a quelqu'un, il n'y a, selon mon avis, qu'un moyen pour en être éclairci : c'est de les éveiller l'un après l'autre, et que vous conveniez que celui qui témoignera plus d'amour par son ardeur, par son empressement, et même par son emportement pour l'autre, aura moins de beauté en quelque chose. »

Le conseil de Caschcasch plut agréablement à Maimoune et à Danhasch. Maimoune se changea en puce, et sauta au cou de Camaralzaman. Elle le piqua si vivement qu'il s'éveilla, et y porta la main; mais il ne prit rien. Maimoune avait été prompte à faire un saut en arrière, et à reprendre sa forme ordinaire, invisible néanmoins comme les deux génies, pour être témoin de ce qu'il allait faire.

En retirant la main, le prince la laissa tomber sur celle de la princesse de la Chine. Il ouvrit les yeux, et il fut dans la dernière surprise de voir une dame couchée près de lui, et une dame d'une si grande beauté. Il leva la tête, et s'appuya du coude pour la mieux considérer. La grande jeunesse de la princesse, et sa beauté incomparable, l'embrasèrent en un instant d'un feu auquel il n'avait pas encore été sensible, et dont il s'était gardé jusqu'alors avec tant d'aversion.

L'amour s'empara de son cœur de la manière la plus vive, et il ne put s'empêcher de s'écrier : « Quelle beauté! Quels charmes! Mon cœur! Mon âme! » Et en disant ces paroles, il la baisa au front, aux deux joues et à la bouche avec si peu de précaution, qu'elle se fût éveillée si elle n'eût dormi plus fort qu'à l'ordinaire, par l'enchantement de Danhasch.

« Quoi, ma belle dame, dit le prince, vous ne vous éveillez pas à ces marques d'amour du prince Camaralzaman! Qui que vous soyez, il n'est pas indigne du vôtre. » Il allait l'éveiller tout de bon; mais il se retint tout à coup : « Ne serait-ce pas, dit-il en lui-même, celle que le sultan, mon père, voulait me donner en mariage? Il a eu grand tort de ne me la pas faire voir plus tôt. Je ne l'aurais pas offensé, en plein conseil, par ma désobéissance et par mon emportement contre lui; il se fût épargné à lui-même la confusion que je lui ai donnée. » Le prince Camaralzaman se repentit sincèrement de la faute qu'il avait commise, et il fut encore sur le point d'éveiller la princesse de la Chine : « Peut-être aussi, dit-il en se reprenant, que le sultan, mon père, veut me surprendre : sans doute qu'il a envoyé cette jeune dame pour éprouver si j'ai véritablement autant d'aversion pour le mariage que je lui en ai fait paraître. Qui sait s'il ne l'a pas amenée lui-même, et s'il n'est pas caché pour se montrer ensuite et me faire honte de ma dissimulation? Cette seconde faute serait de beaucoup plus grande que la première. A tout événement, je me contenterai de cette bague pour me souvenir d'elle. »

C'était une fort belle bague, que la princesse avait au doigt. Il la tira adroitement et mit la sienne à la place. Aussitôt il lui tourna le dos, et il ne fut pas long-temps à dormir d'un sommeil aussi profond qu'auparavant, par l'enchantement des génies.

Dès que le prince Camaralzaman fut bien endormi, Danhasch se transforma en puce à son tour, et alla mordre la princesse au bas de la lèvre. Elle s'éveilla en sursaut, se mit sur son séant; et en ouvrant les yeux, elle fut fort étonnée de se voir couchée avec un homme. De l'étonnement elle passa à l'admiration, et de l'admiration à un épanchement de joie qu'elle fit paraître dès qu'elle eut vu que c'était un jeune homme si bien fait et si aimable.

« Quoi! s'écria-t-elle, est-ce vous que le roi, mon père, m'avait destiné pour époux? Je suis bien malheureuse de ne l'avoir pas su : je ne l'aurais pas mis en colère contre moi, et je n'aurais pas été si long-temps privée d'un mari que je ne puis m'empêcher d'aimer de tout mon cœur. Éveillez-vous, éveillez-vous : il ne sied pas à un mari de tant dormir la première nuit de ses noces. »

En disant ces paroles, la princesse prit le prince Camaralzaman par le bras, et l'agita si fort qu'il se fût éveillé, si dans le moment Maimoune n'eût rendu son sommeil plus profond en donnant plus de force à son enchantement. Elle l'agita de même à plusieurs reprises·

et comme elle vit qu'il ne s'éveillait pas : « Éh quoi ! reprit-elle, que vous est-il arrivé ? Quelque rival, jaloux de votre bonheur et du mien, aurait-il eu recours à la magie, et vous aurait-il jeté dans cet assoupissement insurmontable, lorsque vous devez être plus éveillé que jamais ? » Elle lui prit la main, et en la baisant tendrement elle s'aperçut de la bague qu'il avait au doigt. Elle la trouva si semblable à la sienne, qu'elle fut convaincue que c'était la même, quand elle eut vu qu'elle en avait une autre. Elle ne comprit pas comment cet échange s'était fait ; mais elle ne douta pas que ce ne fût la marque certaine de leur mariage. Lassée de la peine inutile qu'elle avait prise pour l'éveiller, et assurée, comme elle le pensait, qu'il ne lui échapperait pas : « Puisque je ne puis venir à bout de vous éveiller, dit-elle, je ne m'opiniâtre pas davantage à interrompre votre sommeil : à nous revoir. » Après lui avoir donné un baiser à la joue en prononçant ces dernières paroles, elle se recoucha et mit très-peu de temps à se rendormir.

Quand Maimoune vit qu'elle pouvait parler sans craindre que la princesse de la Chine se réveillât : « Hé bien ! maudit, dit-elle à Danhasch, as-tu vu ? Es-tu convaincu que ta princesse est moins belle que mon prince ? Va, je veux bien te faire grâce de la gageure que tu me dois ; mais une autre fois tu me croiras quand je t'aurai assuré quelque chose. » Et se tournant du côté de Caschcasch : « Pour vous, ajouta-t-elle, je vous remercie. Prenez la princesse avec Danhasch, et reportez-la ensemble dans son lit, où il vous mènera. » Danhasch et Caschcasch exécutèrent l'ordre de Maimoune, et Maimoune se retira dans son puits....

Le jour, qui commençait à paraître, imposa silence à la sultane Schéhérazade. Le sultan des Indes se leva, et la nuit suivante la sultane continua de lui raconter le même conte en ces termes :

CCXVI^e NUIT.

SUITE DE L'HISTOIRE DE CAMARALZAMAN.

SIRE, dit-elle, le prince Camaralzaman, en s'éveillant le lendemain matin, regarda à côté de lui, si la dame qu'il avait vue la même nuit y était encore. Quand il vit qu'elle n'y était plus : « Je l'avais bien pensé, dit-il en lui-même, que c'était une surprise que le roi, mon père, voulait me faire ; je me sais bon gré de m'en être gardé. » Il éveilla l'esclave qui dormait encore, et le pressa de venir l'habiller, sans lui parler de rien.

L'esclave lui apporta le bassin et l'eau ; il se lava, et après avoir fait sa prière, il prit un livre, et lut quelque temps.

Après ses exercices ordinaires, Camaralzaman appela l'esclave : « Viens çà, lui dit-il, et ne mens pas. Dis-moi comment est venue la dame qui a couché cette nuit avec moi, et qui l'a amenée ? »

« Prince, répondit l'esclave avec un grand étonnement, de quelle dame entendez-vous parler ? — De celle, te dis-je, reprit le prince, qui est venue ou qu'on a amenée ici cette nuit, et qui a couché avec moi. — Prince, repartit l'esclave, je vous jure que je n'en sais rien. Par où cette dame serait-elle venue, puisque je couche à la porte ? »

« Tu es un menteur, maraud, répliqua le prince; et tu es d'intelligence pour m'affliger davantage et me faire enrager. » En disant ces mots, il lui appliqua un soufflet, dont il le jeta par terre; et après l'avoir foulé long-temps sous les pieds, il le lia au-dessous des épaules avec la corde du puits, le descendit dedans, et le plongea plusieurs fois dans l'eau par-dessus la tête : « Je te noyerai, s'écria-t-il, si tu ne me dis promptement qui est la dame, et qui l'a amenée. »

L'esclave, furieusement embarrassé, moitié dans l'eau, moitié dehors, dit en lui-même : « Sans doute que le prince a perdu l'esprit de douleur, et je ne puis échapper que par un mensonge. Prince, dit-il d'un ton de suppliant, donnez-moi la vie, je vous en conjure; je promets de vous dire la chose comme elle est. »

Le prince retira l'esclave, et le pressa de parler. Dès qu'il fut hors du puits : « Prince, lui dit l'esclave en tremblant, vous voyez bien que je ne puis vous satisfaire dans l'état où je suis; donnez-moi le temps d'aller changer d'habit auparavant. — Je te l'accorde, reprit le prince; mais fais vite, et prends bien garde de ne me pas cacher la vérité. »

L'esclave sortit; et après avoir fermé la porte sur le prince, il courut au palais dans l'état où il était. Le roi s'y entretenait avec son premier vizir, et se plaignait à lui de la mauvaise nuit qu'il avait passée au sujet de la désobéissance et de l'emportement si criminel du prince, son fils, en s'opposant à sa volonté.

Ce ministre tâchait de le consoler, et de lui faire comprendre que le prince lui-même lui avait donné lieu de le réduire : « Sire, lui disait-il, votre majesté ne doit pas se repentir de l'avoir fait arrêter. Pourvu qu'elle ait la patience de le laisser quelque temps dans sa prison, elle doit se persuader qu'il perdra cette fougue de jeunesse, et qu'enfin il se soumettra à tout ce qu'elle exigera de lui. »

Le grand vizir achevait ces derniers mots, lorsque l'esclave se présenta au roi Schahzaman : « Sire, lui dit-il, je suis bien fâché de venir annoncer à votre majesté une nouvelle qu'elle ne peut écouter qu'avec un grand déplaisir. Ce que le prince, votre fils, dit d'une dame qui a couché cette nuit avec lui, et l'état où il m'a mis, comme votre majesté le peut voir, ne font que trop connaître qu'il n'est plus dans son bon sens. » Il fit ensuite le détail de tout ce que le prince Camaralzaman avait dit, et de la manière dont il l'avait traité, en des termes qui donnèrent créance à son discours.

Le roi, qui ne s'attendait pas à ce nouveau sujet d'affliction : « Voici, dit-il à son premier ministre, un incident des plus fâcheux, bien différent de l'espérance que vous me donniez tout à l'heure. Allez, ne perdez pas de temps; voyez vous-même ce que c'est, et venez m'en informer.

Le grand vizir obéit sur-le-champ, et en entrant dans la chambre du prince, il le trouva assis et fort tranquille, avec un livre à la main, qu'il lisait. Il le salua, et après qu'il se fut assis près de lui : « Je veux un grand mal à votre esclave, lui dit-il, d'être venu effrayer le roi, votre père, par la nouvelle qu'il vient de lui apporter. »

« Quelle est cette nouvelle, reprit le prince, qui peut lui avoir donné tant de frayeur? J'ai un sujet bien plus grand de me plaindre de mon esclave. »

« Prince, repartit le vizir, à Dieu ne plaise que ce qu'il a rapporté de vous soit véritable! Le bon état où je vous vois, et où je prie Dieu qu'il vous conserve, me fait connaître qu'il n'en est rien. — Peut-être, répliqua le prince, qu'il ne s'est pas bien fait entendre. Puisque vous êtes venu, je suis bien aise de demander à une personne comme vous, qui devez en savoir quelque chose, où est la dame qui a couché cette nuit avec moi. »

Le grand vizir demeura comme hors de lui-même, à cette demande : « Prince, répondit-il, ne soyez pas surpris de l'étonnement que je fais paraître sur ce que vous me demandez. Serait-il possible, je ne dis pas qu'une dame, mais qu'aucun homme au monde eût pénétré de nuit jusqu'en ce lieu, où l'on ne peut entrer que par la porte, et qu'en marchant sur le ventre de votre esclave? De grâce, rappelez votre mémoire, et vous trouverez que vous avez eu un songe qui vous a laissé cette forte impression. »

« Je ne m'arrête pas à votre discours, reprit le prince d'un ton plus haut : je veux savoir absolument qu'est devenue cette dame; et je suis ici dans un lieu où je saurai me faire obéir. »

A ces paroles fermes, le grand vizir fut dans un embarras qu'on ne peut exprimer, et il songea au moyen de s'en tirer le mieux qu'il lui serait possible. Il prit le prince par la douceur, et il lui demanda dans les termes les plus humbles et les plus ménagés, si lui-même il avait vu cette dame.

« Oui, oui, repartit le prince, je l'ai vue, et je me suis fort bien aperçu que vous l'avez apostée pour me tenter. Elle a très-bien joué le rôle que vous lui avez prescrit, de ne pas dire un mot, de faire la dormeuse, et de se retirer dès que je serais rendormi : vous le savez sans doute, et elle n'aura pas manqué de vous en faire le récit. »

« Prince, répliqua le grand vizir, je vous jure qu'il n'est rien de tout ce que je viens d'entendre de votre bouche, et que le roi, votre père, et moi, nous ne vous avons pas envoyé la dame dont vous parlez : nous n'en avons pas même eu la pensée. Permettez-moi de vous dire encore une fois que vous n'avez vu cette dame qu'en songe. »

« Vous venez donc pour vous moquer aussi de moi, répliqua encore le prince en colère, et pour me dire en face que ce que je vous dis est un songe ? » Il le prit aussitôt par la barbe, et il le chargea de coups aussi long-temps que ses forces le lui permirent.

Le pauvre grand vizir essuya patiemment toute la colère du prince Camaralzaman, par respect : « Me voilà, dit-il en lui-même, dans le même cas que l'esclave : trop heureux si je puis échapper comme lui d'un si grand danger ! » Au milieu des coups dont le prince le chargeait encore : « Prince, s'écria-t-il, je vous supplie de me donner un moment d'audience. » Le prince, las de frapper, le laissa parler.

« Je vous avoue, prince, dit alors le grand vizir en dissimulant, qu'il est quelque chose de ce que vous croyez. Mais vous n'ignorez pas la nécessité où est un ministre d'exécuter les ordres du roi, son maître : si vous avez la bonté de me le permettre, je suis prêt à aller lui dire de votre part ce que vous m'ordonnerez. — Je vous le permets, lui dit le prince : allez, et dites-lui que je veux épouser la dame qu'il m'a envoyée ou amenée, et qui a couché cette nuit avec moi. Faites promptement, et apportez-moi la réponse. » Le grand vizir fit une profonde révérence en le quittant, et il ne se crut délivré que quand il fut hors de la tour, et qu'il en eut refermé la porte sur le prince.

Le grand vizir se présenta devant le roi Schahzaman avec une tristesse qui l'affligea d'abord : « Eh bien ! lui demanda ce monarque, en quel état avez-vous trouvé mon fils ? — Sire, répondit ce ministre,

ce que l'esclave a rapporté à votre majesté n'est que trop vrai. »
Il lui fit le récit de l'entretien qu'il avait eu avec Camaralzaman ;
de l'emportement de ce prince, dès qu'il eut entrepris de lui représenter qu'il n'était pas possible que la dame dont il parlait eût couché avec lui ; du mauvais traitement qu'il en avait reçu, et de l'adresse dont il s'était servi pour échapper de ses mains.

Schahzaman, d'autant plus mortifié qu'il aimait toujours le prince avec tendresse, voulut s'éclaircir de la vérité par lui-même : il alla le voir à la tour, et mena le grand vizir avec lui....

Mais, sire, dit ici la sultane Scheherazade en s'interrompant, je m'aperçois que le jour commence à paraître. Elle garda le silence ; et la nuit suivante, en reprenant son discours, elle dit au sultan des Indes :

CCXVII^e NUIT.

Sire, le prince Camaralzaman reçut le roi, son père, dans la tour où il était en prison, avec un grand respect. Le roi s'assit ; et après qu'il eut fait asseoir le prince près de lui, il lui fit plusieurs demandes auxquelles il répondit d'un très-bon sens. Et de temps en temps il regardait le grand vizir, comme pour lui dire qu'il ne voyait pas que le prince, son fils, eût perdu l'esprit, comme il l'avait assuré, et qu'il fallait qu'il l'eût perdu lui-même.

Le roi enfin parla de la dame au prince : « Mon fils, lui dit-il, je vous prie de me dire ce que c'est que cette dame qui a couché cette nuit avec vous, à ce que l'on dit. »

« Sire, répondit Camaralzaman, je supplie votre majesté de ne pas augmenter le chagrin qu'on m'a déjà donné sur ce sujet : faites-moi plutôt la grâce de me la donner en mariage. Quelque aversion que je vous aie témoignée jusqu'à présent pour les femmes, cette jeune beauté m'a tellement charmé, que je ne fais pas difficulté de vous avouer ma faiblesse. Je suis prêt à la recevoir de votre main avec la dernière obligation. »

Le roi Schahzaman demeura interdit à la réponse du prince, si éloignée, comme il lui semblait, du bon sens qu'il venait de faire paraître auparavant : « Mon fils, reprit-il, vous me tenez un discours qui me jette dans un étonnement dont je ne puis revenir.

« Je vous jure, par la couronne qui doit passer à vous après moi, que je ne sais pas la moindre chose de la dame dont vous me parlez : je n'y ai aucune part, s'il en est venu quelqu'une. Mais comment urait-elle pu pénétrer dans cette tour sans mon consentement ? Car quoi que vous en ait pu dire mon grand vizir, il ne l'a fait que pour tâcher de vous apaiser : il faut que ce soit un songe ; prenez-y garde, je vous en conjure, et rappelez vos sens. »

« Sire, repartit le prince, je serais indigne à jamais des bontés de votre majesté, si je n'ajoutais pas foi à l'assurance qu'elle me donne. Mais je la supplie de vouloir bien se donner la patience de m'écouter, et de juger si ce que j'aurai l'honneur de lui dire est un songe. »

Le prince Camaralzaman raconta alors au roi, son père, de quelle manière il s'était éveillé. Il lui exagéra la beauté et les charmes de la dame qu'il avait trouvée à son côté, l'amour qu'il avait conçu pour elle en un moment, et tout ce qu'il avait fait inutilement pour la réveiller. Il ne lui cacha pas même ce qui l'avait obligé de se réveiller et de se rendormir, après qu'il eut fait l'échange de sa bague avec celle de la dame. En achevant enfin, et en lui présentant la bague qu'il tira de son doigt : « Sire, ajouta-t-il, la mienne ne vous est pas inconnue, vous l'avez vue plusieurs fois : après cela, j'espère que vous serez convaincu que je n'ai pas perdu l'esprit, comme on vous l'a fait accroire. »

Le roi Schahzaman connut si clairement la vérité de ce que le prince, son fils, venait de lui raconter, qu'il n'eut rien à répliquer. Il en fut même dans un étonnement si grand, qu'il demeura longtemps sans dire un mot.

Le prince profita de ces moments : « Sire, lui dit-il encore, la passion que je sens pour cette charmante personne, dont je conserve la précieuse image dans mon cœur, est déjà si violente, que je ne me sens pas assez de force pour y résister. Je vous supplie d'avoir compassion de moi, et de me procurer le bonheur de la posséder. »

« Après ce que je viens d'entendre, mon fils, et après ce que je vois par cette bague, reprit le roi Schahzaman, je ne puis douter que votre passion ne soit réelle, et que vous n'ayez vu la dame qui l'a fait naître : plût à Dieu que je la connusse, cette dame ! vous seriez content dès aujourd'hui, et je serais le père le plus heureux du monde ! Mais où la chercher ? Comment, et par où est-elle entrée ici, sans que j'en aie rien su et sans mon consentement ? Pourquoi y est-elle entrée seulement pour dormir avec vous, pour vous faire voir sa beauté, vous enflammer d'amour pendant qu'elle dormait, et disparaître pendant que vous dormiez ? Je ne comprends rien dans cette aventure, mon fils ; et si le Ciel ne nous est favorable, elle nous mettra au tombeau vous et moi. » En achevant ces paroles et en prenant le prince par la main : « Venez, ajouta-t-il, allons nous affliger ensemble, vous, d'aimer sans espérance, et moi, de vous voir affligé, et de ne pouvoir remédier a votre mal. »

Le roi Schahzaman tira le prince hors de la tour, et l'emmena au palais, où le prince, au désespoir d'aimer de toute son âme une dame inconnue, se mit d'abord au lit. Le roi s'enferma et pleura plusieurs jours avec lui, sans vouloir prendre aucune connaissance des affaires de son royaume.

Son premier ministre, qui était le seul à qui il avait laissé l'entrée libre, vint un jour lui représenter que toute sa cour et même ses peuples commençaient à murmurer de ne le pas voir et de ce qu'il ne rendait plus la justice chaque jour à son ordinaire, et qu'il ne répondait pas du désordre qui pouvait arriver : « Je supplie votre majesté, poursuivit-il, d'y faire attention. Je suis persuadé que sa présence soulage la douleur du prince, et que la présence du prince soulage la vôtre mutuellement; mais elle doit songer à ne pas laisser tout périr. Elle voudra bien que je lui propose de se transporter avec le prince au château de la petite île peu éloignée du port, et de donner audience deux fois la semaine seulement. Pendant que cette fonction l'obligera de s'éloigner du prince, la beauté charmante du lieu, le bel air, et la vue merveilleuse dont on y jouit, feront que le prince supportera votre absence, de peu de durée, avec plus de patience.

Le roi Schahzaman approuva ce conseil; et dès que le château, où il n'était allé depuis long-temps, fut meublé, il y passa avec le prince, où il ne le quittait que pour donner les deux audiences précisément. Il passait le reste du temps au chevet de son lit, et tantôt il tâchait de lui donner de la consolation, tantôt il s'affligeait avec lui.

Pendant que ces choses se passaient dans la capitale du roi Schahzaman, les deux génies Danhasch et Caschcasch avaient reporté la princesse de la Chine au palais où le roi, son père, l'avait renfermée, et l'avaient remise dans son lit.

Le lendemain matin, à son réveil, la princesse de la Chine regarda à droite et à gauche; et quand elle eut vu que le prince Camaralzaman n'était plus près d'elle, elle appela ses femmes d'une voix qui les fit accourir promptement et environner son lit. La nourrice, qui se présenta à son chevet, lui demanda ce qu'elle souhaitait, et s'il lui était arrivé quelque chose.

« Dites-moi, reprit la princesse, qu'est devenu le jeune homme, que j'aime de tout mon cœur, qui a couché cette nuit avec moi? — Princesse, répondit la nourrice, nous ne comprenons rien à votre discours, si vous ne vous expliquez davantage. »

« C'est, reprit encore la princesse, qu'un jeune homme, le mieux fait et le plus aimable qu'on puisse imaginer, dormait près de moi cette nuit; que je l'ai caressé long-temps, et que j'ai fait tout ce que j'ai pu pour l'éveiller sans y réussir : je vous demande où il est. »

« Princesse, repartit la nourrice, c'est sans doute pour vous jouer de nous ce que vous en faites. Vous plaît-il de vous lever? — Je parle très-sérieusement, répliqua la princesse, et je veux savoir où il est. — Mais, princesse, insista la nourrice, vous étiez seule quand nous vous couchâmes hier au soir, et personne n'est entré pour coucher avec vous, que nous sachions, vos femmes et moi. »

La princesse de la Chine perdit patience ; elle prit sa nourrice par la tête, en lui donnant des soufflets et de grands coups de poing : « Tu me le diras, vieille sorcière, dit-elle, ou je t'assommerai. »

La nourrice fit de grands efforts pour se tirer de ses mains. Elle s'en tira enfin, et elle alla sur-le-champ trouver la reine de la Chine, mère de la princesse. Elle se présenta les larmes aux yeux et le visage tout meurtri, au grand étonnement de la reine, qui lui demanda qui l'avait mise en cet état.

« Madame, dit la nourrice, vous voyez le traitement que m'a fait la princesse : elle m'eût assommée, si je ne me fusse échappée de ses mains. » Elle lui raconta ensuite le sujet de sa colère et de son emportement, dont la reine ne fut pas moins affligée que surprise : « Vous voyez, madame, ajouta-t-elle en finissant, que la princesse est hors de son bon sens. Vous en jugerez vous-même, si vous prenez la peine de la venir voir. »

La tendresse de la reine de la Chine était trop intéressée dans ce qu'elle venait d'entendre : elle se fit suivre par la nourrice, et elle alla voir la princesse, sa fille, dès le même moment.

La sultane Scheherazade voulait continuer; mais elle s'aperçut que le jour avait déjà commencé. Elle se tut ; et reprenant le conte la nuit suivante, elle dit au sultan des Indes:

CCXVIII° NUIT.

Sire, la reine de la Chine s'assit près de la princesse, sa fille, en arrivant dans l'appartement où elle était renfermée; et après qu'elle se fut informée de sa santé, elle lui demanda quel sujet de mécontentement elle avait contre sa nourrice, qu'elle avait maltraitée : « Ma fille, dit-elle, cela n'est pas bien, et jamais une grande princesse comme vous ne doit se laisser emporter à cet excès.

« — Madame, répondit la princesse, je vois bien que votre majesté vient pour se moquer aussi de moi; mais je vous déclare que je n'aurai pas de repos que je n'aie épousé l'aimable cavalier qui a couché cette nuit avec moi. Vous devez savoir où il est; je vous supplie de le faire revenir.

« — Ma fille, reprit la reine, vous me surprenez, et je ne comprends rien à votre discours. » La princesse perdit le respect : « Madame, répliqua-t-elle, le roi, mon père, et vous, m'avez persécutée pour me contraindre de me marier lorsque je n'en avais pas d'envie : cette envie m'est venue présentement, et je veux absolument avoir pour mari le cavalier que je vous ai dit; sinon je me tuerai. »

La reine tâcha de prendre la princesse par la douceur : « Ma fille, lui dit-elle, vous savez bien vous-même que vous êtes seule dans votre appartement, et qu'aucun homme ne peut y entrer. » Mais, au lieu d'écouter, la princesse l'interrompit et fit des extravagances qui obligèrent la reine de se retirer avec une grande affliction, et d'aller informer le roi de tout.

Le roi de la Chine voulut s'éclaircir lui-même de la chose : il vint à l'appartement de la princesse, sa fille, et il lui demanda si ce qu'il venait d'apprendre était véritable : « Sire, répondit-elle, ne parlons pas de cela : faites-moi seulement la grâce de me rendre l'époux qui a couché cette nuit avec moi.

« — Quoi! ma fille, reprit le roi, est-ce que quelqu'un a couché avec vous cette nuit? — Comment, sire, repartit la princesse sans lui donner le temps de poursuivre, vous me demandez si quelqu'un a couché avec moi! Votre majesté ne l'ignore pas. C'est le cavalier le mieux fait qui ait jamais paru sous le ciel; je vous le redemande, ne me refusez pas, je vous en supplie. Afin que votre majesté ne doute pas, continua-t-elle, que je n'aie vu le cavalier, qu'il n'ait couché avec moi, que je ne l'aie caressé, et que je n'aie fait des efforts pour l'éveiller, sans y avoir réussi, voyez, s'il vous plaît, cette bague. » Elle avança la main, et le roi de la Chine ne sut que dire quand il eut vu que c'était la bague d'un homme; mais comme il ne pouvait rien comprendre à tout ce qu'elle lui disait, et qu'il l'avait renfermée comme folle, il la crut encore plus folle qu'auparavant. Ainsi, sans lui parler davantage, de crainte qu'elle ne fît quelque violence contre sa personne ou contre ceux qui s'approcheraient d'elle, il la fit enchaîner et resserrer plus étroitement, et ne lui donna que sa nourrice pour la servir, avec une bonne garde à la porte.

Le roi de la Chine, inconsolable du malheur qui était arrivé à la princesse, sa fille, d'avoir perdu l'esprit, à ce qu'il croyait, songea aux moyens de lui procurer la guérison. Il assembla son conseil, et après avoir exposé l'état où elle était : « Si quelqu'un de vous, ajouta-t-il, est assez habile pour entreprendre de la guérir, et qu'il y réussisse, je la lui donnerai en mariage et le ferai héritier de mes états et de ma couronne, après ma mort. »

Le désir de posséder une belle princesse, et l'espérance de gouverner un jour un royaume aussi puissant que celui de la Chine, firent un grand effet sur l'esprit d'un émir déjà âgé qui était présent au conseil. Comme il était habile dans la magie, il se flatta d'y réussir et s'offrit au roi : « J'y consens, reprit le roi; mais je veux bien vous avertir auparavant que c'est à condition de vous faire couper le cou si vous ne réussissez pas : il ne serait pas juste que vous méritassiez une si grande récompense sans risquer quelque chose de votre côté. Ce que je dis de vous, je le dis de tous les autres qui se présenteront après vous, au cas que vous n'acceptiez pas la condition ou que vous ne réussissiez pas. »

L'émir accepta la condition, et le roi le mena lui-même chez la princesse. La princesse se couvrit le visage dès qu'elle vit paraître l'émir : « Sire, dit-elle, votre majesté me surprend de m'amener un homme que je ne connais pas, et à qui la religion me défend de me laisser voir. — Ma fille, reprit le roi, sa présence ne doit pas vous scandaliser : c'est un de mes émirs qui vous demande en mariage. — Sire, repartit la princesse, ce n'est pas celui que vous m'avez déjà donné, et dont j'ai reçu la foi par la bague que je porte : ne trouvez pas mauvais que je n'en accepte pas un autre. »

L'émir s'était attendu que la princesse ferait et dirait des extravagances ; il fut très-étonné de la voir tranquille et parler de si bon sens, et il connut très-parfaitement qu'elle n'avait pas d'autre folie qu'un amour très-violent qui devait être bien fondé. Il n'osa pas prendre la liberté de s'en expliquer au roi : le roi n'aurait pu souffrir que la princesse eût ainsi donné son cœur à un autre que celui qu'il voulait lui donner de sa main. Mais, en se prosternant à ses pieds : « Sire, dit-il, après ce que je viens d'entendre, il serait inutile que j'entreprisse de guérir la princesse : je n'ai pas de remèdes propres à son mal, et ma vie est à la disposition de sa majesté. » Le roi, irrité de l'incapacité de l'émir et de la peine qu'il lui avait donnée, lui fit couper la tête.

Quelques jours après, afin de n'avoir pas à se reprocher d'avoir rien négligé pour procurer la guérison à la princesse, ce monarque fit publier dans sa capitale que s'il y avait quelque médecin, astrologue, magicien, assez expérimenté pour la rétablir en son bon sens, il n'avait qu'à venir se présenter, à condition de perdre la tête s'il ne la guérissait pas. Il envoya publier la même chose dans les principales villes de ses états et dans les cours des princes, ses voisins.

Le premier qui se présenta fut un astrologue et magicien, que le roi fit conduire à la prison de la princesse par un eunuque. L'astrologue tira d'un sac, qu'il avait apporté sous le bras, un astrolabe, une petite sphère, un réchaud, plusieurs sortes de drogues propres à des fumigations, un vase de cuivre, avec plusieurs autres choses, et demanda du feu.

La princesse de la Chine demanda ce que signifiait tout cet appareil : « Princesse, répondit l'eunuque, c'est pour conjurer le malin esprit qui vous possède, le renfermer dans le vase que vous voyez, et le jeter au fond de la mer.

« — Maudit astrologue ! s'écria la princesse, sache que je n'ai pas besoin de tous ces préparatifs, que je suis dans mon bon sens, et que tu es insensé toi-même. Si ton pouvoir va jusque-là, amène-moi seulement celui que j'aime : c'est le meilleur service que tu puisses me rendre. — Princesse, reprit l'astrologue, si cela est ainsi, ce n'est pas de moi, mais du roi, votre père, uniquement, que vous devez l'attendre. » Il remit dans son sac ce qu'il en avait tiré, bien fâché de s'être engagé si facilement à guérir une maladie imaginaire.

Quand l'eunuque eut ramené l'astrologue devant le roi de la Chine, l'astrologue n'attendit pas que l'eunuque parlât au roi, il lui parla lui-même d'abord : « Sire, lui dit-il avec hardiesse, selon que votre majesté l'a fait publier, et qu'elle me l'a confirmé elle-même, j'ai cru que la princesse était folle, et j'étais sûr de la rétablir en son bon sens par les secrets dont j'ai connaissance ; mais je n'ai pas été long-temps à reconnaître qu'elle n'a pas d'autre maladie que celle d'aimer, et mon art ne s'étend pas jusqu'à remédier au mal d'amour. Votre majesté y remédiera mieux que personne, quand elle voudra lui donner le mari qu'elle demande. »

Le roi traita cet astrologue d'insolent, et lui fit couper le cou. Pour ne pas ennuyer votre majesté par des répétitions, tant astrologues que médecins et magiciens, il s'en présenta cent cinquante, qui eurent tous le même sort, et leurs têtes furent rangées au-dessus de chaque porte de la ville.

HISTOIRE

DE MARZAVAN, AVEC LA SUITE DE CELLE DE CAMARALZAMAN.

La nourrice de la princesse de la Chine avait un fils nommé Marzavan, frère de lait de la princesse, qu'elle avait nourri et élevé avec elle. Leur amitié avait été si grande pendant leur enfance, tout le temps qu'ils avaient été ensemble, qu'ils se traitaient de frère et de sœur, même après que leur âge un peu avancé eut nécessité leur séparation.

Entre plusieurs sciences dont Marzavan avait cultivé son esprit, dès sa plus grande jeunesse, son inclination l'avait porté particulièrement à l'étude de l'astrologie judiciaire, de la géomance [1], et d'autres sciences secrètes, et il s'y était rendu très-habile. Non content de ce qu'il avait appris de ses maîtres, il s'était mis en voyage dès qu'il se fut senti assez de forces pour en supporter la fatigue; il n'y avait pas d'homme célèbre, en aucune science et en aucun art, qu'il n'eût été chercher dans les villes les plus éloignées, et qu'il n'eût fréquenté assez de temps pour en tirer toutes les connaissances qui étaient de son goût.

Après une absence de plusieurs années, Marzavan revint enfin à la capitale de la Chine, et les têtes coupées et rangées qu'il aperçut au-dessus de la porte par où il entra le surprirent extrêmement. Dès qu'il fut rentré chez lui, il demanda pourquoi elles y étaient, et, sur toutes choses, il s'informa des nouvelles de la princesse, sa sœur de lait, qu'il n'avait pas oubliée. Comme on ne put le satisfaire sur la première demande sans y comprendre la seconde, il apprit, avec bien de la douleur, une partie de ce qu'il souhaitait, en attendant que sa mère, nourrice de la princesse, lui en apprît davantage....

Scheherazade mit fin à son discours en cet endroit, pour cette nuit. Elle le reprit, la nuit suivante, en ces termes:

[1] Géomance ou géomancie; c'est l'art de deviner par des points que l'on marque au hasard sur la terre ou sur du papier, dont on forme des lignes, et dont on observe ensuite le nombre ou la situation pour en tirer de certaines conséquences.

CCXIX° NUIT.

Sire, quoique la nourrice, mère de Marzavan, fût très-occupée auprès de la princesse de la Chine, elle n'eut pas néanmoins plutôt appris que ce cher fils était de retour, qu'elle trouva le temps de sortir, de l'embrasser et de s'entretenir quelques moments avec lui. Après qu'elle lui eut raconté, les larmes aux yeux, l'état pitoyable où était la princesse, et le sujet pourquoi le roi de la Chine lui faisait ce traitement, Marzavan lui demanda si elle ne pouvait pas lui procurer le moyen de la voir en secret, sans que le roi en eût connaissance. Après que la nourrice y eut pensé quelques moments : « Mon fils, lui dit-elle, je ne puis vous rien dire là-dessus presentement; mais attendez-moi demain à la même heure, je vous en donnerai la réponse. »

Comme, après la nourrice, personne ne pouvait s'approcher de la princesse que par la permission de l'eunuque qui commandait à la garde de la porte, la nourrice, qui savait qu'il était dans le service depuis peu, et qu'il ignorait ce qui s'était passé auparavant à la cour du roi de la Chine, s'adressa à lui : « Vous savez, lui dit-elle, que j'ai élevé et nourri la princesse; vous ne savez peut-être pas de même que je l'ai nourrie avec une fille de même âge, que j'avais alors, et que j'ai mariée il n'y a pas long-temps. La princesse, qui lui fait l'honneur de l'aimer toujours, voudrait bien la voir; mais elle souhaite que cela se fasse sans que personne la voie ni entrer ni sortir. »

La nourrice voulait parler davantage; mais l'eunuque l'arrêta : « Cela suffit, lui dit-il; je ferai toujours avec plaisir tout ce qui sera en mon pouvoir pour obliger la princesse : faites venir ou allez prendre votre fille vous-même, quand il sera nuit, et amenez-la après que le roi se sera retiré; la porte lui sera ouverte. »

Dès qu'il fut nuit, la nourrice alla trouver son fils Marzavan. Elle le déguisa elle-même en femme, d'une manière que personne n'eût pu s'apercevoir que c'était un homme, et l'amena avec elle.

L'eunuque, qui ne douta pas que ce ne fût sa fille, leur ouvrit la porte, et les laissa entrer ensemble.

Avant de présenter Marzavan, la nourrice s'approcha de la princesse : « Madame, lui dit-elle, ce n'est pas une femme que vous voyez : c'est mon fils Marzavan, nouvellement arrivé de ses voyages, que j'ai trouvé moyen de faire entrer sous cet habillement. J'espère que vous voudrez bien qu'il ait l'honneur de vous rendre ses respects. »

Au nom de Marzavan, la princesse témoigna une grande joie : « Approchez-vous, mon frère, dit-elle aussitôt à Marzavan, et ôtez ce voile : il n'est pas défendu à un frère et à une sœur de se voir à visage découvert. »

Marzavan la salua avec un grand respect; et sans lui donner le temps de parler : « Je suis ravie, continua la princesse, de vous revoir en parfaite santé, après une absence de tant d'années, sans avoir mandé un seul mot de vos nouvelles, même à votre bonne mère. »

« Princesse, reprit Marzavan, je vous suis infiniment obligé de votre bonté. Je m'attendais à en apprendre à mon arrivée de meilleures des vôtres que celles dont j'ai été informé, et dont je suis témoin avec toute l'affliction imaginable. J'ai bien de la joie cependant d'être arrivé assez tôt pour vous apporter, après tant d'autres qui n'y ont pas réussi, la guérison dont vous avez besoin. Quand je ne tirerais d'autre fruit de mes études et de mes voyages que celui-là, je ne laisserais pas de m'estimer bien récompensé. »

En achevant ces paroles, Marzavan tira un livre et d'autres choses dont il s'était muni, et qu'il avait cru nécessaires, selon le rapport que sa mère lui avait fait de la maladie de la princesse. La princesse, qui vit cet attirail : « Quoi! mon frère, s'écria-t-elle, vous êtes donc aussi de ceux qui s'imaginent que je suis folle? Désabusez-vous, et écoutez-moi »

La princesse raconta à Marzavan toute son histoire, sans oublier une des moindres circonstances, jusqu'à la bague échangée contre la sienne, qu'elle lui montra : « Je ne vous ai rien déguisé, ajouta-t-elle, dans tout ce que vous venez d'entendre. Il est vrai qu'il y a quelque chose que je ne comprends pas, qui donne lieu de croire que je ne suis pas dans mon bon sens; mais on ne fait pas attention au reste, qui est comme je le dis. »

Quand la princesse eut cessé de parler, Marzavan, rempli d'admiration et d'étonnement, demeura quelque temps les yeux baissés sans dire mot. Il leva enfin la tête, et en prenant la parole : « Princesse, dit-il, si ce que vous venez de me raconter est véritable, comme j'en suis persuadé, je ne désespère pas de vous procurer la satisfaction que vous désirez. Je vous supplie seulement de vous armer de patience encore pour quelque temps, jusqu'à ce que j'aie parcouru des royaumes dont je n'ai pas encore approché; et lorsque vous aurez appris mon retour, assurez-vous que celui pour qui vous soupirez avec tant de passion ne sera pas loin de vous. » Après ces paroles, Marzavan prit congé de la princesse, et partit dès le lendemain.

Marzavan voyagea de ville en ville, de province en province, et d'île en île; et dans chaque lieu où il arrivait, il n'entendait parler que de la princesse Badoure (c'est ainsi que se nommait la princesse de la Chine) et de son histoire.

Au bout de quatre mois, notre voyageur arriva à Torf, ville maritime, grande et très-peuplée, où il n'entendit plus parler de la princesse Badoure, mais du prince Camaralzaman, que l'on disait être malade, et dont on racontait l'histoire, à peu près semblable à celle de la princesse Badoure. Marzavan en eut une joie qu'on ne peut exprimer : il s'informa en quel endroit du monde était ce prince, et on le lui enseigna. Il y avait deux chemins, l'un par terre et par mer, et l'autre seulement par mer, qui était le plus court.

Marzavan choisit le dernier chemin, et il s'embarqua sur un vaisseau marchand, qui eut une heureuse navigation jusqu'à la vue de la capitale du royaume de Schahzaman. Mais avant d'entrer au port, le vaisseau passa malheureusement sur un rocher par la malhabileté du pilote. Il périt, et coula à fond à la vue et peu loin du château où était le prince Camaralzaman, et où le roi, son père, Schahzaman, se trouvait alors avec son grand vizir.

Marzavan savait parfaitement bien nager : il n'hésita pas à se jeter à la mer, et il alla aborder au pied du château du roi Schahzaman, où il fut reçu et secouru par ordre du grand vizir, selon l'intention du roi. On lui donna un habit à changer, on le traita bien ; et lorsqu'il fut remis, on le conduisit au grand vizir, qui avait demandé qu'on le lui amenât.

Comme Marzavan était un jeune homme très-bien fait et de bon air, ce ministre lui fit beaucoup d'accueil en le recevant, et il conçut une très-grande estime de sa personne par ses réponses justes et pleines d'esprit à toutes les demandes qu'il lui fit ; il s'aperçut même insensiblement qu'il avait mille belles connaissances. Cela l'obligea de lui dire : « A vous entendre, je vois que vous n'êtes pas un homme ordinaire. Plût à Dieu que dans vos voyages vous eussiez appris quelque secret propre à guérir un malade qui cause une grande affliction dans cette cour depuis long-temps ! »

Marzavan répondit que s'il savait la maladie dont cette personne était attaquée, peut-être y trouverait-il un remède.

Le grand vizir raconta alors à Marzavan l'état où était le prince Camaralzaman, en prenant la chose dès son origine. Il ne lui cacha rien de sa naissance si fort souhaitée, de son éducation, du désir du roi Schahzaman de l'engager dans le mariage de bonne heure, de la résistance du prince et de son aversion extraordinaire pour cet engagement, de sa désobéissance en plein conseil, de son emprisonnement, de ses prétendues extravagances dans la prison, qui s'étaient changées en une passion violente pour une dame inconnue, qui n'avait d'autre fondement qu'une bague, que le prince prétendait être la bague de cette dame, laquelle n'était peut-être pas au monde.

A ce discours du grand vizir, Marzavan se réjouit infiniment de ce que dans le malheur de son naufrage il était arrivé si heureusement où était celui qu'il cherchait. Il connut, à n'en pas douter, que le prince Camaralzaman était celui pour qui la princesse de la Chine brûlait d'amour, et que cette princesse était l'objet des vœux si ardents du prince. Il ne s'en expliqua pas au grand vizir : il lui dit seulement que s'il voyait le prince, il jugerait mieux du secours qu'il pourrait lui donner. « Suivez-moi, lui dit le grand vizir ; vous trouverez le roi près de lui, qui m'a déjà marqué qu'il voulait vous voir. »

La première chose dont Marzavan fut frappé en entrant dans la chambre du prince fut de le voir dans son lit, languissant et les yeux fermés. Quoiqu'il fût en cet état, sans avoir égard au roi Schahzaman, père du prince, qui était assis près de lui, ni au prince, que cette liberté pouvait incommoder, il ne laissa pas de s'écrier : « Ciel ! rien au monde n'est plus semblable. » Il voulait dire qu'il le trouvait ressemblant à la princesse de la Chine ; et il était vrai qu'ils avaient beaucoup de ressemblance dans les traits.

Ces paroles de Marzavan donnèrent de la curiosité au prince Camaralzaman, qui ouvrit les yeux et le regarda. Marzavan, qui avait infiniment d'esprit, profita de ce moment, et lui fit son compliment en vers sur-le-champ, quoique d'une manière enveloppée, où le roi et le grand vizir ne comprirent rien. Il lui dépeignit si bien ce qui lui était arrivé avec la princesse de la Chine, qu'il ne lui laissa pas lieu de douter qu'il ne la connût, et qu'il ne pût lui en apprendre des nouvelles. Il en eut d'abord une joie dont il laissa paraître des marques dans ses yeux et sur son visage....

La sultane Scheherazade n'eut pas le temps d'en dire davantage cette nuit. Le sultan lui permit de reprendre sa narration la nuit suivante.

CCXX° NUIT.

Sire, quand Marzavan eut achevé son compliment en vers, qui surprit le prince Camaralzaman si agréablement, le prince prit la liberté de faire signe de la main au roi, son père, de vouloir bien s'ôter de sa place, et de permettre que Marzavan s'y mît.

Le roi, ravi de voir dans le prince, son fils, un changement qui lui donnait bonne espérance, se leva, prit Marzavan par la main, et l'obligea de s'asseoir à la même place qu'il venait de quitter. Il lui demanda qui il était, et d'où il venait; et après que Marzavan lui eut répondu qu'il était sujet du roi de la Chine, et qu'il venait de ses états : « Dieu veuille, dit-il, que vous tiriez mon fils de sa mélancolie; je vous en aurai une obligation infinie, et les marques de ma reconnaissance seront si éclatantes, que toute la terre reconnaîtra que jamais service n'aura été mieux récompensé. » En achevant ces paroles, il laissa le prince, son fils, dans la liberté de s'entretenir avec Marzavan, pendant qu'il se réjouissait d'une rencontre si heureuse avec son grand vizir.

Marzavan s'approcha de l'oreille du prince Camaralzaman; et en lui parlant bas : « Prince, dit-il, il est temps désormais que vous cessiez de vous affliger si impitoyablement. La dame pour qui vous souffrez m'est connue; c'est la princesse Badoure, fille du roi de la Chine, qui se nomme Gaïour. Je puis vous en assurer sur ce qu'elle m'a appris elle-même de son aventure, et sur ce que j'ai déjà appris de la vôtre. La princesse ne souffre pas moins pour l'amour de vous, que vous souffrez pour l'amour d'elle. » Il lui fit ensuite le récit de tout ce qu'il savait de l'histoire de la princesse depuis la nuit fatale qu'ils s'étaient entrevus d'une manière si peu croyable; il n'oublia pas le traitement que le roi de la Chine faisait à ceux qui entreprenaient en vain de guérir la princesse Badoure de sa folie prétendue. « Vous êtes le seul, ajouta-t-il, qui puissiez la guérir parfaitement, et vous présenter pour cela sans crainte. Mais avant d'entreprendre un si grand voyage, il faut que vous vous portiez bien : alors nous prendrons les mesures nécessaires. Songez donc incessamment au rétablissement de votre santé. »

Le discours de Marzavan fit un puissant effet : le prince Camaralzaman en fut tellement soulagé par l'espérance qu'il venait de concevoir, qu'il se sentit assez de force pour se lever, et qu'il pria le roi, son père, de lui permettre de s'habiller, d'un air qui lui donna une joie incroyable.

Le roi ne fit qu'embrasser Marzavan, pour le remercier, sans s'informer du moyen dont il s'était servi pour faire un effet si surprenant, et il sortit aussitôt de la chambre du prince, avec le grand vizir, pour publier cette agréable nouvelle. Il ordonna des réjouissances de plusieurs jours, il fit des largesses à ses officiers et au peuple, des aumônes aux pauvres, et fit élargir tous les prisonniers. Tout retentit enfin de joie et d'allégresse dans la capitale et bientôt dans tous les états du roi Schahzaman.

Le prince Camaralzaman, extrêmement affaibli par des veilles continuelles, et par une longue abstinence presque de toute sorte d'aliments, eut bientôt recouvré sa première santé. Quand il sentit qu'elle était assez bien rétablie pour supporter la fatigue d'un voyage, il prit Marzavan en particulier : « Cher Marzavan, lui dit-il, il est temps d'exécuter la promesse que vous m'avez faite. Dans l'impatience où je suis de voir la charmante princesse, et de mettre fin aux tourments étranges qu'elle souffre pour l'amour de moi, je sens bien que je retomberais dans le même état où vous m'avez vu, si nous ne partions incessamment. Une chose m'afflige et m'en fait craindre le retardement : c'est la tendresse importune du roi, mon père, qui ne pourra jamais se résoudre à m'accorder la permission de m'éloigner de lui. Ce sera une désolation pour moi, si vous ne trouvez le moyen d'y remédier. Vous voyez vous-même qu'il ne me perd presque pas de vue. » Le prince ne put retenir ses larmes en achevant ces paroles.

« Prince, reprit Marzavan, j'ai déjà prévu le grand obstacle dont vous me parlez : c'est à moi de faire en sorte qu'il ne nous arrête pas. Le premier dessein de mon voyage a été de procurer à la princesse de la Chine la délivrance de ses maux, et cela par toutes les raisons de l'amitié mutuelle dont nous nous aimons presque dès notre naissance, du zèle et de l'affection que je lui dois d'ailleurs. Je manquerais à mon devoir si je n'en profitais pas pour sa consolation et, en même temps, pour la vôtre, et si je n'y employais toute l'adresse dont je suis capable : voici donc ce que j'ai imaginé pour lever la difficulté d'obtenir la permission du roi, votre père, telle que nous la souhaitons, vous et moi : vous n'êtes pas encore sorti depuis mon arrivée ; témoignez-lui que vous désirez de prendre l'air, et demandez-lui la permission de faire une partie de chasse de deux ou trois jours avec moi : il n'y a pas d'apparence qu'il vous la refuse. Quand il vous l'aura accordée, vous donnerez ordre qu'on nous tienne à chacun deux bons chevaux prêts, l'un pour monter, et l'autre de relais, et laissez-moi faire le reste. »

Le lendemain, le prince Camaralzaman prit son temps; il témoigna au roi, son père, l'envie qu'il avait de prendre un peu l'air, et le pria de trouver bon qu'il allât à la chasse, un jour ou deux, avec Marzavan : « Je le veux bien, lui dit le roi, à la charge néanmoins que vous ne coucherez pas dehors plus d'une nuit. Trop d'exercice dans les commencements pourrait vous nuire, et une absence plus longue me ferait de la peine. » Le roi commanda qu'on lui choisît les meilleurs chevaux, et il prit soin lui-même que rien ne lui manquât. Lorsque tout fut prêt, il l'embrassa, et, après avoir recommandé à Marzavan de bien prendre soin de lui, il le laissa partir.

Le prince Camaralzaman et Marzavan gagnèrent la campagne, et pour amuser les deux palefreniers qui conduisaient les chevaux de relais, ils firent semblant de chasser, et ils s'éloignèrent de la ville autant qu'il leur fut possible. A l'entrée de la nuit ils s'arrêtèrent dans un logement de caravanes, où ils soupèrent, et dormirent environ jusqu'à minuit. Marzavan, qui s'éveilla le premier, éveilla aussi le prince Camaralzaman sans éveiller les palefreniers. Il pria le prince de lui donner son habit, et d'en prendre un autre, qu'un des palefreniers avait apporté. Ils montèrent chacun le cheval de relais qu'on leur avait amené; et après que Marzavan eut pris le cheval d'un des palefreniers par la bride, ils se mirent en chemin, en marchant au grand pas de leurs chevaux.

A la pointe du jour les deux cavaliers se trouvèrent dans une forêt, en un endroit où le chemin se partageait en quatre. En cet endroit-là Marzavan pria le prince de l'attendre un moment, et entra dans la forêt. Il y égorgea le cheval du palefrenier, déchira l'habit que le prince avait quitté, le teignit dans le sang; et lorsqu'il eut rejoint le prince, il le jeta au milieu du chemin, à l'endroit où il se partageait.

Le prince Camaralzaman demanda à Marzavan quel était son dessein : « Prince, répondit Marzavan, dès que le roi, votre père, verra ce soir que vous n'êtes pas de retour, ou qu'il aura appris des palefreniers que nous sommes partis sans eux pendant qu'ils dormaient, il ne manquera pas de mettre des gens en campagne pour courir après nous. Ceux qui viendront de ce côté, et qui rencontreront cet habit ensanglanté, ne douteront pas que quelque bête ne vous ait dévoré, et que je ne me sois échappé de crainte de sa colère. Le roi, qui ne vous croira plus au monde, selon leur rapport, cessera d'abord de vous faire chercher, et nous donnera lieu de continuer notre voyage sans crainte d'être poursuivis. La précaution est véritablement violente, de donner ainsi tout à coup l'alarme cruelle de la mort d'un fils à un père qui l'aime si passionnément; mais la joie du roi, votre père, en sera plus grande, quand il apprendra que vous serez en vie et content. — Brave Marzavan, reprit le prince Camaralzaman, je ne puis qu'approuver un stratagème si ingénieux, et je vous en ai une nouvelle obligation. »

Le prince et Marzavan, munis de bonnes pierreries pour leur dépense, continuèrent leur voyage par terre et par mer, et ils ne trouvèrent d'autre obstacle que la longueur du temps qu'il fallut y mettre. Ils arrivèrent enfin à la capitale de la Chine, où Marzavan, au lieu de mener le prince chez lui, fit mettre pied à terre dans un logement public des étrangers. Ils y demeurèrent trois jours à se délasser de la fatigue du voyage; et, dans cet intervalle, Marzavan fit faire un habit d'astrologue pour déguiser Camaralzaman. Les trois jours passés, ils allèrent au bain ensemble, où Marzavan fit prendre l'habillement d'astrologue au prince, et à la sortie du bain il le conduisit jusqu'à la vue du palais du roi de la Chine, où il le quitta pour aller faire avertir sa mère, nourrice de la princesse Badoure, de son arrivée, afin qu'elle lui en donnât avis....

La sultane Scheherazade en était à ces derniers mots, lorsqu'elle s'aperçut que le jour avait commencé de paraître. Elle cessa aussitôt de parler, et en poursuivant la nuit suivante, elle dit au sultan des Indes :

CCXXI^e NUIT.

Sire, le prince Camaralzaman, instruit par Marzavan de ce qu'il devait faire, et muni de tout ce qui convenait à un astrologue, avec son habillement, s'avança jusqu'à la porte du palais du roi de la Chine, et, en s'arrêtant, il cria à haute voix, en présence de la garde et des portiers : « Je suis astrologue, et je viens donner la « guérison à la respectable princesse Badoure, fille du haut et puis- « sant monarque Gaïour, roi de la Chine, aux conditions proposées « par sa majesté, de l'épouser si je réussis, ou de perdre la vie si « je ne réussis pas ! »

Outre les gardes et les portiers du roi, la nouveauté fit assembler en un instant une infinité de peuple autour du prince Camaralzaman : en effet, il y avait long-temps qu'il ne s'était présenté ni médecin, ni astrologue, ni magicien, depuis tant d'exemples tragiques de ceux qui avaient échoué dans leur entreprise : on croyait qu'il n'y en avait plus au monde, ou du moins qu'il n'y en avait plus d'assez insensés pour la tenter.

A voir la bonne mine du prince, son air noble, la grande jeunesse qui paraissait sur son visage, il n'y en eut pas un à qui il ne fît compassion : « A quoi pensez-vous, seigneur? lui dirent ceux qui étaient le plus près de lui. Quelle est votre fureur d'exposer ainsi à une mort certaine une vie qui donne de si belles espérances? Les têtes coupées que vous avez vues au-dessus des portes ne vous ont-elles pas fait horreur? Au nom de Dieu, abandonnez ce dessein de désespéré : retirez-vous. »

A ces remontrances, le prince Camaralzaman demeura ferme, et au lieu d'écouter ces harangueurs, comme il vit que personne ne venait pour l'introduire, il répéta le même cri avec une assurance qui fit frémir tout le monde, et chacun s'écria alors : « Il est résolu à mourir, et Dieu veuille avoir pitié de sa jeunesse et de son âme ! » Il cria une troisième fois, et le grand vizir enfin vint le prendre en personne, de la part du roi de la Chine.

Ce ministre conduisit Camaralzaman devant le roi. Le prince ne l'eut pas plutôt aperçu, assis sur son trône, qu'il se prosterna et baisa la terre devant lui. Le roi, qui, de tous ceux qu'une présomption démesurée avait fait venir apporter leurs têtes à ses pieds, n'en avait encore vu aucun digne qu'il arrêtât ses yeux sur lui, eut une véritable compassion de Camaralzaman, par rapport au danger auquel il s'exposait. Il lui fit aussi plus d'honneur : il voulut qu'il s'approchât et s'assît près de lui : « Jeune homme, lui dit-il, j'ai de la peine à croire que vous ayez acquis à votre âge assez d'expérience pour oser entreprendre de guérir ma fille. Je voudrais que vous pussiez y réussir, je vous la donnerais en mariage, non-seulement sans répugnance, mais même avec la plus grande joie du monde; au lieu que je l'aurais donnée avec bien du déplaisir à qui que ce fût de ceux qui sont venus avant vous. Mais je vous déclare, avec bien de la douleur, que, si vous y manquez, votre grande jeunesse, votre air de noblesse, ne m'empêcheront pas de vous faire couper le cou. »

« — Sire, reprit le prince Camaralzaman, j'ai des grâces infinies à rendre à votre majesté de l'honneur qu'elle me fait, et de tant de bontés qu'elle témoigne pour un inconnu : je ne suis pas venu d'un pays si éloigné que son nom n'est peut-être pas connu dans vos états, pour ne pas exécuter le dessein qui m'y a amené. Que ne dirait-on pas de ma légèreté, si j'abandonnais un dessein si généreux après tant de fatigues et tant de dangers que j'ai essuyés? Votre majesté elle-même ne perdrait-elle pas l'estime qu'elle a déjà conçue de ma personne? Si j'ai à mourir, sire, je mourrai avec la satisfaction de n'avoir pas perdu cette estime après l'avoir méritée :

je vous supplie donc ne de me pas laisser plus long-temps dans l'impatience de faire connaître la certitude de mon art, par l'expérience que je suis prêt à en donner. »

Le roi de la Chine commanda à l'eunuque, garde de la princesse Badoure, qui était présent, de mener le prince Camaralzaman chez la princesse, sa fille. Avant de le laisser partir, il lui dit qu'il était encore libre d'abandonner son entreprise. Mais le prince ne l'écouta pas : il suivit l'eunuque avec une résolution ou plutôt avec une ardeur étonnante.

L'eunuque conduisit le prince Camaralzaman, et quand ils furent dans une longue galerie au bout de laquelle était l'appartement de la princesse, le prince, qui se vit si près de l'objet qui lui avait fait verser tant de larmes, et pour lequel il n'avait cessé de soupirer depuis si long-temps, pressa le pas et devança l'eunuque.

L'eunuque pressa le pas de même, et eut de la peine à le rejoindre : « Où allez-vous donc si vite? lui dit-il en l'arrêtant par le bras. Vous ne pouvez pas entrer sans moi. Il faut que vous ayez une grande envie de mourir, pour courir si vite à la mort : pas un de tant d'astrologues que j'ai vus et que j'ai amenés où vous n'arriverez que trop tôt, n'a témoigné cet empressement.

« — Mon ami, reprit le prince Camaralzaman en regardant l'eunuque, et en marchant à son pas, c'est que tous ces astrologues dont tu parles n'étaient pas sûrs de leur science comme je le suis de la mienne; ils avaient la certitude qu'ils perdraient la vie s'ils ne réussissaient pas, et ils n'en avaient aucune de réussir : c'est pour cela qu'ils avaient raison de trembler en approchant du lieu où je vais, et où je suis certain de trouver mon bonheur. » Il en était à ces mots lorsqu'ils arrivèrent à la porte. L'eunuque ouvrit, et introduisit le prince dans une grande salle d'où l'on entrait dans la chambre de la princesse, qui n'était fermée que par une portière.

Avant d'entrer, le prince Camaralzaman s'arrêta, et en prenant un ton beaucoup plus bas qu'auparavant, de peur qu'on ne l'entendît de la chambre de la princesse : « Pour te convaincre, dit-il à l'eunuque, qu'il n'y a ni présomption, ni caprice, ni feu de jeunesse dans mon entreprise, je laisse l'un des deux à ton choix : qu'aimes-tu mieux, que je guérisse la princesse en ta présence, ou d'ici, sans aller plus avant et sans la voir? »

L'eunuque fut extrêmement étonné de l'assurance avec laquelle le prince lui parlait; il cessa de l'insulter, et lui parlant sérieusement : « Il n'importe pas, lui dit-il, que ce soit là ou ici ; de quelque manière que ce soit, vous acquerrez une gloire immortelle, non-seulement dans cette cour, mais même par toute la terre habitable. »

« — Il vaut donc mieux, reprit le prince, que je la guérisse sans la voir, afin que tu rendes témoignage de mon habileté. Quelle que soit mon impatience de voir une princesse d'un si haut rang, qui doit être mon épouse, en ta considération, néanmoins, je veux bien me priver quelques moments de ce plaisir. » Comme il était fourni de tout ce qui distinguait un astrologue, il tira son écritoire et du papier, et écrivit ce billet à la princesse de la Chine :

BILLET

DU PRINCE CAMARALZAMAN A LA PRINCESSE DE LA CHINE.

« Adorable princesse, l'amoureux prince Camaralzaman ne vous
« parle pas des maux inexprimables qu'il souffre depuis la nuit
« fatale que vos charmes lui firent perdre une liberté qu'il avait
« résolu de conserver toute sa vie ; il vous marque seulement
« qu'alors il vous donna son cœur, dans votre charmant sommeil :
« sommeil importun qui le priva du vif éclat de vos beaux yeux,
« malgré ses efforts pour vous obliger de les ouvrir. Il osa même
« vous donner sa bague pour marque de son amour, et prendre la
« vôtre en échange, qu'il vous envoie dans ce billet. Si vous dai-
« gnez la lui renvoyer pour gage réciproque du vôtre, il s'estimera
« le plus heureux de tous les amants ; sinon votre refus ne l'em-
« pêchera pas de recevoir le coup de la mort avec une résignation
« d'autant plus grande, qu'il le recevra pour l'amour de vous. Il
« attend votre réponse dans votre antichambre. »

Lorsque le prince Camaralzaman eut achevé ce billet, il en fit un paquet avec la bague de la princesse, qu'il enveloppa dedans, sans faire voir à l'eunuque ce que c'était, et en le lui donnant : « Ami, dit-il, prends et porte ce paquet à ta maîtresse ; si elle ne guérit du moment qu'elle aura lu le billet et vu ce qui l'accompagne, je te permets de publier que je suis le plus indigne et le plus impudent de tous les astrologues qui ont été, qui sont, et qui seront à jamais.... »

Le jour, que la sultane Scheherazade vit paraître en achevant ces paroles, l'obligea d'en demeurer là. Elle poursuivit la nuit suivante, et dit au sultan des Indes :

CCXXII° NUIT.

Sire, l'eunuque entra dans la chambre de la princesse de la Chine, et en lui présentant le paquet que le prince Camaralzaman lui envoyait : « Princesse, dit-il, un astrologue plus téméraire que les autres, si je ne me trompe, vient d'arriver, et prétend que vous serez guérie, dès que vous aurez lu ce billet et vu ce qui est dedans. Je souhaiterais qu'il ne fût ni menteur ni imposteur. »

La princesse Badoure prit le billet et l'ouvrit avec assez d'indifférence ; mais dès qu'elle eut vu sa bague, elle ne se donna presque pas le loisir d'achever de lire : elle se leva avec précipitation, rompit la chaîne qui la tenait attachée, de l'effort qu'elle fit, courut à la portière, et l'ouvrit. La princesse reconnut le prince ; le prince la reconnut. Aussitôt ils coururent l'un à l'autre, s'embrassèrent tendrement ; et, sans pouvoir parler, dans l'excès de leur joie, ils se regardèrent long-temps, en admirant comment ils se revoyaient après leur première entrevue, à laquelle ils ne pouvaient rien comprendre. La nourrice, qui était accourue avec la princesse, les fit entrer dans la chambre, où la princesse rendit sa bague au prince : « Reprenez-la, lui dit-elle ; je ne pourrais pas la retenir sans vous rendre la vôtre, que je veux garder toute ma vie : elles ne peuvent être l'une et l'autre en de meilleures mains. »

L'eunuque cependant était allé en diligence avertir le roi de la Chine de ce qui venait de se passer : « Sire, lui dit-il, tous les astrologues, médecins et autres, qui jusqu'à présent ont osé entreprendre de guérir la princesse, n'étaient que des ignorants. Ce dernier venu ne s'est servi ni de grimoire, ni de conjurations d'esprits malins, ni de parfums, ni d'autres choses : il l'a guérie sans la voir. » Il lui en raconta la manière, et le roi, agréablement surpris, vint aussitôt à l'appartement de la princesse, qu'il embrassa ; il embrassa le prince de même, prit sa main, et en la mettant dans celle de la princesse : « Heureux étranger, lui dit-il, qui que vous soyez, je tiens ma promesse, et je vous donne ma fille pour épouse. A vous voir néanmoins, il n'est pas possible que je me persuade que vous soyez ce que vous paraissez, et ce que vous avez voulu me faire accroire. »

Le prince Camaralzaman remercia le roi dans les termes les plus soumis pour lui témoigner mieux sa reconnaissance : « Pour ce qui est de ma personne, sire, poursuivit-il, il est vrai que je ne suis pas astrologue, comme votre majesté l'a bien jugé ; je n'en ai pris que l'habillement, pour mieux réussir à mériter la haute alliance du monarque le plus puissant de l'univers : je suis né prince, fils de roi et de reine : mon nom est Camaralzaman, et mon père s'appelle Schahzaman ; il règne dans les îles assez connues des Enfants de Khaledan. » Ensuite il lui raconta son histoire, et lui fit connaître combien l'origine de son amour était merveilleuse ; que celle de l'amour de la princesse était la même, et que cela se justifiait par l'échange des deux bagues.

Quand le prince Camaralzaman eut achevé : « Une histoire si extraordinaire, s'écria le roi, mérite de n'être pas inconnue à la postérité : je la ferai écrire en lettres d'or ; et, après que j'en aurai fait mettre l'original en dépôt dans les archives de mon royaume, je la rendrai publique, afin que de mes états elle passe encore dans les autres. »

La cérémonie du mariage se fit le même jour, et l'on en fit des réjouissances solennelles dans toute l'étendue de la Chine. Marzavan ne fut pas oublié : le roi de la Chine lui donna entrée dans sa cour en l'honorant d'une charge, avec promesse de l'élever dans la suite à d'autres plus considérables.

Le prince Camaralzaman et la princesse Badoure, l'un et l'autre au comble de leurs souhaits, jouirent des douceurs de l'hymen ; et pendant plusieurs mois, le roi de la Chine ne cessa de témoigner sa joie par des fêtes continuelles.

Au milieu de ces plaisirs, le prince Camaralzaman eut un songe une nuit, dans lequel il lui sembla voir le roi Schahzaman, son père, au lit, prêt à rendre l'âme, qui disait : « Ce fils que j'ai mis au monde, que j'ai chéri si tendrement, ce fils m'a abandonné, et lui-même est cause de ma mort. » Il s'éveilla en poussant un grand soupir, qui éveilla aussi la princesse, et la princesse Badoure lui demanda de quoi il soupirait.

« Hélas ! s'écria le prince, peut-être qu'à l'heure où je parle, le roi, mon père, n'est plus de ce monde ! » Et il lui raconta le sujet qu'il avait d'être troublé d'une si triste pensée. Sans lui parler du dessein qu'elle conçut sur ce récit, la princesse, qui ne cherchait qu'à lui complaire, et qui connut que le désir de revoir le roi, son père, pourrait diminuer le plaisir qu'il avait à demeurer avec elle dans un pays si éloigné, profita le même jour de l'occasion qu'elle eut de parler au roi de la Chine en particulier : « Sire, lui dit-elle en lui baisant la main, j'ai une grâce à demander à votre majesté, et je la supplie de ne me la pas refuser. Mais afin qu'elle ne croie pas que je la demande à la sollicitation du prince, mon mari, je l'assure auparavant qu'il n'y a aucune part : c'est de vouloir bien agréer que j'aille voir avec lui le roi Schahzaman, mon beau-père.

« Ma fille, reprit le roi, quelque déplaisir que votre éloignement doive me coûter, je ne puis désapprouver cette résolution : elle est digne de vous, malgré la fatigue d'un si long voyage. Allez, je le veux bien ; mais à condition que vous ne demeurerez pas plus d'un an à la cour du roi Schahzaman. Le roi Schahzaman voudra bien, comme je l'espère, que nous en usions ainsi et que nous revoyions tour à tour, lui son fils et sa belle-fille, et moi ma fille et mon gendre. »

La princesse annonça ce consentement du roi de la Chine au prince Camaralzaman, qui en eut bien de la joie, et il la remercia de cette nouvelle marque d'amour qu'elle venait de lui donner.

Le roi de la Chine donna ordre aux préparatifs du voyage ; et lorsque tout fut en état, il partit avec eux et les accompagna quelques journées. La séparation se fit enfin avec beaucoup de larmes de part et d'autre. Le roi les embrassa tendrement, et après avoir prié le prince d'aimer toujours la princesse, sa fille, comme il l'aimait, il les laissa continuer leur voyage, et retourna à sa capitale en chassant.

Le prince Camaralzaman et la princesse Badoure n'eurent pas plutôt essuyé leurs larmes, qu'ils ne songèrent plus qu'à la joie que le roi Schahzaman aurait de les voir et de les embrasser, et qu'à celle qu'ils auraient eux-mêmes.

Environ au bout d'un mois qu'ils étaient en marche, ils arrivèrent à une prairie d'une vaste étendue, et plantée d'espace en espace de grands arbres, qui faisaient un ombrage très-agréable. Comme la chaleur était excessive ce jour-là, le prince Camaralzaman jugea à propos d'y camper, et il en parla à la princesse Badoure, qui y consentit d'autant plus facilement qu'elle voulait lui en parler elle-même. On mit pied à terre dans un bel endroit ; et dès que la tente fut dressée, la princesse Badoure, qui était assise à l'ombre, y entra pendant que le prince Camaralzaman donnait ses ordres pour le reste du campement. Pour être plus à son aise, elle se fit ôter sa ceinture, que ses femmes posèrent près d'elle ; après quoi, comme elle était fatiguée, elle s'endormit, et ses femmes la laissèrent seule.

Quand tout fut réglé dans le camp, le prince Camaralzaman vint à la tente, et comme il vit que la princesse dormait, il entra et s'assit sans faire de bruit. En attendant qu'il s'endormît peut-être aussi, il prit la ceinture de la princesse ; il regarda l'un après l'autre les diamants et les rubis dont elle était enrichie, et il aperçut une petite bourse cousue sur l'étoffe fort proprement et fermée avec un cordon. Il la toucha, et sentit qu'il y avait quelque chose dedans qui résistait. Curieux de savoir ce que c'était, il ouvrit la bourse, et il en tira une cornaline sur laquelle étaient gravés des figures et des caractères qui lui étaient inconnus : « Il faut, dit-il en lui-même, que cette cornaline soit quelque chose de bien précieux : ma princesse ne la porterait pas sur elle avec tant de soin, de crainte de la perdre, si cela n'était. »

En effet, c'était un talisman dont la reine de la Chine avait fait présent à la princesse, sa fille, pour la rendre heureuse, à ce qu'elle disait, tant qu'elle le porterait sur elle.

Pour mieux voir le talisman, le prince Camaralzaman sortit hors de la tente, qui était obscure, et voulut le considérer au grand jour. Comme il le tenait au milieu de la main [1], un oiseau fondit de l'air tout à coup et le lui enleva.....

Le jour se faisait déjà voir; la sultane Scheherazade s'en aperçut et cessa de parler. Elle reprit le même conte la nuit suivante, et dit au sultan Schahriar :

CCXXIII^e NUIT.

Sire, votre majesté peut elle-même juger de l'étonnement et de la douleur de Camaralzaman, quand l'oiseau lui eut enlevé le talisman de la main, mieux que je ne saurais l'exprimer; à cet accident, le plus affligeant qu'on puisse imaginer, arrivé par une curiosité hors de saison, et qui privait la princesse d'une chose précieuse, il demeura quelques moments immobile.

[1] Il y a dans le roman de Pierre de Provence et de la belle Maguelonne une aventure semblable, qui a été prise de celle-ci.

SÉPARATION

DU PRINCE CAMARALZAMAN D'AVEC LA PRINCESSE BADOURE.

L'oiseau, après avoir fait son coup, s'était posé à terre, à peu de distance, avec le talisman au bec; le prince Camaralzaman s'avança dans l'espérance qu'il le lâcherait; mais, dès qu'il approcha, l'oiseau prit sa volée et se posa non loin de là. Il continua de le poursuivre; mais l'oiseau, après avoir avalé le talisman, s'envola plus loin. Le prince, qui était fort adroit, crut pouvoir le tuer d'un coup de pierre, et le poursuivit encore; enfin plus il s'éloigna de lui, plus le prince s'opiniâtra à le suivre et à ne le pas perdre de vue.

De vallons en collines, et de collines en vallons, l'oiseau attira toute la journée le prince Camaralzaman, en s'écartant toujours de la prairie et de la princesse Badoure, et le soir, au lieu de se jeter dans un buisson, où Camaralzaman aurait pu le surprendre dans l'obscurité, il se percha au haut d'un grand arbre, où il était à l'abri de sa poursuite.

Le prince, au désespoir de s'être donné tant de peine inutilement, délibéra s'il retournerait à son camp : « Mais, dit-il en lui-même, par où retournerai-je? Remonterai-je, redescendrai-je par les collines et par les vallons par où je suis venu? Ne m'égarerai-je pas dans les ténèbres, et mes forces me le permettent-elles? Et, quand je le pourrais, oserai-je me présenter devant la princesse, et ne pas lui reporter son talisman? » Abîmé dans ces pensées désolantes, accablé de fatigue, de faim, de soif et de sommeil, il se coucha et passa la nuit au pied de l'arbre.

Le lendemain, Camaralzaman fut éveillé avant que l'oiseau eût quitté l'arbre, et il ne l'eut pas plutôt vu reprendre son vol, qu'il l'observa et le suivit encore toute la journée, avec aussi peu de succès que le jour précédent, en se nourrissant d'herbes ou de fruits qu'il trouvait en son chemin. Il fit la même chose jusqu'au dixième jour, en suivant l'oiseau de l'œil, depuis le matin jusqu'au soir, et en passant la nuit au pied de l'arbre où l'oiseau se perchait, toujours au plus haut.

Le onzième jour, l'oiseau, toujours en volant, et Camaralzaman, ne cessant de l'observer, arrivèrent à une grande ville. Quand l'oiseau fut près des murs, il s'éleva au-dessus, et, prenant son vol au delà, il se déroba entièrement à la vue de Camaralzaman, qui perdit l'espérance de le revoir et de recouvrer jamais le talisman de la princesse Badoure.

Camaralzaman, ainsi tourmenté de tant d'idées affligeantes, entra dans la ville, bâtie sur le bord de la mer, et qui avait un très-beau port. Il marcha long-temps par les rues sans savoir où il allait ni où il pourrait s'arrêter, et arriva ainsi sur le port. Là, plus incertain encore de ce qu'il devait faire, il marcha le long du rivage jusqu'à la porte d'un jardin, qui était ouverte, où il se présenta. Le jardinier, qui était un bon vieillard occupé à travailler, leva la tête en ce moment, et il ne l'eut pas plutôt aperçu, et connu qu'il était étranger et musulman, qu'il l'invita à entrer promptement et à fermer la porte.

Camaralzaman entra, ferma la porte, et, abordant le jardinier, il lui demanda pourquoi il lui avait fait prendre cette précaution : « C'est, répondit le jardinier, que je vois bien que vous êtes un étranger nouvellement arrivé et musulman, et que cette ville est habitée, pour la plus grande partie, par des idolâtres qui ont une aversion mortelle contre les musulmans, et qui traitent même fort mal le peu que nous sommes ici de la religion de notre prophète. Il faut que vous l'ignoriez, et je regarde comme un miracle que vous soyez venu jusqu'ici sans avoir fait quelque mauvaise rencontre. En effet, ces idolâtres sont attentifs, sur toute chose, à observer les musulmans étrangers à leur arrivée, et à les faire tomber dans quelque piége, s'ils ne sont bien instruits de leur méchanceté : je loue Dieu de ce qu'il vous a amené dans un lieu de sûreté. »

Camaralzaman remercia ce bon homme avec beaucoup de reconnaissance de la retraite qu'il lui donnait si généreusement, pour le mettre à l'abri de toute insulte. Il voulait en dire davantage ; mais le jardinier l'interrompit : « Laissons là les complimens, dit-il, vous êtes fatigué, et vous devez avoir besoin de manger ; venez vous reposer. » Il le mena dans sa petite maison, et, après que Camaralzaman eut mangé suffisamment de ce qu'il lui présenta avec une cordialité dont ce prince parut charmé, il le pria de vouloir bien lui faire part du sujet de son arrivée.

Camaralzaman satisfit le jardinier, et quand il eut fini son histoire, sans lui rien déguiser, il lui demanda à son tour par quelle route il pourrait retourner aux états de son père : « Car, ajouta-t-il, de m'engager à aller rejoindre la princesse, où la retrouverai-je après onze jours que je me suis séparé d'avec elle par une aventure si extraordinaire ? Que sais-je même si elle est encore au monde ? » A ce triste souvenir, il ne put achever sans verser des larmes.

Le jardinier lui répondit que, de la ville où il se trouvait, il y avait une année entière de chemin jusqu'aux pays où il n'y avait que des musulmans, commandés par des princes de leur religion ; mais que, par mer, on arriverait à l'île d'Ébène en beaucoup moins de temps, et que de là il était plus aisé de passer aux îles des Enfants de Khaledan ; que, chaque année, un navire marchand allait à l'île d'Ébène, et qu'il pourrait prendre cette commodité pour retourner de là aux îles des Enfants de Khaledan : « Si vous fussiez arrivé quelques jours plus tôt, ajouta-t-il, vous vous fussiez embarqué sur celui qui a fait voile cette année. En attendant que celui de l'année prochaine parte, si vous agréez de demeurer avec moi, je vous fais offre de ma maison, telle qu'elle est, de très-bon cœur. »

Le prince Camaralzaman s'estima heureux de trouver cet asile dans un lieu où il n'avait aucune connaissance, non plus qu'aucun intérêt d'en faire : il accepta l'offre, et il demeura avec le jardinier. En attendant le départ du vaisseau marchand pour l'île d'Ébène, il s'occupait à travailler au jardin pendant le jour, et la nuit rien ne le détournait de penser à sa chère princesse Badoure ; il la passait dans les soupirs, dans les regrets et dans les pleurs. Nous le laisserons en ce lieu pour revenir à la princesse Badoure, que nous avons laissée endormie sous sa tente.

HISTOIRE

DE LA PRINCESSE BADOURE, APRÈS LA SÉPARATION DU PRINCE CAMARALZAMAN.

La princesse dormit assez long-temps, et, en s'éveillant, elle s'étonna que le prince Camaralzaman ne fût pas avec elle. Elle appela ses femmes, et elle leur demanda si elles ne savaient pas où il était. Dans le temps qu'elles lui assuraient qu'elles l'avaient vu entrer, mais qu'elles ne l'avaient pas vu sortir, elle s'aperçut, en reprenant sa ceinture, que la petite bourse était ouverte, et que son talisman n'y était plus. Elle ne douta pas que Camaralzaman ne l'eût pris pour voir ce que c'était, et qu'il ne le lui rapportât. Elle l'attendit jusqu'au soir avec grande impatience, et elle ne pouvait comprendre ce qui pouvait l'obliger d'être éloigné d'elle si long-temps. Comme elle vit qu'il était déjà nuit obscure, et qu'il ne revenait pas, elle en fut dans une affliction inconcevable ; elle maudit mille fois le talisman et celui qui l'avait fait, et si le respect ne l'eût retenue, elle eût fait des imprécations contre la reine, sa mère, qui lui avait fait un présent si funeste. Désolée au dernier point de cette conjoncture, d'autant plus fâcheuse qu'elle ne savait pas comment le talisman pouvait être la cause de la disparition subite du prince, elle ne perdit pas le jugement; elle prit, au contraire, une résolution courageuse, peu commune aux personnes de son sexe.

Il n'y avait que la princesse et ses femmes dans le camp qui sussent que Camaralzaman avait disparu : car alors ses gens se reposaient ou dormaient déjà sous leurs tentes; comme elle craignit qu'ils ne la trahissent s'ils venaient à en avoir connaissance, elle modéra premièrement sa douleur, et défendit à ses femmes de rien dire ou de rien faire paraître qui pût en donner le moindre soupçon. Ensuite elle quitta son habit et en prit un de Camaralzaman, à qui elle ressemblait si fort, que ses gens la prirent pour lui le lendemain matin, quand ils la virent paraître, et qu'elle leur commanda de plier bagage et de se mettre en marche. Lorsque tout fut prêt, elle fit entrer une de ses femmes dans la litière ; pour elle, elle monta à cheval, et l'on marcha.

Après un voyage de plusieurs mois, par terre et par mer, la princesse, qui avait fait continuer la route sous le nom du prince Camaralzaman pour se rendre à l'île des Enfants de Khaledan, aborda à la capitale du royaume de l'île d'Ébène, dont le roi qui régnait alors s'appelait Armanos. Comme les premiers de ses gens qui débarquèrent pour lui chercher un logement eurent publié que le vaisseau qui venait d'arriver portait le prince Camaralzaman, qui revenait d'un long voyage, et que le mauvais temps l'avait obligé de relâcher, le bruit en fut bientôt porté jusqu'au palais du roi.

Le roi Armanos, accompagné d'une grande partie de sa cour, vint aussitôt au-devant de la princesse, et il la rencontra qu'elle venait de débarquer, et qu'elle prenait le chemin du logement qu'on avait retenu. Il la reçut comme le fils d'un roi, son ami, avec qui il avait toujours vécu en bonne intelligence, et la mena à son palais, où il la logea, elle et tous ses gens, sans avoir égard aux instances qu'elle lui fit de la laisser loger en son particulier. Il lui fit d'ailleurs tous les honneurs imaginables, et il la régala pendant trois jours avec une magnificence extraordinaire.

Quand les trois jours furent passés, comme le roi Armanos vit que la princesse, qu'il prenait toujours pour le prince Camaralzaman, parlait de se rembarquer et de continuer son voyage, et qu'il était charmé de voir un prince si bien fait, de si bon air et qui avait infiniment d'esprit, il la prit en particulier : « Prince, lui dit-il, dans le grand âge où vous voyez que je suis, avec très-peu d'espérance de vivre encore long-temps, j'ai le chagrin de n'avoir pas un fils à qui je puisse laisser mon royaume. Le Ciel m'a donné seulement une fille unique, d'une beauté qui ne peut pas être mieux assortie qu'avec un prince aussi bien fait, d'une aussi grande naissance et aussi accompli que vous. Au lieu de songer à retourner chez vous, acceptez-la de ma main avec ma couronne, dont je me démets dès à présent en votre faveur, et demeurez avec nous. Il est temps désormais que je me repose après en avoir soutenu le poids pendant de si longues années, et je ne puis le faire avec plus de consolation que pour voir mes états gouvernés par un si digne successeur.... »

La sultane Scheherazade voulait poursuivre; mais le jour, qui paraissait déjà, l'en empêcha. Elle reprit le même conte la nuit suivante, et dit au sultan des Indes :

CCXXIV^e NUIT.

Sire, l'offre généreuse du roi de l'île d'Ébène, de donner sa fille unique en mariage à la princesse Badoure, qui ne pouvait l'accepter, parce qu'elle était femme, et de lui abandonner ses états, la mirent dans un embarras auquel elle ne s'attendait pas : lui déclarer qu'elle n'était pas le prince Camaralzaman, mais sa femme, lui paraissait une chose peu digne d'une princesse comme elle; il fallait détromper le roi après lui avoir assuré qu'elle était ce prince, dont elle avait d'ailleurs si bien soutenu le personnage jusqu'alors; refuser aussi, lui inspirait la plus juste crainte, vu la grande passion que le roi témoignait pour la conclusion de ce mariage, qu'il ne changeât sa bienveillance en aversion et en haine, et qu'il n'attentât même à sa vie. De plus elle ne savait pas si elle trouverait le prince Camaralzaman auprès du roi Schahzaman, son père.

Ces considérations et celle d'acquérir un royaume au prince, son mari, au cas qu'elle le retrouvât, déterminèrent cette princesse à accepter le parti que le roi Armanos venait de lui proposer. Ainsi, après avoir demeuré quelques moments sans parler, avec une rougeur qui lui monta au visage, et que le roi attribua à sa modestie, elle répondit : « Sire, j'ai une obligation infinie à votre majesté de la bonne opinion qu'elle a de ma personne, de l'honneur qu'elle me fait, et d'une si grande faveur que je ne mérite pas, et que je n'ose refuser. Mais, sire, ajouta-t-elle, je n'accepte une si grande alliance qu'à condition que votre majesté m'assistera de ses conseils, et que je ne ferai rien qu'elle n'ait auparavant approuvé. »

Le mariage conclu et arrêté de cette manière, la cérémonie en fut remise au lendemain, et la princesse Badoure prit ce temps-là pour avertir ses officiers, qui la prenaient aussi pour le prince Camaralzaman, de ce qui devait se passer, afin qu'ils ne s'en étonnassent pas, et elle les assura que la princesse y avait donné son consentement. Elle en parla aussi à ses femmes, et les chargea de continuer de bien garder le secret.

Le roi de l'île d'Ébène, joyeux d'avoir acquis un gendre dont il était si content, assembla son conseil le lendemain, et déclara qu'il donnait la princesse, sa fille, en mariage au prince Camaralzaman, qu'il avait amené et fait asseoir près de lui, qu'il lui remettait sa couronne, et leur enjoignait de le reconnaître pour leur roi et de lui rendre leurs hommages. En achevant, il descendit du trône; et après qu'il y eut fait monter la princesse Badoure, et qu'elle se fut assise à sa place, la princesse y reçut le serment de fidélité et les hommages des seigneurs les plus puissants de l'île d'Ébène, qui étaient présents.

Au sortir du conseil, la proclamation du nouveau roi fut faite solennellement dans toute la ville; des réjouissances de plusieurs jours furent indiquées, et des courriers, dépêchés par tout le royaume pour y faire observer les mêmes cérémonies et les mêmes démonstrations de joie.

Le soir, tout le palais fut en fête, et la princesse Haïatalnefous[1] (c'est ainsi que se nommait la princesse de l'île d'Ébène) fut amenée à la princesse Badoure, que tout le monde prit pour un homme, avec un appareil véritablement royal. Les cérémonies achevées, on les laissa seules, et elles se couchèrent.

Le lendemain matin, pendant que la princesse Badoure recevait dans une assemblée générale les compliments de toute la cour au sujet de son mariage et comme nouveau roi, le roi Armanos et la reine se rendirent à l'appartement de la nouvelle reine, leur fille, et s'informèrent d'elle comment elle avait passé la nuit. Au lieu de répondre, elle baissa les yeux, et la tristesse qui parut sur son visage fit assez connaître qu'elle n'était pas contente.

Pour consoler la princesse Haïatalnefous : « Ma fille, lui dit le roi Armanos, cela ne doit pas vous faire de la peine : le prince Camaralzaman, en abordant ici, ne songeait qu'à se rendre au plus tôt auprès du roi Schahzaman, son père. Quoique nous l'ayons arrêté

[1] Ce mot est arabe, et signifie la vie des âmes.

par un moyen dont il a lieu d'être bien satisfait, nous devons croire néanmoins qu'il a un grand regret d'être privé tout à coup de l'espérance même de le revoir jamais, ni lui, ni personne de sa famille. Vous devez donc attendre que quand ces mouvements de tendresse filiale se seront un peu ralentis, il en usera avec vous comme un bon mari. »

La princesse Badoure, sous le nom de Camaralzaman, roi de l'île d'Ébène, passa toute la journée non-seulement à recevoir les compliments de sa cour, mais même à faire la revue des troupes réglées de sa maison, et à plusieurs autres fonctions royales, avec une dignité et une capacité qui lui attirèrent l'approbation de tous ceux qui en furent témoins.

Il était nuit quand elle rentra dans l'appartement de la reine Haïatalnefous, et elle connut fort bien, à la contrainte avec laquelle cette princesse la reçut, qu'elle se souvenait de la nuit précédente. Elle tâcha de dissiper ce chagrin par un long entretien qu'elle eut avec elle, dans lequel elle employa tout son esprit (et elle en avait infiniment) pour lui persuader qu'elle l'aimait parfaitement. Elle lui donna enfin le temps de se coucher, et dans cet intervalle elle se mit à faire sa prière; mais elle la fit si longue, que la reine Haïatalnefous s'endormit. Alors elle cessa de prier et se coucha près d'elle sans l'éveiller, autant affligée de jouer un personnage qui ne lui convenait pas, que de la perte de son cher Camaralzaman, après lequel elle ne cessait de soupirer. Elle se leva le jour suivant à la pointe du jour, avant qu'Haïatalnefous fût éveillée, et alla au conseil avec l'habit royal.

Le roi Armanos ne manqua pas de voir encore la reine, sa fille, ce jour-là, et il la trouva dans les pleurs et dans les larmes. Il n'en fallut pas davantage pour lui faire connaître le sujet de son affliction. Indigné de ce mépris, à ce qu'il s'imaginait, dont il ne pouvait comprendre la cause : « Ma fille, lui dit-il, ayez encore patience jusqu'à la nuit prochaine; j'ai élevé votre mari sur mon trône, je saurai bien l'en faire descendre et le chasser avec honte, s'il ne vous donne la satisfaction qu'il doit. Dans la colère où je suis de vous voir traitée si indignement, je ne sais même si je me contenterai d'un châtiment si doux : ce n'est pas à vous, c'est à ma personne qu'il fait un affront si sanglant. »

Le même jour, la princesse Badoure rentra fort tard chez Haïatalnefous. Comme la nuit précédente, elle s'entretint de même avec elle, et voulut encore faire sa prière pendant qu'elle se coucherait; mais Haïatalnefous la retint et l'obligea de se rasseoir : « Quoi! dit-elle, vous prétendez donc, à ce que je vois, me traiter encore cette nuit comme vous m'avez traitée les deux dernières ? Dites-moi, je vous supplie, en quoi peut vous déplaire une princesse comme moi, qui ne vous aime pas seulement, mais qui vous adore et qui s'estime la princesse la plus heureuse de toutes les femmes de son rang d'avoir un prince si aimable pour mari ? Une autre que moi, je ne dis pas offensée, mais outragée par un endroit si sensible, aurait une belle occasion de se venger en vous abandonnant seulement à votre mauvaise destinée ; mais, quand je ne vous aimerais pas autant que je vous aime, bonne comme je le suis, et touchée du malheur des personnes qui me sont les plus indifférentes, je ne laisserais pas de vous avertir que le roi, mon père, est fort irrité de votre procédé, qu'il n'attend que demain pour vous faire sentir les marques de sa juste colère, si vous continuez : faites-moi la grâce de ne pas mettre au désespoir une princesse qui ne peut s'empêcher de vous aimer. »

Ce discours mit la princesse Badoure dans un embarras inexprimable ; elle ne douta pas de la sincérité d'Haïatalnefous : la froideur que le roi Armanos lui avait témoignée ce jour-là ne lui avait que trop fait connaître l'excès de son mécontentement. L'unique moyen de justifier sa conduite était de faire confidence de son sexe à Haïatalnefous ; mais, quoiqu'elle eût prévu qu'elle serait obligée d'en venir à cette déclaration, l'incertitude néanmoins où elle était si la princesse le prendrait en mal ou en bien la faisait trembler. Quand elle eut bien considéré enfin que, si le prince Camaralzaman était encore au monde, il fallait de nécessité qu'il vînt à l'île d'Ébène pour se rendre au royaume du roi Schahzaman ; qu'elle devait se conserver pour lui, et qu'elle ne pouvait le faire si elle ne se découvrait à la princesse Haïatalnefous, elle hasarda cette voie.

Comme la princesse Badoure était restée interdite, Haïatalnefous impatiente allait reprendre la parole, lorsqu'elle l'arrêta par celles-ci : « Aimable et trop charmante princesse, lui dit-elle, j'ai tort, je l'avoue et je me condamne moi-même ; mais j'espère que vous me pardonnerez, et que vous garderez le secret que j'ai à vous découvrir pour ma justification. »

En même temps la princesse Badoure ouvrit son sein : « Voyez, princesse, continua-t-elle, si une princesse, femme comme vous, ne mérite pas que vous lui pardonniez. Je suis persuadée que vous le ferez de bon cœur quand je vous aurai fait le récit de mon histoire et surtout de la disgrâce affligeante qui m'a contrainte de jouer le personnage que vous voyez. »

Quand la princesse Badoure eut achevé de se faire connaître entièrement à la princesse de l'île d'Ébène pour ce qu'elle était, elle la supplia une seconde fois de lui garder le secret, et de vouloir bien faire semblant qu'elle fût véritablement son mari jusqu'à l'arrivée du prince Camaralzaman qu'elle espérait de revoir bientôt.

« Princesse, reprit Haïatalnefous, ce serait une destinée étrange, qu'un mariage heureux comme le vôtre dût être de si peu de durée, après un amour réciproque si plein de merveilles. Je souhaite avec vous que le Ciel vous réunisse bientôt : assurez-vous cependant que je garderai religieusement le secret que vous venez de me confier : j'aurai le plus grand plaisir d'être la seule qui vous connaisse pour ce que vous êtes dans le grand royaume de l'île d'Ébène, pendant que vous le gouvernerez aussi dignement que vous avez déjà commencé. Je vous demandais de l'amour, et présentement je vous déclare que je serai la personne la plus contente du monde, si vous ne dédaignez pas de m'accorder votre amitié. » Après ces paroles, les deux princesses s'embrassèrent tendrement, et après mille témoignages d'amitié réciproque, elles se couchèrent.

Selon la coutume du pays, il fallait faire voir publiquement la marque de la consommation du mariage. Les deux princesses trouvèrent le moyen de remédier à cette difficulté : ainsi les femmes de la princesse Haïatalnefous furent trompées le lendemain matin, et trompèrent le roi Armanos, la reine, sa femme, et toute la cour. De la sorte, la princesse Badoure continua de gouverner tranquillement, à la satisfaction du roi et de tout le royaume....

Le jour se faisant apercevoir, la sultane Scheherazade n'en dit pas davantage. Elle poursuivit la nuit suivante, et dit au sultan des Indes :

CCXXV^e NUIT

SUITE DE L'HISTOIRE

DU PRINCE CAMARALZAMAN, DEPUIS SA SÉPARATION
D'AVEC LA PRINCESSE BADOURE.

Sire, pendant que dans l'île d'Ébène les choses se passaient ainsi entre la princesse Badoure, la princesse Haïatalnefous, le roi Armanos, la reine, la cour et les peuples du royaume, le prince Camaralzaman était toujours dans la ville des idolâtres, chez le jardinier qui lui avait donné retraite.

Un jour, de grand matin, que le prince se préparait à travailler au jardin, selon sa coutume, le bonhomme de jardinier l'en empêcha : « Les idolâtres, dit-il, ont aujourd'hui une grande fête ; et comme ils s'abstiennent de tout travail pour la passer en des assemblées et en des réjouissances publiques, ils ne veulent pas aussi que les musulmans travaillent ; et les musulmans, pour se maintenir dans leur amitié, se font un divertissement d'assister à leurs spectacles, qui méritent d'être vus : ainsi vous n'avez qu'à vous reposer aujourd'hui. Je vous laisse ici ; et comme le temps approche que le vaisseau marchand dont je vous ai parlé doit faire le voyage de l'île d'Ébène, je vais voir quelques amis, et m'informer d'eux du jour qu'il mettra à la voile, et en même temps je ménagerai votre embarquement. » Le jardinier mit son plus bel habit, et sortit.

Quand le prince Camaralzaman se vit seul, au lieu de prendre part à la joie qui régnait dans toute la ville, l'inaction où il était lui fit rappeler avec plus de violence que jamais le triste souvenir de sa chère princesse. Recueilli en lui-même, il soupirait et gémissait en se promenant dans le jardin, lorsque le bruit que deux oiseaux faisaient sur un arbre l'obligea de lever la tête et de s'arrêter.

Camaralzaman vit avec surprise que ces oiseaux se battaient cruellement à coups de bec, et qu'en peu de moments l'un des deux tomba mort au pied de l'arbre. L'oiseau qui était demeuré vainqueur reprit son vol et disparut.

Dans le moment, deux autres oiseaux plus grands, qui avaient vu le combat de loin, arrivèrent d'un autre côté, se posèrent, l'un à la tête, l'autre aux pieds du mort, le regardèrent quelque temps en remuant la tête d'une manière qui marquait leur douleur, et lui creusèrent une fosse avec leurs griffes, dans laquelle ils l'enterrèrent.

Dès que les deux oiseaux eurent rempli la fosse de la terre qu'ils avaient ôtée, ils s'envolèrent, et peu de temps après ils revinrent en tenant au bec, l'un par une aile, et l'autre par un pied, l'oiseau meurtrier, qui faisait des cris effroyables et de grands efforts pour s'échapper. Ils l'apportèrent sur la sépulture de l'oiseau qu'il avait immolé à sa rage; et là, en le sacrifiant à la juste vengeance de l'assassinat qu'il avait commis, ils lui arrachèrent la vie à coups de bec. Ils lui ouvrirent enfin le ventre, en tirèrent les entrailles, laissèrent le corps sur la place, et s'envolèrent.

Camaralzaman demeura dans une grande admiration tout le temps que dura un spectacle si surprenant. Il s'approcha de l'arbre où la scène s'était passée, et, en jetant les yeux sur les entrailles dispersées, il aperçut quelque chose de rouge qui sortait de l'estomac que les oiseaux vengeurs avaient déchiré. Il ramassa l'estomac, et, en tirant dehors ce qu'il avait vu de rouge, il trouva que c'était le talisman de la princesse Badoure, sa bien-aimée, qui lui avait coûté tant de regrets, d'ennuis, de soupirs, depuis que cet oiseau le lui avait enlevé : « Cruel! s'écria-t-il aussitôt en regardant l'oiseau, tu te plaisais à faire du mal; mais autant tu m'en as fait, autant je souhaite du bien à ceux qui m'ont vengé de toi en vengeant la mort de leur semblable. »

Il n'est pas possible d'exprimer l'excès de la joie du prince Camaralzaman : « Chère princesse! s'écria-t-il encore, ce moment fortuné, qui me rend ce qui vous était si précieux, est sans doute un présage qui m'annonce que je vous retrouverai de même, et peut-être plus tôt que je ne pense. Béni soit le Ciel, qui m'envoie ce bonheur, et qui me donne en même temps l'espérance du plus grand que je puisse souhaiter! »

En achevant ces mots, Camaralzaman baisa le talisman, l'enveloppa et le lia soigneusement autour de son bras. Dans son affliction extrême, il avait passé presque toutes les nuits à se tourmenter et sans fermer l'œil; mais celle qui suivit une si heureuse aventure fut bien différente : il dormit d'un sommeil paisible, et le lendemain, quand il eut pris son habit de travail, dès qu'il fut jour, il alla prendre l'ordre du jardinier, qui le pria de mettre à bas et de déraciner un certain vieil arbre qui ne portait plus de fruits.

Camaralzaman prit une cognée, et alla mettre la main à l'œuvre. Comme il coupait une branche de la racine, il donna un coup sur quelque chose qui résista et qui fit un grand bruit. En écartant la terre, il découvrit une grande plaque de bronze, sous laquelle il trouva un escalier de dix degrés : il descendit aussitôt, et quand il fut au bas, il vit un caveau de deux à trois toises en carré, où il compta cinquante grands vases de bronze, rangés à l'entour, chacun avec un couvercle. Il les découvrit tous l'un après l'autre, et il n'y en eut pas un qui ne fût plein de poudre d'or. Il sortit du caveau extrêmement joyeux de la découverte d'un trésor si riche, remit la plaque sur l'escalier et acheva de déraciner l'arbre en attendant le retour du jardinier.

Le jardinier avait appris, le jour de devant, que le vaisseau qui faisait le voyage de l'île d'Ébène chaque année devait partir incessamment ; mais on n'avait pu lui dire le jour précisément, et on l'avait remis au lendemain. Il y était allé, et il revint avec un visage qui marquait la bonne nouvelle qu'il avait à annoncer à Camaralzaman : « Mon fils, lui dit-il (car, par le privilége de son grand âge, il avait coutume de le traiter ainsi), réjouissez-vous et tenez-vous prêt à partir dans trois jours : le vaisseau fera voile ce jour-là sans faute, et je suis convenu de votre embarquement et de votre passage avec le capitaine.

— Dans l'état où je suis, reprit Camaralzaman, vous ne pouviez m'annoncer rien de plus agréable ; en revanche, j'ai aussi à vous faire part d'une nouvelle qui doit vous réjouir : prenez la peine de venir avec moi, et vous verrez la bonne fortune que le Ciel vous envoie. »

Camaralzaman mena le jardinier à l'endroit où il avait déraciné l'arbre, le fit descendre dans le caveau ; et quand il lui eut fait voir la quantité de vases remplis de poudre d'or qu'il y avait, il lui témoigna sa joie de ce que Dieu récompensait enfin la vertu et toutes les peines qu'il avait prises depuis tant d'années.

— Comment l'entendez-vous? reprit le jardinier : vous imaginez-vous donc que je veuille m'approprier ce trésor ? Il est tout à vous, et je n'y ai aucune prétention. Depuis quatre-vingts ans que mon père est mort, je n'ai fait autre chose que de remuer la terre de ce jardin sans l'avoir découvert : c'est une marque qu'il vous était destiné, puisque Dieu a permis que vous le trouvassiez ; il convient à un prince comme vous plutôt qu'à moi, qui suis sur le bord de ma fosse et qui n'ai plus besoin de rien. Dieu vous l'envoie à propos dans le temps que vous allez vous rendre dans les états qui doivent vous appartenir, où vous en ferez un bon usage. »

Le prince Camaralzaman ne voulut pas céder au jardinier en générosité, et ils eurent une grande contestation là-dessus. Il lui protesta enfin qu'il n'en prendrait rien absolument s'il n'en retenait la moitié pour sa part. Le jardinier se rendit, et ils se partagèrent à chacun vingt-cinq vases.

Le partage fait : « Mon fils, dit le jardinier à Camaralzaman, ce n'est pas assez : il s'agit présentement d'embarquer ces richesses sur le vaisseau, et de les emporter avec vous si secrètement que personne n'en ait connaissance ; autrement vous courriez risque de les perdre. Il n'y a pas d'olives dans l'île d'Ébène, et celles qu'on y porte d'ici sont d'un grand débit. Comme vous le savez, j'en ai une bonne provision provenant de celles que je recueille dans mon jardin : il faut que vous preniez cinquante pots, que vous les remplissiez de poudre d'or à moitié, et le reste d'olives par-dessus, et nous les ferons porter au vaisseau, lorsque vous vous embarquerez. »

Camaralzaman suivit ce bon conseil, et employa le reste de la journée à accommoder les cinquante pots [1] ; et comme il craignait que le talisman de la princesse Badoure, qu'il portait au bras, ne lui échappât, il eut la précaution de le mettre dans un de ces pots, et d'y faire une marque pour le reconnaître. Quand il eut achevé de mettre les pots en état d'être transportés, comme la nuit approchait, il se retira avec le jardinier, et, en s'entretenant avec lui, il lui raconta le combat des deux oiseaux et les circonstances de cette aventure, qui lui avait fait retrouver le talisman de la princesse Badoure, dont le jardinier ne fut pas moins surpris que joyeux, pour l'amour de lui.

Soit à cause de son grand âge, ou qu'il se fût donné trop de mouvement ce jour-là, le jardinier passa une mauvaise nuit ; son mal augmenta le jour suivant, et le troisième au matin son état devint encore plus grave. Dès qu'il fut jour, le capitaine du vaisseau, en personne, et plusieurs matelots vinrent frapper à la porte du jardin. Ils demandèrent à Camaralzaman, qui leur ouvrit, où était le passager qui devait s'embarquer sur le vaisseau : « C'est moi-même, répondit-il. Le jardinier qui a demandé passage pour moi est malade et ne peut vous parler ; ne laissez pas d'entrer, et emportez, je vous prie, les pots d'olives que voilà, avec mes hardes, et je vous suivrai dès que j'aurai pris congé de lui. »

Les matelots se chargèrent des pots et des hardes, et quittant Camaralzaman : « Ne manquez pas de venir incessamment, lui dit le capitaine ; le vent est bon, et je n'attends que vous pour mettre à la voile. »

[1] Cette particularité se trouve encore à peu près de même dans le roman de Pierre de Provence et de la belle Maguelonne.

Dès que le capitaine et les matelots furent partis, Camaralzaman rentra chez le jardinier pour prendre congé de lui et le remercier de tous les bons offices qu'il lui avait rendus; mais il le trouva qui agonisait, et il eut à peine obtenu de lui qu'il fît sa profession de foi[1], selon la coutume des bons musulmans à l'article de la mort, qu'il le vit expirer.

Dans la nécessité où était le prince Camaralzaman d'aller s'embarquer, il fit toutes les diligences possibles pour rendre les derniers devoirs au défunt : il lava son corps, il l'ensevelit, après lui avoir fait une fosse dans le jardin (car les mahométans, n'étant que tolérés dans cette ville d'idolâtres, n'avaient pas de cimetière public), il l'enterra lui seul, et il n'eut achevé que vers la fin du jour. Il partit sans perdre de temps pour s'aller embarquer; il emporta même la clef du jardin avec lui, afin de faire plus de diligence; dans le dessein de la porter au propriétaire, au cas qu'il pût le faire, ou de la donner à quelque personne de confiance, en présence de témoins, pour la lui mettre entre les mains. Mais, en arrivant au port, il apprit que le vaisseau avait levé l'ancre il y avait déjà du temps, et même qu'on l'avait perdu de vue : on ajouta qu'il n'avait mis à la voile qu'après l'avoir attendu trois grandes heures.

Scheherazade voulait poursuivre; mais la clarté du jour, qu'elle aperçut, l'obligea de cesser de parler. Elle reprit la même histoire la nuit suivante, et dit au sultan des Indes :

CCXXVIᵉ NUIT.

Sire, le prince Camaralzaman, comme il est aisé de juger, fut dans une affliction extrême de se voir contraint de rester encore dans un pays où il n'avait et ne voulait avoir aucune habitude, et d'attendre une autre année pour retrouver l'occasion qu'il venait de perdre : ce qui le désolait davantage, c'est qu'il s'était dessaisi du talisman de la princesse Badoure, et qu'il le tint pour perdu. Il n'eut pas d'autre parti à prendre, cependant, que de retourner au jardin d'où il était sorti, de l'obtenir à louage du propriétaire à qui il appartenait, et de continuer à le cultiver, en déplorant son malheur et sa mauvaise fortune. Comme il ne pouvait supporter la fatigue de le cultiver seul, il prit un garçon à gages, et afin de ne pas perdre l'autre partie du trésor qui lui revenait par la mort du

---

[1] Cette profession de foi consiste à prononcer quelques mots arabes qui signifient : IL N'Y A D'AUTRE DIEU QUE DIEU, ET MAHOMET EST SON PROPHÈTE.

jardinier, qui était mort sans héritiers, il mit la poudre d'or dans cinquante autres pots, qu'il acheva de remplir d'olives, pour les embarquer avec lui dans le temps.

Pendant que le prince Camaralzaman recommençait une nouvelle année de peine, de douleur et d'impatience, le vaisseau continuait sa navigation avec un vent très-favorable, et il arriva heureusement à la capitale de l'île d'Ébène.

Comme le palais était sur le bord de la mer, le nouveau roi ou plutôt la princesse Badoure, qui aperçut le vaisseau dans le temps qu'il allait entrer au port avec toutes ses bannières, demanda quel vaisseau c'était, et on lui dit qu'il venait tous les ans de la ville des idolâtres dans la même saison, et qu'ordinairement il était chargé de riches marchandises.

La princesse, toujours occupée du souvenir de Camaralzaman, au milieu de l'éclat qui l'environnait, s'imagina que Camaralzaman pouvait y être embarqué, et la pensée lui vint de le prévenir et d'aller au-devant de lui, non pas pour se faire connaître (car elle se doutait bien qu'il ne la reconnaîtrait pas), mais pour le remarquer et prendre les mesures qu'elle jugerait à propos pour leur reconnaissance mutuelle. Sous prétexte de s'informer elle-même des marchandises, de les voir la première, et de choisir les plus précieuses qui lui conviendraient, elle commanda qu'on lui amenât un cheval. Elle se rendit au port, accompagnée de plusieurs officiers qui se trouvèrent près d'elle, et elle y arriva dans le temps que le capitaine venait de débarquer. Elle le fit venir, et voulut savoir de lui d'où il venait, combien il y avait de temps qu'il était parti, quelles bonnes ou mauvaises rencontres il avait faites dans sa navigation, s'il n'amenait pas quelque étranger de distinction, et surtout de quoi son vaisseau était chargé.

Le capitaine satisfit à toutes ces demandes, et quant aux passagers, il assura qu'il n'y avait que des marchands qui avaient coutume de venir, et qu'ils apportaient des étoffes très-riches de différents pays, des toiles des plus fines, peintes et non peintes, des pierreries, du musc, de l'ambre gris, du camphre, de la civette, des épiceries, des drogues pour la médecine, des olives et plusieurs autres choses.

La princesse Badoure aimait passionnément les olives. Dès qu'elle en eut entendu parler : « Je retiens tout ce que vous en avez, dit-elle au capitaine, faites-les débarquer à l'instant, que j'en fasse le marché. Pour ce qui est des autres marchandises, vous avertirez les marchands de m'apporter ce qu'ils ont de plus beau, avant de le faire voir à personne.

« — Sire, reprit le capitaine, qui la prenait pour le roi de l'île d'Ébène, comme elle l'était en effet sous l'habit qu'elle en portait, il y a cinquante pots fort grands ; mais ils appartiennent à un marchand qui est demeuré à terre. Je l'avais averti moi-même, et je l'attendis long-temps. Comme je vis qu'il ne venait pas et que son retard m'empêchait de profiter du bon vent, je perdis patience et je mis à la voile. — Ne laissez pas de les faire débarquer, dit la princesse, cela ne nous empêchera pas d'en faire le marché. »

Le capitaine envoya sa chaloupe au vaisseau, et elle revint bientôt chargée des pots d'olives. La princesse demanda combien les cinquante pots pouvaient valoir dans l'île d'Ébène : « Sire, répondit le capitaine, le marchand est fort pauvre : votre majesté ne lui fera pas une grâce considérable, quand elle lui en donnera mille pièces d'argent. »

« Afin qu'il soit content, reprit la princesse, et en considération de ce que vous me dites de sa pauvreté, on vous en comptera mille pièces d'or que vous aurez soin de lui remettre. » Elle donna ordre pour le paiement ; et après qu'elle eut fait emporter les pots en sa présence, elle retourna au palais.

Comme la nuit approchait, la princesse Badoure se retira d'abord dans le palais intérieur, alla à l'appartement de la princesse Haïatalnefous, et se fit apporter les cinquante pots d'olives. Elle en ouvrit un pour lui en faire goûter, et pour en goûter elle-même, et le versa dans un plat. Son étonnement fut des plus grands, quand elle vit les olives mêlées avec de la poudre d'or : « Quelle aventure ! quelle merveille ! » s'écria-t-elle. Elle fit ouvrir et vider les autres pots en sa présence par les femmes d'Haïatalnefous, et son admiration augmenta à mesure qu'elle vit que les olives de chaque pot étaient mêlées avec la poudre d'or. Mais quand on vint à vider celui où Camaralzaman avait mis son talisman, et qu'elle l'eut aperçu, elle en fut si surprise qu'elle s'évanouit.

La princesse Haïatalnefous et ses femmes secoururent la princesse Badoure, et la firent revenir à force de lui jeter de l'eau sur le visage. Lorsqu'elle eut repris tout à fait ses sens, elle prit le talisman et le baisa à plusieurs reprises. Mais comme elle ne voulait rien dire devant les femmes de la princesse, qui ignoraient son déguisement, et qu'il était temps de se coucher, elle les congédia : « Princesse, dit-elle à Haïatalnefous, dès qu'elles furent seules, après ce que je vous ai raconté de mon histoire, vous aurez bien connu sans doute que c'est à la vue de ce talisman que je me suis évanouie ; c'est le mien, c'est celui qui nous a arrachés l'un à l'autre, le prince Camaralzaman, mon cher mari, et moi : s'il a été la cause d'une séparation si douloureuse pour l'un et pour l'autre, il va être, j'en suis persuadée, celle de notre réunion prochaine. »

Le lendemain, dès qu'il fut jour, la princesse Badoure envoya appeler le capitaine de vaisseau. Quand il fut venu : « Donnez-moi des renseignements plus précis, lui dit-elle, touchant le marchand à qui appartenaient les olives que j'achetai hier. Vous me disiez, ce me semble, que vous l'aviez laissé à terre dans la ville des idolâtres : pouvez-vous me dire ce qu'il y faisait ? »

« Sire, répondit le capitaine, je puis en assurer votre majesté, comme d'une chose que je sais moi-même. J'étais convenu de son embarquement avec un jardinier extrêmement âgé, qui me dit que je le trouverais à son jardin, où il travaillait sous lui, et dont il m'enseigna l'endroit : c'est ce qui m'a obligé de dire à votre majesté qu'il était pauvre. J'ai été le chercher et l'avertir moi-même dans ce jardin de venir s'embarquer, et je lui ai parlé. »

« Si cela est ainsi, reprit la princesse Badoure, il faut que vous remettiez à la voile dès aujourd'hui, que vous retourniez à la ville des idolâtres, et que vous m'ameniez ici ce garçon jardinier qui est mon débiteur : sinon je vous déclare que je confisquerai non-seulement les marchandises qui vous appartiennent, et celles des marchands qui sont venus sur votre bord, mais même que votre vie et celle des marchands m'en répondront. Dès à présent on va par mon ordre apposer le sceau aux magasins où elles sont, qui ne sera levé que quand vous m'aurez livré l'homme que je vous demande. C'est ce que j'avais à vous dire : allez, et faites ce que je vous commande. »

Le capitaine n'eut rien à répliquer à ce commandement, dont l'inexécution devait être d'un très-grand dommage à ses affaires et à celles des marchands. Il le leur signifia, et ils ne s'empressèrent pas moins que lui à faire embarquer promptement les provisions de vivres et d'eau dont il avait besoin pour le voyage. Cela s'exécuta avec tant de diligence, qu'il mit à la voile le même jour.

Le vaisseau eut une navigation très-heureuse, et le capitaine prit si bien ses mesures, qu'il arriva de nuit devant la ville des idolâtres. Quand il s'en fut approché aussi près qu'il le jugea à propos, il ne fit pas jeter l'ancre; mais pendant que le vaisseau demeura en panne, il s'embarqua dans sa chaloupe et alla descendre à terre en un endroit un peu éloigné du port, d'où il se rendit au jardin de Camaralzaman avec six matelots des plus résolus.

Camaralzaman ne dormait pas alors : sa séparation d'avec la belle princesse de la Chine, sa femme, l'affligeait à son ordinaire, et il détestait le moment où il s'était laissé tenter par la curiosité, non pas de manier, mais même de toucher sa ceinture. Il passait ainsi les moments consacrés au repos, lorsqu'il entendit frapper à la porte du jardin. Il y alla promptement à demi habillé, et il n'eut pas plutôt ouvert, que, sans lui dire mot, le capitaine et les matelots se saisirent de lui, le conduisirent à la chaloupe par force, et le menèrent au vaisseau qui remit à la voile dès qu'il y fut embarqué.

Camaralzaman, qui avait gardé le silence jusqu'alors, de même que le capitaine et les matelots, demanda au capitaine, qu'il avait reconnu, quel sujet il avait de l'enlever avec tant de violence : « N'êtes-vous pas débiteur du roi de l'île d'Ébène ? lui demanda le capitaine à son tour. — Moi ! débiteur du roi de l'île d'Ébène ! reprit Camaralzaman ; je ne le connais pas, jamais je n'ai eu affaire avec lui, et jamais je n'ai mis le pied dans son royaume.

« C'est ce que vous devez savoir mieux que moi, repartit le capitaine. Vous lui parlerez vous-même ; demeurez ici cependant et prenez patience.... »

Scheherazade fut obligée de mettre fin à son discours en cet endroit, pour donner lieu au sultan des Indes de se lever et de se rendre à ses fonctions ordinaires. Elle le reprit la nuit suivante et lui parla en ces termes :

CCXXVIIᵉ NUIT.

Sire, le vaisseau ne fut pas moins heureux à porter le prince à l'île d'Ébène qu'il l'avait été à l'aller prendre dans la ville des idolâtres. Quoiqu'il fût déjà nuit lorsqu'il mouilla dans le port, le capitaine ne laissa pas néanmoins de débarquer d'abord et de mener le prince Camaralzaman au palais, où il demanda à être présenté au roi.

La princesse Badoure, qui s'était déjà retirée dans le palais intérieur, ne fut pas plutôt avertie de son retour et de l'arrivée de Camaralzaman, qu'elle sortit pour lui parler. D'abord elle jeta les yeux sur le prince Camaralzaman, pour qui elle avait versé tant de larmes depuis leur séparation, et elle le reconnut sous son méchant habit. Quant au prince, qui tremblait devant un roi, comme il le croyait, à qui il avait à répondre d'une dette imaginaire, il n'eut pas seulement la pensée que ce pût être celle qu'il désirait si ardemment de retrouver. Si la princesse eût suivi son inclination, elle eût couru à lui, et se fût fait connaître en l'embrassant; mais elle se retint, et elle crut qu'il était de l'intérêt de l'un et de l'autre de soutenir encore quelque temps le personnage du roi, avant de se découvrir. Elle se contenta de le recommander à un officier qui était présent, et de le charger de prendre soin de lui et de le bien traiter jusqu'au lendemain.

Quand la princesse Badoure eut bien pourvu à ce qui regardait le prince Camaralzaman, elle se tourna du côté du capitaine, et, pour reconnaître le service important qu'il lui avait rendu, elle chargea un autre officier d'aller sur-le-champ lever le sceau qui avait été apposé à ses marchandises et à celles de ses marchands, et le renvoya en lui présentant un riche diamant, qui le récompensa beaucoup au delà de la dépense du voyage qu'il venait de faire; elle lui dit même qu'il n'avait qu'à garder les mille pièces d'or payées pour les pots d'olives, et qu'elle saurait bien s'en accommoder avec le marchand qu'il venait d'amener.

Elle rentra enfin dans l'appartement de la princesse de l'île d'Ébène, à qui elle fit part de sa joie, en la priant néanmoins de lui garder encore le secret, et en lui faisant confidence des mesures qu'elle jugeait à propos de prendre avant de se faire connaître au prince Camaralzaman, et de le faire connaître lui-même pour ce qu'il était : « Il y a, ajouta-t-elle, une si grande distance d'un jardinier à un grand prince, tel qu'il est, qu'il y aurait du danger à le faire passer en un moment du dernier état du peuple à un si haut degré, quelque justice qu'il y ait à le faire. » Bien loin de lui manquer de fidélité, la princesse de l'île d'Ébène entra dans son dessein; elle l'assura qu'elle y contribuerait elle-même avec un très-grand plaisir, qu'elle n'avait qu'à l'avertir de ce qu'elle souhaiterait qu'elle fît.

Le lendemain, la princesse de la Chine, sous le nom, l'habit et l'autorité du roi de l'île d'Ébène, après avoir pris soin de faire mener le prince Camaralzaman au bain, de grand matin, et de lui faire prendre un habit d'émir ou gouverneur de province, le fit introduire dans le conseil, où il attira les yeux de tous les seigneurs qui étaient présents, par sa bonne mine et par l'air majestueux de toute sa personne.

La princesse Badoure elle-même fut charmée de le revoir aussi aimable qu'elle l'avait vu tant de fois, et cela l'anima davantage à faire son éloge en plein conseil. Après qu'il eut pris sa place au rang des émirs, par son ordre : « Seigneurs, dit-elle en s'adressant aux autres émirs, Camaralzaman, que je vous donne aujourd'hui pour collègue, n'est pas indigne de la place qu'il occupe parmi vous : je l'ai connu suffisamment dans mes voyages pour en répondre, et je puis assurer qu'il se fera connaître à vous-mêmes, autant par sa valeur et mille autres belles qualités, que par la grandeur de son génie. »

Camaralzaman fut extrêmement étonné quand il eut entendu que le roi de l'île d'Ébène, qu'il était bien éloigné de prendre pour une femme, encore moins pour sa chère princesse, l'avait nommé et assuré qu'il le connaissait, et comme il était certain qu'il ne s'était rencontré avec lui en aucun endroit, il fut encore plus étonné des louanges excessives qu'il venait de recevoir.

Ces louanges néanmoins, prononcées par une bouche pleine de majesté, ne le déconcertèrent pas : il les reçut avec une modestie qui fit voir qu'il les méritait, mais qu'elles ne lui donnaient pas de vanité. Il se prosterna devant le trône du roi, et en se relevant : « Sire, dit-il, je n'ai point de termes pour remercier votre majesté du grand honneur qu'elle me fait, encore moins de tant de bontés; mais je ferai tout ce qui sera en mon pouvoir pour les mériter. »

En sortant du conseil, ce prince fut conduit par un officier dans un grand hôtel que la princesse Badoure avait déjà fait meubler exprès pour lui. Il y trouva des officiers et des domestiques prêts à recevoir ses commandements, et une écurie garnie de très-beaux chevaux, le tout pour soutenir la dignité d'émir dont il venait d'être honoré, et quand il fut dans son cabinet, son intendant lui présenta un coffre-fort plein d'or pour sa dépense. Moins il pouvait concevoir par quel endroit lui venait ce grand bonheur, plus il en était dans l'admiration, et jamais il n'eut la pensée que la princesse de la Chine en fût la cause.

Au bout de deux ou trois jours, la princesse Badoure, pour donner au prince Camaralzaman plus d'accès près de sa personne, et en même temps plus de distinction, le gratifia de la charge de grand trésorier, qui venait de vaquer. Il s'acquitta de cet emploi avec tant d'intégrité, en obligeant cependant tout le monde, qu'il s'acquit non-seulement l'amitié de tous les seigneurs de la cour, mais même qu'il gagna le cœur de tout le peuple par sa droiture et par ses largesses.

Camaralzaman eût été le plus heureux de tous les hommes de se voir dans une si haute faveur auprès d'un roi étranger, comme il se l'imaginait, et d'être auprès de tout le monde dans une considération qui augmentait tous les jours, s'il eût possédé sa princesse. Au milieu de son bonheur, il ne cessait de s'affliger de n'en apprendre aucune nouvelle, dans un pays où il semblait qu'elle devait avoir passé depuis le temps qu'ils avaient été séparés d'une manière si affligeante pour l'un et pour l'autre Il aurait pu se douter de quelque chose, si la princesse Badoure eût conservé le nom de Camaralzaman, qu'elle avait pris avec son habit; mais elle l'avait changé en montant sur le trône, et s'était donné celui d'Armanos, pour faire honneur au vieux roi, son beau-père : de sorte qu'on ne la connaissait plus que sous le nom de roi Armanos le jeune, et il n'y avait que quelques courtisans qui se souvinssent du nom de Camaralzaman, dont elle se faisait appeler lors de son arrivée à la cour de l'île d'Ébène. Camaralzaman n'avait pas encore eu assez de familiarité avec eux pour s'en instruire; mais à la fin il pouvait l'avoir.

Comme la princesse Badoure craignait que cela n'arrivât, et qu'elle était bien aise que Camaralzaman ne fût redevable de sa reconnaissance qu'à elle seule, elle résolut de mettre fin à ses propres tourments et à ceux qu'elle savait qu'il souffrait. En effet, elle avait remarqué que toutes les fois qu'elle s'entretenait avec lui des affaires qui dépendaient de sa charge, il poussait de temps en temps des soupirs qui ne pouvaient s'adresser qu'à elle. Elle vivait elle-même dans une contrainte dont elle était résolue de se délivrer sans différer plus long-temps : d'ailleurs l'amitié des seigneurs, le zèle et l'affection du peuple, tout contribuait à lui mettre la couronne de l'île d'Ébène sur la tête, sans craindre de trouver d'obstacle.

La princesse Badoure n'eut pas plutôt pris cette résolution, de concert avec la princesse Haïatalnefous, qu'elle prit le prince Camaralzaman en particulier le même jour : « Camaralzaman, lui dit-elle, j'ai à m'entretenir avec vous d'une affaire de longue discussion, sur laquelle j'ai besoin de votre conseil. Comme je ne vois pas que je puisse le faire plus commodément que la nuit, venez ce soir et avertissez qu'on ne vous attende pas; j'aurai soin de vous donner un lit. »

Camaralzaman ne manqua pas de se trouver au palais à l'heure que la princesse Badoure lui avait marquée. Elle le fit entrer avec elle dans le palais intérieur; et après qu'elle eut dit au chef des eunuques, qui se préparait à la suivre, qu'elle n'avait point besoin de son service, et qu'il tînt seulement la porte fermée, elle le mena dans un autre appartement que celui de la princesse Haïatalnefous, où elle avait coutume de coucher.

Quand le prince et la princesse furent dans la chambre où il y avait un lit, et que la porte fut fermée, la princesse tira le talisman d'une petite boîte, et en le présentant à Camaralzaman : « Il n'y a pas long-temps, lui dit-elle, qu'un astrologue m'a fait présent de ce talisman; comme vous êtes habile en toutes choses, vous pourrez bien me dire à quoi il est propre. »

Camaralzaman prit le talisman, et s'approcha d'une bougie pour le considérer. Dès qu'il l'eût connu, avec une surprise qui fit plaisir à la princesse : « Sire, s'écria-t-il, votre majesté me demande à quoi ce talisman est propre. Hélas! il est propre à me faire mourir de douleur et de chagrin, si je ne trouve bientôt la princesse la plus charmante et la plus aimable qui ait jamais paru sous le ciel, à qui il a appartenu et dont il m'a causé la perte! Il me l'a causée par une aventure étrange, dont le récit toucherait votre majesté de compassion pour un mari et pour un amant infortuné comme moi, si elle voulait se donner la patience de l'entendre.

« — Vous m'en entretiendrez une autre fois, reprit la princesse ; mais je suis bien aise, ajouta-t-elle, de vous dire que j'en sais déjà quelque chose : je reviens à vous ; attendez-moi un moment. »

En disant ces paroles, la princesse Badoure entra dans un cabinet où elle quitta le turban royal, et, après avoir pris en peu de moments une coiffure et un habillement de femme, avec la ceinture qu'elle avait le jour de leur séparation, elle rentra dans la chambre.

Le prince Camaralzaman reconnut d'abord sa chère princesse, courut à elle, et en l'embrassant tendrement : « Ah! s'écria-t-il, que je suis obligé au roi de m'avoir surpris si agréablement! — Ne vous attendez pas à revoir le roi, reprit la princesse en l'embrassant à son tour les larmes aux yeux : en me voyant, vous voyez le roi. Asseyons-nous, que je vous explique cette énigme. »

Ils s'assirent, et la princesse raconta au prince la résolution qu'elle avait prise dans la prairie où ils avaient campé ensemble la dernière fois, dès qu'elle eut connu qu'elle l'attendrait inutilement ; de quelle manière elle l'avait exécutée jusqu'à son arrivée à l'île d'Ébène, où elle avait été obligée d'épouser la princesse Haïataluefous, et d'accepter la couronne que le roi Armanos lui avait offerte en conséquence de son mariage ; comment la princesse, dont elle lui exagéra le mérite, avait reçu la déclaration qu'elle lui avait faite de son sexe, et enfin l'aventure du talisman trouvé dans un des pots d'olives et de poudre d'or qu'elle avait achetés, qui lui avait donné lieu de l'envoyer prendre dans la ville des idolâtres.

Quand la princesse Badoure eut achevé, elle voulut que le prince lui apprît par quelle aventure le talisman avait été cause de leur séparation : il la satisfit, et quand il eut fini, il se plaignit à elle d'une manière obligeante de la cruauté qu'elle avait eue de le faire languir si long-temps. Elle lui en apporta les raisons dont nous avons parlé ; après quoi, comme il était fort tard, ils se couchèrent....

Scheherazade s'interrompit à ces dernières paroles ; elle poursuivit, la nuit suivante, et dit au sultan des Indes ;

CCXXVIII° NUIT.

Sire, la princesse Badoure et le prince Camaralzaman se levèrent e lendemain dès qu'il fut jour. Mais la princesse quitta l'habillement royal pour reprendre l'habit de femme, et lorsqu'elle fut habillée, elle envoya le chef des eunuques prier le roi Armanos, son beau-père, de prendre la peine de venir à son appartement.

Quand le roi Armanos fut arrivé, sa surprise fut très-grande de voir une dame qui lui était inconnue, et le grand trésorier, à qui il n'appartenait pas d'entrer dans le palais intérieur, non plus qu'à aucun seigneur de la cour. En s'asseyant, il demanda où était le roi.

« Sire, reprit la princesse, hier j'étais le roi, et aujourd'hui je ne suis que princesse de la Chine, femme du véritable prince Camaralzaman, fils véritable du roi Schahzaman. Si votre majesté veut bien se donner la patience d'entendre l'histoire de l'un et de l'autre, j'espère qu'elle ne me condamnera pas de lui avoir fait une tromperie si innocente. » Le roi Armanos lui donna audience, l'écouta avec étonnement depuis le commencement jusqu'à la fin.

En achevant « : Sire, ajouta la princesse, quoique dans notre religion les femmes s'accommodent peu de la liberté qu'ont les maris de prendre plusieurs femmes, si néanmoins votre majesté consent à donner la princesse Haïatalnefous, sa fille, en mariage au prince Camaralzaman, je lui cède de bon cœur le rang et la qualité de reine qui lui appartient de droit, et me contente du second rang. Quand cette préférence ne lui appartiendrait pas, je ne laisserais pas de la lui accorder, après l'obligation que je lui ai du secret qu'elle m'a gardé avec tant de générosité. Si votre majesté s'en remet à son consentement, je l'ai déjà prévenue là-dessus, et je suis caution qu'elle en sera très-contente. »

Le roi Armanos écouta le discours de la princesse Badoure avec admiration; et quand elle eut achevé : « Mon fils, dit-il au prince Camaralzaman en se tournant de son côté, puisque la princesse Badoure, votre femme, que j'avais regardée jusqu'à présent comme mon gendre, par une ruse dont je ne puis me plaindre, m'assure qu'elle veut bien partager votre lit avec ma fille, il ne me reste plus que de savoir si vous voulez bien l'épouser aussi, et accepter la couronne que la princesse Badoure mériterait de porter toute sa vie, si elle n'aimait mieux la quitter, pour l'amour de vous. — Sire, répondit le prince Camaralzaman, quelque passion que j'aie de revoir le roi, mon père, les obligations que j'ai à votre majesté et à la princesse Haïatalnefous sont si essentielles, que je ne puis lui rien refuser. »

Camaralzaman fut proclamé roi, et marié le même jour avec de grandes magnificences, et fut très-satisfait de la beauté, de l'esprit et de l'amour de la princesse Haïatalnefous.

Dans la suite, les deux reines continuèrent de vivre ensemble avec la même amitié et la même union qu'auparavant, et furent très-satisfaites de l'égalité que le roi Camaralzaman gardait à leur égard, en partageant son lit avec elles alternativement.

Elles lui donnèrent chacune un fils la même année, presque en même temps; et la naissance des deux princes fut célébrée avec de grandes réjouissances. Camaralzaman donna le nom d'Amgiad[1] au premier, dont la reine Badoure était accouchée, et celui d'Assad[2] à celui que la reine Haïatalnefous avait mis au monde.

HISTOIRE

DES PRINCES AMGIAD ET ASSAD.

Es deux princes furent élevés avec grand soin, et lorsqu'ils furent en âge, ils eurent le même gouverneur, les mêmes précepteurs dans les sciences et dans les beaux-arts, que le roi Camaralzaman voulut qu'on leur enseignât; et le même maître dans chaque exercice. La forte amitié qu'ils avaient l'un pour l'autre, dès leur enfance, avait donné lieu à cette uniformité qui l'augmenta davantage.

En effet, lorsqu'ils furent en âge d'avoir chacun une maison séparée, ils étaient unis si étroitement, qu'ils supplièrent le roi Camaralzaman, leur père, de leur en accorder une seule pour tous deux. Ils l'obtinrent, et ainsi ils eurent les mêmes officiers, les mêmes domestiques, les mêmes équipages, le même appartement et la même table. Insensiblement, Camaralzaman avait pris une si grande confiance en leur capacité et en leur droiture, que lorsqu'ils eurent atteint l'âge de dix-huit à vingt ans, il ne faisait pas difficulté de les charger du soin de présider le conseil alternative-

---

[1] Très-glorieux.
[2] Très-heureux.

ment toutes les fois qu'il faisait des parties de chasse de plusieurs jours.

Comme les deux princes étaient également beaux et bien faits, dès leur enfance les deux reines avaient conçu pour eux une tendresse incroyable, de manière, néanmoins, que la princesse Badoure avait plus de penchant pour Assad, fils de la reine Haïatalnefous, que pour Amgiad, son propre fils, et que la reine Haïatalnefous en avait plus pour Amgiad que pour Assad, qui était le sien.

Les reines ne prirent d'abord ce penchant que pour une amitié qui procédait du vif attachement qu'elles conservaient toujours l'une pour l'autre. Mais à mesure que les princes avancèrent en âge, elle se tourna peu à peu en une forte inclination, et cette inclination en un amour des plus violents, lorsqu'ils parurent à leurs yeux avec des grâces qui achevèrent de les aveugler. Toute l'infamie de leur passion leur était connue; elles firent aussi de grands efforts pour y résister; mais la familiarité avec laquelle elles les voyaient tous les jours, et l'habitude de les admirer dès leur enfance, de les caresser, dont il n'était plus en leur pouvoir de se défaire, les embrasèrent d'amour à un point qu'elles en perdirent le sommeil, le boire et le manger. Pour leur malheur, et pour le malheur des princes eux-mêmes, les princes, accoutumés à leurs manières, n'eurent pas le moindre soupçon de cette flamme détestable.

Comme les deux reines ne s'étaient pas fait un secret de leur passion, et qu'elles n'avaient pas assez d'impudeur pour la déclarer de vive voix au prince que chacune aimait en particulier, elles convinrent de s'en expliquer chacune par un billet; et pour l'exécution d'un dessein si pernicieux, elles profitèrent de l'absence du roi Camaralzaman pour une chasse de trois ou quatre jours.

Le jour du départ du roi, le prince Amgiad présida le conseil, et rendit la justice jusqu'à deux ou trois heures après midi. A la sortie du conseil, comme il rentrait dans le palais, un eunuque le prit en particulier, et lui présenta un billet de la part de la reine Haïatalnefous. Amgiad le prit et le lut avec horreur : « Quoi! perfide, dit-il à l'eunuque en achevant de lire et en tirant le sabre, est-ce là la fidélité que tu dois à ton maître et à ton roi? » En disant ces paroles, il lui trancha la tête.

Après cette action, Amgiad transporté de colère alla trouver la reine Badoure, sa mère, d'un air qui marquait son ressentiment, lui montra le billet, et l'informa du contenu, après lui avoir dit de quelle part il venait. Au lieu de l'écouter, la reine Badoure se mit en colère elle-même : « Mon fils, reprit-elle, ce que vous me dites est une calomnie et une imposture : la reine Haïatalnefous est sage, et je vous trouve bien hardi de me parler contre elle avec cette insolence. » Le prince s'emporta contre la reine, sa mère, à ces paroles : « Vous êtes toutes plus méchantes les unes que les autres ! s'écria-t-il. Si je n'étais retenu par le respect que je dois au roi, mon père, ce jour serait le dernier de la vie d'Haïatalnefous. »

La reine Badoure pouvait bien juger de l'exemple de son fils Amgiad, que le prince Assad, qui n'était pas moins vertueux, ne recevrait pas plus favorablement la déclaration semblable qu'elle avait à lui faire. Cela ne l'empêcha pas de persister dans un dessein si abominable, et elle lui écrivit aussi un billet le lendemain, qu'elle confia à une vieille qui avait entrée dans le palais.

La vieille prit aussi son temps de rendre le billet au prince Assad à la sortie du conseil, qu'il venait de présider à son tour. Le prince le prit, et en le lisant, il se laissa emporter à la colère si vivement, que sans se donner le temps d'achever il tira son sabre et punit la vieille comme elle le méritait. Il courut à l'appartement de la reine Haïatalnefous, sa mère, le billet à la main ; il voulut le lui montrer, mais elle ne lui en donna pas le temps, ni même celui de parler : « Je sais ce que vous me voulez, s'écria-t-elle, et vous êtes aussi impertinent que votre frère Amgiad : retirez-vous, et ne paraissez jamais devant moi. »

Assad demeura interdit à ces paroles, auxquelles il ne s'était pas attendu, et elles le mirent dans un transport dont il fut sur le point de donner des marques funestes ; mais il se retint et se retira sans répliquer, de crainte qu'il ne lui échappât de dire quelque chose d'indigne de sa grandeur d'âme. Comme le prince Amgiad avait eu la retenue de ne pas lui parler du billet qu'il avait reçu le jour d'auparavant, et que ce que la reine, sa mère, venait de lui dire, lui faisait comprendre qu'elle n'était pas moins criminelle que la reine Badoure, il alla lui faire un reproche obligeant de sa discrétion, et mêler sa douleur avec la sienne.

Les deux reines, au désespoir d'avoir trouvé dans les deux princes une vertu qui devait les faire rentrer en elles-mêmes, renoncèrent à tous les sentiments de la nature et de mère, et concertèrent ensemble de les faire périr. Elles firent accroire à leurs femmes qu'ils avaient entrepris de les forcer : elles en firent toutes les feintes par leurs larmes, par leurs cris et par les malédictions qu'elles leur donnaient, et se couchèrent dans un même lit, comme si la résistance qu'elles feignirent aussi d'avoir faite les eût réduites aux abois....

Mais, Sire, dit ici Scheherazade, le jour paraît et m'impose silence : elle se tut. La nuit suivante, elle poursuivit la même histoire et dit au sultan des Indes :

CCXXIX₀ NUIT.

Sire, le lendemain, le roi Camaralzaman, à son retour de la chasse, fut dans un grand étonnement de les trouver couchées ensemble, éplorées, et dans un état qu'elles surent si bien contrefaire, qu'il le toucha de compassion. Il leur demanda avec empressement ce qui leur était arrivé.

A cette demande, les perfides reines redoublèrent leurs gémissements et leurs sanglots; et après qu'il les eut bien pressées, la reine Badoure prit enfin la parole : « Sire, dit-elle, la juste douleur dont nous sommes affligées est telle, que nous ne devrions plus voir le jour, après l'outrage que les princes, vos fils, nous ont fait par une brutalité qui n'a pas d'exemple. Par un complot indigne de leur naissance, votre absence leur a donné la hardiesse et l'insolence d'attenter à notre honneur : que votre Majesté nous dispense d'en dire davantage; notre affliction suffira pour lui faire comprendre le reste. »

Le roi fit appeler les deux princes, et il leur eût ôté la vie de sa propre main, si le vieux roi Armanos, son beau-père, qui était présent, ne lui eût retenu le bras : « Mon fils, dit-il, que pensez-vous faire? Voulez-vous ensanglanter vos mains et votre palais de votre propre sang? Il y a d'autres moyens de les punir, s'il est vrai qu'ils soient criminels. » Il tâcha de l'apaiser, et il le pria de bien examiner s'il était certain qu'ils eussent commis le crime dont on les accusait.

Camaralzaman put bien gagner sur lui-même de n'être pas le bourreau de ses propres enfants; mais, après les avoir fait arrêter, il fit venir sur le soir un émir, nommé Giondar, qu'il chargea d'aller leur ôter la vie hors de la ville, de tel côté et si loin qu'il lui plairait, et de ne pas revenir, qu'il n'apportât leurs habits teints de sang, pour marque de l'exécution de l'ordre qu'il lui donnait.

Giondar marcha toute la nuit, et, le lendemain matin, quand il eut mis pied à terre, il signifia aux princes, les larmes aux yeux, l'ordre qu'il avait reçu : « Princes, leur dit-il, cet ordre est bien cruel, et c'est pour moi une mortification des plus sensibles d'avoir été choisi pour en être l'exécuteur : plût à Dieu que je pusse m'en dispenser! — Faites votre devoir, reprirent les princes; nous savons bien que vous n'êtes pas la cause de notre mort : nous vous la pardonnons de bon cœur. »

En disant ces paroles, les princes s'embrassèrent et se dirent le dernier adieu avec tant de tendresse, qu'ils furent long-temps sans se séparer. Le prince Assad se mit le premier en état de recevoir le coup de la mort : « Commencez par moi, dit-il, Giondar ; que je n'aie pas la douleur de voir mourir mon cher frère Amgiad. » Amgiad s'y opposa, et Giondar ne put, sans verser des larmes plus qu'auparavant, être témoin de leur contestation, qui marquait combien leur amitié était sincère et parfaite.

Ils terminèrent enfin ce différend si touchant, et ils prièrent Giondar de les lier ensemble, et de les mettre dans la situation la plus commode pour leur donner le coup de la mort en même temps : « Ne refusez pas, ajoutèrent-ils, de donner cette consolation de mourir ensemble à deux frères infortunés, qui, jusqu'à leur innocence, n'ont rien eu qui ne fût commun entre eux, depuis qu'ils sont au monde. »

L'émir accorda aux deux princes ce qu'ils souhaitaient : il les lia, et quand il les eut mis dans l'état qu'il crut le plus à son avantage pour ne pas manquer de leur couper la tête d'un seul coup, il leur demanda s'ils avaient quelque chose à lui commander avant de mourir.

« Nous ne vous prions que d'une seule chose, répondirent les deux princes : c'est de bien assurer le roi, notre père, à votre retour, que nous mourons innocents, mais que nous ne lui imputons pas l'effusion de notre sang : en effet, nous savons qu'il n'est pas bien informé de la vérité du crime dont nous sommes accusés. » Giondar leur promit qu'il n'y manquerait pas, et en même temps il tira son sabre. Son cheval, qui était lié à un arbre près de lui, épouvanté de cette action et de l'éclat du sabre, rompit sa bride, s'échappa et se mit à courir de toute sa force par la campagne.

C'était un cheval de grand prix et richement harnaché, que Giondar aurait été bien fâché de perdre. Troublé de cet accident, au lieu de couper la tête aux princes, il jeta le sabre et courut après le cheval pour le rattraper.

Le cheval, qui était vigoureux, fit plusieurs caracoles devant Giondar, et il le mena jusqu'à un bois où il se jeta. Giondar l'y suivit, et le hennissement du cheval éveilla un lion qui dormait : le lion accourut, et au lieu d'aller au cheval, il vint droit à Giondar, dès qu'il l'eut aperçu.

Giondar ne songea plus à son cheval : il fut dans un plus grand embarras pour la conservation de sa vie, en évitant l'attaque du lion, qui ne le perdit pas de vue et qui le suivait de près au travers des arbres : « Dans cette extrémité, Dieu ne m'enverrait pas ce châtiment, disait-il en lui-même, si les princes à qui l'on m'a commandé d'ôter la vie n'étaient pas innocents, et pour mon malheur, je n'ai pas mon sabre pour me défendre. »

Pendant l'éloignement de l'émir, les deux princes furent pressés également d'une soif ardente, causée par la frayeur de la mort, nonobstant leur résolution généreuse de subir l'ordre cruel du roi, leur père. Le prince Amgiad fit remarquer au prince, son frère, qu'ils n'étaient pas loin d'une source d'eau, et lui proposa de se délier et d'aller boire : « Mon frère, reprit le prince Assad, pour le peu de temps que nous avons à vivre, ce n'est pas la peine d'étancher notre soif, nous la supporterons bien encore quelques moments. »

Sans avoir égard à cette remontrance, Amgiad se délia et délia le prince, son frère, malgré lui : ils allèrent à la source, et après qu'ils se furent rafraîchis, ils entendirent le rugissement du lion et de grands cris dans le bois où le cheval et Giondar etaient entrés. Amgiad prit aussitôt le sabre dont Giondar s'était débarrassé : « Mon frère, dit-il à Assad, courons au secours du malheureux émir; peut-être arriverons-nous assez tôt pour le délivrer du péril où il est. »

Les deux princes ne perdirent pas de temps, et ils arrivèrent dans le moment même que le lion venait d'abattre Giondar. Le féroce animal, voyant que le prince Amgiad avançait vers lui le sabre levé, lâcha sa proie et vint droit à lui avec furie : le prince le reçut avec intrépidité, et lui donna un coup avec tant de force et d'adresse, qu'il le fit tomber mort.

Dès que Giondar eut connu que c'était aux deux princes qu'il devait la vie, il se jeta à leurs pieds, et les remercia de la grande obligation qu'il leur avait, en des termes qui marquaient sa parfaite reconnaissance : « Princes, leur dit-il en se relevant et en leur baisant les mains, les larmes aux yeux, Dieu me garde d'attenter à votre vie, après le secours si officieux et si éclatant que vous venez de me donner ! Jamais on ne reprochera à l'émir Giondar d'avoir été capable d'une si grande ingratitude. »

« Le service que nous vous avons rendu, reprirent les princes, ne doit pas vous empêcher d'exécuter votre ordre. Reprenons auparavant votre cheval, et retournons au lieu où vous nous aviez laissés. » Ils n'eurent pas de peine à reprendre le cheval qui avait passé sa fougue et qui s'était arrêté. Mais quand ils furent de retour près de la source, quelques prières et quelque instance qu'ils fissent, ils ne purent jamais persuader à l'émir Giondar de les faire mourir : « La seule chose que je prends la liberté de vous demander, leur dit-il, et que je vous supplie de m'accorder, c'est de vous accommoder de ce que je puis partager entre vous deux de mon habillement, de me donner chacun le vôtre, et de vous sauver si loin, que le roi, votre père, n'entende jamais parler de vous. »

Les princes furent contraints de se rendre à ce qu'il voulut, et après qu'ils lui eurent donné leur habit l'un et l'autre, et qu'ils se furent couverts de ce qu'il leur donna du sien, l'émir Giondar leur remit ce qu'il avait sur lui d'or et d'argent, et prit congé d'eux.

Quand l'émir se fut séparé d'avec les princes, il passa par le bois, où il teignit leurs habits du sang du lion, et continua son chemin jusqu'à la capitale de l'île d'Ébène. A son arrivée, le roi Camaralzaman lui demanda s'il avait été fidèle à exécuter l'ordre qu'il lui avait donné : « Sire, répondit Giondar en lui présentant les habits des deux princes, en voici les témoignages ! »

« Dites-moi, reprit le roi, de quelle manière ils ont reçu le châtiment dont je les ai fait punir ? — Sire, reprit-il, ils l'ont reçu avec une constance admirable, et avec une résignation aux décrets de Dieu, qui marquait la sincérité avec laquelle ils faisaient profession de leur religion, mais particulièrement avec un grand respect pour votre Majesté, et avec une soumission inconcevable à leur arrêt de mort : — Nous mourons innocents, disaient-ils, mais nous n'en murmurons pas. Nous recevons notre mort de la main de Dieu, et nous la pardonnons au roi, notre père : nous savons très-bien qu'il n'a pas été bien informé de la vérité. »

Camaralzaman, sensiblement touché de ce récit de l'émir, s'avisa de fouiller dans les poches des habits des deux princes, et il commença par celui d'Amgiad : il y trouva un billet qu'il ouvrit et qu'il lut. Il n'eut pas plutôt connu que la reine Haïatalnefous l'avait écrit, non-seulement à son écriture, mais même à un petit peloton de ses cheveux qui était dedans, qu'il frémit. Il fouilla dans celle d'Assad en tremblant, et le billet de la reine Badoure qu'il y trouva, le frappa d'un étonnement si prompt et si vif, qu'il s'évanouit....

La sultane Scheherazade, qui s'aperçut à ces derniers mots que le jour paraissait, cessa de parler. Elle reprit la suite de l'histoire la nuit suivante, et dit au sultan des Indes :

CCXXX° NUIT.

Sire, jamais douleur ne fut égale à celle dont Camaralzaman donna des marques, dès qu'il fut revenu de son évanouissement : « Qu'as-tu fait, père barbare? s'écria-t-il; tu as massacré tes propres enfants ! Enfants innocents ! Leur sagesse, leur modestie, leur obéissance, leur soumission à toutes tes volontés, leur vertu ne te parlaient-elles pas assez pour leur défense ? Père aveuglé, mérites-tu que la terre te porte après un crime si exécrable? Je me suis jeté moi-même dans cette abomination, et c'est le châtiment dont Dieu m'afflige pour n'avoir pas persévéré dans l'aversion contre les femmes, avec laquelle j'étais né. Je ne laverai pas votre crime dans votre sang, comme vous le mériteriez, femmes détestables : non, vous n'êtes pas dignes de ma colère. Mais que le ciel me confonde si jamais je vous revois. »

Le roi Camaralzaman fut très-religieux à ne pas contrevenir à son serment. Il fit passer les deux reines le même jour dans un appartement séparé, où elles demeurèrent sous bonne garde, et de sa vie il n'approcha d'elles.

Pendant que le roi Camaralzaman s'affligeait ainsi de la perte des princes, ses fils, dont il était lui-même l'auteur par un emportement trop inconsidéré, les deux princes erraient par les déserts, en évitant d'approcher des lieux habités et la rencontre de toutes sortes de personnes ; ils ne vivaient que d'herbes et de fruits sauvages, et ne buvaient que de mauvaise eau de pluie qu'ils trouvaient dans des creux de rochers. Pendant la nuit, pour se garder des bêtes féroces, ils dormaient et veillaient tour à tour.

Au bout d'un mois, ils arrivèrent au pied d'une montagne affreuse, toute de pierre noire et inaccessible comme il leur paraissait : ils aperçurent néanmoins un chemin frayé ; mais ils le trouvèrent si étroit et si difficile qu'ils n'osèrent hasarder de s'y engager. Dans l'espérance d'en découvrir un moins rude, ils continuèrent de côtoyer la montagne, et marchèrent pendant cinq jours ; mais la peine qu'ils se donnèrent fut inutile : ils furent contraints de revenir à ce chemin qu'ils avaient négligé. Ils le trouvèrent si peu praticable, qu'ils délibérèrent long-temps avant de s'engager à monter. Ils s'encouragèrent enfin, et ils montèrent.

Plus les deux princes avançaient, plus il leur semblait que la montagne était haute et escarpée, et ils furent tentés plusieurs fois d'abandonner leur entreprise. Quand l'un était las, et que l'autre s'en apercevait, celui-ci s'arrêtait, et ils reprenaient haleine ensemble. Quelquefois ils étaient tous deux si fatigués, que les forces leur manquaient : alors ils ne songeaient plus à continuer de monter, mais à mourir de fatigue et de lassitude. Quelques moments après, sentant leurs forces un peu revenues, ils s'animaient et reprenaient leur chemin.

Malgré leur diligence, leur courage et leurs efforts, il ne leur fut pas possible d'arriver au sommet de tout le jour. La nuit les surprit, et le prince Assad se trouva si fatigué et si épuisé de forces, qu'il demeura tout court : « Mon frère, dit-il au prince Amgiad, je n'en puis plus, je vais rendre l'âme. — Reposons-nous autant qu'il vous plaira, reprit Amgiad en s'arrêtant avec lui, et prenez courage : vous voyez qu'il ne nous reste plus beaucoup à monter, et que la lune nous favorise. »

Après une bonne demi-heure de repos, Assad fit un nouvel effort : ils arrivèrent enfin au haut de la montagne, où ils firent encore une pause. Amgiad se leva le premier, et en avançant, il vit un arbre à peu de distance. Il alla jusque là, et trouva que c'était un grenadier chargé de grosses grenades, et qu'il y avait une fontaine au pied. Il courut annoncer cette bonne nouvelle à Assad, et l'amena sous l'arbre près de la fontaine. Ils se rafraîchirent, chacun en mangeant une grenade ; après quoi ils s'endormirent.

Le lendemain matin, quand les princes furent éveillés : « Allons, mon frère, dit Amgiad à Assad, poursuivons notre chemin ; je vois que la montagne est bien plus aisée de ce côté que de l'autre, et nous n'avons qu'à descendre. » Mais Assad était tellement fatigué du jour précédent, qu'il ne lui fallut pas moins de trois jours pour se remettre entièrement. Ils les passèrent en s'entretenant, comme ils avaient déjà fait plusieurs fois, de l'amour désordonné de leurs mères, qui les avait réduits à un état si déplorable : « Mais, disaient-ils, si Dieu s'est déclaré pour nous d'une manière si visible, nous devons supporter nos maux avec patience, et nous consoler par l'espérance qu'il nous en fera trouver la fin. »

Les trois jours passés, les deux frères se remirent en chemin ; et comme la montagne était de ce côté-là, à plusieurs étages de grandes campagnes, ils mirent cinq jours avant d'arriver à la plaine. Ils découvrirent enfin une grande ville avec beaucoup de joie : « Mon frère, dit alors Amgiad à Assad, n'êtes-vous pas de même avis que moi, que vous demeuriez en quelque endroit hors de la ville où je viendrai vous retrouver, pendant que j'irai prendre langue et m'informer comment s'appelle cette ville, en quel pays nous sommes; et en revenant, j'aurai soin d'apporter des vivres? Il est bon de ne pas y entrer d'abord tous deux, au cas qu'il y ait du danger à craindre. »

« Mon frère, repartit Assad, j'approuve fort votre conseil, il est sage et plein de prudence; mais si l'un de nous deux doit se séparer pour cela, jamais je ne souffrirai que ce soit vous, et vous permettrez que je m'en charge : quelle douleur ne serait-ce pas pour moi s'il vous arrivait quelque chose ! »

« Mais, mon frère, repartit Amgiad, la même chose que vous craignez pour moi, je dois la craindre pour vous; je vous supplie de me laisser faire, et de m'attendre avec patience. — Je ne le permettrai jamais, répliqua Assad, et s'il m'arrive quelque chose, j'aurai la consolation de savoir que vous serez en sûreté. » Amgiad fut obligé de céder, et il s'arrêta sous des arbres au pied de la montagne.

Le prince Assad prit de l'argent dans la bourse dont Amgiad était chargé, et continua son chemin jusqu'à la ville. Il n'eut pas fait quelques pas dans la première rue, qu'il rencontra un vieillard vénérable, bien mis, et qui avait une canne à la main. Comme il ne douta pas que ce ne fût un homme de distinction, et qui ne voudrait pas le tromper, il l'aborda : « Seigneur, lui dit-il, je vous supplie de m'enseigner le chemin de la place publique. »

Le vieillard regarda le prince en souriant : « Mon fils, lui dit-il, apparemment que vous êtes étranger? Vous ne me feriez pas cette demande si cela n'était. — Oui, seigneur, je suis étranger, reprit Assad. — Soyez le bien venu, repartit le vieillard : notre pays est bien honoré de ce qu'un jeune homme bien fait comme vous a pris la peine de le venir voir. Dites-moi, quelle affaire avez-vous à la place publique ? »

« Seigneur, répliqua Assad, il y a près de deux mois qu'un frère que j'ai, et moi, nous sommes partis d'un pays fort éloigné d'ici; depuis ce temps-là, nous n'avons pas discontinué de marcher, et nous ne faisons que d'arriver aujourd'hui. Mon frère, fatigué d'un si long voyage, est demeuré au pied de la montagne, et je viens chercher des vivres pour lui et pour moi. »

« Mon fils, repartit encore le vieillard, vous êtes venu le plus à propos du monde, et je m'en réjouis pour l'amour de vous et de votre frère : j'ai fait aujourd'hui un grand régal à plusieurs de mes amis, dont il est resté une quantité de mets auxquels personne n'a touché; venez avec moi, je vous en donnerai bien à manger, et, quand vous serez rassasié, je vous en donnerai encore pour vous et pour votre frère, de quoi vivre plusieurs jours. Ne prenez donc pas la peine d'aller dépenser votre argent à la place, les voyageurs n'en ont jamais trop. Avec cela, pendant que vous mangerez, je vous informerai des particularités de notre ville mieux que personne; un homme comme moi, qui a passé par toutes les charges les plus honorables avec distinction, ne doit pas les ignorer. Vous devez bien vous réjouir de ce que vous vous êtes adressé à moi plutôt qu'à un autre : car je vous dirai en passant que tous nos citoyens ne sont pas faits comme moi; il y en a, je vous assure, de bien méchants. Venez donc, je veux vous faire connaître la différence qu'il y a entre un honnête homme, comme je le suis, et bien des gens qui se vantent de l'être et ne le sont pas. »

« Je vous suis infiniment obligé, reprit le prince Assad, de la bonne volonté que vous me témoignez : je me remets entièrement à vous, et je suis prêt à aller où il vous plaira. »

Le vieillard, en continuant de marcher avec Assad, à côté de lui, riait en sa barbe, et, de crainte qu'Assad ne s'en aperçût, il l'entretenait de plusieurs choses, afin qu'il demeurât dans la bonne opinion qu'il avait conçue de lui : « Il faut avouer, lui disait-il, que votre bonheur est grand de vous être adressé à moi plutôt qu'à un autre. Je loue Dieu de ce que vous m'avez rencontré : vous saurez pourquoi je vous dis cela quand vous serez chez moi. »

Le vieillard arriva enfin à sa maison, et introduisit Assad dans une grande salle, où il vit quarante vieillards qui faisaient un cercle autour d'un feu allumé qu'ils adoraient.

A ce spectacle, le prince Assad n'eut pas moins d'horreur de voir des hommes assez dépourvus de bon sens pour rendre leur culte à la créature préférablement au créateur, que de frayeur de se voir trompé, et de se trouver dans un lieu si abominable.

Pendant qu'Assad était immobile de l'étonnement où il était, le rusé vieillard salua les quarante vieillards : « Dévots adorateurs du Feu, leur dit-il, voici un heureux jour pour nous! Où est Gazban? ajouta-t-il. Qu'on le fasse venir. »

A ces paroles, prononcées assez haut, un noir, qui les entendit de dessous la salle, parut, et ce noir, qui était Gazban, n'eut pas plutôt aperçu le désolé Assad, qu'il comprit pourquoi il avait été appelé. Il courut à lui, le jeta par terre d'un soufflet qu'il lui donna, et le lia par les bras avec une diligence merveilleuse. Quand il eut achevé : « Mène-le là bas, lui commanda le vieillard, et ne manque pas de dire à mes filles, Bostane et Cavame, de lui bien donner la bastonnade chaque jour, avec un pain le matin et un autre le soir, pour toute nourriture; c'en est assez pour le faire vivre jusqu'au départ du vaisseau pour la mer Bleue et pour la montagne du Feu : nous en ferons un sacrifice agréable à notre divinité..., »

La sultane Scheherazade, voyant le jour paraître, cessa de parler. Elle poursuivit la nuit suivante son récit en ces termes :

CCXXXI^e NUIT.

Sire, dès que le vieillard eut donné l'ordre cruel dont je vous ai parlé hier, Gazban se saisit d'Assad en le maltraitant, le fit descendre sous la salle, et, après l'avoir fait passer par plusieurs portes, jusque dans un cachot où l'on descendait par vingt marches, il l'attacha par les pieds à une chaîne des plus grosses et des plus pesantes. Aussitôt qu'il eut achevé, il alla avertir les filles du vieillard; mais le vieillard leur parlait déjà lui-même : « Mes filles, leur dit-il, descendez là bas, et donnez la bastonnade, de la manière que vous savez, au musulman dont je viens de faire capture, et ne l'épargnez pas : vous ne pouvez mieux marquer que vous êtes de bonnes adoratrices du Feu. »

Bostane et Cavame, nourries dans la haine contre tous les musulmans, reçurent cet ordre avec joie; elles descendirent au cachot dès le moment même, dépouillèrent Assad, le bâtonnèrent impitoyablement jusqu'au sang et jusqu'à lui faire perdre connaissance. Après cette exécution si barbare, elles mirent un pain et un pot d'eau près de lui, et se retirèrent.

Assad ne revint à lui que long-temps après, et ce ne fut que pour verser des larmes abondantes en déplorant sa misère, avec la consolation, néanmoins, que ce malheur n'était pas arrivé à son frère Amgiad.

Le prince Amgiad attendit son frère Assad jusqu'au soir, au pied de la montagne, avec grande impatience; quand il vit qu'il était deux, trois et quatre heures de nuit, et qu'il n'était pas venu, il pensa se désespérer. Il passa la nuit dans cette inquiétude désolante, et, dès que le jour parut, il s'achemina vers la ville. Il fut d'abord très-étonné de ne voir que très-peu de musulmans. Il arrêta le premier qu'il rencontra, et le pria de lui dire comment elle s'appelait. Il apprit que c'était la ville des Mages, ainsi nommée à cause que les Mages, adorateurs du Feu, y étaient en plus grand nombre, et qu'il n'y avait que très-peu de musulmans. Il demanda aussi combien on comptait de là à l'île d'Ébène, et la réponse qu'on lui fit fut que, par mer, il y avait quatre mois de navigation, et une année de voyage, par terre. Celui à qui il s'était adressé, le quitta brusquement après qu'il l'eut satisfait sur ces deux demandes, et continua son chemin parce qu'il était pressé.

Amgiad, qui n'avait mis qu'environ six semaines à venir de l'île d'Ébène avec son frère Assad, ne pouvait comprendre comment ils avaient fait tant de chemin en si peu de temps, à moins que ce ne fût par enchantement, ou que le chemin de la montagne, par où ils étaient venus, ne fût un chemin plus court, qui n'était point pratiqué à cause de sa difficulté. En marchant par la ville, il s'arrêta à la boutique d'un tailleur qu'il reconnut pour musulman à son habillement, comme il avait déjà reconnu celui à qui il avait parlé. Il s'assit près de lui après qu'il l'eut salué, et lui raconta le sujet de la peine où il était.

Quand le prince Amgiad eut achevé : « Si votre frère, reprit le tailleur, est tombé entre les mains de quelque mage, vous pouvez être certain de ne le revoir jamais : il est perdu sans ressource ; et je vous conseille de vous en consoler, et de songer à vous préserver vous-même d'une semblable disgrâce. Pour cela, si vous voulez me croire, vous demeurerez avec moi, et je vous instruirai de toutes les ruses de ces mages, afin que vous vous gardiez d'eux, quand vous sortirez. » Amgiad, bien affligé d'avoir perdu son frère Assad, accepta l'offre, et remercia mille fois le tailleur de la bonté qu'il avait pour lui.

Le prince Amgiad ne sortit pour aller par la ville, pendant un mois entier, qu'en la compagnie du tailleur ; il se hasarda enfin d'aller seul au bain. Au retour, comme il passait dans une rue où il n'y avait personne, il rencontra une dame qui venait à lui.

La dame, qui vit un jeune homme très-bien fait, et tout frais sorti du bain, leva son voile, et lui demanda où il allait d'un air riant et en lui faisant les yeux doux. Amgiad ne put résister aux charmes qu'elle lui fit paraître : « Madame, répondit-il, je vais chez moi ou chez vous ; cela est à votre choix.

« — Seigneur, répondit la dame avec un sourire agréable, les dames de ma sorte ne mènent pas les hommes chez elles, elles vont chez eux. »

Amgiad fut dans un grand embarras de cette réponse, à laquelle il ne s'attendait pas. Il n'osait prendre la hardiesse de la mener chez son hôte qui s'en serait scandalisé, et il aurait couru risque de perdre la protection dont il avait besoin dans une ville où il avait tant de précautions à prendre. Le peu d'habitude qu'il y avait faisait aussi qu'il ne savait aucun endroit où la conduire, et il ne pouvait se résoudre de laisser échapper une si bonne fortune. Dans cette incertitude il résolut de s'abandonner au hasard ; et sans répondre à la dame, il marcha devant elle, et la dame le suivit.

Le prince Amgiad la mena long-temps de rue en rue, de carrefour en carrefour, de place en place, et ils étaient fatigués de marcher l'un et l'autre, lorsqu'il enfila une rue qui se trouva terminée par une maison d'assez belle apparence avec deux bancs, l'un d'un côté, l'autre de l'autre. La porte en était fermée : Amgiad s'assit sur l'un des bancs, comme pour reprendre haleine ; et la dame, plus fatiguée que lui, s'assit sur l'autre.

Quand la dame fut assise : « C'est donc ici votre maison ? dit-elle au prince Amgiad. — Vous le voyez, madame, reprit le prince. — Pourquoi donc n'ouvrez-vous pas ? repartit-elle. Qu'attendez-vous ? — Ma belle, répliqua Amgiad, c'est que je n'ai pas la clef ; je l'ai laissée à mon esclave, que j'ai chargé d'une commission d'où il ne peut pas être encore revenu. Et comme je lui ai commandé, après qu'il aurait fait cette commission, de m'acheter de quoi faire un bon dîner, je crains que nous ne l'attendions encore long-temps. »

La difficulté que le prince trouvait à satisfaire sa passion, dont il commençait à se repentir, lui avait fait imaginer cette défaite dans l'espérance que la dame donnerait dedans, et que le dépit l'obligerait de le laisser là et d'aller chercher fortune ailleurs ; mais il se trompa.

« Voilà un impertinent esclave de se faire ainsi attendre, reprit la dame ; je le châtierai moi-même, comme il le mérite, si vous ne ne le châtiez bien quand il sera de retour : il n'est pas bienséant cependant que je demeure seule à une porte avec un homme. » En disant cela, elle se leva et ramassa une pierre pour rompre la serrure qui n'était que de bois et fort faible, à la mode du pays.

Amgiad, au désespoir de ce dessein, voulut s'y opposer : « Madame, dit-il, que prétendez-vous faire ? De grâce, donnez-vous quelques moments de patience. — Qu'avez-vous à craindre ? reprit-elle ; la maison n'est-elle pas à vous ? Ce n'est pas une grande affaire qu'une serrure de bois rompue : il est aisé d'en remettre une autre. » Elle rompit la serrure, et dès que la porte fut ouverte, elle entra et marcha devant.

Amgiad se tint pour perdu quand il vit la porte de la maison forcée : il hésita s'il devait entrer ou s'évader pour se délivrer du danger qu'il croyait indubitable, et il allait prendre ce parti, lorsque la dame se retourna et vit qu'il n'entrait pas : « Qu'avez-vous, que vous n'entrez pas chez vous ? lui dit-elle. — C'est, madame, répondit-il, que je regardais si mon esclave ne revenait pas, et que je crains qu'il n'y ait rien de prêt. — Venez, venez, reprit-elle, nous serons mieux ici que dehors, en attendant qu'il arrive. »

Le prince Amgiad entra, bien malgré lui, dans une cour spacieuse et proprement pavée. De la cour il monta par quelques degrés à un grand vestibule, où ils aperçurent, lui et la dame, une grande salle ouverte, très-bien meublée, et dans la salle, une table de mets exquis avec une autre chargée de plusieurs sortes de beaux fruits, et un buffet garni de bouteilles de vin.

Quand Amgiad vit ces apprêts, il ne douta plus de sa perte : « C'est fait de toi, pauvre Amgiad, dit-il en lui-même, tu ne survivras pas long-temps à ton cher frère Assad. » La dame, au contraire, ravie de ce spectacle agréable : « Eh quoi! seigneur, s'écria-t-elle, vous craigniez qu'il n'y eût rien de prêt! Vous voyez cependant que votre esclave a fait plus que vous ne croyiez. Mais, si je ne me trompe, ces préparatifs sont pour une autre dame que moi. Cela n'importe : qu'elle vienne, cette dame : je vous promets de n'en être pas jalouse. La grâce que je vous demande, c'est de vouloir bien souffrir que je la serve et vous aussi. »

Amgiad ne put s'empêcher de rire de la plaisanterie de la dame, tout affligé qu'il était : « Madame, reprit-il, en pensant à tout autre chose qui le désolait dans l'âme, je vous assure qu'il n'est rien moins que ce que vous vous imaginez : ce n'est là que mon ordinaire bien simplement. » Comme il ne pouvait se résoudre à se mettre à une table qui n'avait pas été préparée pour lui, il voulut s'asseoir sur le sofa; mais la dame l'en empêcha : « Que faites-vous? lui dit-elle. Vous devez avoir faim après le bain : mettons-nous à table, mangeons et réjouissons-nous. »

Amgiad fut contraint de faire ce que la dame voulut : ils se mirent à table, et ils mangèrent. Après les premiers morceaux, la dame prit un verre et une bouteille, se versa à boire et but la première à la santé d'Amgiad. Quand elle eut bu, elle remplit le même verre, et le présenta à Amgiad qui lui fit raison.

Plus Amgiad faisait réflexion sur son aventure, plus il était dans l'étonnement de voir que le maître de la maison ne paraissait pas, et même qu'une maison où tout était si propre et si riche, était sans un seul domestique : « Mon bonheur serait bien extraordinaire, se disait-il à lui-même, si le maître pouvait ne pas venir que je ne fusse sorti de cette intrigue! » Pendant qu'il s'entretenait de ces pensées et d'autres plus fâcheuses, la dame continuait de manger, buvait de temps en temps, et l'obligeait de faire de même. Ils en étaient bientôt au fruit, lorsque le maître de la maison arriva.

C'était le grand écuyer du roi des Mages; et son nom était Bahader. La maison lui appartenait ; mais il en avait une autre où il faisait sa demeure ordinaire. Celle-ci ne lui servait qu'à se régaler en particulier avec trois ou quatre amis choisis : il y faisait tout apporter de chez lui, et c'est ce qu'il avait fait faire ce jour-là par quelques-uns de ses gens, qui étaient sortis peu de temps avant qu'Amgiad et la dame y fussent entrés.

Bahader arriva sans suite et déguisé, comme il le faisait presque ordinairement, et il venait un peu avant l'heure qu'il avait donnée à ses amis. Il ne fut pas peu surpris de voir la porte de sa maison forcée. Il entra sans faire de bruit ; et comme il entendit que l'on parlait et que l'on se réjouissait dans la salle, il se coula le long du mur et avança la tête à demi à la porte pour connaître quelles gens c'étaient. Voyant que c'était un jeune homme et une jeune dame qui mangeaient à la table qui n'avait été préparée que pour ses amis et pour lui, et que le mal n'était pas si grand qu'il s'était imaginé d'abord, il résolut de s'en divertir.

La dame, qui avait le dos un peu tourné, ne pouvait pas voir le grand écuyer ; mais Amgiad l'aperçut d'abord, et alors il avait le verre à la main. Il changea de couleur à cette vue, les yeux attachés sur Bahader qui lui fit signe de ne dire mot et de venir lui parler.

Amgiad but et se leva : « Où allez-vous? lui demanda la dame. —Madame, lui-dit-il, demeurez, je vous prie, je suis à vous dans le moment : une petite nécessité m'oblige de sortir. » Il trouva Bahader qui l'attendait sous le vestibule, et qui le mena dans la cour pour lui parler sans être entendu de la dame....

Scheherazade s'aperçut à ces derniers mots qu'il était temps que le sultan des Indes se levât : elle se tut, et obtint la permission de continuer la nuit suivante; ce qu'elle fit en ces termes:

CCXXXII⁰ NUIT.

Sire, quand Bahader et le prince Amgiad furent dans la cour, Bahader demanda au prince par quelle aventure il se trouvait chez lui avec la dame, et pourquoi ils avaient forcé la porte de sa maison?

« Seigneur, reprit Amgiad, je dois paraître bien coupable dans votre esprit ; mais si vous voulez bien avoir la patience de m'entendre, j'espère que vous me trouverez très-innocent. » Il poursuivit son discours, et lui raconta en peu de mots la chose comme elle était, sans rien déguiser ; et afin de le bien persuader qu'il n'était pas capable de commettre une action aussi indigne que de forcer une maison, il ne lui cacha pas qu'il était prince, non plus que la raison pour laquelle il se trouvait dans la ville des Mages.

Bahader, qui aimait naturellement les étrangers, fut ravi d'avoir trouvé l'occasion d'en obliger un de la qualité et du rang d'Amgiad : en effet, à son air, à ses manières honnêtes, à son discours en termes choisis et ménagés, il ne douta nullement de sa sincérité : « Prince, lui dit-il, j'ai une joie extrême d'avoir trouvé lieu de vous obliger dans une rencontre aussi plaisante que celle que vous venez de me raconter. Bien loin de troubler la fête, je me ferai un très-grand plaisir de contribuer à votre satisfaction. Avant que de vous communiquer ce que je pense là-dessus, je suis bien aise de vous dire que je suis grand écuyer du roi, et que je m'appelle Bahader. J'ai un hôtel où je fais ma demeure ordinaire, et cette maison est un lieu où je viens quelquefois pour être plus en liberté avec mes amis. Vous avez fait accroire à votre belle, que vous aviez un esclave, quoique vous n'en ayez pas : je veux être cet esclave ; et afin que cela ne vous fasse pas de peine, et que vous ne vous en excusiez pas, je vous répète que je le veux être absolument ; et vous apprendrez bientôt la raison. Allez donc vous remettre à votre place, et continuez de vous divertir ; et quand je reviendrai dans quelque temps, et que je me présenterai devant vous en habit d'esclave, querellez-moi bien ; ne craignez pas même de me frapper : je vous servirai tout le temps que vous tiendrez table ; et jusqu'à la nuit. Vous coucherez chez moi vous et la dame, demain matin vous la renverrez avec honneur. Après cela, je tâcherai de vous rendre des services plus importants : allez donc, et ne perdez pas de temps. » Amgiad voulut repartir ; mais le grand écuyer ne le permit pas et il le contraignit d'aller retrouver la dame.

Amgiad fut à peine rentré dans la salle, que les amis que le grand écuyer avait invités arrivèrent. Il les pria obligeamment de vouloir bien l'excuser s'il ne les recevait pas ce jour-là, en leur faisant entendre qu'ils en approuveraient la cause quand il les en aurait informés au premier jour. Dès qu'ils se furent retirés, il sortit, et il alla prendre un habit d'esclave.

Le prince Amgiad rejoignit la dame, le cœur bien content de ce que le hasard l'avait conduit dans une maison qui appartenait à un maître de si grande distinction, et qui en usait si honnêtement avec lui. En se remettant à table : « Madame, lui dit-il, je vous demande mille pardons de mon incivilité et de la mauvaise humeur où je suis de l'absence de mon esclave; le maraud me le paiera; je lui ferai voir s'il doit être dehors si long-temps. »

« Cela ne doit pas vous inquiéter, reprit la dame, tant pis pour lui : s'il fait des fautes, il en sera puni; ne songeons plus à lui, songeons seulement à nous réjouir. »

Ils continuèrent de tenir table avec d'autant plus d'agrément, qu'Amgiad n'était plus inquiet comme auparavant de ce qui arriverait de l'indiscrétion de la dame, qui ne devait pas forcer la porte, quand même la maison eût appartenu à Amgiad. Il ne fut pas moins de belle humeur que la dame, et ils se dirent mille plaisanteries en buvant plus qu'ils ne mangeaient, jusqu'à l'arrivée de Bahader, déguisé en esclave.

Bahader entra comme un esclave, bien mortifié de voir que son maître était en compagnie et de ce qu'il revenait si tard. Il se jeta à ses pieds en baisant la terre, pour implorer sa clémence; et quand il se fut relevé, il demeura debout, les mains croisées, et les yeux baissés, en attendant qu'il lui commandât quelque chose.

« Méchant esclave, lui dit Amgiad avec un œil et un ton de colère, dis-moi s'il y a au monde un esclave plus méchant que toi? Où as-tu été? Qu'as-tu fait pour revenir à l'heure qu'il est?

« Seigneur, reprit Bahader, je vous demande pardon, je viens de faire les commissions que vous m'avez données; je n'ai pas cru que vous dussiez revenir de si bonne heure. »

« Tu es un maraud, repartit Amgiad, et je te rouerai de coups, pour t'apprendre à mentir et à manquer à ton devoir. » Il se leva, prit un bâton, et lui en donna deux ou trois coups assez légèrement; après quoi il se remit à table.

La dame ne fut pas contente de ce châtiment; elle se leva à son tour, prit le bâton, et en chargea Bahader de tant de coups, sans l'épargner, que les larmes lui en vinrent aux yeux. Amgiad, scandalisé au dernier point de la liberté qu'elle se donnait, et de ce qu'elle maltraitait un officier du roi de cette importance, avait beau crier que c'était assez, elle frappait toujours : « Laissez-moi faire, disait-elle, je veux me satisfaire, et lui apprendre à ne pas s'absenter si long-temps une autre fois. » Elle continuait toujours avec tant de furie, qu'il fut contraint de se lever et de lui arracher le bâton, qu'elle ne lâcha qu'après beaucoup de résistance. Comme elle vit qu'elle ne pouvait plus battre Bahader, elle se remit à sa place et lui dit mille injures.

Bahader essuya ses larmes, et demeura debout pour leur verser à boire. Lorsqu'il vit qu'ils ne buvaient et ne mangeaient plus, il desservit, il nettoya la salle, mit toutes choses en leur lieu ; et dès qu'il fut nuit, il alluma les bougies. A chaque fois qu'il sortait ou qu'il entrait, la dame ne manquait pas de le gronder, de le menacer et de l'injurier, avec un grand mécontentement de la part d'Amgiad, qui voulait le ménager et n'osait lui rien dire. A l'heure qu'il fut temps de se coucher, Bahader leur prépara un lit sur le sofa, et se retira dans une chambre, où il ne fut pas long-temps à s'endormir après une si longue fatigue.

Amgiad et la dame s'entretinrent encore une grosse demi-heure ; et avant de se coucher, la dame eut besoin de sortir. En passant sous le vestibule, comme elle eut entendu que Bahader ronflait déjà, et qu'elle avait vu qu'il y avait un sabre dans la salle : « Seigneur, dit-elle à Amgiad en rentrant, je vous prie de faire une chose pour l'amour de moi. — De quoi s'agit-il pour votre service ? reprit Amgiad. — Obligez-moi de prendre ce sabre, repartit-elle, et d'aller couper la tête à votre esclave. »

Amgiad fut extrêmement étonné de cette proposition que le vin faisait faire à la dame, comme il n'en douta pas : « Madame, lui dit-il, laissons là mon esclave ; il ne mérite pas que vous pensiez à lui : je l'ai châtié, vous l'avez châtié vous-même ; cela suffit ; d'ailleurs je suis très-content de lui, et il n'est pas accoutumé à ces sortes de fautes. »

« Je ne me paie pas de cela, reprit la dame enragée : je veux que ce coquin meure ; et s'il ne meurt pas de votre main, il mourra de la mienne. » En disant ces paroles, elle met la main sur le sabre, le tire hors du fourreau, et s'échappe pour exécuter son pernicieux dessein.

Amgiad la rejoint sous le vestibule, et en la rencontrant : « Madame, lui dit-il, il faut vous satisfaire, puisque vous le souhaitez ; je serais fâché qu'un autre que moi ôtât la vie à mon esclave. » Quand elle lui eut remis le sabre : « Venez, suivez-moi, ajouta-t-il, et ne faisons pas de bruit, de crainte qu'il ne s'éveille. » Ils entrèrent dans la chambre où était Bahader; mais, au lieu de le frapper, Amgiad porta le coup à la dame, et lui coupa la tête, qui tomba sur Bahader....

Le jour avait déjà commencé de paraître, lorsque Scheherazade en était à ces paroles; elle s'en aperçut, et cessa de parler. Elle reprit son discours la nuit suivante, et dit au sultan Schahriar :

CCXXXIII^e NUIT.

Sire, la tête de la dame eût interrompu le sommeil du grand écuyer, en tombant sur lui, quand le bruit du coup de sabre ne l'eût pas éveillé. Étonné de voir Amgiad avec le sabre ensanglanté et le corps de la dame par terre sans tête, il lui demanda ce que cela signifiait. Amgiad lui raconta la chose comme elle s'était passée, et en achevant : « Pour empêcher cette furieuse, ajouta-t-il, de vous ôter la vie, je n'ai point trouvé d'autre moyen que de la lui ravir à elle-même. »

« Seigneur, reprit Bahader plein de reconnaissance, des personnes de votre sang et aussi généreuses ne sont pas capables de favoriser des actions si méchantes. Vous êtes mon libérateur, et je ne puis assez vous en remercier. » Après qu'il l'eut embrassé, pour lui mieux marquer combien il lui était obligé : « Avant que le jour vienne, dit-il, il faut emporter ce cadavre hors d'ici, et c'est ce que je vais faire. » Amgiad s'y opposa, et dit qu'il l'emporterait lui-même, puisqu'il avait fait le coup : « Un nouveau venu en cette ville, comme vous, n'y réussirait pas, reprit Bahader : laissez-moi faire; demeurez ici en repos. Si je ne reviens pas avant qu'il soit jour, ce sera une marque que le guet m'aura surpris. En ce cas-là, je vais vous faire par écrit une donation de la maison et de tous les meubles; vous n'aurez qu'à y demeurer.

Dès que Bahader eut écrit et livré la donation au prince Amgiad, il mit le corps de la dame dans un sac avec la tête, chargea le sac sur ses épaules et marcha de rue en rue en prenant le chemin de la mer. Il n'en était pas éloigné lorsqu'il rencontra le juge de police qui faisait sa ronde en personne. Les gens du juge l'arrêtèrent, ouvrirent le sac, et y trouvèrent le corps de la dame massacrée et sa tête. Le juge, qui reconnut le grand écuyer malgré son déguisement, le mena chez lui; et comme il n'osa pas le faire mourir, à cause de sa dignité, sans en parler au roi, il le lui mena le lendemain matin. Le roi n'eut pas plutôt appris, au rapport du juge, la noire action qu'il avait commise, comme il le croyait selon les indices, qu'il le chargea d'injures : « C'est donc ainsi, s'écria-t-il, que tu massacres mes sujets pour les piller, et que tu jettes leurs corps à la mer pour cacher ta tyrannie : qu'on les en délivre et qu'on le pende. »

Quelque innocent que fût Bahader, il reçut cette sentence de mort avec toute la résignation possible, et ne dit pas un mot pour sa justification. Le juge le ramena; et pendant qu'on préparait la potence, il envoya publier par toute la ville la justice qu'on allait faire à midi d'un meurtre commis par le grand écuyer.

Le prince Amgiad, qui avait attendu inutilement le grand écuyer, fut dans une consternation qu'on ne peut imaginer, quand il entendit ce cri de la maison où il était : « Si quelqu'un doit mourir pour la mort d'une femme aussi méchante, se dit-il à lui-même, ce n'est pas le grand écuyer; c'est moi; et je ne souffrirai pas que l'innocent soit puni pour le coupable. » Sans délibérer davantage, il sortit, et se rendit à la place où devait se faire l'exécution, avec le peuple qui y courait de toutes parts.

Dès qu'Amgiad vit paraître le juge, qui amenait Bahader à la potence, il alla se présenter à lui : « Seigneur, lui dit-il, je viens vous déclarer et vous assurer que le grand écuyer que vous conduisez au supplice est très-innocent de la mort de cette dame : c'est moi qui ai commis le crime, si c'est en avoir commis un que d'avoir ôté la vie à une femme détestable, qui voulait l'ôter au grand écuyer lui-même, et voici comment la chose s'est passée. »

Quand le prince Amgiad eut informé le juge de quelle manière il avait été abordé par la dame, à la sortie du bain, comment elle avait été cause qu'il était entré dans la maison de plaisir du grand écuyer, et de tout ce qui s'était passé jusqu'au moment qu'il avait été contraint de lui couper la tête pour sauver la vie au grand écuyer, le juge sursit à l'exécution, et le mena au roi avec le grand écuyer.

Le roi voulut être informé de la chose par Amgiad lui-même, et Amgiad, afin de lui mieux faire comprendre son innocence et celle du grand écuyer, profita de l'occasion pour lui faire le récit de son histoire et de son frère Assad, depuis le commencement jusqu'à leur arrivée et jusqu'au moment qu'il lui parlait.

Quand le prince eut achevé : « Prince, lui dit le roi, je suis ravi que cette occasion m'ait donné lieu de vous connaître : je ne vous donne pas seulement la vie avec celle de mon grand écuyer, que je loue de la bonne intention qu'il a eue pour vous, et que je rétablis dans sa charge; je vous fais même mon grand vizir, pour vous consoler du traitement injuste, quoique excusable, que le roi, votre père, vous a fait. A l'égard du prince Assad, je vous permets d'employer toute l'autorité que je vous donne pour le retrouver. »

Après qu'Amgiad eut remercié le roi de la ville et du pays des Mages, et qu'il eut pris possession de la charge de grand vizir, il employa tous les moyens imaginables pour trouver le prince, son frère. Il fit promettre par les crieurs publics, dans tous les quartiers de la ville, une grande récompense à ceux qui le lui amèneraient, ou même qui lui en apprendraient quelque nouvelle. Il mit des gens en campagne; mais, quelque diligence qu'il pût faire, il n'eut pas la moindre nouvelle de lui.

Assad était cependant toujours à la chaîne dans le cachot où il avait été renfermé par l'adresse du rusé vieillard; et Bostane et Cavame, ses filles, le maltraitaient avec la même cruauté et la même inhumanité. La fête solennelle des adorateurs du Feu approchait. On équipa le vaisseau qui avait coutume de faire le voyage de la montagne du Feu : on le chargea de marchandises par le soin d'un capitaine nommé Behram, grand zélateur de la religion des Mages. Quand il fut en état de mettre à la voile, Behram y fit embarquer Assad dans une caisse à moitié pleine de marchandises, avec assez d'ouverture entre les ais pour lui donner la respiration nécessaire, et fit descendre la caisse à fond de cale.

Avant que le vaisseau mît à la voile, le grand vizir Amgiad, frère d'Assad, qui avait été averti que les adorateurs du Feu avaient coutume de sacrifier un musulman chaque année sur la montagne du Feu, et qu'Assad, qui était peut-être tombé entre leurs mains, pourrait bien être destiné à cette cérémonie sanglante, voulut en faire la visite : il y alla en personne, et fit monter tous les matelots et tous les passagers sur le tillac, pendant que ses gens firent la recherche dans tout le vaisseau; mais on ne trouva pas Assad; il était trop bien caché.

La visite faite, le vaisseau sortit du port; et quand il fut en pleine mer, Behram ordonna de tirer le prince Assad de la caisse, et le fit mettre à la chaîne pour s'assurer de lui, de crainte, comme il n'ignorait pas qu'on allait le sacrifier, que de désespoir il ne se précipitât dans la mer.

Après quelques jours de navigation, le vent favorable qui avait toujours accompagné le vaisseau devint contraire, et augmenta de manière qu'il excita une tempête des plus furieuses. Le vaisseau ne perdit pas seulement sa route : Behram et son pilote ne savaient même plus où ils étaient, et ils craignaient à chaque moment de rencontrer quelque rocher, et de s'y briser. Au plus fort de la tempête ils découvrirent terre, et Behram la reconnut pour l'endroit où étaient le port et la capitale de la reine Margiane, et il en eut une grande mortification.

En effet, la reine Margiane, qui professait la religion musulmane, était ennemie mortelle des adorateurs du Feu. Non-seulement elle n'en souffrait pas un seul dans ses états, elle ne permettait même pas qu'aucun de leurs vaisseaux y abordât.

Cependant, il n'était plus au pouvoir de Behram d'éviter d'aborder au port de la capitale de cette reine, à moins d'aller échouer et se perdre contre la côte, qui était bordée de rochers affreux. Dans cette extrémité, il tint conseil avec son pilote et avec ses matelots : « Enfants, dit-il, vous voyez la nécessité où nous sommes réduits. De deux choses l'une : ou il faut que nous soyons engloutis par les flots, ou que nous nous sauvions chez la reine Margiane ; mais sa haine implacable contre notre religion et contre ceux qui en font profession vous est connue : elle ne manquera pas de se saisir de notre vaisseau, et de nous faire ôter la vie à tous sans miséricorde. Je ne vois qu'un seul remède, qui peut-être nous réussira : je suis d'avis que nous ôtions de la chaîne le musulman que nous avons ici, et que nous l'habillions en esclave. Quand la reine Margiane m'aura fait venir devant elle, et qu'elle me demandera quel est mon négoce, je lui répondrai que je suis marchand d'esclaves, que j'ai vendu tout ce que j'en avais, et que je n'en ai réservé qu'un seul pour me servir d'écrivain, à cause qu'il sait lire et écrire. Elle voudra le voir ; et comme il est bien fait, et que d'ailleurs il est de sa religion, elle en sera touchée de compassion, ne manquera pas de me proposer de le lui vendre, et, en cette considération, de nous souffrir dans son port jusqu'au premier beau temps : si vous savez quelque chose de meilleur, dites-le-moi ; je vous écouterai. » Le pilote et les matelots applaudirent à son sentiment, qui fut suivi....

La sultane Scheherazade fut obligée d'interrompre son récit : Schahriar, à l'apparition du jour, se leva. Schéhérazade reprit sa narration, la nuit suivante, en ces termes :

CCXXXIV^e NUIT.

Sire, Behram fit ôter le prince Assad de la chaîne, et le fit habiller en esclave fort proprement, selon le rang d'écrivain de son vaisseau, sous lequel il voulait le faire paraître devant la reine Margiane. Il fut à peine dans l'état qu'il le souhaitait, que le vaisseau entra dans le port, où il fit jeter l'ancre.

Dès que la reine Margiane, qui avait son palais situé du côté de la mer, de manière que le jardin s'étendait jusqu'au rivage, eut vu que le vaisseau avait mouillé, elle envoya avertir le capitaine de venir lui parler, et, pour satisfaire plutôt sa curiosité, elle vint l'attendre dans le jardin.

Behram, qui s'était attendu à être appelé, débarqua avec le prince Assad, après avoir exigé de lui de confirmer qu'il était son esclave et son écrivain, et fut conduit devant la reine Margiane. Il se jeta à ses pieds, et, après lui avoir marqué la nécessité qui l'avait obligé de se réfugier dans son port, il lui dit qu'il était marchand d'esclaves, qu'Assad, qu'il avait amené, était le seul qui lui restât et qu'il le gardait pour lui servir d'écrivain.

Assad avait plu à la reine Margiane du moment qu'elle l'avait vu, et elle fut ravie d'apprendre qu'il fût esclave. Résolue à l'acheter, à quelque prix que ce fût, elle demanda à Assad comment il s'appelait.

« Grande reine, reprit le prince Assad les larmes aux yeux, votre majesté me demande-t-elle le nom que je portais ci-devant, ou le nom que je porte aujourd'hui? — Comment? repartit la reine; est-ce que vous avez deux noms? — Hélas! il n'est que trop vrai, répliqua Assad: je m'appelais autrefois Assad (très-heureux), et aujourd'hui je m'appelle Môtâr (destiné à être sacrifié). »

Margiane, qui ne pouvait pénétrer le vrai sens de cette réponse, l'appliqua à l'état de son esclavage, et connut en même temps qu'il avait beaucoup d'esprit : « Puisque vous êtes écrivain, lui dit-elle ensuite, je ne doute pas que vous ne sachiez bien écrire : faites-moi voir de votre écriture. »

Assad, muni de papier et d'une écritoire qu'il portait à sa ceinture, par les soins de Behram, qui n'avait pas oublié ces circonstances pour persuader à la reine ce qu'il voulait qu'elle crût, se retira un peu à l'écart, et écrivit ces sentences, dont le sens avait un rapport secret avec sa misère :

« L'aveugle se détourne de la fosse où le clairvoyant se laisse
« tomber. »

« L'ignorant s'élève aux dignités par des discours qui ne signifient
« rien ; le savant demeure dans la poussière avec son éloquence. »

« Le musulman est dans la dernière misère avec toutes ses ri-
« chesses ; l'infidèle triomphe au milieu de ses biens. »

« On ne peut pas espérer que les choses changent : c'est un décret
« du Tout-Puissant qu'elles demeurent en cet état. »

Assad présenta le papier à la reine Margiane, qui n'admira pas
moins la moralité des sentences que la beauté du caractère, et il
n'en fallut pas davantage pour achever d'embraser son cœur, et
de le toucher d'une véritable compassion pour lui. Elle n'eut pas
plutôt achevé de le lire, qu'elle s'adressa à Behram : « Choisissez,
lui dit-elle, de me vendre cet esclave ou de m'en faire un présent ;
peut-être trouverez-vous mieux votre compte de prendre le dernier
parti. »

Behram reprit assez insolemment qu'il n'avait pas de choix à
faire, qu'il avait besoin de son esclave, et qu'il voulait le garder.

La reine Margiane, irritée de cette hardiesse, ne voulut point
parler davantage à Behram ; elle prit le prince Assad par le bras, le fit
marcher devant elle, et, en l'emmenant dans son palais, elle envoya
dire à Behram qu'elle ferait confisquer toutes ses marchandises et
mettre le feu à son vaisseau, au milieu du port, s'il y passait la nuit.
Behram fut contraint de retourner à son vaisseau, bien mortifié, et
de faire préparer toutes choses pour remettre à la voile, quoique la
tempête ne fût pas encore apaisée.

La reine Margiane, après avoir commandé en entrant dans son
palais que l'on servit promptement le souper, mena Assad à son appartement, où elle le fit asseoir près d'elle. Assad voulut s'en défendre en disant que cet honneur n'appartenait pas à un esclave :

« A un esclave ! reprit la reine ; il n'y a qu'un instant que vous
l'étiez, mais vous ne l'êtes plus. Asseyez-vous près de moi, vous
dis-je, et racontez-moi votre histoire : car ce que vous avez écrit
pour me faire voir de votre écriture, et l'insolence de ce marchand
d'esclaves, me font comprendre qu'elle doit être extraordinaire. »

Le prince Assad obéit, et quand il fut assis : « Puissante reine,
dit-il, votre majesté ne se trompe pas, mon histoire est véritablement extraordinaire, et plus qu'on ne pourrait se l'imaginer. Les
maux, les tourments incroyables que j'ai soufferts, et le genre de
mort auquel j'étais destiné, dont votre majesté m'a délivré par sa
générosité toute royale, lui feront connaître la grandeur de son
bienfait, que je n'oublierai jamais. Mais, avant d'entrer dans ce dé-

tail qui fait horreur, elle voudra bien que je prenne l'origine de mes malheurs de plus haut. »

Après ce préambule, qui augmenta la curiosité de Margiane, Assad commença par l'informer de sa naissance royale, de celle de son frère Amgiad, de leur amitié réciproque, de la passion condamnable de leurs belles-mères, changée en une haine des plus odieuses, source de leur étrange destinée. Il vint ensuite à la colère du roi, leur père, à la manière presque miraculeuse de la conservation de leur vie, et enfin à la perte qu'il avait faite de son frère, et à la prison si longue et si douloureuse d'où on ne l'avait fait sortir que pour être immolé sur la montagne du Feu.

Quand Assad eut achevé son discours, la reine Margiane, animée plus que jamais contre les adorateurs du Feu : « Prince, dit-elle, nonobstant l'aversion que j'ai toujours eue contre les adorateurs du Feu, je n'ai pas laissé que d'avoir beaucoup d'humanité pour eux; mais après le traitement barbare qu'ils vous ont fait, et leur dessein exécrable de faire une victime de votre personne à leur Feu, je leur déclare dès à présent une guerre implacable. » Elle voulait s'étendre davantage sur ce sujet; mais l'on servit, et elle se mit à table avec le prince Assad, charmée de le voir et de l'entendre, et déjà prévenue pour lui d'une passion dont elle se promettait de trouver bientôt l'occasion de le faire apercevoir : « Prince, lui dit-elle, il faut vous bien récompenser de tant de jeûnes et de tant de mauvais repas que les impitoyables adorateurs du Feu vous ont fait faire : vous avez besoin de nourriture après tant de souffrances. » Et en lui disant ces paroles et d'autres à peu près semblables, elle lui servait à manger et lui faisait verser à boire coup sur coup. Le repas dura long-temps, et le prince Assad but quelques coups de plus qu'il ne pouvait porter.

Quand la table fut levée, Assad eut besoin de sortir, et il prit son temps, de manière que la reine ne s'en aperçut pas. Il descendit dans la cour, et comme il vit la porte du jardin ouverte, il y entra. Attiré par les beautés dont il était diversifié, il s'y promena un espace de temps. Il alla enfin jusqu'à un jet d'eau qui en faisait le plus grand agrément, il s'y lava les mains et le visage pour se rafraîchir, et en voulant se reposer sur le gazon dont il était bordé, il s'y endormit.

La nuit approchait alors, et Behram, qui ne voulait pas donner lieu à la reine Margiane d'exécuter sa menace, avait déjà levé l'ancre, bien fâché de la perte qu'il avait faite d'Assad, et d'être frustré de l'espérance d'en faire un sacrifice. Il tâchait néanmoins de se consoler sur ce que la tempête avait cessé, et qu'un vent de terre le favorisait pour s'éloigner. Dès qu'il fut sorti du port avec l'aide de sa chaloupe, avant de la tirer dans le vaisseau : « Enfants, dit-il aux matelots qui étaient dedans, attendez, ne remontez pas : je vais vous faire donner les barils pour faire de l'eau, et je vous attendrai sur les bords. » Les matelots, qui ne savaient pas où ils en pourraient faire, voulurent s'en excuser ; mais comme Behram avait parlé à la reine dans le jardin, et qu'il avait remarqué le jet d'eau : « Allez aborder devant le jardin du palais, reprit-il, passez par-dessus le mur, qui n'est qu'à hauteur d'appui, vous trouverez à faire de l'eau suffisamment dans le bassin qui est au milieu du jardin. »

Les matelots allèrent aborder où Behram leur avait marqué ; et après qu'ils se furent chargés chacun d'un baril sur l'épaule, en débarquant, ils passèrent aisément par-dessus le mur. En approchant du bassin, comme ils eurent aperçu un homme couché qui dormait sur le bord, ils s'approchèrent de lui et ils le reconnurent pour Assad. Ils se partagèrent ; et pendant que les uns firent quelques barils d'eau avec le moins de bruit qu'il leur fut possible, sans perdre le temps à les emplir tous, les autres environnèrent Assad et l'observèrent pour l'arrêter au cas qu'il s'éveillât. Il leur donna tout le temps, et dès que les barils furent pleins et chargés sur les épaules de ceux qui devaient les emporter, les autres se saisirent de lui et l'emmenèrent, sans lui donner le temps de se reconnaître ; ils le passèrent par-dessus le mur, l'embarquèrent avec leurs barils, et le transportèrent au vaisseau à force de rames. Quand ils furent près d'aborder au vaisseau : « Capitaine, s'écrièrent-ils avec des éclats de joie, faites jouer vos hautbois et vos tambours : nous vous ramenons votre esclave. »

Behram, qui ne pouvait comprendre comment ses matelots avaient pu retrouver et reprendre Assad, et qui ne pouvait aussi l'apercevoir dans la chaloupe, à cause de la nuit, attendit avec impatience qu'ils fussent remontés sur le vaisseau pour leur demander ce qu'ils voulaient dire ; mais quand il l'eut vu devant ses yeux, il ne put se contenir de joie, et sans s'informer comment ils s'y étaient pris pour faire une si belle capture, il le fit remettre à la chaîne, et après avoir fait tirer promptement la chaloupe dans le vaisseau, il fit force de voiles, en reprenant la route de la montagne du Feu....

La sultane Scheherazade cessa de conter ; elle poursuivit la nuit suivante, et dit au sultan des Indes :

CCXXXVᵉ NUIT.

Sire, j'achevai hier en faisant remarquer à votre majesté que Behram avait repris la route de la montagne du Feu, bien joyeux de ce que ses matelots avaient ramené le prince Assad.

La reine Margiane, cependant, était dans de grandes alarmes ; elle ne s'inquiéta pas d'abord quand elle se fut aperçue que le prince Assad était sorti. Comme elle ne douta pas qu'il ne dût revenir bientôt, elle l'attendit avec patience. Au bout de quelque temps qu'elle vit qu'il ne paraissait pas, elle commença d'en être inquiète. Elle commanda à ses femmes de voir où il était; elles le cherchèrent, et elles ne lui en apportèrent pas de nouvelles. La nuit vint; et elle le fit chercher à la lumière, mais aussi inutilement.

Dans l'impatience et dans l'alarme où la reine Margiane fut alors, elle alla le chercher elle-même à la lumière des flambeaux ; et comme elle eut aperçu que la porte du jardin était ouverte, elle y entra et le parcourut avec ses femmes. En passant près du jet d'eau et du bassin, elle remarqua une babouche[1] sur le bord du gazon, qu'elle fit ramasser, et elle la reconnut, de même que ses femmes, pour une des deux du prince Assad : cela, joint à l'eau répandue sur le bord du bassin, lui fit croire que Behram pourrait bien l'avoir fait enlever. Elle envoya savoir dans le moment s'il était encore au port ; et comme elle eut appris qu'il avait fait voile un peu avant la nuit, qu'il s'était arrêté quelque temps près du rivage, et que sa chaloupe était venue faire de l'eau dans le jardin, elle envoya avertir le commandant de dix vaisseaux de guerre qu'elle avait dans son port, toujours équipés et prêts à partir au premier commandement, qu'elle voulait s'embarquer en personne le lendemain à une heure de jour.

Le commandant fit ses diligences : il assembla les capitaines, les autres officiers, les matelots, les soldats ; et tout fut embarqué à l'heure qu'elle avait marquée. La reine s'embarqua ; et quand son escadre fut hors du port et à la voile, elle déclara son intention au commandant : « Je veux, dit-elle, que vous fassiez force de voiles, et que vous donniez la chasse au vaisseau marchand qui partit de

---

[1] Soulier du Levant.

ce port hier au soir. Je vous l'abandonne si vous le prenez ; mais si vous ne le prenez pas, votre vie m'en répondra. »

Les dix vaisseaux donnèrent la chasse au vaisseau de Behram deux jours entiers, et ne virent rien. Le troisième, ils le découvrirent à la pointe du jour ; sur le midi, ils l'environnèrent de manière qu'il ne pouvait pas échapper.

Dès que le cruel Behram eut aperçu les dix vaisseaux, il ne douta pas que ce ne fût l'escadre de la reine Margiane qui le poursuivait, et alors il donnait la bastonnade à Assad : car depuis son embarquement dans son vaisseau au port de la ville des Mages, il n'avait pas manqué un seul jour de lui faire subir ce même traitement : cela fit qu'il le maltraita plus que de coutume. Il se trouva dans un grand embarras quand il vit qu'il allait être environné. De garder Assad, c'était se déclarer coupable ; de lui ôter la vie, il craignait qu'il n'en parût quelque marque. Il le fit déchaîner, et quand on l'eut fait monter du fond de cale où il était, et qu'on l'eut amené devant lui : « C'est toi, dit-il, qui es cause qu'on nous poursuit. » Et en disant ces paroles il le jeta dans la mer.

Le prince Assad, qui savait nager, s'aida de ses pieds et de ses mains avec tant de courage, à la faveur des flots, qui le secondaient, qu'il en eut assez pour ne pas succomber et pour gagner terre. Quand il fut sur le rivage, la première chose qu'il fit fut de remercier Dieu de l'avoir délivré d'un si grand danger et tiré encore une fois des mains des adorateurs du Feu. Il se dépouilla ensuite, et après avoir bien exprimé l'eau de son habit, il l'étendit sur un rocher, où il fut bientôt séché, tant par l'ardeur du soleil que par la chaleur du rocher, qui en était échauffé.

Il se reposa cependant en déplorant sa misère, sans savoir en quel pays il était, ni de quel côté il tournerait. Il reprit enfin son habit, et marcha sans trop s'éloigner de la mer, jusqu'à ce qu'il eut trouvé un chemin, qu'il suivit. Il chemina plus de dix jours par un pays où personne n'habitait, et où il ne trouvait que des fruits sauvages et quelques plantes le long des ruisseaux, dont il vivait. Enfin il arriva près d'une ville, qu'il reconnut pour celle des Mages, où il avait été si fort maltraité, et où son frère Amgiad était grand vizir. Il en eut bien de la joie ; toutefois il prit bien la résolution de ne pas s'approcher d'aucun adorateur du Feu, mais seulement de quelques musulmans : car il se souvenait d'y en avoir remarqué quelques-uns la première fois qu'il y était entré. Comme il était tard, et qu'il savait bien que les boutiques étaient déjà fermées et qu'il trouverait peu de monde dans les rues, il prit le parti de s'arrêter dans le cimetière qui était près de la ville, où il y avait plusieurs tombeaux élevés en forme de mausolée. En cherchant, il en trouva un dont la porte était ouverte ; il y entra, résolu à y passer la nuit.

Revenons présentement au vaisseau de Behram. Il ne fut pas long-temps à être investi de tous les côtés par les vaisseaux de la reine Margiane, après qu'il eut jeté le prince Assad dans la mer. Il fut abordé par le vaisseau où était la reine, et à son approche, comme il n'était pas en état de faire aucune résistance, Behram fit plier les voiles pour marquer qu'il se rendait.

La reine Margiane passa elle-même sur le vaisseau, et demanda à Behram où était l'écrivain qu'il avait eu la témérité de faire enlever dans son palais : « Reine, répondit Behram, je jure à votre majesté qu'il n'est pas sur mon vaisseau ; elle peut le faire chercher, et connaître par là mon innocence. »

Margiane fit faire la visite du vaisseau avec toute l'exactitude possible ; mais on ne trouva pas celui qu'elle souhaitait si passionnément de trouver, autant parce qu'elle l'aimait que par la générosité qui lui était naturelle. Elle fut sur le point d'ôter la vie à Behram de sa propre main ; mais elle se retint, et elle se contenta de confisquer son vaisseau avec toute sa charge, et de le renvoyer par terre avec tous ses matelots, en lui laissant sa chaloupe pour y aller aborder.

Behram, accompagné de ses matelots, arriva à la ville des Mages la même nuit qu'Assad s'était arrêté dans le cimetière et retiré dans le tombeau. Comme la porte était fermée, il fut contraint de chercher aussi dans le cimetière quelque tombeau, pour y attendre qu'il fût jour et qu'on l'ouvrît.

Par malheur pour Assad, Behram passa devant celui où il était. Il y entra, et il vit un homme qui dormait la tête enveloppée dans son habit. Assad s'éveilla au bruit, et en levant la tête, il demanda qui c'était.

Behram le reconnut d'abord : « Ha ! ha ! dit-il, vous êtes donc celui qui êtes cause que je suis ruiné pour le reste de ma vie ! Vous n'avez pas été sacrifié cette année ; mais vous n'échapperez pas de même l'année prochaine. » En disant ces paroles, il se jeta sur lui, lui mit son mouchoir sur la bouche pour l'empêcher de crier, et le fit lier par ses matelots.

Le lendemain matin, dès que la porte fut ouverte, il fut aisé à Behram de ramener Assad chez le vieillard qui l'avait abusé avec tant de méchanceté, par des rues détournées, où personne n'était encore levé. Dès qu'il y fut entré, il le fit descendre dans le même cachot d'où il avait été tiré, et informa le vieillard du triste sujet de son retour, et du malheureux succès de son voyage. Le méchant vieillard n'oublia pas d'enjoindre à ses deux filles de maltraiter le prince infortuné plus qu'auparavant, s'il était possible.

Assad fut extrêmement surpris de se revoir dans le même lieu où il avait déjà tant souffert ; et dans l'attente des mêmes tourments dont il avait cru être délivré pour toujours, il pleurait la rigueur de son destin, lorsqu'il vit entrer Bostane avec un bâton, un pain et une cruche d'eau. Il frémit à la vue de cette fille impitoyable, et à la seule pensée des supplices journaliers qu'il avait encore à souffrir toute une année, pour mourir ensuite d'une manière pleine d'horreur....

Mais le jour, que la sultane Scheherazade vit paraître, comme elle en était à ces dernières paroles, l'obligea de s'interrompre. Elle reprit le même conte la nuit suivante, et dit au sultan des Indes :

CCXXXVI^e NUIT.

Sire, Bostane traita le malheureux prince Assad aussi cruellement qu'elle l'avait déjà fait dans sa première détention. Les lamentations, les plaintes, les instantes prières d'Assad qui la suppliait de l'épargner, jointes à ses larmes, furent si vives, que Bostane ne put s'empêcher d'en être attendrie, et de verser des larmes avec lui : « Seigneur, lui dit-elle en lui recouvrant les épaules, je vous demande mille pardons de la cruauté avec laquelle je vous ai traité ci-devant, et dont je viens de vous faire sentir encore les effets. Jusqu'à présent je n'ai pu désobéir à un père injustement animé contre vous et acharné à votre perte ; mais enfin je déteste et j'abhorre cette barbarie. Consolez-vous : vos maux sont finis, et je vais tâcher de réparer tous mes crimes, dont je connais l'énormité, par de meilleurs traitements. Vous m'avez regardée jusqu'aujourd'hui comme une infidèle ; regardez-moi présentement comme une musulmane. J'ai déjà quelques instructions qu'une esclave de votre religion qui me sert m'a données ; j'espère que vous voudrez bien achever ce qu'elle a commencé. Pour vous marquer ma bonne intention, je demande pardon au vrai Dieu de toutes mes offenses par les mauvais traitements que je vous ai faits, et j'ai confiance qu'il me fera trouver le moyen de vous mettre dans une entière liberté. »

Ce discours fut d'une grande consolation au prince Assad ; il rendit des actions de grâces à Dieu de ce qu'il avait touché le cœur de Bostane, et après qu'il l'eût bien remerciée des bons sentiments où elle était pour lui, il n'oublia rien pour l'y confirmer, non-seulement en achevant de l'instruire de la religion musulmane, mais encore en lui faisant le récit de son histoire et de toutes ses disgrâces, malgré le haut rang de sa naissance. Quand il fut entièrement assuré de sa fermeté dans la bonne résolution qu'elle avait prise, il lui demanda comment elle ferait pour empêcher que sa sœur Cavame n'en eût connaissance, et ne vînt le maltraiter à son tour : « Que cela ne vous chagrine pas, reprit Bostane, je saurai bien faire en sorte qu'elle ne se mêle plus de vous voir. »

En effet, Bostane sut toujours prévenir Cavame toutes les fois qu'elle voulait descendre au cachot. Elle voyait cependant fort souvent le prince Assad, et, au lieu de ne lui porter que du pain et de l'eau, elle lui portait du vin et de bons mets qu'elle faisait préparer par douze esclaves qui la servaient. Elle mangeait même de temps en temps avec lui, et faisait tout ce qui était en son pouvoir pour le consoler.

Quelques jours après, Bostane était à la porte de la maison, lorsqu'elle entendit un crieur de ville qui publiait quelque chose. Comme elle n'entendait pas ce que c'était, à cause que le crieur était trop éloigné, et qu'il approchait pour passer devant la maison, elle rentra, et, en tenant la porte à demi ouverte, elle vit qu'il marchait devant le grand vizir Amgiad, frère du prince Assad, accompagné de plusieurs officiers et de quantité de ses gens qui marchaient devant et après lui.

Le crieur n'etait plus qu'à quelques pas de la porte, lorsqu'il répéta ce cri à haute voix :

« L'excellent et illustre grand vizir, que voici en personne, cherche
« son cher frère, qui s'est séparé d'avec lui il y a plus d'un an. Il
« est fait de telle et telle manière. Si quelqu'un le garde chez lui
« ou sait où il est, son excellence commande qu'il ait à le lui ame-
« ner ou à lui en donner avis, avec promesse de le bien récom-
« penser. Si quelqu'un le cache, et qu'on le découvre, son excel-
« lence déclare qu'elle le punira de mort, lui, sa femme, ses
« enfants et toute sa famille, et fera raser sa maison. »

Bostane n'eut pas plutôt entendu ces paroles, qu'elle ferma la porte au plus vite, et alla trouver Assad dans le cachot : « Prince, lui dit-elle avec joie, vous êtes à la fin de vos malheurs : suivez-moi, et venez promptement. » Assad, qu'elle avait ôté de la chaîne dès le premier jour qu'il avait été ramené dans le cachot, la suivit jusque dans la rue, où elle cria : « Le voici ! le voici ! »

Le grand vizir, qui n'était pas encore éloigné, se retourna. Assad le reconnut pour son frère, courut à lui et l'embrassa. Amgiad, qui le reconnut aussi d'abord, l'embrassa de même très-étroitement, le fit monter sur le cheval d'un de ses officiers qui mit pied à terre, et le mena au palais en triomphe, où il le présenta au roi, qui le fit un de ses vizirs.

Bostane, qui n'avait pas voulu rentrer chez son père, dont la maison fut rasée dès le même jour, et qui n'avait pas perdu le prince Assad de vue jusqu'au palais, fut envoyée à l'appartement de la reine. Le vieillard, son père, et Behram, amenés devant le roi avec leurs familles, furent condamnés à avoir la tête tranchée. Ils se jetèrent à ses pieds et implorèrent sa clémence : « Il n'y a pas de grâce pour vous, reprit le roi, que vous ne renonciez à l'adoration du Feu, et que vous n'embrassiez la religion musulmane. » Ils sauvèrent leur vie en prenant ce parti, de même que Cavame, sœur de Bostane, et leurs familles.

En considération de ce que Behram s'était fait musulman, Amgiad, qui voulut le récompenser de la perte qu'il avait faite avant de mériter sa grâce, le fit un de ses principaux officiers, et le logea chez lui. Behram, informé en peu de jours de l'histoire d'Amgiad, son bienfaiteur, et d'Assad, son frère, leur proposa de faire équiper un vaisseau, et de les ramener au roi Camaralzaman, leur père : « Apparemment, leur dit-il, qu'il a reconnu votre innocence, et qu'il désire impatiemment de vous revoir. Si cela n'est pas, il ne sera pas difficile de le lui faire reconnaître avant de débarquer, et s'il demeure dans son injuste prévention, vous n'aurez que la peine de revenir. »

Les deux frères acceptèrent l'offre de Behram ; ils parlèrent de leur dessein au roi, qui l'approuva, et donnèrent ordre à l'équipement d'un vaisseau. Behram s'y employa avec toute la diligence possible, et quand il fut prêt à mettre à la voile, les princes allèrent prendre congé du roi un matin avant d'aller s'embarquer. Dans le temps qu'ils faisaient leurs compliments, et qu'ils remerciaient le roi de ses bontés, on entendit un grand tumulte par toute la ville, et en même temps un officier vint annoncer qu'une grande armée s'approchait, et que personne ne savait quelle armée c'était.

Dans l'alarme que cette fâcheuse nouvelle donna au roi, Amgiad prit la parole : « Sire, lui dit-il, quoique je vienne de remettre entre les mains de votre majesté la dignité de son premier ministre, dont elle m'avait honoré, je suis prêt, néanmoins, à lui rendre encore service, et je la supplie de vouloir bien permettre que j'aille voir quel est cet ennemi qui vient vous attaquer dans votre capitale, sans vous avoir déclaré auparavant la guerre. » Le roi l'en pria, et il partit sur-le-champ avec peu de suite.

Le prince Amgiad ne fut pas long-temps à découvrir l'armée qui lui parut puissante, et qui avançait toujours. Les avant-coureurs, qui avaient leurs ordres, le reçurent favorablement, et le menèrent devant la princesse, qui s'arrêta avec toute son armée pour lui parler. Le prince Amgiad lui fit une profonde révérence, et lui demanda si elle venait comme amie ou comme ennemie; et si elle venait comme ennemie, quel sujet de plainte elle avait contre le roi, son maître.

« Je viens comme amie, répondit la princesse, et je n'ai aucun sujet de mécontentement contre le roi des Mages : ses états et les miens sont situés d'une manière qu'il est difficile que nous puissions avoir aucun démêlé ensemble. Je viens seulement demander un esclave nommé Assad, qui m'a été enlevé par un capitaine de cette ville, qui s'appelle Behram, le plus insolent de tous les hommes, et j'espère que votre roi me fera justice, quand il saura que je suis Margiane. »

« Puissante reine, reprit le prince Amgiad, je suis le frère de cet esclave que vous cherchez avec tant de peine. Je l'avais perdu, et je l'ai retrouvé. Venez, je vous le livrerai moi-même, et j'aurai l'honneur de vous entretenir de tout le reste. Le roi, mon maître, sera ravi de vous voir. »

Pendant que l'armée de la reine Margiane campa au même endroit par son ordre, le prince Amgiad l'accompagna jusque dans la ville et jusqu'au palais, où il la présenta au roi, et après que le roi l'eut reçue comme elle le méritait, le prince Assad qui était présent, et qui l'avait reconnue dès qu'elle avait paru, lui fit son compliment. Elle lui témoignait la joie qu'elle avait de le revoir, lorsqu'on vint apprendre au roi qu'une armée plus formidable que la première paraissait d'un autre côté de la ville.

Le roi des Mages, épouvanté plus que la première fois de l'arrivée d'une seconde armée plus nombreuse que la première, comme il en jugeait lui-même par les nuages de poussière qu'elle excitait à son approche, et qui couvraient déjà le ciel : « Amgiad, s'écria-t-il, où en sommes-nous? Voilà une nouvelle armée qui va nous accabler. »

L'arrivée du jour imposa silence à la sultane : la nuit suivante, elle reprit la parole en ces termes :

CCXXXVIIᵉ NUIT.

Amgiad comprit l'intention du roi : il monta à cheval et courut à toute bride au-devant de cette nouvelle armée. Il demanda aux premiers qu'il rencontra, à parler à celui qui la commandait, et on le conduisit devant un roi qu'il reconnut à la couronne qu'il portait sur la tête. De si loin qu'il l'aperçut, il mit pied à terre, et lorsqu'il fut près de lui, après qu'il se fut jeté la face en terre, il lui demanda ce qu'il souhaitait du roi, son maître :

« Je m'appelle Gaïour, reprit le roi, et je suis roi de la Chine. Le désir d'apprendre des nouvelles d'une fille nommée Badoure, que j'ai mariée depuis plusieurs années au prince Camaralzaman, fils du roi Schahzaman, roi des îles des Enfants de Khaledan, m'a obligé de sortir de mes états. J'avais permis à ce prince d'aller voir le roi, son père, à la charge de venir me revoir d'année en année avec ma fille. Depuis tant de temps cependant je n'en ai pas entendu parler. Votre roi obligerait un père affligé de lui apprendre ce qu'il en peut savoir. »

Le prince Amgiad, qui reconnut le roi, son grand-père, à ce discours, lui baisa la main avec tendresse, et en lui répondant : « Sire, dit-il, votre majesté me pardonnera cette liberté, quand elle saura que je la prends pour lui rendre mes respects comme à mon grand-père. Je suis fils de Camaralzaman, aujourd'hui roi de l'île d'Ébène, et de la reine Badoure, dont elle est en peine; et je ne doute pas qu'ils ne soient en parfaite santé dans leur royaume. »

Le roi de la Chine, ravi de voir son petit-fils, l'embrassa aussitôt très-tendrement; et cette rencontre si heureuse et si peu attendue leur tira des larmes de part et d'autre. Sur la demande qu'il fit au prince Amgiad du sujet qui l'avait amené dans ce pays étranger, le prince lui raconta toute son histoire et celle du prince Assad, son frère. Quand il eut achevé : « Mon fils, reprit le roi de la Chine, il n'est pas juste que des princes innocents comme vous soient maltraités plus long-temps. Consolez-vous : je vous ramènerai vous et votre frère, et je ferai votre paix. Retournez, et faites part de mon arrivée à votre frère. »

Pendant que le roi de la Chine campa à l'endroit où le prince Amgiad l'avait trouvé, le prince retourna rendre réponse au roi des Mages, qui l'attendait avec grande impatience. Le roi fut extrêmement surpris d'apprendre qu'un roi aussi puissant que celui de la Chine eût entrepris un voyage si long et si pénible, excité par le désir de voir sa fille, et qu'il fût si près de sa capitale. Il donna aussitôt les ordres pour le bien régaler, et se mit en état d'aller le recevoir.

Dans cet intervalle, on vit s'élever une grande poussière d'un autre côté de la ville, et l'on apprit bientôt que c'était une troisième armée qui arrivait. Cela obligea le roi de demeurer, et de prier le prince Amgiad d'aller voir encore ce qu'elle demandait.

Amgiad partit, et le prince Assad l'accompagna cette fois. Ils trouvèrent que c'était l'armée de Camaralzaman, leur père, qui venait les chercher. Il avait donné des marques d'une si grande douleur de les avoir perdus, que l'émir Giondar lui avait à la fin déclaré de quelle manière il leur avait conservé la vie; ce qui l'avait fait résoudre de les aller chercher en quelque pays qu'ils fussent.

Ce père affligé embrassa les deux princes avec des larmes de joie, qui terminèrent agréablement les larmes d'affliction qu'il versait depuis si long-temps. Les princes ne lui eurent pas plutôt appris que le roi de la Chine, son beau-père, venait d'arriver aussi le même jour, qu'il se détacha avec eux et avec peu de suite, et alla le voir en son camp. Ils n'avaient pas fait beaucoup de chemin, qu'ils aperçurent une quatrième armée, qui s'avançait en bel ordre, et paraissait venir du côté de Perse.

Camaralzaman dit aux princes, ses fils, d'aller voir quelle armée c'était, et qu'il les attendrait. Ils partirent aussitôt, et à leur arrivée, ils furent présentés au roi à qui l'armée appartenait. Après l'avoir salué profondément, ils lui demandèrent à quel dessein il s'était approché si près de la capitale du roi des Mages.

Le grand vizir, qui était présent, prit la parole : « Le roi à qui vous venez de parler, leur dit-il, est Schahzaman, roi des îles des Enfants de Khaledan, qui voyage depuis long-temps dans l'équipage que vous voyez, en cherchant le prince Camaralzaman, son fils, qui est sorti de ses états, il y a de longues années; si vous en savez quelques nouvelles, vous lui ferez le plus grand plaisir du monde de l'en informer.

Les princes ne répondirent autre chose sinon qu'ils apporteraient la réponse dans peu de temps, et ils revinrent à toute bride annoncer à Camaralzaman que la dernière armée qui venait d'arriver était celle du roi Schahzaman, et que le roi, son père, y était en personne.

L'étonnement, la surprise, la joie, la douleur d'avoir abandonné le roi, son père, sans prendre congé de lui, firent un si puissant effet sur l'esprit du roi Camaralzaman, qu'il tomba évanoui dès qu'il eut appris qu'il était si près de lui. Il revint à la fin par les soins empressés des princes Amgiad et Assad, et, lorsqu'il se sentit assez de forces, il alla se jeter aux pieds du roi Schahzaman.

De long-temps il ne s'était vu une entrevue si tendre entre un père et un fils. Schahzaman se plaignit obligeamment au roi Camaralzaman de l'insensibilité qu'il avait eue en s'éloignant de lui d'une manière si cruelle, et Camaralzaman lui témoigna un véritable regret de la faute que l'amour lui avait fait commettre.

Les trois rois et la reine Margiane demeurèrent trois jours à la cour du roi des Mages, qui les régala magnifiquement. Ces trois jours furent aussi très-remarquables par le mariage du prince Assad avec la reine Margiane, et du prince Amgiad avec Bostane, en considération du service qu'elle avait rendu au prince Assad. Les trois rois, enfin, et la reine Margiane, avec Assad, son époux, se retirèrent chacun dans leur royaume. Pour ce qui est d'Amgiad, le roi des Mages, qui était déjà fort âgé, et qui l'avait pris en affection, lui mit la couronne sur la tête, et Amgiad mit toute son application à détruire le culte du Feu et à établir la religion musulmane dans ses états.

La sultane, apercevant le jour : Sire, dit-elle à Schahriar, tels sont les événements extraordinaires auxquels donna lieu le mariage de Camaralzaman avec les deux princesses Badoure et Haïatalnefous. Si votre majesté me le permet, je lui raconterai une histoire non moins curieuse, et dont je pense qu'elle sera satisfaite. Le sultan se leva pour aller présider son conseil, et n'ordonna point la mort de Scheherazade.

CCXXXVIII^E NUIT.

D'après sa promesse, la sultane des Indes, s'adressant à Schahriar, commença l'histoire suivante en ces termes :

HISTOIRE

DE NOUREDDIN ET DE LA BELLE PERSANE.

ALSORA fut long-temps la capitale d'un royaume tributaire des kalifes. Le roi qui le gouvernait du temps du kalife Haroun Alraschild s'appelait Zineby; et l'un et l'autre étaient cousins, fils de deux frères. Zinebi n'avait pas jugé à propos de confier l'administration de ses états à un seul vizir; il en avait choisi deux, Khacan et Saouy.

Khacan était doux, prévenant, libéral, et se faisait un plaisir d'obliger ceux qui avaient affaire à lui, en tout ce qui dépendait de son pouvoir, sans porter préjudice à la justice qu'il était obligé de rendre. Il n'y avait aussi personne à la cour de Balsora, ni dans la ville, ni dans tout le royaume, qui ne le respectât, et ne publiât les louanges qu'il méritait.

Saouy était d'un tout autre caractère : il était toujours chagrin, et il rebutait également tout le monde, sans distinction de rang ou de qualité. Avec cela, bien loin de se faire un mérite des grandes richesses qu'il possédait, il était d'une avarice qui allait jusqu'à se refuser à lui-même les choses nécessaires. Personne ne pouvait le souffrir, et jamais on n'avait entendu dire de lui que du mal. Ce qui le rendait plus haïssable, c'était la grande aversion qu'il avait pour Khacan, et qu'en interprétant en mal tout le bien que faisait ce digne ministre, il ne cessait de lui rendre de mauvais offices auprès du roi.

Un jour, après le conseil, le roi de Balsora se délassait l'esprit, et s'entretenait avec ses deux vizirs et plusieurs autres membres du conseil. La conversation tomba sur les femmes esclaves que l'on achète, et que l'on tient parmi nous à peu près au même rang que les femmes que l'on a en mariage légitime. Quelques-uns prétendaient qu'il suffisait qu'une esclave que l'on achetait fût belle et bien faite, pour se consoler des femmes que l'on est obligé de prendre par alliance ou par intérêt de famille, qui n'ont pas toujours une grande beauté, ni les autres perfections du corps en partage.

Les autres soutenaient, et Khacan était de ce sentiment, que la beauté et toutes les belles qualités du corps n'étaient pas les seules choses que l'on devait rechercher dans une esclave, mais qu'il fallait qu'elles fussent accompagnées de beaucoup d'esprit, de sagesse, de modestie, d'agrément, et, s'il se pouvait, de plusieurs belles connaissances. La raison qu'ils en apportaient est, disaient-ils, que rien ne convient davantage à des personnes qui ont de grandes affaires à administrer que de trouver chez eux, en se retirant après une journée fatigante, une compagne dont l'entretien était également utile, agréable et divertissant : car enfin, ajoutaient-ils, c'est ne pas différer des bêtes que d'avoir une esclave pour la voir simplement, et contenter une passion que nous avons commune avec elles.

Le roi se rangea du parti des derniers, et il le fit connaître en ordonnant à Khacan de lui acheter une esclave qui fût parfaite en beauté, qui eût toutes les belles qualités que l'on venait de dire, et, sur toutes choses, qui fût très-savante.

Saouy, jaloux de l'honneur que le roi faisait à Khacan, et qui avait été de l'avis contraire : « Sire, reprit-il, il sera bien difficile de trouver une esclave aussi accomplie que votre majesté la demande ; si on la trouve, ce que j'ai de la peine à croire, elle l'aura à bon marché si elle ne lui coûte que dix mille pièces d'or. — Saouy, repartit le roi, vous trouvez apparemment que la somme est trop grosse? Elle peut l'être pour vous, mais elle ne l'est pas pour moi. » En même temps le roi ordonna à son grand trésorier, qui était présent, d'envoyer les dix mille pièces d'or chez Khacan.

Dès que Khacan fut de retour chez lui, il fit appeler tous les courtiers qui se mêlaient de la vente des femmes et des filles esclaves, et les chargea, dès qu'ils en auraient trouvé une telle qu'il la leur dépeignit, de venir lui en donner avis. Les courtiers, autant pour obliger le vizir Khacan que pour leur intérêt particulier, lui promirent de mettre tous leurs soins à découvrir une esclave selon qu'il la souhaitait. Il ne se passait guère de jours qu'on ne lui en amenât quelqu'une ; mais il y trouvait toujours quelques défauts.

Un jour, de grand matin, que Khacan allait au palais du roi, un courtier se présenta à l'étrier de son cheval avec grand empressement, et lui annonça qu'un marchand de Perse, arrivé fort tard le jour de devant, avait une esclave à vendre, d'une beauté achevée, au-dessus de toutes celles qu'il pouvait avoir vues : « A l'égard de son esprit et de ses connaissances, ajouta-t-il, le marchand la garantit pour tenir tête à tout ce qu'il y a de beaux esprits et de savants au monde. »

Khacan, joyeux de cette nouvelle, qui lui faisait espérer d'avoir lieu de bien faire sa cour, lui dit de lui amener l'esclave à son retour du palais, et continua son chemin.

Le courtier ne manqua pas de se trouver chez le vizir à l'heure marquée, et Khacan trouva l'esclave si belle et si fort au delà de son attente, qu'il lui donna dès lors le nom de Belle Persane. Comme il avait infiniment d'esprit, et qu'il était très-savant, il eut bientôt connu, par l'entretien qu'il eut avec elle, qu'il chercherait inutilement une autre esclave qui la surpassât en aucune des qualités que le roi souhaitait. Il demanda au courtier à quel prix le marchand de Perse l'avait mise :

« Seigneur, répondit le courtier, c'est un homme qui n'a qu'une parole : il proteste qu'il ne peut la donner, au dernier mot, à moins de dix mille pièces d'or ; il m'a même juré que, sans compter ses soins, ses peines, et le temps qu'il y a qu'il l'élève, il a fait à peu près la même dépense pour elle, tant en maîtres pour les exercices du corps, pour l'instruire et lui former l'esprit, qu'en habits et en nourriture. Comme il la jugea digne d'un roi, dès qu'il l'eut achetée dans sa première enfance, il n'a rien épargné de tout ce qui pouvait contribuer à la faire arriver à ce haut rang : elle joue de toutes sortes d'instruments ; elle chante ; elle danse ; elle écrit mieux que les écrivains les plus habiles ; elle fait des vers ; il n'y a pas de livres, enfin, qu'elle n'ait lus : on n'a pas entendu dire que jamais esclave ait su autant de choses qu'elle en sait. »

Le vizir Khacan, qui connaissait le mérite de la Belle Persane beaucoup mieux que le courtier, qui n'en parlait que sur ce que le marchand lui en avait appris, n'en voulut pas remettre le marché à un autre temps : il envoya chercher le marchand à l'endroit où le courtier indiqua qu'on le trouverait.

Quand le marchand de Perse fut arrivé : « Ce n'est pas pour moi que je veux acheter votre esclave, lui dit le vizir Khacan, c'est pour le roi ; mais il faut que vous la lui vendiez à un meilleur prix que celui que vous y avez mis. »

« Seigneur, répondit le marchand, je me ferais un grand honneur d'en faire présent à sa majesté, s'il appartenait à un marchand comme moi d'en faire d'aussi considérables : je ne demande proprement que l'argent que j'ai déboursé pour la former et la rendre comme elle est. Ce que je puis dire, c'est que sa majesté aura fait une acquisition dont elle sera très-contente. »

Le vizir Khacan ne voulut pas marchander ; le marchand reçut la somme, et avant de se retirer : « Seigneur, dit-il au vizir, puisque l'esclave est destinée pour le roi, vous voudrez bien que j'aie l'honneur de vous dire qu'elle est extrêmement fatiguée du long voyage que je lui ai fait faire pour l'amener ici. Quoique ce soit une beauté qui n'a point de pareille, ce sera néanmoins tout autre chose si vous la gardez chez vous seulement une quinzaine de jours, et que vous donniez un peu de vos soins pour la faire bien traiter. Ce temps-là passé, lorsque vous la présenterez au roi, elle vous fera un honneur et un mérite dont j'espère que vous me saurez quelque gré. Vous voyez même que le soleil lui a un peu gâté le teint; mais dès qu'elle aura été au bain deux ou trois fois, et que vous l'aurez fait habiller de la manière que vous le jugerez à propos, elle sera si fort changée, que vous la trouverez infiniment plus belle. »

Khacan prit le conseil du marchand en bonne part et résolut de le suivre : il donna à la Belle Persane un appartement en particulier, près de celui de sa femme, qu'il pria de la faire manger avec elle, et de la regarder comme une dame qui appartenait au roi. Il la pria aussi de lui faire faire plusieurs habits les plus magnifiques qu'il serait possible, et qui lui conviendraient le mieux. Avant de quitter la Belle Persane : « Votre bonheur, lui dit-il, ne peut être plus grand que celui que je viens de vous procurer. Jugez-en vous-même : c'est pour le roi que je vous ai achetée, et j'espère qu'il sera beaucoup plus satisfait de vous posséder que je ne le suis de m'être acquitté de la commission dont il m'avait chargé : ainsi je suis bien aise de vous avertir que j'ai un fils qui ne manque pas d'esprit, mais jeune, folâtre et entreprenant, et de vous bien garder de lui lorsqu'il s'approchera de vous. » La Belle Persane le remercia de cet avis, et, après l'avoir bien assuré qu'elle en profiterait, il se retira.

Le jour mit fin au récit de Scheherazade, qui le continua de cette manière la nuit suivante :

CCXXXIXᵉ NUIT.

Sire, Noureddin, c'est ainsi que se nommait le fils du vizir Khacan, entrait librement dans l'appartement de sa mère, avec qui il avait coutume de prendre ses repas. Il était très-bien fait de sa personne, jeune, agréable et hardi, et comme il avait infiniment d'esprit, et qu'il s'exprimait avec facilité, il avait un don particulier de persuader tout ce qu'il voulait. Il vit la Belle Persane, et, dès leur première entrevue, quoiqu'il eût appris que son père l'avait achetée pour le roi, et que son père le lui eût déclaré lui-même, il ne se fit pas néanmoins violence pour s'empêcher de l'aimer : il se laissa entraîner par les charmes dont il fut frappé d'abord, et l'entretien qu'il eut avec elle lui fit prendre la résolution d'employer toutes sortes de moyens pour l'enlever au roi.

De son côté, la Belle Persane trouva Noureddin très-aimable : « Le vizir me fait un grand honneur, dit-elle en elle-même, de m'avoir achetée pour me donner au roi de Balsora : je m'estimerais très-heureuse quand il se contenterait de ne me donner qu'à son fils. »

Noureddin fut très-assidu à profiter de l'avantage qu'il avait de voir une beauté dont il était si amoureux, de s'entretenir, de rire et de badiner avec elle; jamais il ne la quittait que sa mère ne l'y eût contraint : « Mon fils, lui disait-elle, il n'est pas bienséant à un jeune homme comme vous de demeurer toujours dans l'appartement des femmes; allez, retirez-vous, et travaillez à vous rendre digne de succéder un jour à la dignité de votre père. »

Comme il y avait long-temps que la Belle Persane n'était allée au bain, à cause du long voyage qu'elle venait de faire, cinq ou six jours après qu'elle eut été achetée, la femme du vizir Khacan eut soin de faire chauffer exprès pour elle celui que le vizir avait chez lui. Elle l'y envoya avec plusieurs de ses femmes esclaves, à qui elle recommanda de lui rendre les mêmes services qu'à elle-même, et, au sortir du bain, de lui faire prendre un habit très-magnifique qu'elle lui avait déjà fait faire : elle y avait pris d'autant plus de soin, qu'elle voulait s'en faire un mérite auprès du vizir, son mari, et lui faire connaître combien elle s'intéressait en tout ce qui pouvait lui plaire.

A la sortie du bain, la Belle Persane, mille fois plus belle qu'elle ne l'avait paru à Khacan lorsqu'il l'avait achetée, vint se faire voir à la femme de ce vizir, qui eut de la peine à la reconnaître.

La Belle Persane lui baisa la main avec grâce, et lui dit : « Madame, je ne sais pas comment vous me trouvez avec l'habit que vous avez pris la peine de me faire faire. Vos femmes, qui m'assurent qu'il me va si bien qu'elles ne me connaissent plus, sont apparemment des flatteuses : c'est à vous que je m'en rapporte. Si néanmoins elles disaient la vérité, ce serait vous, madame, à qui j'aurais toute l'obligation de l'avantage qu'il me donne.

« Ma fille, reprit la femme du vizir avec bien de la joie, vous ne devez pas prendre pour une flatterie ce que mes femmes vous ont dit : je m'y connais mieux qu'elles ; et sans parler de votre habit, qui vous sied à merveille, vous apportez du bain une beauté si fort au-dessus de ce que vous étiez auparavant, que je ne vous reconnais plus moi-même ; si je croyais que le bain fût encore assez bon, j'irais en prendre ma part : je suis aussi bien dans un âge qui demande désormais que j'en fasse souvent provision. — Madame, reprit la Belle Persane, je n'ai rien à répondre aux honnêtetés que vous avez pour moi, sans les avoir méritées. Pour ce qui est du bain, il est admirable ; et si vous avez dessein d'y aller, vous n'avez pas de temps à perdre. Vos femmes peuvent vous dire la même chose que moi. »

La femme du vizir considéra qu'il y avait plusieurs jours qu'elle n'était allée au bain, et voulut profiter de l'occasion. Elle le témoigna à ses femmes ; et ses femmes se furent bientôt munies de tout l'appareil qui lui était nécessaire. La Belle Persane se retira dans son appartement ; et la femme du vizir, avant de passer au bain, chargea deux petites esclaves de demeurer près d'elle, avec ordre de ne pas laisser entrer Noureddin, s'il venait.

Pendant que la femme du vizir Khacan était au bain, et que la Belle Persane était seule, Noureddin arriva ; et comme il ne trouva pas sa mère dans son appartement, il alla à celui de la Belle Persane, où il trouva les deux petites esclaves dans l'antichambre. Il leur demanda où était sa mère ; à quoi elles répondirent qu'elle était au bain. « Et la Belle Persane, reprit Noureddin, y est-elle aussi ? — Elle en est revenue, repartirent les esclaves, et elle est dans sa chambre ; mais nous avons ordre de madame votre mère de ne vous pas laisser entrer. »

La chambre de la Belle Persane n'était fermée que par une portière. Noureddin s'avança pour entrer, et les deux esclaves se mirent au-devant pour l'en empêcher. Il les prit par le bras l'une et l'autre, les mit hors de l'antichambre, et ferma la porte sur elles. Elles coururent au bain en faisant de grands cris, et annoncèrent à leur dame en pleurant que Noureddin était entré dans la chambre de la Belle Persane malgré elles, et qu'il les avait chassées.

La nouvelle d'une si grande hardiesse causa à la bonne dame une mortification des plus sensibles. Elle interrompit son bain, et s'habilla avec une diligence extrême. Mais avant qu'elle eût achevé, et qu'elle arrivât à la chambre de la Belle Persane, Noureddin en était sorti, et il avait pris la fuite.

La Belle Persane fut extrêmement étonnée de voir entrer la femme du vizir tout en pleurs, et comme une femme qui ne se possédait plus : « Madame, lui dit-elle, oserais-je vous demander d'où vient que vous êtes si affligée? Quelle disgrâce vous est arrivée au bain, pour vous avoir obligée d'en sortir si tôt? »

« Quoi! s'écria la femme du vizir, vous me faites cette demande d'un esprit tranquille, après que mon fils Noureddin est entré dans votre chambre, et qu'il est demeuré seul avec vous! Pouvait-il nous arriver un plus grand malheur à lui et à moi? »

« De grâce, madame, repartit la Belle Persane, quel malheur peut-il y avoir pour vous et pour Noureddin dans ce qu'il a fait? — Comment! répliqua la femme du vizir, mon mari ne vous a-t-il pas dit qu'il vous a achetée pour le roi? Et ne vous avait-il pas avertie de prendre garde que Noureddin n'approchât de vous? »

« Je ne l'ai pas oublié, madame, reprit encore la Belle Persane; mais Noureddin m'est venu dire que le vizir, son père, avait changé de sentiment, et qu'au lieu de me réserver pour le roi, comme il en avait eu l'intention, il lui avait fait présent de ma personne. Je l'ai cru, madame; et esclave comme je suis, accoutumée aux lois de l'esclavage dès ma plus tendre jeunesse, vous jugez bien que je n'ai pu et que je n'ai pas dû m'opposer à sa volonté. J'ajouterai même que je l'ai fait avec d'autant moins de répugnance, que j'avais conçu une forte inclination pour lui, par la liberté que nous avons eue de nous voir. Je perds sans regret l'espérance d'appartenir au roi, et je m'estimerai très-heureuse de passer toute ma vie avec Noureddin. »

A ce discours de la Belle Persane : « Plût à Dieu, dit la femme du vizir, que ce que vous me dites fût vrai! J'en aurais bien de la joie. Mais, croyez-moi, Noureddin est un imposteur; il vous a trompée; et il n'est pas possible que son père lui ait fait le présent qu'il vous a dit. Qu'il est malheureux, et que je suis malheureuse! Et que son père l'est davantage par les suites fâcheuses qu'il doit craindre, et que nous devons craindre avec lui! Mes pleurs ni mes prières ne sont pas capables de le fléchir, ni d'obtenir son pardon. Son père va le sacrifier à son juste ressentiment, dès qu'il sera informé de la violence qu'il vous a faite. » En achevant ces paroles, elle pleura amèrement ; et ses esclaves, qui ne craignaient pas moins qu'elle pour la vie de Noureddin, suivirent son exemple.

Le vizir Khacan arriva quelques moments après, et fut dans un grand étonnement de voir sa femme et les esclaves en pleurs, et la Belle Persane fort triste. Il en demanda la cause ; et sa femme et les esclaves augmentèrent leurs cris et leurs larmes, au lieu de lui répondre. Leur silence l'étonna davantage ; et en s'adressant à sa femme : « Je veux absolument, lui dit-il, que vous me déclariez ce que vous avez à pleurer, et que vous me disiez la vérité. »

La dame désolée ne put se dispenser de satisfaire son mari : « Promettez-moi donc, seigneur, reprit-elle, que vous ne me voudrez point de mal de ce que je vous dirai ; je vous assure d'abord qu'il n'y a pas de ma faute. » Sans attendre sa réponse : « Pendant que j'étais au bain avec mes femmes, poursuivit-elle, votre fils est venu, et a pris ce malheureux temps pour faire accroire à la Belle Persane que vous ne vouliez plus la donner au roi, et que vous lui en aviez fait un présent. Je ne vous dis pas ce qu'il a fait après une fausseté si insigne ; je vous le laisse à juger vous-même. Voilà le sujet de mon affliction pour l'amour de vous et pour l'amour de lui, pour qui je n'ai pas la confiance d'implorer votre clémence. »

Il n'est pas possible d'exprimer quelle fut la mortification du vizir Khacan, quand il eut entendu le récit de l'insolence de son fils Noureddin : « Ah ! s'écria-t-il en se frappant cruellement la poitrine, en se mordant les mains et en s'arrachant la barbe, c'est donc ainsi, malheureux fils, fils indigne de voir le jour, que tu jettes ton père dans le précipice, du plus haut degré de son bonheur ; que tu le perds, et que tu te perds toi-même avec lui ! Le roi ne se contentera pas de ton sang, ni du mien, pour se venger de cette offense, qui attaque sa personne même. »

Sa femme voulut tâcher de le consoler : « Ne vous affligez pas, lui dit-elle ; je ferai aisément dix mille pièces d'or d'une partie de mes pierreries : vous en achèterez une autre esclave, qui sera plus belle et plus digne du roi. »

« Eh ! croyez-vous, reprit le vizir, que je sois capable de me tant affliger pour la perte de dix mille pièces d'or ? Il ne s'agit pas ici de cette perte, ni même de la perte de tous mes biens, dont je serais aussi peu touché. Il s'agit de celle de mon honneur, qui m'est plus précieux que tous les biens du monde. — Il me semble néanmoins, seigneur, repartit la dame, que ce qui se peut réparer par de l'argent n'est pas d'une si grande conséquence. »

« Hé quoi ! répliqua le vizir, ne savez-vous pas que Saouy est mon ennemi capital? Croyez-vous que dès qu'il aura appris cette affaire, il n'aille pas triompher de moi près du roi? « Votre majesté, lui dira-t-il, ne parle que de l'affection et du zèle de Khacan pour son service; il vient de faire voir, cependant, combien il est peu digne d'une si grande considération. Il a reçu dix mille pièces d'or pour lui acheter une esclave. Il s'est véritablement acquitté d'une commission si honorable; et jamais personne n'a vu une si belle esclave; mais, au lieu de l'amener à votre majesté, il a jugé plus à propos d'en faire un présent à son fils : Mon fils, lui a-t-il dit, prenez cette esclave; c'est pour vous : vous la méritez mieux que le roi. Son fils, continuera-t-il avec sa malice ordinaire, l'a prise, et il se divertit tous les jours avec elle. La chose est comme j'ai l'honneur de l'assurer à votre majesté; et votre majesté peut s'en éclaircir par elle-même. » Ne voyez-vous pas, ajouta le vizir, que sur un tel discours les gens du roi peuvent venir forcer ma maison à tout moment et enlever l'esclave? J'y ajoute tous les autres malheurs inévitables qui suivront.

« Seigneur, répondit la dame à ce discours du vizir, son mari, j'avoue que la méchanceté de Saouy est des plus grandes, et qu'il est capable de donner à la chose le tour malin que vous venez de dire, s'il en avait la moindre connaissance. Mais peut-il savoir, ni lui, ni personne, ce qui se passe dans l'intérieur de votre maison? Quand on le soupçonnerait, et que le roi vous en parlerait, ne pouvez-vous pas dire qu'après avoir bien examiné l'esclave, vous ne l'avez pas trouvée aussi digne de sa majesté qu'elle vous l'avait paru d'abord; que le marchand vous a trompé : qu'elle est à la vérité d'une beauté incomparable; mais qu'il s'en faut beaucoup qu'elle ait autant d'esprit, et qu'elle soit aussi habile qu'on vous l'avait vantée? Le roi vous en croira sur votre parole; et Saouy aura la confusion d'avoir aussi peu réussi dans son pernicieux dessein, que tant d'autres fois qu'il a entrepris inutilement de vous détruire. Rassurez-vous donc; et si vous voulez me croire, envoyez chercher les courtiers : marquez-leur que vous n'êtes pas content de la Belle Persane, et chargez-les de vous chercher une autre esclave. »

Comme ce conseil parut très-raisonnable au vizir Khacan, il calma un peu ses esprits, et il prit le parti de le suivre; mais il ne diminua rien de sa colère contre son fils Noureddin....

Mais, seigneur, dit Scheherazade, le jour paraît, et votre majesté doit aller vaquer aux soins de son empire : demain, si elle le permet, je lui conterai la suite de cette histoire. Le sultan se leva, et la nuit suivante Scheherazade reprit la parole en ces termes :

CCXL[e] NUIT.

Sire, Noureddin ne parut point de toute la journée; il n'osa même chercher un asile chez aucun des jeunes gens de son âge, qu'il fréquentait ordinairement, de crainte que son père ne l'y fît chercher. Il alla hors de la ville, et il se réfugia dans un jardin où il n'était jamais allé, et où il n'était pas connu. Il ne revint que fort tard, lorsqu'il savait bien que son père était retiré, et se fit ouvrir par les femmes de sa mère, qui l'introduisirent sans bruit. Il sortit le lendemain avant que son père fût levé; et il fut contraint de prendre les mêmes précautions un mois entier, avec une mortification très-sensible. En effet les femmes ne le flattaient pas : elles lui déclaraient franchement que le vizir, son père, persistait dans la même colère, et protestait qu'il le tuerait, s'il se présentait devant lui.

La femme de ce ministre savait par ses femmes que Noureddin revenait chaque jour; mais elle n'osait prendre la hardiesse de prier son mari de lui pardonner. Elle la prit enfin : « Seigneur, lui dit-elle un jour, je n'ai jusqu'à présent osé prendre la liberté de vous parler de votre fils. Je vous supplie de me permettre de vous demander ce que vous prétendez faire de lui. Un fils ne peut être plus criminel envers son père, que Noureddin l'est envers vous : il vous a privé d'un grand honneur et de la satisfaction de présenter au roi une esclave aussi accomplie que la Belle Persane, je l'avoue; mais, après tout, quelle est votre intention? Voulez-vous le perdre absolument? Au lieu du mal auquel il ne faut plus que vous songiez, vous vous en attireriez un autre beaucoup plus grand, à quoi vous ne pensez peut-être pas. Ne craignez-vous pas que le monde, qui est malin, en cherchant pourquoi votre fils est éloigné de vous, n'en devine la véritable cause, que vous voulez tenir si cachée? Si cela arrivait, vous seriez tombé justement dans le malheur que vous avez un si grand intérêt d'éviter. »

« Madame, reprit le vizir, ce que vous dites là est de bon sens; mais je ne puis me résoudre à pardonner à Noureddin, que je ne l'aie mortifié, comme il le mérite. — Il sera suffisamment mortifié, repartit la dame, quand vous aurez fait ce qui me vient en pensée. Votre fils entre ici chaque nuit, lorsque vous êtes retiré; il y couche, et il en sort avant que vous soyez levé. Attendez-le ce soir jusqu'à son arrivée, et faites semblant de le vouloir tuer : je viendrai à son secours; et en lui marquant que vous lui donnez la vie à ma prière, vous l'obligerez de prendre la Belle Persane à telle condition qu'il vous plaira. Il l'aime, et je sais qu'elle ne le hait pas. »

Khacan voulut bien suivre ce conseil : ainsi avant qu'on ouvrît à Noureddin, lorsqu'il arriva à son heure ordinaire, il se mit derrière la porte ; et dès qu'on lui eut ouvert, il se jeta sur lui, et le mit sous ses pieds. Noureddin tourna la tête, et reconnut son père, le poignard à la main, prêt à lui ôter la vie.

La mère de Noureddin survint en ce moment, et en retenant le vizir par le bras : « Qu'allez-vous faire, seigneur? s'écria-t-elle. — Laissez-moi, reprit le vizir, que je le tue, ce fils indigne. — Ah! seigneur, reprit la mère, tuez-moi plutôt moi-même : je ne permettrai jamais que vous ensanglantiez vos mains dans votre propre sang. » Noureddin profita de ce moment : « Mon père, s'écria-t-il les larmes aux yeux, j'implore votre clémence et votre miséricorde ; accordez-moi le pardon que je vous demande au nom de celui de qui vous l'attendez au jour que nous paraîtrons tous devant lui. »

Khacan se laissa arracher le poignard de la main, et, dès qu'il l'eut lâché, Noureddin se jeta à ses pieds et les lui baisa, pour marquer combien il se repentait de l'avoir offensé : « Noureddin, lui dit-il, remerciez votre mère ; je vous pardonne à sa considération. Je veux bien même vous donner la Belle Persane ; mais à condition que vous me promettrez par serment de ne la pas regarder comme esclave, mais comme votre femme, c'est-à-dire que vous ne la vendrez et même que vous ne la répudierez jamais. Comme elle est sage et qu'elle a de l'esprit et de la conduite infiniment plus que vous, je suis persuadé qu'elle modérera ces emportements de jeunesse, qui sont capables de vous perdre. »

Noureddin n'eût osé espérer d'être traité avec une si grande indulgence. Il remercia son père avec toute la reconnaissance imaginable, et lui fit de très-bon cœur le serment qu'il souhaitait. Ils furent très-contents l'un et l'autre, la Belle Persane et lui, et le vizir fut très-satisfait de leur bonne union.

Khacan n'attendit pas que le roi lui parlât de la commission qu'il lui avait donnée ; il avait grand soin de l'en entretenir souvent, et de lui marquer les difficultés qu'il trouvait à s'en acquitter à la satisfaction de sa majesté ; il sut enfin le ménager avec tant d'adresse, qu'insensiblement il n'y songea plus. Saouy, néanmoins, avait su quelque chose de ce qui s'était passé ; mais Khacan était si avant dans la faveur du roi, qu'il n'osa hasarder d'en parler.

Il y avait plus d'un an que cette affaire si délicate s'était passée plus heureusement que ce ministre ne l'avait cru d'abord, lorsqu'il alla au bain, et qu'une affaire pressante l'obligea d'en sortir encore tout échauffé; l'air, qui était un peu froid, le frappa, et lui causa une fluxion sur la poitrine, qui le contraignit de se mettre au lit avec une grosse fièvre. La maladie augmenta, et comme il s'aperçut qu'il n'était pas loin du dernier moment de sa vie, il tint ce discours à Noureddin, qui ne l'abandonnait pas : « Mon fils, lui dit-il, je ne sais si j'ai fait le bon usage que je devais des grandes richesses que Dieu m'a données; vous voyez qu'elles ne me servent de rien pour me délivrer de la mort. La seule chose que je vous demande en mourant, c'est que vous vous souveniez de la promesse que vous m'avez faite touchant la Belle Persane : je meurs content avec la confiance que vous ne l'oublierez pas. »

Ces paroles furent les dernières que le vizir Khacan prononça : il expira peu de moments après, et il laissa un deuil inexprimable dans la maison, à la cour et dans la ville. Le roi le regretta comme un ministre sage, zélé et fidèle, et toute la ville le pleura comme son protecteur et son bienfaiteur. Jamais on n'avait vu de funérailles plus honorables à Balsora; les vizirs, les émirs, et généralement tous les grands de la cour, s'empressèrent de porter son cercueil sur les épaules, les uns après les autres, jusqu'au lieu de sa sepulture, et les plus riches jusqu'aux plus pauvres de la ville l'y accompagnèrent en pleurs.

Noureddin donna toutes les marques de la grande affliction que la perte qu'il venait de faire devait lui causer; il demeura longtemps sans voir personne. Un jour, enfin, il permit qu'on laissât entrer un de ses amis intimes. Cet ami tâcha de le consoler, et comme il le vit disposé à l'écouter, il lui dit qu'après avoir rendu à la mémoire de son père tout ce qu'il lui devait, et satisfait pleinement à tout ce que demandait la bienséance, il était temps qu'il parût dans le monde, qu'il vît ses amis, et qu'il soutînt le rang que sa naissance et son mérite lui avaient acquis : « Nous pécherions, ajouta-t-il, contre les lois de la nature, et même contre les lois civiles, si, lorsque nos pères sont morts, nous ne leur rendions pas les devoirs que la tendresse exige de nous, et l'on nous regarderait comme des insensibles ; mais, dès que nous nous en sommes acquittés, et qu'on ne peut nous en faire aucun reproche, nous sommes obligés de reprendre le même train qu'auparavant, et de vivre dans le monde de la manière qu'on y vit. Essuyez donc vos larmes, et reprenez cet air de gaieté qui a toujours inspiré la joie partout où vous vous êtes trouvé. »

Le conseil de cet ami était très-raisonnable, et Noureddin eût évité tous les malheurs qui lui arrivèrent, s'il l'eût suivi dans toute la régularité qu'il demandait. Il se laissa persuader sans peine; il régala même son ami, et, lorsqu'il voulut se retirer, il le pria de revenir le lendemain, et d'amener trois ou quatre de leurs amis communs. Insensiblement il forma une réunion de dix personnes à peu près de son âge, et il passait le temps avec cette société en des festins et des réjouissances continuelles : il n'y avait pas même de jour qu'il ne les renvoyât chacun avec un présent.

Quelquefois, pour faire plus de plaisir à ses amis, Noureddin faisait venir la Belle Persane. Elle avait la complaisance de lui obéir; mais elle n'approuvait pas cette profusion excessive; elle lui en disait son sentiment en liberté : « Je ne doute pas, lui disait-elle, que le vizir, votre père, ne vous ait laissé de grandes richesses; mais, si grandes qu'elles puissent être, ne trouvez pas mauvais qu'une esclave vous représente que vous en verrez bientôt la fin, si vous continuez de mener cette vie : on peut quelquefois régaler ses amis et se divertir avec eux ; mais qu'on en fasse une coutume journalière, c'est courir le grand chemin de la dernière misère. Pour votre honneur et pour votre réputation, vous feriez beaucoup mieux de suivre les traces de feu votre père, et de vous mettre en état de parvenir aux charges qui lui ont acquis tant de gloire. »

Noureddin écoutait la Belle Persane en riant, et quand elle avait achevé : « Ma belle, reprenait-il en continuant de rire, laissons là ce discours, ne parlons que de nous réjouir. Feu mon père m'a toujours tenu dans une grande contrainte : je suis bien aise de jouir de la liberté après laquelle j'ai tant soupiré avant sa mort. J'aurai toujours le temps de me réduire à la vie réglée dont vous me parlez; un homme de mon âge doit se donner le loisir de goûter les plaisirs de la jeunesse. »

Le jour commençait à se faire apercevoir dans l'appartement du sultan, et Scheherazade cessa de parler. Schahriar prenait trop de plaisir à l'histoire de Noureddin, pour ne pas permettre à la sultane d'en raconter la suite ; ce qu'elle fit, la nuit suivante, en ces termes :

CCXLIᵉ NUIT.

Sire, ce qui contribua encore beaucoup a mettre les affaires de Noureddin en désordre, fut qu'il ne voulait pas entendre parler de compter avec son maître d'hôtel; il le renvoyait chaque fois qu'il se présentait avec son livre : « Va, va, lui disait-il, je me fie bien à toi; aie soin seulement que je fasse toujours bonne chère. »

« Vous êtes le maître, seigneur, reprenait le maître d'hôtel. Vous voudrez bien néanmoins que je vous fasse souvenir de ce proverbe : Qui fait grande dépense et ne compte pas, se trouve à la fin réduit à la mendicité sans s'en être aperçu. Vous ne vous contentez pas de la dépense si prodigieuse de votre table, vous donnez encore à toute main. Vos trésors ne peuvent y suffire, quand ils seraient aussi gros que des montagnes. — Va, te dis-je, lui répétait Noureddin, je n'ai pas besoin de tes leçons : continue de me faire manger, et ne te mets pas en peine du reste. »

Les amis de Noureddin, cependant, étaient fort assidus à sa table, et ne manquaient pas l'occasion de profiter de sa facilité : ils le flattaient, ils le louaient, et faisaient valoir jusqu'à la moindre de ses actions les plus indifférentes; surtout ils n'oubliaient pas d'exalter tout ce qui lui appartenait, et ils y trouvaient leur compte : « Seigneur, lui disait l'un, je passais l'autre jour par la terre que vous avez en tel endroit; rien n'est plus magnifique ni mieux meublé que la maison : c'est un paradis de délices que le jardin qui l'accompagne. — Je suis ravi qu'elle vous plaise, reprenait Noureddin : qu'on m'apporte une plume, de l'encre et du papier, et que je n'en entende plus parler; c'est pour vous, je vous la donne. » D'autres ne lui avaient pas plutôt vanté quelqu'une des maisons, des bains et des lieux publics à loger des étrangers, qui lui appartenaient, et lui rapportaient un gros revenu, qu'il leur en faisait une donation. La Belle Persane lui représentait le tort qu'il se faisait : au lieu de l'écouter, il continuait de prodiguer ce qui lui restait à la première occasion.

Noureddin, enfin, ne fit autre chose toute une année que de faire bonne chère, se donner du bon temps, et se divertir en prodiguant et dissipant les grands biens que ses prédécesseurs et le bon vizir, son père, avaient acquis ou conservés avec beaucoup de soins et de peines. L'année s'était à peine écoulée, que l'on frappa un jour à la porte de la salle où il était à table. Il avait renvoyé ses esclaves, et il s'y était renfermé avec ses amis, pour être en grande liberté.

Un des amis de Noureddin voulut se lever; mais Noureddin le devança, et alla ouvrir lui-même. C'était son maître d'hôtel, et Noureddin, pour écouter ce qu'il voulait, s'avança un peu hors de la salle et ferma la porte à demi.

L'ami qui avait voulu se lever, et qui avait aperçu le maître d'hôtel, curieux de savoir ce qu'il avait à dire à Noureddin, alla se poster entre la portière et la porte, et entendit que le maître d'hôtel tint ce discours : « Seigneur, dit-il à son maître, je vous demande mille pardons si je viens vous interrompre au milieu de vos plaisirs; ce que j'ai à vous communiquer vous est, ce me semble, de si grande importance, que je n'ai pas cru devoir me dispenser de prendre cette liberté. Je viens d'achever mes derniers comptes, et je trouve que ce que j'avais prévu il y a long-temps, et dont je vous avais averti plusieurs fois, est arrivé, c'est-à-dire, seigneur, que je n'ai plus une maille de toutes les sommes que vous m'avez données pour faire votre dépense. Les autres fonds que vous m'aviez assignés sont aussi épuisés, et vos fermiers et ceux qui vous devaient des rentes m'ont fait voir si clairement que vous avez transporté à d'autres ce qu'ils tenaient de vous, que je ne puis plus rien exiger d'eux sous votre nom. Voici mes comptes, examinez-les, et si vous souhaitez que je continue de vous rendre mes services, assignez-moi d'autres fonds; sinon permettez-moi de me retirer. » Noureddin fut tellement surpris de ce discours, qu'il n'eut pas un mot à y répondre.

L'ami qui était aux écoutes, et qui avait tout entendu, rentra aussitôt, et fit part aux autres convives de ce qu'il venait d'entendre : « C'est à vous, leur dit-il en achevant, de profiter de cet avis; pour moi, je vous déclare que c'est aujourd'hui le dernier jour que vous me verrez chez Noureddin. — Si cela est, reprirent-ils, nous n'avons plus affaire chez lui, non plus que vous; il ne nous y reverra pas davantage. »

Noureddin revint en ce moment, et quelque bonne mine qu'il fît pour tâcher de remettre ses conviés en train, il ne put néanmoins si bien dissimuler, qu'ils ne s'aperçussent fort bien de la vérité de ce qu'ils venaient d'apprendre. Il s'était à peine remis à sa place qu'un des amis se leva de la sienne : « Seigneur, lui dit-il, je suis bien fâché de ne pouvoir vous tenir compagnie plus long-temps; je vous supplie de trouver bon que je m'en aille. — Quelle affaire vous oblige de nous quitter si tôt? reprit Noureddin. — Seigneur, reprit-il, ma femme est accouchée aujourd'hui; vous n'ignorez pas que la présence d'un mari est toujours nécessaire dans une pareille circonstance. » Il fit une grande révérence et partit. Un moment après, un autre se retira sur un autre prétexte. Les autres firent la même chose l'un après l'autre, jusqu'à ce qu'il ne restât pas un seul des dix amis qui jusqu'alors avaient tenu si bonne compagnie à Noureddin.

Noureddin ne soupçonna rien de la résolution que ses amis avaient prise de ne plus le voir. Il alla à l'appartement de la Belle Persane, et il s'entretint seulement avec elle de la déclaration que son maître d'hôtel lui avait faite, avec de grands témoignages d'un véritable repentir du désordre où étaient ses affaires :

« Seigneur, lui dit la Belle Persane, permettez-moi de vous dire que vous n'avez voulu vous en rapporter qu'à votre propre sens ; vous voyez présentement ce qui vous est arrivé. Je ne me trompais pas lorsque je vous prédisais la triste fin à laquelle vous deviez vous attendre : ce qui me fait de la peine, c'est que vous ne voyez pas tout ce qu'elle a de fâcheux. Quand je voulais vous en dire ma pensée : Réjouissons-nous, me disiez-vous, et profitons du bon temps que la fortune nous offre, pendant qu'elle nous est favorable ; peut-être ne sera-t-elle pas toujours de si bonne humeur. Mais je n'avais pas tort de vous répondre que nous étions nous-mêmes les artisans de notre bonne fortune par une sage conduite. Vous n'avez pas voulu m'écouter, et j'ai été contrainte de vous laisser faire malgré moi.

— J'avoue, repartit Noureddin, que j'ai tort de n'avoir pas suivi les avis si salutaires que vous me donniez avec votre sagesse admirable ; mais, si j'ai mangé tout mon bien, vous ne considérez pas que ç'a été avec une élite d'amis que je connais depuis long-temps. Ils sont honnêtes et pleins de reconnaissance ; je suis sûr qu'ils ne m'abandonneront pas. — Seigneur, répliqua la Belle Persane, si vous n'avez d'autre ressource que ce que vous pensez obtenir de la reconnaissance de vos amis, croyez-moi, votre espérance est mal fondée, et vous m'en direz des nouvelles avec le temps. »

« Charmante Persane, dit à cela Noureddin, j'ai meilleure opinion que vous du secours qu'ils me donneront : je veux les aller voir tous demain, avant qu'ils prennent la peine de venir à leur ordinaire, et vous me verrez revenir avec une bonne somme d'argent, dont ils m'auront secouru tous ensemble. Je changerai de vie comme j'y suis résolu, et je ferai profiter cet argent par quelque négoce. »

Noureddin ne manqua pas d'aller le lendemain chez ses dix amis, qui demeuraient dans une même rue ; il frappa à la première porte qui se présenta, où demeurait un des plus riches. Une esclave vint, et avant d'ouvrir elle demanda qui frappait : « Dites à votre maître, répondit Noureddin, que c'est Noureddin, fils du feu vizir Khacan. »

L'esclave ouvrit, l'introduisit dans une salle, et entra dans la chambre où était son maître, à qui elle annonça que Noureddin venait le voir : « Noureddin ! reprit le maître avec un ton de mépris, et si haut que Noureddin l'entendit avec un grand étonnement. Va, dis-lui que je n'y suis pas, et toutes les fois qu'il viendra dis-lui la même chose. » L'esclave revint, et donna pour réponse à Noureddin qu'elle avait cru que son maître y était, mais qu'elle s'était trompée.

Noureddin sortit avec confusion : « Ah ! le perfide ! le méchant homme ! s'écria-t-il ; il me protestait hier que je n'avais pas un meilleur ami que lui, et aujourd'hui il me traite si indignement ! » Il alla frapper à la porte d'un autre ami, et cet ami lui fit dire la même chose que le premier. Il eut la même réponse chez le troisième, et ainsi des autres, jusqu'au dixième, quoiqu'ils fussent tous chez eux.

Ce fut alors que Noureddin rentra tout de bon en lui-même, et qu'il reconnut la faute irréparable qu'il avait commise, en fondant trop facilement ses espérances sur l'assiduité de ces faux amis à demeurer attachés à sa personne, et sur leurs protestations d'amitié tout le temps qu'il avait été en état de leur donner des régals somptueux, et de les combler de largesses et de bienfaits : « Il est bien vrai, dit-il en lui-même, les larmes aux yeux, qu'un homme heureux comme je l'étais ressemble à un arbre chargé de fruits : tant qu'il y a du fruit sur l'arbre, on ne cesse pas d'être à l'entour et d'en cueillir ; dès qu'il n'y en a plus, on s'en éloigne et on le laisse seul. » Il se contraignit tant qu'il fut hors de chez lui ; mais, dès qu'il fut rentré, il s'abandonna tout entier à son affliction, et alla le témoigner à la Belle Persane.

Dès que la Belle Persane vit paraître l'affligé Noureddin, elle se douta qu'il n'avait pas trouvé chez ses amis le secours auquel il s'était attendu : « Eh bien, seigneur, lui dit-elle, êtes-vous présentement convaincu de la vérité de ce que je vous avais prédit ? — Ah ! ma bonne, s'écria-t-il, vous ne me l'aviez prédit que trop véritablement : pas un n'a voulu me reconnaître, me voir, me parler ! Jamais je n'eusse cru devoir être traité si cruellement par des gens qui m'ont tant d'obligations, et pour qui je me suis épuisé moi-même. Je ne me possède plus, et je crains de commettre quelque action indigne de moi, dans l'état déplorable et dans le désespoir où je suis, si vous ne m'aidez de vos sages conseils. — Seigneur, reprit la Belle Persane, je ne vois pas d'autre remède à votre malheur que de vendre vos esclaves et vos meubles, et de subsister là-dessus jusqu'à ce que le Ciel vous montre quelque autre voie pour vous tirer de la misère. »

Scheherazade s'aperçut en ce moment qu'elle ne pouvait plus continuer son récit; avec la permission du sultan, elle le reprit ainsi la nuit suivante:

CCXLII^e NUIT.

Sire, le remède parut extrêmement dur à Noureddin ; mais qu'eût-il pu faire dans la position où il était? Il vendit premièrement ses esclaves, bouches alors inutiles, qui lui eussent fait une dépense beaucoup au delà de ce qu'il était en état de supporter. Il vécut quelque temps sur l'argent qu'il en fit, et, lorsqu'il vint à manquer, il fit porter ses meubles à la place publique, où ils furent vendus beaucoup au-dessous de leur juste valeur, quoiqu'il y en eût de très-précieux qui avaient coûté des sommes immenses. Cela le fit subsister un long espace de temps; mais enfin ce secours manqua, et il ne lui restait plus de quoi faire d'autre argent. Il en témoigna l'excès de sa douleur à la Belle Persane.

Noureddin ne s'attendait pas à la réponse que lui fit cette sage personne : « Seigneur, lui dit-elle, je suis votre esclave, et vous savez que le feu vizir, votre père, m'a achetée dix mille pièces d'or. Je sais bien que je ne vaux plus ce que je valais alors ; mais aussi je suis persuadée que je puis être encore vendue une somme qui n'en sera pas éloignée. Croyez-moi, ne différez pas de me mener au marché et de me vendre : avec l'argent que vous toucherez, qui sera très-considérable, vous irez faire le marchand en quelque ville où vous ne serez pas connu, et par là vous aurez trouvé le moyen de vivre, sinon dans une grande opulence, d'une manière au moins à vous rendre heureux et content. »

« Ah ! charmante et belle Persane, s'écria Noureddin, est-il possible que vous ayez pu concevoir cette pensée? Vous ai-je donné si peu de marques de mon amour que vous me croyiez capable de cette lâcheté indigne? Pourrais-je le faire sans être parjure, après le serment que j'ai fait à feu mon père de ne vous jamais vendre? Je mourrais plutôt que d'y contrevenir et que de me séparer d'avec vous, que j'aime, je ne dis pas autant, mais plus que moi-même. En me faisant une proposition si déraisonnable, vous me faites connaître qu'il s'en faut de beaucoup que vous m'aimiez autant que je vous aime. »

« Seigneur, reprit la Belle Persane, je suis convaincue que vous m'aimez autant que vous le dites, et Dieu connaît si la passion que j'ai pour vous est inférieure à la vôtre, et combien j'ai eu de répugnance à vous faire la proposition qui vous révolte si fort contre moi. Pour détruire la raison que vous m'apportez, je n'ai qu'à vous faire souvenir que la nécessité n'a pas de loi. Je vous aime à un point qu'il n'est pas possible que vous m'aimiez davantage, et je puis vous assurer que je ne cesserai jamais de vous aimer de même, à quelque maître que je puisse appartenir; je n'aurai pas même un plus grand plaisir au monde que de me réunir avec vous dès que vos affaires vous permettront de me racheter, comme je l'espère. Voilà, je l'avoue, une nécessité bien cruelle pour vous et pour moi ; mais, après tout, je ne vois pas d'autres moyens de nous tirer de la misère, vous et moi. »

Noureddin, qui connaissait fort bien la vérité de ce que la Belle Persane venait de lui représenter, et qui n'avait point d'autre ressource pour éviter une pauvreté ignominieuse, fut contraint de prendre le parti qu'elle lui avait proposé : ainsi, il la mena au marché où l'on vendait les femmes esclaves, avec un regret qu'on ne peut exprimer. Il s'adressa à un courtier nommé Hadji Hassan : « Hadji Hassan, lui dit-il, voici une esclave que je veux vendre ; vois, je te prie, le prix qu'on en voudra donner. »

Hadji Hassan fit entrer Noureddin et la Belle Persane dans une chambre, et dès que la Belle Persane eut ôté le voile qui lui cachait le visage : « Seigneur, dit Hadji Hassan à Noureddin avec admiration, me trompai-je? N'est-ce pas l'esclave que le feu vizir, votre père, acheta dix mille pièces d'or? » Noureddin lui assura que c'était elle-même, et Hadji Hassan, en lui faisant espérer qu'il en tirerait une grosse somme, lui promit d'employer tout son art à la faire acheter au plus haut prix qu'il lui serait possible.

Hadji Hassan et Noureddin sortirent de la chambre, et Hadji Hassan y enferma la Belle Persane. Il alla ensuite chercher les marchands ; mais ils étaient tous occupés à acheter des esclaves grecques, africaines, tartares et autres, et il fut obligé d'attendre qu'ils eussent fait leurs achats. Dès qu'ils eurent achevé, et qu'à peu près ils se furent tous rassemblés : « Mes bons seigneurs, leur dit-il avec une gaieté qui paraissait sur son visage et dans ses gestes, tout ce qui est rond n'est pas noisette ; tout ce qui est long n'est pas figue ; tout ce qui est rouge n'est pas chair, et tous les œufs ne sont pas frais : je veux vous dire que vous avez bien vu et bien acheté des esclaves en votre vie ; mais vous n'en avez jamais vu une seule qui puisse entrer en comparaison avec celle que je vous annonce. C'est la perle des esclaves : venez, suivez-moi, que je vous la fasse voir. Je veux que vous me disiez vous-mêmes à quel prix je dois la crier d'abord. »

Les marchands suivirent Hadji Hassan, et il leur ouvrit la porte de la chambre où était la Belle Persane. Ils la virent avec surprise, et ils convinrent tout d'une voix qu'on ne pouvait la mettre d'abord à un moindre prix que celui de quatre mille pièces d'or. Ils sortirent de la chambre, et Hadji Hassan, qui sortit avec eux, après avoir fermé la porte, cria à haute voix, sans s'en éloigner : « A QUATRE MILLE PIÈCES D'OR L'ESCLAVE PERSANE ! »

Aucun des marchands n'avait encore parlé, et ils se consultaient eux-mêmes sur l'enchère qu'ils y devaient mettre, lorsque le vizir Saouy parut. Comme il avait aperçu Noureddin dans la place : « Apparemment, dit-il en lui-même, que Noureddin fait encore de l'argent de quelques meubles (car il savait qu'il en avait vendu), et qu'il est venu acheter une esclave. » Il s'avance, et Hadji Hassan cria une seconde fois : « A QUATRE MILLE PIÈCES D'OR L'ESCLAVE PERSANE ! »

Ce haut prix fit juger à Saouy que l'esclave devait être d'une beauté toute particulière, et aussitôt il eut une forte envie de la voir. Il poussa son cheval droit à Hadji Hassan, qui était environné des marchands : « Ouvre la porte, lui dit-il, et fais-moi voir l'esclave. » Ce n'était pas la coutume de faire voir une esclave à un particulier dès que les marchands l'avaient vue et qu'ils la marchandaient ; mais les marchands n'eurent pas la hardiesse de faire valoir leur droit contre l'autorité du vizir, et Hadji Hassan ne put se dispenser d'ouvrir la porte et de faire signe à la Belle Persane de s'approcher, afin que Saouy pût la voir sans descendre de son cheval.

Saouy fut dans une admiration inexprimable quand il vit une esclave d'une beauté si extraordinaire. Il avait déjà eu affaire avec le courtier, et son nom ne lui était pas inconnu : « Hadji Hassan, lui dit-il, n'est-ce pas à quatre mille pièces d'or que tu la cries ? — Oui, seigneur, répondit-il ; les marchands que vous voyez sont convenus il n'y a qu'un moment que je la criasse à ce prix-là ; j'attends qu'ils en offrent davantage, à l'enchère et au dernier mot. — Je donnerai l'argent, reprit Saouy, si personne n'en offre davantage. » Il regarda aussitôt les marchands d'un œil qui marquait assez qu'il ne prétendait pas qu'ils renchérissent. Il était si redoutable à tout le monde, qu'ils se gardèrent bien d'ouvrir la bouche, même pour se plaindre sur ce qu'il entreprenait sur leur droit.

Quand le vizir Saouy eut attendu quelque temps, et qu'il vit qu'aucun des marchands n'enchérissait : « Eh bien ! qu'attends-tu ? dit-il à Hadji Hassan. Va trouver le vendeur, et conclus le marché avec lui à quatre mille pièces d'or, ou sache ce qu'il prétend faire. » Il ne savait pas encore que l'esclave appartînt à Noureddin.

Hadji Hassan, qui avait déjà fermé la porte de la chambre, alla s'aboucher avec Noureddin : « Seigneur, lui dit-il, je suis bien fâché de venir vous annoncer une méchante nouvelle : votre esclave va être vendue pour rien. — Pour quelle raison? reprit Noureddin. — Seigneur, repartit Hadji Hassan, la chose avait pris d'abord un fort bon train : dès que les marchands eurent vu votre esclave, ils me chargèrent, sans faire de façon, de la crier à quatre mille pièces d'or. Je l'ai criée à ce prix-là, et aussitôt le vizir Saouy est venu, et sa présence a fermé la bouche aux marchands, que je voyais disposés à la faire monter au moins au même prix qu'elle coûta au feu vizir, votre père. Saouy ne veut en donner que les quatre mille pièces d'or, et c'est bien malgré moi que je viens vous apporter une parole si déraisonnable. L'esclave est à vous; mais je ne vous conseillerai jamais de la lâcher à ce prix-là. Vous le connaissez, seigneur, et tout le monde le connaît : outre que l'esclave vaut infiniment davantage, il est assez méchant homme pour imaginer quelque moyen de ne vous pas compter la somme. »

« Hadji Hassan, répliqua Noureddin, je te suis obligé de ton conseil; ne crains pas que je souffre que mon esclave soit vendue à l'ennemi de ma maison : j'ai grand besoin d'argent; mais j'aimerais mieux mourir dans la dernière pauvreté que de permettre qu'elle lui soit livrée. Je te demande une seule chose : comme tu sais tous les usages et tous les détours, dis-moi seulement ce que je dois faire pour l'en empêcher? »

« Seigneur, répondit Hadji Hassan, rien n'est plus aisé : faites semblant de vous être mis en colère contre votre esclave, et d'avoir juré que vous l'amèneriez au marché, mais que vous n'avez pas entendu la vendre, et que ce que vous en avez fait n'a été que pour vous acquitter de votre serment. Cela satisfera tout le monde, et Saouy n'aura rien à vous dire. Venez donc, et dans le moment que je la présenterai à Saouy, comme si c'était de votre consentement, et que le marché fût arrêté, reprenez-la en lui donnant quelques coups, et ramenez-la chez vous. — Je te remercie, lui dit Noureddin, tu verras que je suivrai ton conseil. »

Hadji Hassan retourna à la chambre; il l'ouvrit et entra, et après avoir averti la Belle Persane, en deux mots, de ne pas s'alarmer de ce qui allait arriver, il la prit par le bras et l'amena au vizir Saouy, qui était toujours devant la porte : « Seigneur, dit-il en la lui présentant, voilà l'esclave; elle est à vous, prenez-la. »

Hadji Hassan n'avait pas achevé ces paroles, que Noureddin s'était saisi de la Belle Persane; il la tira à lui en lui donnant un soufflet : « Venez çà, impertinente, lui dit-il assez haut pour être entendu de tout le monde, et revenez chez moi ; votre méchante humeur m'avait bien obligé de faire serment de vous amener au marché, mais non pas de vous vendre. J'ai encore besoin de vous, et il sera temps d'en venir à cette extrémité quand il ne me restera plus autre chose. »

Le vizir Saouy fut dans une grande colère de cette action de Noureddin : « Misérable débauché ! s'écria-t-il, veux-tu me faire accroire qu'il te reste autre chose à vendre que ton esclave ? » Il poussa son cheval en même temps droit à lui pour lui enlever la Belle Persane. Noureddin, piqué au vif de l'affront que le vizir lui faisait, ne fit que lâcher la Belle Persane et lui dire de l'attendre, et en se jetant sur la bride du cheval, il le fit reculer trois ou quatre pas en arrière : « Méchant barbon ! dit-il alors au vizir, je te ravirais l'âme sur l'heure, si je n'étais retenu par la considération de tout le monde que voilà. »

Comme Saouy n'était aimé de personne, et qu'au contraire il était haï de tout le monde, il n'y en avait pas un de tous ceux qui étaient présents qui n'eût été ravi que Noureddin l'eût un peu mortifié. Ils lui témoignèrent par signes et lui firent comprendre qu'il pouvait se venger comme il lui plairait, et que personne ne se mêlerait de leur querelle.

Saouy voulut faire un effort pour obliger Noureddin de lâcher la bride de son cheval ; mais Noureddin, qui était un jeune homme fort et puissant, enhardi par la bienveillance des assistants, le tira à bas du cheval au milieu du ruisseau, lui donna mille coups, et lui mit la tête en sang contre le pavé. Dix esclaves qui accompagnaient Saouy voulurent tirer le sabre et se jeter sur Noureddin ; mais les marchands se mirent au-devant et les en empêchèrent : « Que prétendez-vous faire ? leur dirent-ils. Ne voyez-vous pas que si l'un est vizir, l'autre est fils de vizir ? Laissez-les vider leur différend entre eux ; peut-être se raccommoderont-ils un de ces jours. Et si vous aviez tué Noureddin, croyez-vous que votre maître, tout puissant qu'il est, pût vous garantir de la justice ? » Noureddin se lassa enfin de battre le vizir Saouy ; il le laissa au milieu du ruisseau, reprit la Belle Persane, et retourna chez lui au milieu des acclamations du peuple, qui le louait de l'action qu'il venait de faire.

CCXLIIIᵉ NUIT.

Sire, poursuivit la sultane, Saouy, meurtri de coups, se releva à l'aide de ses gens, avec bien de la peine, et il eut la dernière mortification de se voir tout gâté de fange et de sang. Il s'appuya sur les épaules de deux de ses esclaves, et, dans cet état, il alla droit au palais, à la vue de tout le monde, avec une confusion d'autant plus grande, que personne ne le plaignait. Quand il fut sous l'appartement du roi, il se mit à crier et à implorer sa justice d'une manière pitoyable. Le roi le fit venir, et, dès qu'il parut, il lui demanda qui l'avait maltraité et mis dans l'état où il était : « Sire, s'écria Saouy, il ne faut qu'être bien dans la faveur de votre majesté, et avoir quelque part à ses sacrés conseils, pour être traité de la manière indigne dont elle voit qu'on vient de me traiter. — Laissons là ces discours, reprit le roi; dites-moi seulement la chose comme elle est, et qui est l'offenseur. Je saurai bien l'en faire repentir, s'il a tort. »

« Sire, dit alors Saouy, en racontant la chose tout à son avantage, j'étais allé au marché des femmes esclaves pour acheter moi-même une cuisinière dont j'ai besoin; j'y suis arrivé, et j'ai trouvé qu'on y criait une esclave à quatre mille pièces d'or. Je me suis fait amener l'esclave; c'est la plus belle qu'on ait vue et qu'on puisse jamais voir. Je ne l'ai pas eu plutôt considérée avec une satisfaction extrême, que j'ai demandé à qui elle appartenait, et j'ai appris que Noureddin, fils du feu vizir Khacan, voulait la vendre. Votre majesté se souvient, sire, d'avoir fait compter dix mille pièces d'or à ce vizir, il y a deux ou trois ans; et de l'avoir chargé de vous acheter une esclave pour cette somme. Il l'avait employée à acheter celle-ci; mais au lieu de l'amener à votre majesté, il ne vous en jugea pas digne, et en fit présent à son fils. Depuis la mort du père, le fils a bu, mangé et dissipé tout ce qu'il avait, et il ne lui est resté que cette esclave, qu'il s'était enfin résolu à vendre, et que l'on vendait en effet en son nom. Je l'ai fait venir, et sans lui parler de la prévarication ou plutôt de la perfidie de son père envers votre majesté : « Noureddin, lui ai-je dit le plus honnêtement du monde, les marchands, comme je l'apprends, ont mis d'abord votre esclave à quatre mille pièces d'or; je ne doute pas qu'à l'envi l'un de l'autre ils ne la fassent monter à un prix beaucoup plus haut : croyez-moi, donnez-la-moi pour les quatre mille pièces d'or, et je vais l'acheter pour en faire un présent au roi, notre seigneur et maître, à qui j'en ferai bien votre cour; cela vous vaudra infiniment plus que ce que les marchands pourraient vous en donner. » Au lieu de répondre, en me rendant honnêteté pour honnêteté, l'insolent m'a regardé fièrement : « Méchant vieillard, m'a-t-il dit, je donnerais mon esclave à un juif pour rien, plutôt que de te la vendre. — Mais, Noureddin, ai-je repris sans m'échauffer, quoique j'en eusse un grand sujet, vous ne considérez pas, quand vous parlez ainsi, que vous faites injure au roi, qui a fait votre père ce qu'il était, aussi bien qu'il m'a fait ce que je suis. » Cette remontrance qui devait l'adoucir n'a fait que l'irriter davantage : il s'est jeté aussitôt sur moi comme un furieux, sans aucune considération pour mon âge, encore moins pour ma dignité, m'a jeté à bas de mon cheval, m'a frappé tout le temps qu'il lui a plu, et m'a mis en l'état où votre majesté me voit. Je la supplie de considérer que c'est pour ses intérêts que je souffre un affront si signalé. »

En achevant ces paroles, il baissa la tête et se tourna de côté pour laisser couler ses larmes en abondance.

Le roi, abusé et animé contre Noureddin par ce discours plein d'artifice, laissa paraître sur son visage des marques d'une grande colère; il se tourna du côté de son capitaine des gardes qui était auprès de lui : « Prenez quarante hommes de ma garde, lui dit-il, et quand vous aurez mis la maison de Noureddin au pillage, et que vous aurez donné les ordres pour la raser, amenez-le-moi avec son esclave. »

Le capitaine des gardes n'était pas encore hors de l'appartement du roi, qu'un huissier de la chambre qui entendit donner cet ordre avait déjà pris le devant. Il s'appelait Sangiar, et il avait été autrefois esclave du vizir Khacan, qui l'avait introduit dans la maison du roi, où il s'était avancé par degrés.

Sangiar, plein de reconnaissance pour son ancien maître et de zèle pour Noureddin, qu'il avait vu naître, connaissant aussi depuis longtemps la haine de Saouy contre la maison de Khacan, n'avait pu entendre l'ordre sans frémir : « L'action de Noureddin, dit-il en lui-même, ne peut pas être aussi noire que Saouy l'a racontée; il a prévenu le roi, et le roi va faire mourir Noureddin sans lui donner le temps de se justifier. » Il fit une diligence si grande, qu'il arriva assez à temps pour l'avertir de ce qui venait de se passer chez le roi, et lui donner lieu de se sauver avec la Belle Persane. Il frappa à la porte d'une manière qui obligea Noureddin, qui n'avait plus de domestiques il y avait long-temps, de venir ouvrir lui-même sans différer : « Mon cher seigneur, lui dit Sangiar, il n'y a plus de sûreté pour vous à Balsora : partez et sauvez-vous sans perdre un moment. »

« Pourquoi cela, reprit Noureddin? Qu'y a-t-il qui m'oblige si fort de partir. — Partez, vous dis-je, repartit Sangiar, et emmenez votre esclave avec vous. En deux mots, Saouy vient de faire entendre au roi, de la manière qu'il a voulu, ce qui s'est passé entre vous et lui, et le capitaine des gardes vient après moi, avec quarante soldats, se saisir de vous et d'elle. Prenez ces quarante pièces d'or pour vous aider à chercher un asile : je vous en donnerais davantage si j'en avais sur moi. Excusez-moi si je ne m'arrête pas davantage; je vous laisse malgré moi, pour votre bien et pour le mien, par l'intérêt que j'ai que le capitaine des gardes ne me voie pas. » Sangiar ne donna à Noureddin que le temps de le remercier, et se retira.

Noureddin alla avertir la Belle Persane de la nécessité où ils étaient l'un et l'autre de s'éloigner dans le moment; elle ne fit que mettre son voile, et ils sortirent de la maison. Ils eurent le bonheur non-seulement de sortir de la ville sans que personne s'aperçût de leur évasion, mais même d'arriver à l'embouchure de l'Euphrate, qui n'était pas éloignée, et de s'embarquer sur un bâtiment prêt à lever l'ancre.

En effet, dans le temps qu'ils arrivèrent, le capitaine était sur le tillac au milieu des passagers : « Enfants, leur demandait-il, êtes-vous tous ici? Quelqu'un de vous a-t-il encore affaire, ou a-t-il oublié quelque chose à la ville? » A quoi chacun répondit qu'ils y étaient tous, et qu'il pouvait faire voile quand il lui plairait. Noureddin ne fut pas plutôt embarqué qu'il demanda où le vaisseau allait, et il fut ravi d'apprendre qu'il allait à Bagdad. Le capitaine fit lever l'ancre, mit à la voile, et le vaisseau s'éloigna de Balsora avec un vent très-favorable.

Voici ce qui se passa à Balsora pendant que Noureddin échappait à la colère du roi, avec la Belle Persane.

Le capitaine des gardes arriva à la maison de Noureddin, et frappa à la porte. Comme il vit que personne n'ouvrait, il la fit enfoncer, et aussitôt ses soldats entrèrent en foule; ils cherchèrent par tous les coins et recoins, et ils ne trouvèrent ni Noureddin ni son esclave. Le capitaine des gardes fit demander et demanda lui-même aux voisins s'ils ne les avaient pas vus. Quand ils les eussent vus, comme il n'y en avait pas un qui n'aimât Noureddin, il n'y en avait pas un qui eût rien dit qui pût lui faire tort. Pendant que l'on pillait et que l'on rasait la maison, il alla porter cette nouvelle au roi : « Qu'on les cherche en quelque endroit qu'ils puissent être, dit le roi, je veux les avoir! »

Le capitaine des gardes alla faire de nouvelles perquisitions, et le roi renvoya le vizir Saouy avec honneur : « Allez, lui dit-il, retournez chez vous, et ne vous mettez pas en peine du châtiment de Noureddin ; je vous vengerai moi-même de son insolence. »

Afin de mettre tout en usage, le roi fit encore crier dans toute la ville, par les crieurs publics, qu'il donnerait mille pièces d'or à celui qui lui amènerait Noureddin et son esclave, et qu'il ferait punir sévèrement celui qui les aurait cachés. Mais, quelque soin qu'il prit, et quelque diligence qu'il fit faire, il ne lui fut pas possible d'en avoir aucune nouvelle, et le vizir Saouy n'eut que la consolation de voir que le roi avait pris son parti.

Cependant Noureddin et la Belle Persane avançaient et faisaient leur route avec tout le bonheur possible. Ils abordèrent enfin à Bagdad, et dès que le capitaine, joyeux d'avoir achevé son voyage, eut aperçu la ville : « Enfants ! s'écria-t-il en parlant aux passagers, réjouissez-vous, la voilà cette grande et merveilleuse ville, où il y a un concours général et perpétuel de tous les endroits du monde. Vous y trouverez une multitude de peuple innombrable, et vous n'y aurez pas le froid insupportable de l'hiver, ni les chaleurs excessives de l'été ; vous y jouirez d'un printemps qui dure toujours, avec ses fleurs et avec les fruits délicieux de l'automne. »

Quand le bâtiment eut mouillé un peu au-dessous de la ville, les passagers débarquèrent et se rendirent chacun où ils devaient loger. Noureddin donna cinq pièces d'or pour son passage, et débarqua aussi avec la Belle Persane. Mais il n'était jamais venu à Bagdad, et il ne savait où aller prendre logement. Ils marchèrent long-temps le long des jardins qui bordaient le Tigre, et ils en côtoyèrent un qui était fermé d'une belle et longue muraille. En arrivant au bout, ils détournèrent par une longue rue bien pavée, où ils aperçurent la porte du jardin, avec une belle fontaine auprès.

Le point du jour, qui se fit apercevoir dans l'appartement du sultan, interrompit Scheherazade ; elle reprit son récit la nuit suivante :

CCXLIV° NUIT.

Sire, la porte, qui était très-magnifique, était fermée ; mais elle avait un vestibule ouvert, où était placé un sofa de chaque côté : « Voici un endroit fort commode, dit Noureddin à la Belle Persane ; la nuit approche, et nous avons mangé avant de débarquer ; je suis d'avis que nous y passions la nuit, et demain matin nous aurons le temps de chercher à nous loger. Qu'en dites-vous ? — Vous savez, seigneur, répondit-elle, que je ne veux que ce que vous voulez ; ne passons pas plus loin, si vous le souhaitez ainsi. » Ils burent chacun un coup à la fontaine, et montèrent sur un des deux sofas, où ils s'entretinrent quelque temps ; le sommeil les prit enfin, et ils s'endormirent au murmure agréable de l'eau.

Le jardin appartenait au kalife, et il y avait au milieu un grand pavillon qu'on appelait le pavillon des peintures, à cause que son principal ornement était des peintures à la persane, de la main de plusieurs peintres de Perse, que le kalife avait fait venir exprès. Le grand et superbe salon que ce pavillon formait était éclairé par quatre-vingts fenêtres, avec un lustre à chacune, et les quatre-vingts lustres ne s'allumaient que lorsque le kalife y venait passer la soirée, et que le temps était si tranquille qu'il n'y avait pas un souffle de vent. Ils faisaient alors une très-belle illumination, qu'on apercevait bien loin à la campagne de ce côté-là, et d'une grande partie de la ville.

Il ne demeurait qu'un concierge dans ce jardin, et c'était un vieil officier fort âgé, nommé Scheich Ibrahim, qui occupait ce poste, où le kalife l'avait mis lui-même pour récompenser ses services. Le kalife lui avait bien recommandé de n'y pas laisser entrer toutes sortes de personnes, et surtout de ne pas souffrir qu'on s'assît et qu'on s'arrêtât sur les deux sofas qui étaient à la porte en dehors, afin qu'ils fussent toujours propres, et de châtier ceux qu'il y trouverait.

Une affaire avait obligé le concierge de sortir, et il n'était pas encore revenu. Il revint enfin, et il arriva assez de jour pour s'apercevoir d'abord que deux personnes dormaient sur un des sofas, l'un et l'autre la tête sous un linge, pour être à l'abri des cousins : « Bon ! dit Scheich Ibrahim en lui-même, voilà des gens qui contreviennent à la défense du kalife ; je vais leur apprendre le respect qu'ils lui doivent. » Il ouvrit la porte sans faire de bruit, et un moment après il revint avec une grosse canne à la main, le bras retroussé. Il allait frapper de toute sa force sur l'un et sur l'autre; mais il se retint : « Scheich Ibrahim, se dit-il en lui-même, tu vas les frapper, et tu ne considères pas que ce sont peut-être des étrangers qui ne savent où aller loger, et qui ignorent l'intention du kalife; il est mieux que tu saches auparavant qui ils sont. » Il leva avec une grande précaution le linge qui leur couvrait la tête, et il fut dans la dernière admiration de voir un jeune homme si bien fait et une jeune femme si belle. Il éveilla Noureddin en le tirant un peu par les pieds.

Noureddin leva aussitôt la tête, et dès qu'il eut vu un vieillard à longue barbe blanche à ses pieds, il se leva sur son séant, se coulant sur les genoux, et en lui prenant la main, qu'il baisa : « Bon père, lui dit-il, que Dieu vous conserve. Souhaitez-vous quelque chose?
— Mon fils, reprit Scheich Ibrahim, qui êtes-vous? D'où êtes-vous?
— Nous sommes des étrangers qui ne faisons que d'arriver, repartit Noureddin, et nous voulions passer ici la nuit jusqu'à demain.
— Vous seriez mal ici, répliqua Scheich Ibrahim : venez, entrez; je vous donnerai à coucher plus commodément, et la vue du jardin, qui est très-beau, vous réjouira pendant qu'il fait encore un peu de jour. — Et ce jardin est-il à vous? lui demanda Noureddin. — Vraiment oui, c'est à moi, reprit Scheich Ibrahim en souriant : c'est un héritage que j'ai eu de mon père; entrez, vous dis-je, vous ne serez pas fâché de le voir. »

Noureddin se leva, en témoignant à Scheich Ibrahim combien il lui était obligé de son honnêteté, et entra dans le jardin avec la Belle Persane. Scheich Ibrahim ferma la porte, et, marchant devant eux, il les mena dans un endroit d'où ils virent d'un coup d'œil à peu près la disposition, la grandeur et la beauté du jardin.

Noureddin avait vu d'assez beaux jardins à Balsora; mais il n'en avait pas encore trouvé de comparables à celui-ci. Quand il eut bien tout considéré, et qu'il se fut promené dans quelques allées, il se tourna du côté du concierge, qui l'accompagnait, et lui demanda comment il s'appelait. Dès qu'il lui eut répondu qu'il s'appelait Scheich Ibrahim : « Scheich Ibrahim, lui dit-il, il faut avouer que voici un jardin merveilleux; Dieu vous y conserve long-temps! Nous ne pouvons assez vous remercier de la grâce que vous nous avez faite de nous faire voir un lieu si digne d'être vu; il est juste que nous vous en témoignions notre reconnaissance par quelque endroit : tenez, voilà deux pièces d'or; je vous prie de nous faire chercher quelque chose pour manger, afin que nous nous réjouissions ensemble. »

A la vue des deux pièces d'or, Scheich Ibrahim, qui aimait fort ce métal, sourit en sa barbe; il les prit; et en laissant Noureddin et la Belle Persane pour aller faire la commission dont on venait de le charger, car il était seul : « Voilà de bonnes gens, dit-il en lui-même avec bien de la joie; je me serais fait un grand tort, si j'eusse eu l'imprudence de les maltraiter et de les chasser. Je les régalerai en prince avec la dixième partie de cet argent, et le reste me demeurera pour ma peine. »

Pendant que Scheich Ibrahim alla acheter de quoi souper autant pour lui que pour ses hôtes, Noureddin et la Belle Persane se promenèrent dans le jardin, et arrivèrent au pavillon des peintures qui était au milieu. Ils s'arrêtèrent d'abord à contempler sa structure admirable, sa grandeur et sa hauteur; et après qu'ils en eurent fait le tour en le regardant de tous les côtés, ils montèrent à la porte du salon par un grand escalier de marbre blanc; mais ils la trouvèrent fermée.

Noureddin et la Belle Persane ne faisaient que de descendre de l'escalier lorsque Scheich Ibrahim arriva chargé de vivres : « Scheich Ibrahim, lui dit Noureddin avec étonnement, ne nous avez-vous pas dit que ce jardin vous appartient? — Je l'ai dit, reprit Scheich Ibrahim, et je le dis encore. Pourquoi me faites-vous cette demande? — Et ce superbe pavillon, repartit Noureddin, est à vous aussi? » Scheich Ibrahim ne s'attendait pas à cette autre demande, et il en parut un peu interdit : « Si je dis qu'il n'est pas à moi, dit-il en lui-même, ils me demanderont aussitôt comment il peut se faire que je sois maître du jardin, et que je ne le sois pas du pavillon. » Comme il avait bien voulu feindre que le jardin était à lui, il feignit la même chose à l'égard du pavillon : « Mon fils, repartit-il, le pavillon ne va pas sans le jardin : l'un et l'autre m'appartiennent. — Puisque cela est, reprit alors Noureddin, et que vous voulez bien que nous soyons vos hôtes cette nuit, faites-nous, je vous en supplie, la grâce de nous en faire voir le dedans : à juger du dehors, il doit être d'une magnificence extraordinaire. »

Il n'eût pas été honnête à Scheich Ibrahim de refuser à Noureddin la demande qu'il faisait, après les avances qu'il avait déjà faites. Il considéra de plus que le kalife n'avait pas envoyé l'avertir comme il avait coutume; qu'ainsi il ne viendrait pas ce soir-là, et qu'il pouvait même y faire manger ses hôtes, et manger lui-même avec eux. Il posa les vivres qu'il avait apportés sur le premier degré de l'escalier, et alla chercher la clef dans le logement où il demeurait. Il revint avec de la lumière, et il ouvrit la porte.

Noureddin et la Belle Persane entrèrent dans le salon, et ils le trouvèrent si surprenant, qu'ils ne pouvaient se lasser d'en admirer la beauté et la richesse. En effet, sans parler des peintures, les sofas étaient magnifiques, et avec les lustres qui pendaient à chaque fenêtre, il y avait encore entre chaque croisée un bras d'argent, chacun avec sa bougie. Noureddin ne put voir tous ces objets sans se ressouvenir de la splendeur dans laquelle il avait vécu, et sans en soupirer.

Cependant Scheich Ibrahim apporta les vivres, prépara la table su un sofa; et quand tout fut prêt, Noureddin, la Belle Persane et lui s'assirent et mangèrent ensemble. Quand ils eurent achevé, et qu'ils se furent lavé les mains, Noureddin ouvrit une fenêtre et appela la Belle Persane : « Approchez, lui dit-il, et admirez avec moi la belle vue et la beauté du jardin, au clair de lune qu'il fait ; rien n'est plus charmant. » Elle s'approcha, et ils jouirent ensemble de ce spectacle, pendant que Scheich Ibrahim ôtait la table.

Quand Scheich Ibrahim eut fait, et qu'il fut venu rejoindre ses hôtes, Noureddin lui demanda s'il n'avait pas quelque boisson dont il voulût bien les régaler : « Quelle boisson voudriez-vous? reprit Scheich Ibrahim. Est-ce du sorbet? J'en ai du plus exquis ; mais vous savez bien, mon fils, qu'on ne boit pas le sorbet après le souper. »

« Je le sais bien, repartit Noureddin, ce n'est pas du sorbet que nous vous demandons ; c'est une autre boisson ; je m'étonne que vous ne m'entendiez pas. — C'est donc du vin que vous voulez parler? répliqua Scheich Ibrahim. — Vous l'avez deviné, lui dit Noureddin : si vous en avez, obligez-nous de nous en apporter une bouteille. Vous savez qu'on en boit après souper, pour passer le temps jusqu'à ce qu'on se couche. »

« Dieu me garde d'avoir du vin chez moi ! s'écria Scheich Ibrahim, et même d'approcher d'un lieu où il y en aurait ! Un homme comme moi, qui a fait le pèlerinage de la Mecque quatre fois, a renoncé au vin pour toute sa vie. »

« Vous nous feriez pourtant un grand plaisir de nous en trouver, reprit Noureddin ; et, si cela ne vous fait pas de peine, je vais vous en enseigner le moyen, sans que vous entriez au cabaret, et sans que vous mettiez la main à ce qu'il contiendra. — Je le veux bien à cette condition, repartit Scheich Ibrahim : dites-moi seulement ce qu'il faut que je fasse. »

« Nous avons vu un âne attaché à l'entrée de votre jardin, dit alors Noureddin ; c'est à vous apparemment, et vous devez vous en servir dans le besoin. Tenez, voilà encore deux pièces d'or ; prenez l'âne avec ses paniers, et allez au cabaret le plus voisin, sans vous en approcher qu'autant qu'il vous plaira ; donnez quelque chose au premier passant, et priez-le d'aller jusqu'à ce cabaret avec l'âne, d'y prendre deux cruches de vin, que l'on mettra, l'une dans un panier, et l'autre dans l'autre, et de vous ramener l'âne, après qu'i aura payé le vin de l'argent que vous lui aurez donné. Vous n'aurez qu'à chasser l'animal devant vous jusqu'ici, et nous prendrons les cruches nous-mêmes dans les paniers : de cette manière, vous ne ferez rien qui doive vous causer la moindre répugnance. »

Les deux autres pièces d'or que Scheich Ibrahim venait de recevoir firent un puissant effet sur son esprit : « Ah ! mon fils, s'écriat-il quand Noureddin eut achevé, que vous l'entendez bien ! Sans vous, je ne me fusse jamais avisé de ce moyen pour vous faire avoir du vin sans scrupule. » Il les quitta pour aller faire la commission, et il s'en acquitta en peu de temps. Dès qu'il fut de retour, Noureddin descendit, tira les cruches des paniers, et les porta au salon.

Scheich Ibrahim remena l'âne à l'endroit où il l'avait pris; et lorsqu'il fut revenu : « Scheich Ibrahim, lui dit Noureddin, nous ne pouvons assez vous remercier de la peine que vous avez bien voulu prendre; mais il nous manque encore quelque chose. — Eh quoi ! reprit Scheich Ibrahim, que puis-je faire encore pour votre service ? — Nous n'avons pas de tasses, repartit Noureddin, et quelques fruits nous accommoderaient bien, si vous en aviez. — Vous n'avez qu'à parler, répliqua Scheich Ibrahim, il ne vous manquera rien de tout ce que vous pouvez souhaiter.

Scheich Ibrahim descendit, et en peu de temps, il leur prépara une table couverte de belles porcelaines remplies de plusieurs sortes de fruits, avec des tasses d'or et d'argent à choisir; et quand il leur eut demandé s'ils avaient besoin de quelque autre chose, il se retira sans vouloir rester, quoiqu'ils l'en priassent avec beaucoup d'instances.

Noureddin et la Belle Persane se mirent à table, et ils commencèrent par boire chacun un coup; ils trouvèrent le vin excellent : « Hé bien, ma belle, dit Noureddin à la Belle Persane, ne sommes-nous pas les plus heureux du monde de ce que le hasard nous a amenés dans un lieu si agréable et si charmant ? Réjouissons-nous, et remettons-nous de la mauvaise chère de notre voyage. Mon bonheur peut-il être plus grand, que de vous avoir d'un côté, et la tasse de l'autre ? » Ils burent plusieurs autres fois, en s'entretenant agréablement, et en chantant chacun leur chanson.

Comme ils avaient la voix parfaitement belle l'un et l'autre, particulièrement la Belle Persane, leur chant attira Scheich Ibrahim, qui les entendit longtemps de dessus le perron avec un grand plaisir, sans se montrer. Il se fit voir enfin en mettant la tête à la porte :

« Courage, seigneur, dit-il à Noureddin qu'il croyait déjà ivre, je suis ravi de vous voir dans cette joie. »

« Ah! Scheich Ibrahim, s'écria Noureddin en se tournant de son côté, que vous êtes un brave homme, et que nous vous sommes obligés! Nous n'oserions vous prier de boire un coup; mais ne laissez pas d'entrer : venez, approchez-vous, et faites-nous au moins l'honneur de nous tenir compagnie. — Continuez, continuez, reprit Scheich Ibrahim, je me contente du plaisir d'entendre vos belles chansons. » Et en disant ces paroles il disparut.

L'aurore commençait à paraître : Scheherazade cessa de parler, et, avec la permission du sultan, renvoya à la nuit suivante la continuation de son récit.

CCXLVᵉ NUIT.

Sire, la Belle Persane s'aperçut que Scheich Ibrahim s'était arrêté sur le perron, et elle en avertit Noureddin : « Seigneur, ajouta-t-elle, vous voyez qu'il témoigne une aversion pour le vin; je ne désespèrerais pas de lui en faire boire, si vous vouliez faire ce que je vous dirais. — Et quoi? demanda Noureddin. Vous n'avez qu'à dire, je ferai ce que vous voudrez. — Engagez-le seulement à entrer et à demeurer avec nous, dit-elle; quelque temps après, versez à boire et présentez-lui la tasse; s'il vous refuse, buvez, et ensuite faites semblant de dormir ; je ferai le reste. »

Noureddin comprit l'intention de la Belle Persane : il appela Scheich Ibrahim, qui reparut à la porte : « Scheich Ibrahim, lui dit-il, nous sommes vos hôtes, et vous nous avez accueillis le plus obligeamment du monde; voudriez-vous nous refuser la prière que nous vous faisons de nous honorer de votre compagnie? Nous ne vous demandons pas que vous buviez, mais seulement de nous faire le plaisir de vous voir. »

Scheich Ibrahim se laissa persuader : il entra, et s'assit sur le bord du sofa qui était le plus près de la porte : « Vous n'êtes pas bien là, et nous ne pouvons avoir l'honneur de vous voir, dit alors Noureddin; approchez-vous, je vous en supplie, et asseyez-vous auprès de madame; elle le voudra bien. — Je ferai donc ce qui vous plaît, » dit Scheich Ibrahim ; il s'approcha, et, en souriant du plaisir qu'il allait avoir d'être près d'une si belle personne, il s'assit à quelque distance de la Belle Persane. Noureddin la pria de chanter une chanson, en considération de l'honneur que Scheich Ibrahim leur faisait, et elle en chanta une qui le ravit en extase.

Quand la Belle Persane eut achevé de chanter, Noureddin versa du vin dans une tasse, et la présenta à Scheich Ibrahim : « Scheich Ibrahim, lui dit-il, buvez un coup à notre santé, je vous en prie. — Seigneur, reprit-il en se retirant en arrière, comme s'il eût eu horreur de voir seulement du vin, je vous supplie de m'excuser : je vous ai déjà dit que j'ai renoncé au vin il y a long-temps. — Puisque absolument vous ne voulez pas boire à notre santé, dit Noureddin, vous aurez donc pour agréable que je boive à la vôtre. »

Pendant que Noureddin buvait, la Belle Persane coupa la moitié d'une pomme, et en la présentant à Scheich Ibrahim : « Vous n'avez pas voulu boire, lui dit-elle, mais je ne crois pas que vous fassiez la même difficulté de goûter de cette pomme, qui est excellente. » Scheich Ibrahim ne put la refuser d'une si belle main ; il la prit avec une inclination de tête, et la porta à la bouche. Elle lui dit quelques douceurs là-dessus, et Noureddin cependant se renversa sur le sofa, et fit semblant de dormir. Aussitôt la Belle Persane s'avança vers Scheich Ibrahim, et en lui parlant fort bas : « Le voyez-vous, dit-elle, il n'en agit pas autrement toutes les fois que nous nous réjouissons ensemble : il n'a pas plutôt bu deux coups, qu'il s'endort et me laisse seule, mais je crois que vous voudrez bien me tenir compagnie pendant qu'il dormira. »

La Belle Persane prit une tasse, et la remplit de vin, et en la présentant à Scheich Ibrahim. « Prenez, lui dit-elle, et buvez à ma santé, je vais vous faire raison. » Scheich Ibrahim fit de grandes difficultés, et il la pria bien fort de vouloir l'en dispenser ; mais elle le pressa si vivement, que, vaincu par ses charmes et par ses instances, il prit la tasse et but sans rien laisser.

Le bon vieillard aimait à boire le petit coup, mais il avait honte de le faire devant des gens qu'il ne connaissait pas. Il allait au cabaret en cachette comme beaucoup d'autres, et il n'avait pas pris les précautions que Noureddin lui avait enseignées pour aller acheter le vin : il était allé le prendre sans façon chez un cabaretier où il était très-connu, la nuit lui avait servi de manteau, et il avait épargné l'argent qu'il aurait fallu donner à celui qu'il eût chargé de cette commission, selon la leçon de Noureddin.

Pendant que Scheich Ibrahim, après avoir bu, achevait de manger la moitié de la pomme, la Belle Persane lui emplit une autre tasse, qu'il prit avec bien moins de difficulté : il n'en fit aucune à la troisième. Il buvait enfin la quatrième, lorsque Noureddin cessa de faire semblant de dormir ; il se leva sur son séant, et en le regardant avec un grand éclat de rire : « Ha ! ha ! Scheich Ibrahim, lui dit-il, je vous y surprends; vous m'avez dit que vous aviez renoncé au vin, et vous ne laissez pas d'en boire! »

Scheich Ibrahim ne s'attendait pas à cette surprise, et la rougeur lui en monta un peu au visage. Cela ne l'empêcha pas néanmoins d'achever de boire, et quand il eut fait : « Seigneur, dit-il en riant, s'il y a péché dans ce que j'ai fait, il ne doit pas tomber sur moi, c'est sur madame : quel moyen de ne pas se rendre à tant de grâces! »

La Belle Persane, qui s'entendait avec Noureddin, prit le parti de Scheich Ibrahim : « Scheich Ibrahim, lui dit-elle, laissez-le dire et ne vous contraignez pas; continuez d'en boire et réjouissez-vous. » Quelques moments après, Noureddin se versa à boire et en versa ensuite à la Belle Persane. Comme Scheich Ibrahim vit que Noureddin ne lui en offrait pas, il prit une tasse et la lui présenta : « Et moi, dit-il, prétendez-vous que je ne boive pas aussi bien que vous ? »

A ces paroles de Scheich Ibrahim, Noureddin et la Belle Persane firent un grand éclat de rire; Noureddin lui versa à boire, et ils continuèrent de se réjouir, de rire et de boire jusqu'à près de minuit. Environ ce temps-là, la Belle Persane s'avisa que la table n'était éclairée que d'une chandelle : « Scheich Ibrahim, dit-elle au bon vieillard de concierge, vous ne nous avez apporté qu'une chandelle, et voilà tant de belles bougies : faites-nous, je vous prie, le plaisir de les allumer, que nous y voyions clair. »

Scheich Ibrahim usa de la liberté que donne le vin lorsqu'on en a la tête échauffée, et afin de ne pas interrompre un discours dont il entretenait Noureddin : « Allumez-les vous-même, dit-il à cette belle personne; cela convient mieux à une jeunesse comme vous; mais prenez garde de n'en allumer que cinq ou six, et pour cause; cela suffira. » La Belle Persane se leva, alla prendre une bougie qu'elle vint allumer à la chandelle qui était sur la table, et alluma les quatre-vingts bougies, sans s'arrêter à ce que Scheich Ibrahim lui avait dit.

Quelque temps après, pendant que Scheich Ibrahim entretenait la Belle Persane sur un autre sujet, Noureddin, à son tour, le pria de vouloir bien allumer quelques lustres. Sans prendre garde que toutes les bougies étaient allumées : « Il faut, reprit Scheich Ibrahim, que vous soyez bien paresseux, ou que vous ayez moins de vigueur que moi, si vous ne pouvez les allumer vous-même. Allez, allumez-les, mais n'en allumez que trois. » Au lieu de se borner à ce nombre, il les alluma tous et ouvrit les quatre-vingts fenêtres; à quoi Scheich Ibrahim, attaché à s'entretenir avec la Belle Persane, ne fit pas de réflexion.

Le kalife Haroun Alraschild n'était pas encore retiré alors : il était dans un salon de son palais qui avançait jusqu'au Tigre, et qui avait vue du côté du jardin et du pavillon des peintures. Par hasard, il ouvrit une fenêtre de ce côté-là, et il fut extrêmement étonné de voir le pavillon tout illuminé, et d'autant plus, qu'à la grande clarté, il crut d'abord que le feu était dans la ville. Le grand vizir Giafar était encore avec lui, et il n'attendait que le moment que le kalife se retirât pour retourner chez lui. Le kalife, dans une grande colère, l'appela : « Vizir négligent! s'écria-t-il, viens çà, approche-toi, regarde le pavillon des peintures, et dis-moi pourquoi il est illuminé à l'heure qu'il est, quand je n'y suis pas ? »

Le grand vizir trembla, à cette nouvelle, de la crainte qu'il eût que cela ne fût. Il s'approcha, et il trembla davantage dès qu'il eut vu que ce que le kalife lui avait dit était vrai. Il fallait cependant un prétexte pour l'apaiser : « Commandeur des croyants, lui dit-il, je ne puis dire autre chose là-dessus à votre majesté, sinon qu'il y a quatre ou cinq jours que Scheich Ibrahim vint se présenter à moi; il me témoigna qu'il avait dessein de faire une assemblée des ministres de sa mosquée, pour une certaine cérémonie qu'il était bien aise de faire sous l'heureux règne de votre majesté. Je lui demandai ce qu'il souhaitait que je fisse pour son service en cette rencontre; sur quoi il me supplia d'obtenir de votre majesté qu'il lui fût permis de faire l'assemblée et la cérémonie dans le pavillon. Je le renvoyai en lui disant qu'il le pouvait faire, et que je ne manquerais pas d'en parler à votre majesté : je lui demande pardon de l'avoir oublié. Scheich Ibrahim, apparemment, poursuivit-il, a choisi ce jour pour la cérémonie, et, en régalant les ministres de sa mosquée, il a voulu sans doute leur donner le plaisir de cette illumination. »

« Giafar, reprit le kalife d'un ton qui marquait qu'il était un peu apaisé, selon ce que tu viens de me dire, tu as commis trois fautes qui ne sont point pardonnables : la première, d'avoir donné à Scheich Ibrahim la permission de faire cette cérémonie dans mon pavillon : un simple concierge n'est pas un officier assez considérable pour mériter tant d'honneur; la seconde, de ne m'en avoir point parlé; et la troisième, de n'avoir pas pénétré dans la véritable intention de ce bonhomme. En effet, je suis persuadé qu'il n'en a pas eu d'autre que de voir s'il n'obtiendrait pas une gratification pour l'aider à faire cette dépense. Tu n'y as pas songé, et je ne lui donne pas le tort de se venger de ne l'avoir pas obtenue, par la dépense plus grande de cette illumination. »

Le grand vizir Giafar, joyeux de ce que le kalife prenait la chose sur ce ton, se chargea avec plaisir des fautes qu'il venait de lui reprocher, et il avoua franchement qu'il avait tort de n'avoir pas donné quelques pièces d'or à Scheich Ibrahim : « Puisque cela est ainsi, ajouta le kalife en souriant, il est juste que tu sois puni de ces fautes ; mais la punition en sera légère : c'est que tu passeras le reste de la nuit, comme moi, avec ces bonnes gens, que je suis bien aise de voir. Pendant que je vais prendre un habit de bourgeois, va te déguiser de même avec Mesrour, et venez tous deux avec moi. » Le vizir Giafar voulut lui représenter qu'il était tard, et que la compagnie se serait retirée avant qu'il fût arrivé ; mais il repartit qu'il voulait y aller absolument. Comme il n'était rien de ce que le vizir lui avait dit, le vizir fut au désespoir de cette résolution ; mais il fallait obéir et ne pas répliquer.

Sire, dit Scheherazade, le jour, qui pénètre déjà dans l'appartement, m'empêche de continuer l'histoire de Noureddin ; si votre majesté me le permet, j'en reprendrai la suite la nuit suivante. Schahriar se leva sans rien dire, et la sultane, le lendemain, poursuivit sa narration en ces termes :

CCXLVIᵉ NUIT.

Sire, le kalife sortit donc de son palais, déguisé en bourgeois, avec le grand vizir Giafar et Mesrour, chef des eunuques, et marcha par les rues de Bagdad, jusqu'à ce qu'il arriva au jardin. La porte était ouverte, par la négligence de Scheich Ibrahim, qui avait oublié de la fermer en revenant d'acheter du vin. Le kalife en fut scandalisé : « Giafar, dit-il au grand vizir, que veut dire cela que la porte soit ouverte à l'heure qu'il est? Serait-il possible que ce fût la coutume de Scheich Ibrahim de la laisser ainsi ouverte la nuit? J'aime mieux croire que l'embarras de la fête lui a fait commettre cette faute. »

Le kalife entra dans le jardin, et quand il fut arrivé au pavillon, comme il ne voulait pas monter au salon avant de savoir ce qui s'y passait, il consulta avec le grand vizir s'il ne devait pas monter sur des arbres qui en étaient plus près, pour s'en éclaircir. Mais, en regardant la porte du salon, le grand vizir s'aperçut qu'elle était entr'ouverte, et l'en avertit. Scheich Ibrahim l'avait laissée ainsi lorsqu'il s'était laissé persuader d'entrer et de tenir compagnie à Noureddin et à la Belle Persane.

Le kalife abandonna son premier dessein : il monta à la porte du salon sans faire de bruit ; elle était entr'ouverte, de manière qu'il pouvait voir ceux qui étaient dedans sans être vu. Sa surprise fut des plus grandes quand il eut aperçu une dame d'une beauté sans égale et un jeune homme des mieux faits, et Scheich Ibrahim assis à table avec eux. Le vieillard tenait la tasse à la main : « Ma belle dame, disait-il à la Belle Persane, un bon buveur ne doit jamais boire sans chanter la chansonnette auparavant ; faites-moi l'honneur de m'écouter : en voici une des plus jolies. »

Scheich Ibrahim chanta, et le kalife en fut d'autant plus étonné, qu'il avait ignoré jusqu'alors qu'il bût du vin, et qu'il l'avait cru un homme sage et posé, comme il le lui avait toujours paru. Il s'éloigna de la porte avec la même précaution qu'il s'en était approché, et vint au grand vizir Giafar, qui était sur l'escalier, quelques degrés au-dessous du perron : « Monte, lui dit-il, et vois si ceux qui sont là dedans sont des ministres de mosquée, comme tu as voulu me le faire croire. »

Du ton dont le kalife prononça ces paroles, le grand vizir connut fort bien que la chose allait mal pour lui. Il monta, et, en regardant par l'ouverture de la porte, il trembla de frayeur pour lui quand il eut vu les mêmes trois personnes dans la situation et dans l'état où elles étaient. Il revint au kalife tout confus, et il ne sut que lui dire : « Quel désordre, lui dit le kalife, que des gens aient la hardiesse de venir se divertir dans mon jardin et dans mon pavillon ; que Scheich Ibrahim leur donne entrée, les souffre et se divertisse avec eux ! Je ne crois pas, néanmoins, que l'on puisse voir un jeune homme et une jeune dame mieux faits et mieux assortis. Avant de faire éclater ma colère, je veux m'éclaircir davantage, savoir qui ils peuvent être et à quelle occasion ils sont ici. » Il retourna à la porte pour les observer encore, et le vizir, qui le suivit, demeura derrière lui pendant qu'il avait les yeux sur eux. Ils entendirent l'un et l'autre que Scheich Ibrahim disait à la Belle Persane : « Mon aimable dame, y a-t-il quelque chose que vous puissiez souhaiter pour rendre notre joie de cette soirée plus accomplie ? — Il me semble, reprit la Belle Persane, que tout irait bien, si vous aviez un instrument dont je puisse jouer, et que vous voulussiez me l'apporter. — Madame, reprit Scheich Ibrahim, savez-vous jouer du luth ? — Apportez, lui dit la Belle Persane, je vous le ferai voir. »

Sans aller bien loin de sa place, Scheich Ibrahim tira un luth d'une armoire et le présenta à la Belle Persane, qui commença à le mettre d'accord. Cependant le kalife se tourna du côté du grand vizir : « Giafar, lui dit-il, la jeune dame va jouer du luth ; si elle joue bien, je lui pardonnerai de même qu'au jeune homme, pour l'amour d'elle ; pour toi, je ne laisserai pas de te faire pendre. — Commandeur des croyants, reprit le grand vizir, si cela est ainsi, je prie donc Dieu qu'elle joue mal. — Pourquoi cela ? repartit le kalife. — Plus nous serons de monde, répliqua le grand vizir, plus nous aurons lieu de nous consoler de mourir en belle et bonne compagnie. » Le kalife, qui aimait les bons mots, se mit à rire de cette repartie, et, en se tournant du côté de l'ouverture de la porte, il prêta l'oreille pour entendre jouer la Belle Persane.

Cette belle personne préludait déjà d'une manière qui fit comprendre d'abord au kalife qu'elle jouait en maître ; elle commença ensuite de chanter un air, et elle accompagna sa voix, qu'elle avait admirable, avec le luth, et elle le fit avec tant d'art et de perfection, que le kalife en fut charmé.

Dès que la Belle Persane eut achevé de chanter, le kalife descendit de l'escalier, et le vizir Giafar le suivit. Quand il fut au bas : « De ma vie, dit-il au vizir, je n'ai entendu une plus belle voix, ni mieux jouer du luth ; Isaac[1], que je croyais le plus habile joueur qu'il y eût au monde, n'en approche pas. J'en suis si content, que je veux entrer pour l'entendre jouer devant moi : il s'agit de savoir de quelle manière je le ferai. »

« Commandeur des croyants, reprit le grand vizir, si vous y entrez et que Scheich Ibrahim vous reconnaisse, il en mourra de frayeur. — C'est aussi ce qui me fait de la peine, repartit le kalife, et je serais fâché d'être cause de sa mort, après tant de temps qu'il me sert. Il me vient une pensée qui pourra me réussir : demeure ici avec Mesrour, et attendez dans la première allée que je revienne. »

Schahriar vit avec peine que le jour, qui commençait à poindre obligeait la sultane d'interrompre son discours ; elle le reprit donc la nuit suivante, au grand contentement du sultan des Indes :

[1] C'était un excellent joueur de luth qui vivait à Bagdad sous le règne de ce kalife.

CCXLVII^e NUIT.

Sire, le voisinage du Tigre avait donné lieu au kalife d'en détourner assez d'eau, par-dessus une grande voûte bien terrassée, pour former une belle pièce d'eau, où ce qu'il y avait de plus beau poisson dans le Tigre venait se retirer. Les pêcheurs le savaient bien, et ils eussent fort souhaité d'avoir la liberté d'y pêcher; mais le kalife avait défendu expressément à Scheich Ibrahim de souffrir qu'aucun en approchât. Cette même nuit, néanmoins, un pêcheur qui passait devant la porte du jardin depuis que le kalife y était entré, et qui l'avait laissée ouverte comme il l'avait trouvée, avait profité de l'occasion, et s'était coulé dans le jardin jusqu'à la pièce d'eau.

Ce pêcheur avait jeté ses filets, et il était près de les tirer au moment où le kalife, qui, après la négligence de Scheich Ibrahim, s'était douté de ce qui était arrivé, et voulait profiter de cette conjoncture pour son dessein, vint au même endroit. Nonobstant son déguisement, le pêcheur le reconnut et se jeta aussitôt à ses pieds en lui demandant pardon et en s'excusant sur sa pauvreté : « Relève-toi, et ne crains rien, reprit le kalife; tire seulement tes filets, que je voie le poisson qu'il y aura. »

Le pêcheur, rassuré, exécuta promptement ce que le kalife souhaitait, et il amena cinq ou six beaux poissons, dont le kalife choisit les deux plus gros, qu'il fit attacher ensemble par la tête avec un brin d'arbrisseau. Il dit ensuite au pêcheur. « Donne-moi ton habit, et prends le mien. » L'échange se fit en peu de moments; et dès que le kalife fut habillé en pêcheur, jusqu'à la chaussure et au turban : « Prends tes filets, dit-il au pêcheur, et va faire tes affaires. »

Quand le pêcheur fut parti, fort content de sa bonne fortune, le kalife prit les deux poissons à la main et alla retrouver le grand vizir Giafar et Mesrour. Il s'arrêta devant le grand vizir, et le grand vizir ne le reconnut pas : « Que demandes-tu? lui dit-il. Va, passe ton chemin. » Le kalife se mit aussitôt à rire, et Giafar le reconnut : « Commandeur des croyants, s'écria-t-il, est-il possible que ce soit vous? Je ne vous reconnaissais pas, et je vous demande mille pardons de mon incivilité. Vous pouvez entrer présentement dans le salon, sans craindre que Scheich Ibrahim vous reconnaisse. — Restez donc encore ici, dit-il à Giafar et à Mesrour, pendant que je vais faire mon personnage.

Le kalife monta au salon, et frappa à la porte. Noureddin, qui l'entendit le premier, en avertit Scheich Ibrahim, et Scheich Ibrahim demanda qui c'était. Le kalife ouvrit la porte, et en avançant seulement un pas dans le salon pour se faire voir : « Scheich Ibrahim, répondit-il, je suis le pêcheur Kerim : comme je me suis aperçu que vous régaliez de vos amis, et que j'ai pêché deux beaux poissons dans le moment, je viens vous demander si vous n'en avez pas besoin.

Noureddin et la Belle Persane furent ravis d'entendre parler de poisson : « Scheich Ibrahim, dit aussitôt la Belle Persane, je vous prie, faites-nous le plaisir de le faire entrer, que nous voyons son poisson. » Scheich Ibrahim n'était plus en état de demander au prétendu pêcheur comment ni par où il était venu ; il songea seulement à plaire à la Belle Persane ; il tourna donc la tête du côté de la porte avec bien de la peine, tant il avait bu, et dit en bégayant au kalife, qu'il prenait pour un pêcheur : « Approche, bon voleur de nuit, approche, qu'on te voie. »

Le kalife s'avança en contrefaisant parfaitement bien toutes les manières d'un pêcheur, et présenta les deux poissons : « Voilà de fort beau poisson, dit la Belle Persane ; j'en mangerais volontiers, s'il était cuit et bien accommodé. — Madame a raison, reprit Scheich Ibrahim, que veux-tu que nous fassions de ton poisson, s'il n'est accommodé ? Va, accommode-le toi-même, et apporte-le-nous : tu trouveras de tout dans ma cuisine. »

Le kalife revint trouver le grand vizir : « Giafar, lui dit-il, j'ai été fort bien reçu, mais ils demandent que le poisson soit accommodé. — Je vais l'accommoder, reprit le grand vizir ; cela sera fait dans un moment. — J'ai si fort à cœur, repartit le kalife, de venir à bout de mon dessein, que j'en prendrai bien la peine moi-même ; puisque je fais si bien le pêcheur, je puis bien faire aussi le cuisinier : je me suis mêlé de cuisine dans ma jeunesse, et je ne m'en suis pas mal acquitté. En disant ces paroles, il avait pris le chemin du logement de Scheich Ibrahim, et le grand vizir et Mesrour le suivaient.

Ils mirent la main à l'œuvre tous trois ; et quoique la cuisine de Scheich Ibrahim ne fût pas grande, comme néanmoins il n'y manquait rien des choses dont ils avaient besoin, ils eurent bientôt accommodé le plat de poisson. Le kalife le porta, et en le servant, il mit aussi un citron devant chacun, afin qu'ils s'en servissent, s'ils le souhaitaient. Ils mangèrent d'un grand appétit, Noureddin et la Belle Persane particulièrement, et le kalife demeura debout devant eux.

Quand ils eurent achevé, Noureddin regarda le kalife : « Pêcheur, lui dit-il, on ne peut pas manger de meilleur poisson, et tu nous as fait le plus grand plaisir du monde. » Il mit la main dans son sein en même temps, et il en tira sa bourse où il y avait trente pièces d'or, le reste des quarante que Sangiar, huissier du roi de Balsora, lui avait données avant son départ : « Prends, lui dit-il, je t'en donnerais davantage si j'en avais ; je t'aurais mis à l'abri de la pauvreté, si je t'avais connu avant que j'eusse dépensé mon patrimoine ; ne laisse pas de le recevoir d'aussi bon cœur que si le présent était beaucoup plus considérable. »

Le kalife prit la bourse, et en remerciant Noureddin, comme il sentit que c'était de l'or qui était dedans : « Seigneur, lui dit-il, je ne puis assez vous remercier de votre libéralité. On est bien heureux d'avoir affaire à d'honnêtes gens comme vous ; mais avant de me retirer, j'ai une prière à vous faire, que je vous supplie de m'accorder : voilà un luth qui me fait connaître que madame en sait jouer ; si vous pouviez obtenir d'elle qu'elle me fît la grâce de jouer un air, je m'en retournerais le plus content du monde : c'est un instrument que j'aime passionnément. »

« Belle Persane, dit aussitôt Noureddin en s'adressant à elle, je vous demande cette grâce ; j'espère que vous ne me refuserez pas. » Elle prit le luth, et après l'avoir accordé en peu de moments, elle joua et chanta un air qui enleva le kalife. En achevant, elle continua de jouer sans chanter, et elle le fit avec tant de force et d'agrément, qu'il fut ravi comme en extase.

Quand la Belle Persane eut cessé de jouer : « Ah ! s'écria le kalife, quelle voix, quelle main et quel jeu ! A-t-on jamais mieux chanté, mieux joué du luth ? Jamais on n'a rien vu ni entendu de pareil ! »

Noureddin, accoutumé de donner ce qui lui appartenait à tous ceux qui en faisaient les louanges : « Pêcheur, reprit-il, je vois bien que tu t'y connais ; puisqu'elle te plaît si fort, c'est à toi, et je t'en fais présent. » En même temps il se leva, prit sa robe qu'il avait quittée, et il voulut partir et laisser le kalife, qu'il ne connaissait que pour un pêcheur, en possession de la Belle Persane.

La Belle Persane, extrêmement étonnée de la libéralité de Noureddin, le retint : « Seigneur, lui dit-elle en le regardant tendrement, où prétendez-vous donc aller ? Remettez-vous à votre place, je vous en supplie, et écoutez ce que je vais jouer et chanter : » Il fit ce qu'elle souhaitait, et alors, en touchant le luth, et en le regardant les larmes aux yeux, elle chanta des vers qu'elle fit sur-le-champ, et elle lui reprocha vivement le peu d'amour qu'il avait pour elle, puisqu'il l'abandonnait si facilement à Kerim, et avec tant de dureté : elle voulait dire, sans s'expliquer davantage, à un pêcheur tel que Kerim, qu'elle ne connaissait pas pour le kalife, non plus que lui. En achevant, elle posa le luth près d'elle, et porta son mouchoir au visage pour cacher ses larmes qu'elle ne pouvait retenir.

Noureddin ne répondit pas un mot à ces reproches, et il marqua par son silence qu'il ne se repentait pas de la donation qu'il avait faite. Mais le kalife, surpris de ce qu'il venait d'entendre, lui dit : « Seigneur, à ce que je vois, cette dame si belle, si rare, si admirable, dont vous venez de me faire présent avec tant de générosité, est votre esclave, et vous êtes son maître. — Cela est vrai, Kerim, reprit Noureddin, et tu serais beaucoup plus étonné que tu ne le parais, si je te racontais toutes les disgrâces qui me sont arrivées à son occasion. — Eh! de grâce, Seigneur, repartit le kalife, en s'acquittant toujours fort bien du personnage du pêcheur, obligez-moi de me faire part de votre histoire. »

Noureddin, qui venait de faire pour lui d'autres choses de plus grande conséquence, quoiqu'il ne le regardât que comme pêcheur, voulut bien avoir cette complaisance : il lui raconta toute son histoire, à commencer par l'achat que le vizir, son père, avait fait de la Belle Persane pour le roi de Balsora, et n'omit rien de ce qu'il avait fait et de tout ce qui lui était arrivé, jusqu'à son arrivée à Bagdad avec elle, et jusqu'au moment où il lui parlait.

Quand Noureddin eut achevé : « Et présentement où allez-vous? demanda le kalife. — Où je vais? répondit-il. Où Dieu me conduira. — Si vous me croyez, reprit le kalife, vous n'irez pas plus loin : il faut, au contraire, que vous retourniez à Balsora. Je vais vous donner un mot de lettre que vous donnerez au roi, de ma part; vous verrez qu'il vous recevra fort bien dès qu'il l'aura lue, et que personne ne vous dira mot. »

« Kerim, repartit Noureddin, ce que tu me dis est bien singulier : jamais on n'a vu qu'un pêcheur comme toi ait eu correspondance avec un roi. — Cela ne doit pas vous étonner, répliqua le kalife; nous avons fait nos études ensemble sous les mêmes maîtres, et nous avons toujours été les meilleurs amis du monde. Il est vrai que la fortune ne nous a pas été également favorable ; elle l'a fait roi, et moi pêcheur; mais cette inégalité n'a pas diminué notre amitié. Il a voulu me tirer hors de mon état avec tous les empressements imaginables ; je me suis contenté de la considération qu'il a de ne me rien refuser de tout ce que je lui demande pour le service de mes amis : laissez-moi faire, et vous en verrez le succès. »

Noureddin consentit à ce que le kalife voulut. Comme il y avait dans le salon tout ce qu'il fallait pour écrire, le kalife écrivit cette lettre au roi de Balsora, au haut de laquelle, presque sur l'extrémité du papier, il ajouta cette formule en très-petits caractères : Au nom de Dieu très-miséricordieux, pour marquer qu'il voulait être obéi absolument.

LETTRE

DU KALIFE HAROUN ALRASCHILD AU ROI DE BALSORA.

« Haroun Alraschild, fils de Mahdi, envoie cette lettre à Moham-
« med Zinebi, son cousin. Dès que Noureddin, fils du vizir Khacan,
« porteur de cette lettre, te l'aura rendue, et que tu l'auras lue, à
« l'instant dépouille-toi du manteau royal, mets-le-lui sur les épau-
« les, et le fais asseoir à ta place, et n'y manque pas. Adieu. »

Le kalife plia et cacheta la lettre, et sans dire à Noureddin ce qu'elle contenait : « Tenez, lui dit-il, et allez vous embarquer incessamment sur un bâtiment qui va partir bientôt, comme il en part un chaque jour à la même heure ; vous dormirez quand vous serez embarqué. » Noureddin prit la lettre, et partit avec le peu d'argent qu'il avait sur lui quand l'huissier Sangiar lui avait donné la bourse, et la Belle Persane, inconsolable de son départ, se retira à part sur le sofa, et fondit en pleurs.

A peine Noureddin était sorti du salon, que Scheich Ibrahim, qui avait gardé le silence pendant tout ce qui venait de se passer, regarda le kalife, qu'il prenait toujours pour le pêcheur Kerim : « Écoute, Kerim, lui dit-il, tu nous es venu apporter ici deux poissons qui valent bien vingt pièces de monnaie de cuivre au plus, et pour cela on t'a donné une bourse et une esclave ; penses-tu que tout cela sera pour toi ? Je te déclare que je veux avoir l'esclave par moitié. Pour ce qui est de la bourse, montre-moi ce qu'il y a dedans ; si c'est de l'argent, tu en prendras une pièce pour toi ; et si c'est de l'or, je prendrai tout, et je te donnerai quelques pièces de cuivre qui me restent dans ma bourse. »

Pour bien entendre ce qui va suivre, dit ici Scheherazade en s'interrompant, il est à remarquer qu'avant de porter au salon le plat de poisson accommodé, le kalife avait chargé le grand vizir Giafar d'aller en diligence jusqu'au palais, pour lui amener quatre valets de chambre avec un habit, et de venir attendre de l'autre côté du pavillon, jusqu'à ce qu'il frappât des mains par une des fenêtres. Le grand vizir s'était acquitté de cet ordre ; et lui et Mesrour, avec les quatre valets de chambre, attendaient au lieu marqué qu'il donnât le signal.

Je reviens à mon discours, ajouta la sultane. Le kalife, toujours sous le personnage du pêcheur, répondit hardiment à Scheich Ibrahim : « Scheich Ibrahim, je ne sais ce qu'il y a dans la bourse : argent ou or, je le partagerai avec vous par moitié de très-bon cœur ; pour ce qui est de l'esclave, je veux l'avoir à moi seul. Si vous ne voulez pas vous en tenir aux conditions que je propose, vous n'aurez rien. »

Scheich Ibrahim, emporté de colère à cette insolence, comme il la regardait dans un pêcheur à son égard, prit une des porcelaines qui étaient sur la table, et la jeta à la tête du kalife. Le kalife n'eut pas de peine à éviter la porcelaine jetée par un homme pris de vin : elle alla donner contre un mur, où elle se brisa en plusieurs morceaux. Scheich Ibrahim, plus emporté qu'auparavant, après avoir manqué son coup, prend la chandelle qui était sur la table, se lève en chancelant, et descend par un escalier dérobé pour aller chercher une canne.

Comme la sultane achevait ces mots, le jour, qui se fit apercevoir, avertit Schariar qu'il était temps de se lever pour aller présider son conseil. La nuit suivante Scheherazade reprit le fil de son conte en ces termes :

CCXLVIII^e NUIT.

Sire, le kalife profita de ce temps-là, et frappa des mains à une des fenêtres. Le grand vizir, Mesrour, et les quatre valets de chambre furent à lui en un moment, et les valets de chambre lui eurent bientôt ôté l'habit de pêcheur, et mis celui qu'ils lui avaient apporté. Ils n'avaient pas encore achevé, et ils étaient occupés autour du kalife qui était assis sur le trône qu'il avait dans le salon, que Scheich Ibrahim, animé par l'intérêt, rentra avec une grosse canne à la main, dont il se promettait de bien régaler le prétendu pêcheur. Au lieu de le rencontrer des yeux, il aperçut son habit au milieu du salon, et il vit le kalife assis sur son trône, avec le grand vizir et Mesrour à ses côtés. Il s'arrêta à ce spectacle, et douta s'il était éveillé ou s'il dormait. Le kalife se mit à rire de son étonnement : « Scheich Ibrahim, lui dit-il, que veux-tu ? Que cherches-tu ? »

Scheich Ibrahim, qui ne pouvait plus douter que ce ne fût le kalife, se jeta aussitôt à ses pieds, la face et sa longue barbe contre terre : « Commandeur des croyants, s'écria-t-il, votre vil esclave vous a offensé; il implore votre clémence, et vous en demande mille pardons. » Comme les valets de chambre eurent achevé de l'habiller en ce moment, il lui dit en descendant de son trône : « Lève-toi; je te pardonne. »

Le kalife s'adressa ensuite à la Belle Persane, qui avait suspendu sa douleur, dès qu'elle se fut aperçue que le jardin et le pavillon appartenaient à ce prince, et non pas à Scheich Ibrahim, comme ce dernier l'avait dissimulé, et que c'était lui-même qui s'était déguisé en pêcheur : « Belle Persane, lui dit-il, levez-vous et suivez-moi. Vous devez connaître ce que je suis, après ce que vous venez de voir, et que je ne suis pas d'un rang à me prévaloir du présent que Noureddin m'a fait de votre personne avec une générosité qui n'a point de pareille. Je l'ai envoyé à Balsora pour y être roi, et je vous y enverrai pour être reine, dès que je lui aurai fait tenir les dépêches nécessaires pour son établissement. Je vais en attendant vous donner un appartement dans mon palais, où vous serez traitée selon votre mérite. »

Ce discours rassura et consola la Belle Persane par un endroit bien sensible; et elle se dédommagea pleinement de son affliction, par la joie d'apprendre que Noureddin, qu'elle aimait passionnément, venait d'être élevé à une si haute dignité. Le kalife exécuta la parole qu'il venait de lui donner : il la recommanda même à Zobéide, sa femme, après qu'il lui eut fait part de la considération qu'il venait d'avoir pour Noureddin.

Le retour de Noureddin à Balsora fut plus heureux et plus avancé de quelques jours qu'il n'eût été à souhaiter pour son bonheur. Il ne vit ni parent ni ami en arrivant; il alla droit au palais du roi, et le roi donnait alors audience. Il fendit la presse en tenant la lettre, la main élevée; on lui fit place, et il la présenta. Le roi la reçut, l'ouvrit, et changea de couleur en la lisant. Il la baisa par trois fois, et il allait exécuter l'ordre du kalife, lorsqu'il s'avisa de la montrer au vizir Saouy, ennemi irréconciliable de Noureddin.

Saouy, qui avait reconnu Noureddin, et qui cherchait en lui-même avec grande inquiétude à quel dessein il était venu, ne fut pas moins surpris que le roi de l'ordre que la lettre contenait. Comme il n'y était pas moins intéressé, il imagina en un moment le moyen d'éluder. Il fit semblant de ne l'avoir pas bien lue; et pour la lire une seconde fois, il se tourna un peu de côté, comme pour chercher un meilleur jour. Alors, sans que personne s'en aperçût et sans qu'il y parût, à moins de regarder de bien près, il arracha adroitement la formule du haut de la lettre, qui marquait que le kalife voulait être obéi absolument, la porta à la bouche et l'avala.

Après une si grande méchanceté, Saouy se tourna du côté du roi, lui rendit la lettre, et en parlant bas : « Hé bien ! sire, lui demanda-t-il, quelle est l'intention de votre majesté ? — De faire ce que le kalife me commande, répondit le roi. — Gardez-vous-en bien, sire, reprit le méchant vizir ; c'est bien là l'écriture du kalife, mais la formule n'y est pas. Le roi l'avait fort bien remarquée ; mais dans le trouble où il était, il s'imagina qu'il s'était trompé quand il ne la vit plus.

« Sire, continua le vizir, il ne faut pas douter que le kalife n'ait accordé cette lettre à Noureddin, sur les plaintes qu'il lui est allé faire contre votre majesté et contre moi, pour se débarrasser de lui ; mais il n'a pas entendu que vous exécutiez ce qu'elle contient. De plus, il est à considérer qu'il n'a pas envoyé un exprès avec la patente, sans quoi elle est inutile. On ne dépose pas un roi comme votre majesté sans cette formalité : un autre que Noureddin pourrait venir de même avec une fausse lettre ; cela ne s'est jamais pratiqué. Sire, votre majesté peut s'en reposer sur ma parole, et je prends sur moi tout le mal qui peut en arriver. »

Le roi Zinebi se laissa persuader, et abandonna Noureddin à la discrétion du vizir Saouy, qui l'emmena chez lui avec main-forte. Dès qu'il fut arrivé, il lui fit donner la bastonnade, jusqu'à ce qu'il demeurât comme mort ; et dans cet état il le fit porter en prison, où il demanda qu'on le mît dans le cachot le plus obscur et le plus profond, avec ordre au geolier de ne lui donner que du pain et de l'eau.

Quand Noureddin, meurtri de coups, fut revenu à lui, et qu'il se vit dans ce cachot, il poussa des cris pitoyables en déplorant son malheureux sort : « Ah ! pêcheur, s'écria-t-il, que tu m'as trompé, et que j'ai été facile à te croire ! Pouvais-je m'attendre à une destinée si cruelle, après le bien que je t'ai fait ! Dieu te bénisse néanmoins : je ne puis croire que ton intention ait été mauvaise, et j'aurai patience jusqu'à la fin de mes maux. »

L'affligé Noureddin demeura dix jours entiers dans cet état, et le vizir Saouy n'oublia pas qu'il l'y avait fait mettre. Résolu de lui faire perdre la vie honteusement, il n'osa l'entreprendre de son autorité. Pour réussir dans son pernicieux dessein, il chargea plusieurs de ses esclaves de riches présents, et alla se présenter au roi à leur tête : « Sire, lui dit-il avec une malice noire, voilà ce que le nouveau roi supplie votre majesté de vouloir bien agréer à son avénement à la couronne. »

Le roi comprit ce que Saouy voulait lui faire entendre : « Quoi ! reprit-il, ce malheureux vit-il encore ? Je croyais que tu l'avais fait mourir. — Sire, repartit Saouy, ce n'est pas à moi qu'il appartient de faire ôter la vie à personne ; c'est à votre majesté. — Va, répliqua le roi, fais-lui couper le cou, je t'en donne la permission. — Sire, dit alors Saouy, je suis infiniment obligé à votre majesté de la justice qu'elle me rend. Mais comme Noureddin m'a fait si publiquement l'affront qu'elle n'ignore pas, je lui demande en grâce de vouloir bien que l'exécution s'en fasse devant le palais, et que les crieurs aillent l'annoncer dans tous les quartiers de la ville, afin que personne n'ignore que l'offense qu'il m'a faite aura été pleinement réparée. Le roi lui accorda ce qu'il demandait ; et les crieurs, en faisant leur devoir, répandirent une tristesse générale dans toute la ville. La mémoire toute récente des vertus du père fit qu'on n'apprit qu'avec indignation qu'on allait faire mourir le fils ignominieusement, à la sollicitation et par la méchanceté du vizir Saouy.

Saouy alla en prison en personne, accompagné d'une vingtaine de ses esclaves, ministres de sa cruauté. On lui amena Noureddin, et il le fit monter sur un méchant cheval sans selle. Dès que Noureddin se vit livré entre les mains de son ennemi : « Tu triomphes, lui dit-il, et tu abuses de ta puissance ; mais j'ai confiance dans la vérité de ces paroles d'un de nos livres : « Vous jugez injustement ; et dans « peu vous serez jugé vous-même. »

Le vizir Saouy, qui triomphait véritablement en lui-même : « Quoi, insolent, reprit-il, tu oses m'insulter encore ! Va, je te le pardonne : il arrivera ce qu'il pourra, pourvu que je t'aie vu couper le cou à la vue de tout Balsora. Tu dois savoir aussi ce que dit un autre de nos livres : « Qu'importe de mourir le lendemain de la mort de son ennemi ? »

Ce ministre, implacable dans sa haine et dans son inimitié, environné d'une partie de ses esclaves armés, fit conduire Noureddin devant lui par les autres, et prit le chemin du palais. Le peuple fut sur le point de se jeter sur lui, et il l'eût lapidé, si quelqu'un eût commencé de donner l'exemple. Quand il l'eut mené jusqu'à la place du palais, à la vue de l'appartement du roi, il le laissa entre les mains du bourreau, et il alla se rendre près du roi, qui était déjà dans son cabinet, prêt à repaître ses yeux avec lui du sanglant spectacle qui se préparait.

La garde du roi et les esclaves du vizir Saouy, qui faisaient un grand cercle autour de Noureddin, eurent beaucoup de peine à contenir la populace, qui faisait tous les efforts possibles, mais inutilement, pour les forcer, les rompre et l'enlever. Le bourreau s'approcha de lui : « Seigneur, lui dit-il, je vous supplie de me pardonner votre mort : je ne suis qu'un esclave, et je ne puis me dispenser de faire mon devoir. A moins que vous n'ayez besoin de quelque chose, mettez-vous, s'il vous plaît, en état ; le roi va me commander de frapper. »

« Dans ce moment si cruel, quelque personne charitable, dit le désolé Noureddin, en tournant la tête à droite et à gauche, ne voudrait-elle pas me faire la grâce de m'apporter de l'eau pour étancher ma soif? » On en apporta un vase à l'instant, que l'on fit passer jusqu'à lui de main en main. Le vizir Saouy, qui s'aperçut de ce retardement, cria au bourreau de la fenêtre du cabinet du roi où il était : « Qu'attends-tu? Frappe... ! »

Si vous le voulez bien, seigneur, dit Scheherazade, je vous dirai demain comment Noureddin échappa à la mort qui le menaçait.

CCXLIX^E NUIT.

Sire, à ces paroles barbares et pleines d'inhumanité, toute la place retentit de vives imprécations contre lui, et le roi, jaloux de son autorité, n'approuva pas cette hardiesse en sa présence, comme il le fit paraître en criant que l'on attendît. Il en eut une autre raison : c'est qu'en ce moment il leva les yeux vers une grande rue qui était devant lui, et qui aboutissait à la place, et qu'il aperçut au milieu une troupe de cavaliers qui accouraient à toute bride : « Vizir, dit-il aussitôt à Saouy, qu'est-ce que cela? Regarde. » Saouy, qui se douta de ce que ce pouvait être, pressa le roi de donner le signal au bourreau : « Non, reprit le roi, je veux savoir auparavant qui sont ces cavaliers. » C'était le grand vizir Giafar avec sa suite, qui venait de Bagdad en personne, de la part du kalife.

Pour savoir le sujet de l'arrivée de ce ministre à Balsora, nous remarquerons qu'après le départ de Noureddin avec la lettre du kalife, le kalife ne s'était pas souvenu le lendemain, ni même plusieurs jours après, d'envoyer un exprès avec la patente dont il avait parlé à la Belle Persane. Il était dans le palais intérieur qui était celui des femmes ; et en passant devant un appartement, il entendit une très-belle voix : il s'arrêta, et il n'eut pas plutôt entendu quelques paroles qui exprimaient les douleurs de l'absence, qu'il demanda à un officier des eunuques, qui le suivait, quelle était la femme qui demeurait dans l'appartement? L'officier répondit que c'était l'esclave du jeune seigneur qu'il avait envoyé à Balsora pour être roi à la place de Mohammed Zinebi.

« Ah! pauvre Noureddin, fils de Khacan, s'écria aussitôt le kalife, je t'ai bien oublié! Vite, ajouta-t-il, qu'on me fasse venir Giafar incessamment. » Ce ministre arriva : « Giafar, lui dit le kalife, je ne me suis pas souvenu d'envoyer la patente pour faire reconnaître Noureddin roi de Balsora. Il n'y a pas de temps pour la faire expédier : prends du monde et des chevaux, et rends-toi à Balsora en diligence. Si Noureddin n'est plus au monde, et qu'on l'ait fait mourir, fais pendre le vizir Saouy ; s'il n'est pas mort, amène-le-moi avec le roi et ce vizir. »

Le grand vizir Giafar ne se donna que le temps qu'il fallait pour monter à cheval, et il partit aussitôt avec un bon nombre d'officiers de sa maison. Il arriva à Balsora de la manière et dans le temps que nous avons remarqué. Dès qu'il entra dans la place, tout le monde s'écarta pour lui faire place, en criant : Grâce pour Noureddin ! et il entra dans le palais du même train jusqu'à l'escalier, où il mit pied à terre.

Le roi de Balsora, qui avait reconnu le premier ministre du kalife, alla au-devant de lui et le reçut à l'entrée de son appartement. Le grand vizir demanda d'abord si Noureddin vivait encore, et, s'il vivait, qu'on le fît venir. Le roi répondit qu'il vivait, et donna ordre qu'on l'amenât. Comme il parut bientôt, mais lié et garrotté, il le fit délier et mettre en liberté, et commanda qu'on s'assurât du vizir Saouy, et qu'on le liât des mêmes cordes.

Le grand vizir Giafar ne coucha qu'une nuit à Balsora ; il repartit le lendemain ; et, selon l'ordre qu'il avait, il emmena avec lui Saouy, le roi de Balsora et Noureddin. Quand il fut arrivé à Bagdad, il les présenta au kalife. Après qu'il lui eut rendu compte de son voyage, et particulièrement de l'état où il avait trouvé Noureddin, et du traitement qu'on lui avait fait, par le conseil et l'animosité de Saouy, le kalife proposa à Noureddin de couper lui-même la tête au vizir Saouy : « Commandeur des croyants, reprit Noureddin, quelque mal que m'ait fait ce méchant homme, et qu'il ait tâché de faire à feu mon père, je m'estimerais le plus infâme de tous les hommes, si j'avais trempé mes mains dans son sang. » Le kalife lui sut bon gré de sa générosité, et il fit faire cette justice par la main du bourreau.

Le kalife voulut envoyer Noureddin à Balsora pour y régner ; mais Noureddin le supplia de vouloir l'en dispenser : « Commandeur des croyants, reprit-il, la ville de Balsora me sera désormais dans une aversion si grande, après ce qui m'y est arrivé, que j'ose supplier votre majesté d'avoir pour agréable que je tienne le serment que j'ai fait de n'y retourner de ma vie. Je mettrais toute ma gloire à lui rendre mes services près de sa personne, si elle avait la bonté de m'en accorder la grâce. » Le kalife le mit au nombre de ses courtisans les plus intimes, lui rendit la Belle Persane, et lui fit de si grands biens, qu'ils vécurent ensemble jusqu'à la mort, avec tout le bonheur qu'ils pouvaient souhaiter.

Pour ce qui est du roi de Balsora, le kalife se contenta de lui avoir fait connaître combien il devait être attentif au choix qu'il faisait des vizirs, et le renvoya dans son royaume.

« Ma sœur, dit Dinarzade, le jour ne paraît point encore ; si vous vouliez commencer un autre conte, je suis persuadée que le sultan, notre seigneur et maître, ne s'y opposerait point. » Schahriar y ayant consenti, Scheherazade prit la parole et raconta l'histoire suivante.

HISTOIRE

DE BEDER, PRINCE DE PERSE, ET DE GIAUHARE, PRINCESSE DU ROYAUME DE SAMANDAL.

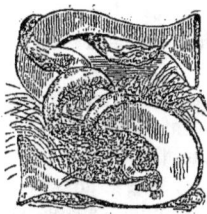

IRE, la Perse est une partie de la terre d'une si grande étendue, que ce n'est pas sans raison que ses anciens rois ont porté le titre superbe de rois des rois. Autant qu'il y a de provinces, sans parler de tous les autres royaumes qu'ils avaient conquis, autant il y avait de rois. Ces rois ne leur payaient pas seulement de gros tributs, ils leur étaient même aussi soumis que les gouverneurs le sont aux rois de tous les autres royaumes.

Un de ces rois, qui avait commencé son règne par d'heureuses et de grandes conquêtes, régnait il y avait de longues années, avec un bonheur et une tranquillité qui le rendaient le plus satisfait de tous les monarques. Il n'y avait qu'un seul endroit par où il s'estimait malheureux, c'est qu'il était fort âgé, et que de toutes ses femmes il n'y en avait pas une qui lui eût donné un prince pour lui succéder après sa mort. Il en avait cependant plus de cent, toutes logées magnifiquement et séparément, avec des femmes esclaves pour les servir, et des eunuques pour les garder. Malgré tous ses soins à les rendre contentes et à prévenir leurs désirs, aucune ne remplissait son attente. On lui en amenait souvent des pays les plus éloignés, et il ne se contentait pas de les payer sans faire de prix, dès qu'elles lui agréaient ; il comblait encore les marchands d'honneurs, de bienfaits et de bénédictions, pour en attirer d'autres, dans l'espérance qu'enfin il aurait un fils de quelqu'une. Il n'y avait pas aussi de bonnes œuvres qu'il ne fît pour fléchir le Ciel : il faisait des aumônes immenses aux pauvres, de grandes largesses aux plus dévots de sa religion, et de nouvelles fondations toutes royales en leur faveur, afin d'obtenir par leurs prières ce qu'il souhaitait si ardemment.

Un jour que, selon la coutume pratiquée tous les jours par les rois, ses prédécesseurs, lorsqu'ils étaient de résidence dans leur capitale, il tenait l'assemblée de ses courtisans, où se trouvaient tous les ambassadeurs et tous les étrangers de distinction qui étaient à sa cour, où l'on s'entretenait non pas de nouvelles qui regardaient l'état, mais de sciences, d'histoire, de littérature, de poésie et de toute autre chose capable d'occuper l'esprit agréablement ; ce jour-là, dis-je, un eunuque vint lui annoncer qu'un marchand, qui venait d'un pays très-éloigné, avec une esclave qu'il lui amenait, demandait la permission de la lui faire voir : « Qu'on le fasse entrer, et qu'on le place, dit le roi ; je lui parlerai après l'assemblée. » On introduisit le marchand, et on le plaça dans un endroit d'où il pouvait voir le roi à son aise, et l'entendre parler familièrement avec ceux qui étaient le plus près de sa personne.

Le roi en usait ainsi avec tous les étrangers qui devaient lui parler, et il le faisait exprès, afin qu'ils s'accoutumassent à le voir, et qu'en le voyant parler aux uns et aux autres avec familiarité et avec bonté, ils prissent la confiance de lui parler de même, sans se laisser surprendre par l'éclat et la grandeur dont il était environné, capable d'ôter la parole à ceux qui n'y auraient pas été accoutumés. Il le pratiquait même à l'égard des ambassadeurs : d'abord il mangeait avec eux, et pendant le repas il s'informait de leur santé, de leur voyage et des particularités de leur pays. Cela leur donnait de l'assurance auprès de sa personne, et ensuite il leur donnait audience.

Quand l'assemblée fut finie, que tout le monde se fut retiré, et qu'il ne resta plus que le marchand, celui-ci se prosterna devant le trône du roi, la face contre terre, et lui souhaita l'accomplissement de tous ses désirs. Dès qu'il se fut relevé, le roi lui demanda s'il était vrai qu'il lui eût amené une esclave, comme on le lui avait dit, et si elle était belle.

« Sire, répondit le marchand, je ne doute pas que votre majesté n'en ait de très-belles, depuis qu'on lui en cherche dans tous les endroits du monde avec tant de soin ; mais je puis assurer, sans craindre de trop priser ma marchandise, qu'elle n'en a pas encore vu une qui puisse entrer en concurrence avec elle, si l'on considère sa beauté, sa belle taille, ses agréments, et toutes les perfections dont elle est partagée. — Où est-elle ? reprit le roi ; amène-la-moi.

— Sire, repartit le marchand, je l'ai laissée entre les mains d'un officier de vos eunuques ; votre majesté peut commander qu'on la fasse venir. »

On amena l'esclave ; et dès que le roi la vit, il en fut charmé, à la considérer seulement par sa taille belle et dégagée. Il entra aussitôt dans un cabinet, où le marchand le suivit avec quelques eunuques. L'esclave avait un voile de satin rouge, rayé d'or, qui lui cachait le visage ; le marchand le lui ôta, et le roi de Perse vit une dame qui surpassait en beauté toutes celles qu'il avait alors et qu'il avait jamais eues. Il en devint passionnément amoureux dès ce moment, et il demanda au marchand combien il la voulait vendre.

« Sire, répondit le marchand, j'en ai donné mille pièces d'or à celui qui me l'a vendue, et je compte que j'en ai déboursé autant depuis trois ans que je suis en voyage pour arriver à votre cour. Je me garderai bien de la mettre à prix à un si grand monarque : je supplie votre majesté de la recevoir en présent, si elle lui agrée. — Je te suis obligé, reprit le roi ; ce n'est pas ma coutume d'en user ainsi avec les marchands qui viennent de si loin dans la vue de me faire plaisir : je vais te faire compter dix mille pièces d'or. Seras-tu content ? »

« Sire, repartit le marchand, je me fusse estimé très-heureux si votre majesté eût bien voulu l'accepter pour rien ; mais je n'ose refuser une si grande libéralité. Je ne manquerai pas de la publier dans mon pays et dans tous les lieux par où je passerai. » La somme lui fut comptée, et, avant qu'il se retirât, le roi le fit revêtir en sa présence d'une robe de brocard d'or.

Le roi fit loger la belle esclave dans l'appartement le plus magnifique après le sien, et lui assigna plusieurs matrones et autres femmes esclaves pour la servir, avec ordre de lui faire prendre le bain, de l'habiller d'un habit le plus magnifique qu'elles pussent trouver, et de se faire apporter les plus beaux colliers de perles, les diamants les plus fins, et autres pierreries les plus riches, afin qu'elle choisît elle-même ce qui lui conviendrait le mieux.

Les matrones officieuses, qui n'avaient d'autre attention que de plaire au roi, furent elles-mêmes ravies en admiration de la beauté de l'esclave. Comme elles s'y connaissaient parfaitement bien : « Sire, lui dirent-elles, si votre majesté a la patience de nous donner seulement trois jours, nous nous engageons à la lui faire voir alors si fort au-dessus de ce qu'elle est présentement, qu'elle ne la reconnaîtra plus. » Le roi eut bien de la peine à se priver si long-temps du plaisir de la posséder entièrement : « Je le veux bien, reprit-il, mais à la charge que vous me tiendrez votre promesse.... »

Scheherazade, en cet endroit, cessa de parler; la nuit suivante, avec l'agrément du sultan, elle reprit sa narration en ces termes:

CCL^e NUIT.

Sire, la capitale du roi de Perse était située dans une île, et son palais, qui était superbe, était bâti sur le bord de la mer. Comme son appartement avait vue sur cet élément, celui de la belle esclave, qui n'était pas éloigné du sien, avait aussi la même vue; et elle était d'autant plus agréable, que la mer battait presque au pied des murailles.

Au bout de trois jours, la belle esclave parée et ornée magnifiquement était seule dans sa chambre, assise sur un sofa, et appuyée à une des fenêtres, qui regardait la mer, lorsque le roi, averti qu'il pouvait la voir, y entra. L'esclave, qui entendit que l'on marchait dans sa chambre d'un autre air que les femmes qui l'avaient servie jusqu'alors, tourna aussitôt la tête pour voir qui c'était. Elle reconnut le roi; mais sans en témoigner la moindre surprise, sans même se lever pour lui faire civilité et pour le recevoir, comme s'il eût été la personne du monde la plus indifférente, elle se remit à la fenêtre comme auparavant.

Le roi de Perse fut extrêmement étonné de voir qu'une esclave si belle et si bien faite sût si peu ce que c'était que le monde. Il attribua ce défaut à la mauvaise éducation qu'on lui avait donnée, et au peu de soin qu'on avait pris de lui apprendre les premières bienséances. Il s'avança vers elle jusqu'à la fenêtre, où, nonobstant la manière et la froideur avec laquelle elle venait de le recevoir, elle se laissa regarder, admirer, et même caresser et embrasser autant qu'il le souhaita.

Entre ces caresses et ces embrassements, ce monarque s'arrêta pour la regarder, ou plutôt pour la dévorer des yeux : « Ma toute-belle, ma charmante, ma ravissante, s'écria-t-il, dites-moi, je vous prie, d'où vous venez, d'où sont et qui sont l'heureux père et l'heureuse mère qui ont mis au monde un chef-d'œuvre de la nature aussi surprenant que vous êtes? Que je vous aime et que je vous aimerai! Jamais je n'ai senti pour une femme ce que je sens pour vous; j'en ai cependant bien vu, et j'en vois encore un grand nombre tous les jours; mais jamais je n'ai vu tant de charmes, qui tout à la fois m'enlèvent à moi-même pour me donner tout à vous. Mon cher cœur, ajoutait-il, vous ne me répondez rien; vous ne me faites même connaître par aucune marque que vous soyez sensible à tant de témoignages que je vous donne de mon amour extrême; vous ne détournez pas même les yeux pour donner aux miens le plaisir de les rencontrer, et de vous convaincre qu'on ne peut pas aimer plus que je vous aime. Pourquoi gardez-vous ce grand silence qui me glace? D'où vient ce sérieux, ou plutôt cette tristesse qui m'afflige? Regrettez-vous votre pays, vos parents, vos amis? Hé quoi! un roi de Perse qui vous aime, qui vous adore, n'est-il pas capable de vous consoler et de vous tenir lieu de toute chose au monde? »

Quelques protestations d'amour que le roi de Perse fît à l'esclave, et quoi qu'il pût dire pour l'obliger d'ouvrir la bouche et de parler, l'esclave demeura d'un froid surprenant, les yeux toujours baissés, sans les lever pour le regarder, et sans proférer une seule parole.

Le roi de Perse, ravi d'avoir fait une action dont il était si content, ne la pressa pas davantage, dans l'espérance que le bon traitement qu'il lui ferait la ferait changer. Il frappa des mains, et aussitôt plusieurs femmes entrèrent, à qui il commanda de faire servir le souper. Dès que l'on eut servi : « Mon cœur, dit-il à l'esclave, approchez-vous et venez souper avec moi. » Elle se leva de la place où elle était ; et quand elle fut assise vis-à-vis du roi, le roi la servit avant qu'il commençât de manger, et la servit de même à chaque plat pendant le repas. L'esclave mangea comme lui, mais toujours les yeux baissés, sans répondre un seul mot chaque fois qu'il lui demandait si les mets étaient de son goût.

Pour changer de discours, le roi lui demanda comment elle s'appelait, si elle était contente de son habillement, des pierreries dont elle était ornée, ce qu'elle pensait de son appartement et de l'ameublement, et si la vue de la mer la divertissait ; mais sur toutes ces demandes elle garda le même silence, dont il ne savait plus que penser. Il s'imagina que peut-être elle était muette : « Mais, disait-il en lui-même, serait-il possible que Dieu eût formé une créature si belle, si parfaite et si accomplie, et qu'elle eût un si grand défaut? Ce serait un grand dommage! Avec cela je ne pourrais m'empêcher de l'aimer comme je l'aime. »

Quand le roi se fut levé de table, il se lava les mains d'un côté, pendant que l'esclave se les lavait de l'autre. Il prit ce temps-là pour demander aux femmes qui lui présentaient le bassin et la serviette, si elle leur avait parlé. Celle qui prit la parole lui répondit : « Sire, nous ne l'avons ni vue ni entendue parler plus que votre majesté vient de le voir elle-même. Nous lui avons rendu nos services dans le bain; nous l'avons peignée, coiffée, habillée dans sa chambre, et jamais elle n'a ouvert la bouche pour nous dire : Cela est bien, je suis contente. Nous lui demandions : Madame, n'avez-vous besoin de rien? Souhaitez-vous quelque chose? Demandez, commandez-nous. Nous ne savons si c'est mépris, affliction, bêtise, ou qu'elle soit muette : nous n'avons pu tirer d'elle une seule parole ; c'est tout ce que nous pouvons dire à votre majesté. »

Le roi de Perse fut plus surpris qu'auparavant de ce qu'il venait d'entendre. Comme il crut que l'esclave pouvait avoir quelque sujet d'affliction, il voulut essayer de la réjouir ; pour cela, il fit une assemblée de toutes les dames de son palais. Elles vinrent ; et celles qui savaient jouer des instruments en jouèrent, et les autres chantèrent ou dansèrent, ou firent l'un et l'autre tout à la fois : elles jouèrent enfin à plusieurs sortes de jeux qui réjouirent le roi. L'esclave seule ne prit aucune part à tous ces divertissements ; elle demeura dans sa place toujours les yeux baissés, et avec une tranquillité dont toutes les dames ne furent pas moins surprises que le roi. Elles se retirèrent chacune à son appartement ; et le roi, qui demeura seul, coucha avec la belle esclave.

Le lendemain, le roi de Perse se leva plus content qu'il ne l'avait été de toutes les femmes qu'il eût jamais vues, sans en excepter aucune, et plus passionné pour la belle esclave que le jour d'auparavant. Il le fit bien paraître : en effet, il résolut de ne s'attacher uniquement qu'à elle, et il exécuta sa résolution. Dès le même jour, il congédia toutes ses autres femmes, avec les riches habits, les pierreries et les bijoux qu'elles avaient à leur usage, et chacune une grosse somme d'argent, libres de se marier à qui bon leur semblerait, et il ne retint que les matrones et autres femmes âgées, nécessaires pour être auprès de la belle esclave. Elle ne lui donna pas la consolation de lui dire un seul mot pendant une année entière. Il ne laissa pas cependant d'être très-assidu auprès d'elle, avec toutes les complaisances imaginables, et de lui donner les marques les plus signalées d'une passion très-violente.

L'année était écoulée, et le roi, assis un jour près de sa belle, lui protestait que son amour, au lieu de diminuer, augmentait tous les jours avec plus de force : « Ma reine, lui disait-il, je ne puis deviner ce que vous en pensez ; rien n'est plus vrai cependant, et je vous jure que je ne souhaite plus rien depuis que j'ai le bonheur de vous posséder. Je fais état de mon royaume, tout grand qu'il est, moins que d'un atôme, lorsque je vous vois, et que je puis vous dire mille fois que je vous aime. Je ne veux pas que mes paroles vous obligent de le croire, mais vous ne pouvez en douter après le sacrifice que j'ai fait à votre beauté du grand nombre de femmes que j'avais dans mon palais. Vous pouvez vous en souvenir : il y a un an passé que je les renvoyai toutes, et je m'en repens aussi peu au moment que je vous en parle, qu'au moment que je cessai de les voir, et je ne m'en repentirai jamais. Rien ne manquerait à ma satisfaction, à mon contentement et à ma joie, si vous me disiez seulement un mot pour me marquer que vous m'en avez quelque obligation. Mais comment pourriez-vous me le dire, si vous êtes muette? Hélas! je ne crains que trop que cela ne soit! Et quel moyen de ne le pas craindre après un an entier que je vous prie mille fois chaque jour de me parler, et que vous gardez un silence si affligeant pour moi? S'il n'est pas possible que j'obtienne de vous cette consolation, fasse le Ciel au moins que vous me donniez un fils pour me succéder après ma mort! Je me sens vieillir tous les jours, et dès à présent j'aurais besoin d'en avoir un pour m'aider à soutenir le plus grand poids de ma couronne. Je reviens au grand désir que j'ai de vous entendre parler ; quelque chose me dit en moi-même que vous n'êtes pas muette. Eh de grâce, madame, je vous en conjure, rompez cette longue obstination, dites-moi un mot seulement, après quoi je ne me soucie plus de mourir? »

À ce discours, la belle esclave, qui, selon sa coutume, avait écouté le roi, toujours les yeux baissés, et qui ne lui avait pas seulement donné lieu de croire qu'elle était muette, mais même qu'elle n'avait jamais ri de sa vie, se mit à sourire. Le roi de Perse s'en aperçut avec une surprise qui lui fit faire une exclamation de joie, et comme il ne douta pas qu'elle ne voulût parler, il attendit ce moment avec une attention et avec une impatience qu'on ne peut exprimer...

Le jour, qui parut, obligea Scheherazade de renvoyer à la nuit suivante la suite de ce conte.

CCLIᵉ NUIT.

Sire, la belle esclave enfin rompit un si long silence, et elle parla : « Sire, dit-elle, j'ai tant de choses à dire à votre majesté, en rompant mon silence, que je ne sais par où commencer. Je crois néanmoins qu'il est de mon devoir de la remercier d'abord de toutes les grâces et de tous les honneurs dont elle m'a comblée, et de demander au Ciel qu'il la fasse prospérer, qu'il détourne les mauvaises intentions de ses ennemis, et ne permette pas qu'elle meure après m'avoir entendu parler, mais lui donne une longue vie. Après cela, sire, je ne puis vous donner une plus grande satisfaction qu'en vous annonçant que je suis grosse : je souhaite avec vous que ce soit un fils : ce qu'il y a, sire, ajouta-t-elle, c'est que, sans ma grossesse (je supplie votre majesté de prendre ma sincérité en bonne part), j'étais résolue à ne jamais vous aimer, aussi bien qu'à garder un silence perpétuel, et que présentement je vous aime autant que je le dois. »

Le roi de Perse, ravi d'avoir entendu parler la belle esclave, et lui annoncer une nouvelle qui l'intéressait si fort, l'embrassa tendrement : « Lumière éclatante de mes yeux, lui dit-il, je ne pouvais recevoir une plus grande joie que celle dont vous venez de me combler. Vous m'avez parlé, et vous m'avez annoncé votre grossesse ; je ne me sens pas moi-même, après ces deux sujets de me réjouir que je n'attendais pas. »

Dans le transport de joie où était le roi de Perse, il n'en dit pas davantage à la belle esclave ; il la quitta, mais d'une manière à faire connaître qu'il allait revenir bientôt. Comme il voulait que le sujet de sa joie fût rendu public, il l'annonça à ses officiers, et fit appeler son grand vizir. Dès qu'il fut arrivé, il le chargea de distribuer cent mille pièces d'or aux ministres de sa religion, qui faisaient vœu de pauvreté, aux hôpitaux et aux pauvres, en actions de grâces à Dieu ; et sa volonté fut exécutée par les ordres de ce ministre.

Cet ordre donné, le roi de Perse vint retrouver la belle esclave : « Madame, lui dit-il, excusez-moi si je vous ai quittée si brusquement : vous m'en avez donné l'occasion vous-même ; mais vous voudrez bien que je remette à vous entretenir une autre fois ; je désire savoir de vous des choses d'une conséquence beaucoup plus grande. Dites-moi, je vous en supplie, ma chère âme, quelle raison si forte vous avez eue de me voir, de m'entendre parler, de manger et de coucher avec moi chaque jour toute une année, et d'avoir eu cette constance inébranlable, je ne dis point de ne pas ouvrir la bouche pour me parler, mais même de ne pas donner à comprendre que vous entendiez fort bien tout ce que je vous disais. Cela me passe, et je ne conçois pas comment vous avez pu vous contraindre jusqu'à ce point : il faut que le sujet en soit bien extraordinaire. »

Pour satisfaire la curiosité du roi de Perse : « Sire, reprit cette belle personne, être esclave, être éloignée de son pays, avoir perdu l'espérance d'y retourner jamais, avoir le cœur percé de douleur de me voir séparée pour toujours d'avec ma mère, mon frère, nos parents, mes connaissances, ne sont-ce pas des motifs assez grands pour avoir gardé le silence que votre majesté trouve si étrange? L'amour de la patrie n'est pas moins naturel que l'amour paternel, et la perte de la liberté est insupportable à quiconque n'est pas assez dépourvu de bon sens pour n'en pas connaître le prix. Le corps peut bien être assujetti à l'autorité d'un maître qui a la force et la puissance en main ; mais la volonté ne peut pas être maîtrisée, elle est toujours à elle-même : votre majesté en a vu un exemple en ma personne. C'est beaucoup que je n'aie pas imité une infinité de malheureux et de malheureuses que l'amour de la liberté réduit à la triste résolution de se donner la mort de mille manières ; ce qu'une liberté qui ne peut leur être ôtée leur procure toujours le moyen d'exécuter. »

« Madame, reprit le roi de Perse, je suis persuadé de ce que vous me dites ; mais il m'avait semblé jusqu'à présent qu'une personne belle, bien faite, de bon sens et de bon esprit comme vous, madame, esclave par sa mauvaise destinée, devait s'estimer heureuse de trouver un roi pour maître. »

« Sire, repartit la belle esclave, quelque esclave que ce soit, comme je viens de le dire à votre majesté, un roi ne peut maîtriser sa volonté. Comme votre majesté parle néanmoins d'une esclave capable de plaire à un monarque et de s'en faire aimer, si l'esclave est d'un état inférieur, qu'il n'y ait pas de proportion, je crois qu'elle peut s'estimer heureuse dans son malheur. Quel bonheur cependant! Elle ne laissera pas de se regarder comme une esclave arrachée d'entre les bras de son père et de sa mère, et peut-être d'un amant qu'elle ne laissera pas d'aimer toute sa vie. Mais si la même esclave ne cède en rien au roi qui l'a acquise, que votre majesté elle-même juge de la rigueur de son sort, de sa misère, de son affliction, de sa douleur, et de quoi elle peut être capable! »

Le roi de Perse, étonné de ce discours : « Quoi! madame, répliqua-t-il, serait-il possible, comme vous me le faites entendre, que vous fussiez d'un sang royal ? éclaircissez-moi de grâce là-dessus, et n'augmentez pas davantage mon impatience. Apprenez-moi quels sont l'heureux père et l'heureuse mère d'un si grand prodige de beauté, quels sont vos frères, vos sœurs, vos parents, et surtout comment vous vous appelez. »

Scheherazade, apercevant le jour, cessa de parler : le sultan, curieux d'apprendre le nom et l'histoire de la belle esclave, consentit sans peine à écouter la suite de ce conte.

CCLII^e NUIT.

Scheherazade prenant la parole : « Sire, dit alors la belle esclave, mon nom est Gulnare de la mer [1] ; mon père, qui est mort, était un des plus puissants rois de la mer ; et en mourant il laissa son royaume à un frère que j'ai, nommé Saleh [2], et à la reine, ma mère. Ma mère est aussi princesse, fille d'un autre roi de la mer, très-puissant. Nous vivions tranquillement dans notre royaume, et dans une paix profonde, lorsqu'un ennemi, envieux de notre bonheur, entra dans nos états avec une puissante armée, pénétra jusqu'à notre capitale, s'en empara, et ne nous donna que le temps de nous sauver dans un lieu impénétrable et inaccessible, avec quelques officiers fidèles qui ne nous abandonnèrent pas.

« Dans cette retraite, mon frère ne négligea pas de songer au moyen de chasser l'injuste possesseur de nos états ; et dans cet intervalle il me prit un jour en particulier : « Ma sœur, me dit-il, les événements des moindres entreprises sont toujours très-incertains : je puis succomber dans celle que je médite pour rentrer dans nos états ; et je serais moins fâché de ma disgrâce que de celle qui pourrait vous arriver. Pour la prévenir et vous en préserver, je voudrais bien vous voir mariée auparavant ; mais dans le mauvais état où sont nos affaires, je ne vois pas que vous puissiez vous donner à aucun de nos princes de la mer. Je souhaiterais que vous pussiez vous résoudre à entrer dans mon sentiment, qui est que vous épousiez un prince de la terre ; je suis prêt à y employer tous mes soins. De la beauté dont vous êtes, je suis sûr qu'il n'y en a pas un, si puissant qu'il soit, qui ne fût ravi de vous faire part de sa couronne. »

« Ce discours de mon frère me mit dans une grande colère contre lui : « Mon frère, lui dis-je, du côté de mon père et de ma mère,

---

[1] Gulnare signifie, en persan, rose, ou fleur de grenadier.
[2] Saleh : ce mot signifie bon, en arabe.

je descends comme vous de rois et de reines de la mer, sans aucune alliance avec les rois de la terre ; je ne prétends pas me mésallier non plus qu'eux, et j'en ai fait le serment dès que j'ai eu assez de connaissance pour m'apercevoir de la noblesse et de l'ancienneté de notre maison. L'état où nous sommes réduits ne m'obligera pas de changer de résolution ; et si vous avez à périr dans l'exécution de votre dessein, je suis prête à périr avec vous plutôt que de suivre un conseil que je n'attendais pas de votre part. »

« Mon frère, entêté de ce mariage, qui ne me convenait pas, à mon sens, voulut me représenter qu'il y avait des rois de la terre qui ne céderaient pas à ceux de la mer. Cela me mit dans une colère et dans un emportement contre lui qui m'attirèrent des duretés de sa part, dont je fus piquée au vif. Il me quitta, aussi peu satisfait de moi que j'étais mal satisfaite de lui. Dans le dépit où j'étais, je m'élançai du fond de la mer, et j'allai aborder à l'île de la Lune.

« Nonobstant le cuisant mécontentement qui m'avait obligée de venir me jeter dans cette île, je ne laissais pas d'y vivre assez contente, et je me retirais dans les lieux écartés où j'étais commodément. Mes précautions, néanmoins, n'empêchèrent pas qu'un homme de quelque distinction, accompagné de domestiques, ne me surprît comme je dormais, et ne m'emmenât chez lui. Il me témoigna beaucoup d'amour ; il n'oublia rien pour me persuader d'y répondre. Quand il vit qu'il ne gagnait rien par la douceur, il crut qu'il réussirait mieux par la force ; mais je le fis si bien repentir de son insolence, qu'il résolut de me vendre, et il me vendit au marchand qui m'a amenée et vendue à votre majesté. C'était un homme sage, doux et humain, et dans le long voyage qu'il me fit faire, il ne me donna que des sujets de me louer de lui.

« Pour ce qui est de votre majesté, continua la princesse Gulnare, si elle n'eût eu pour moi toutes les considérations dont je lui suis obligée ; si elle ne m'eût donné tant de marques d'amour, avec une sincérité dont je n'ai pu douter ; que, sans hésiter, elle n'eût pas chassé toutes ses femmes ; je ne feins pas de le dire, je ne serais pas demeurée avec elle ; je me serais jetée dans la mer par cette fenêtre, où elle m'aborda la première fois qu'elle me vit dans cet appartement, et je serais allée retrouver mon frère, ma mère et mes parents. J'eusse même persévéré dans ce dessein, et je l'eusse exécuté, si, après un certain temps, j'eusse perdu l'espérance d'une grossesse. Je me garderais bien de le faire dans l'état où je suis. En effet, quoi que je pusse dire à ma mère et à mon frère, jamais ils ne voudraient croire que j'eusse été esclave d'un roi comme votre majesté, et jamais aussi ils ne me pardonneraient la faute que j'aurais commise contre mon honneur, de mon consentement. Avec cela, sire, soit un prince ou une princesse que je mette au monde, ce sera un gage qui m'obligera de ne me séparer jamais d'avec votre majesté. J'espère aussi qu'elle ne me regardera plus comme une esclave, mais comme une princesse qui n'est pas indigne de son alliance. »

C'est ainsi que la princesse Gulnare acheva de se faire connaître et de raconter son histoire au roi de Perse : « Ma charmante, mon adorable princesse, s'écria alors ce monarque, quelles merveilles viens-je d'entendre ! Quelle ample matière à ma curiosité, de vous faire des questions sur des choses si inouïes ! mais auparavant je dois bien vous remercier de votre bonté, et de votre patience à éprouver la sincérité et la constance de mon amour. Je ne croyais pas pouvoir aimer plus que je vous aimais : cependant, depuis que je sais que vous êtes une si grande princesse, je vous aime mille fois davantage. Que dis-je, princesse? Madame, vous ne l'êtes plus ; vous êtes ma reine, et reine de Perse, comme j'en suis le roi, et ce titre va bientôt retentir dans tout mon royaume : dès demain, madame, il sera proclamé dans ma capitale, avec des réjouissances non encore vues, qui feront connaître que vous l'êtes véritablement. Cela serait fait il y a long-temps, si vous m'eussiez tiré plus tôt de mon erreur, puisque, dès le moment que je vous ai vue, j'ai été dans le même sentiment qu'aujourd'hui de vous aimer toujours et de ne jamais aimer que vous. En attendant que je me satisfasse moi-même pleinement, et que je vous rende tout ce qui vous est dû, je vous supplie, madame, de m'instruire plus particulièrement de ces états et de ces peuples de la mer, qui me sont inconnus. J'avais bien entendu parler d'hommes marins ; mais j'avais toujours pris ce que l'on m'en avait dit pour des contes et des fables. Rien n'est plus vrai, cependant, après ce que vous m'en dites ; j'en ai une preuve bien certaine en votre personne, vous qui en êtes, et qui avez bien voulu être ma femme, et cela par un avantage dont aucun autre habitant de la terre ne peut se vanter que moi. Il y a une chose qui me fait de la peine, et sur laquelle je vous prie de m'éclaircir ; c'est que je ne puis comprendre comment vous pouvez vivre, agir ou vous mouvoir dans l'eau sans vous noyer : il n'y a que certaines gens parmi nous qui ont l'art de demeurer sous l'eau ; ils y périraient, néanmoins, s'ils ne s'en retiraient au bout d'un certain temps, chacun selon son adresse et ses forces. »

« Sire, répondit la reine Gulnare, je satisferai votre majesté avec bien du plaisir. Nous marchons au fond de la mer de même que l'on marche sur la terre, et nous respirons dans l'eau comme on respire dans l'air : ainsi, au lieu de nous suffoquer comme elle vous suffoque, elle contribue à notre vie. Ce qui est encore bien remarquable, c'est qu'elle ne mouille pas nos habits, et que, lorsque nous venons sur la terre, nous en sortons sans avoir besoin de les sécher. Notre langage ordinaire est le même que celui dans lequel est conçue l'écriture gravée sur le sceau du grand prophète Salomon, fils de David.

« Je ne dois pas oublier que l'eau ne nous empêche pas aussi de voir dans la mer : nous y avons les yeux ouverts sans en souffrir aucune incommodité. Comme nous les avons excellents, nous ne laissons pas, nonobstant la profondeur de la mer, d'y voir aussi clair que l'on voit sur la terre. Il en est de même de la nuit : la lune nous éclaire, et les planètes et les étoiles ne nous sont pas cachées. J'ai déjà parlé de nos royaumes : comme la mer est beaucoup plus spacieuse que la terre, il y en a aussi un plus grand nombre, et de beaucoup plus grands : ils sont divisés en provinces, et dans chaque province il y a plusieurs grandes villes très-peuplées; il y a enfin une infinité de nations, de mœurs et de coutumes différentes, comme sur la terre.

« Les palais des rois et des princes sont superbes et magnifiques : il y en a de marbres de différentes couleurs, de cristal de roche, dont la mer abonde, de nacre de perle, de corail, et d'autres matériaux plus précieux. L'or, l'argent et toutes sortes de pierreries y sont en plus grande abondance que sur la terre. Je ne parle pas des perles : de quelque grosseur qu'elles soient sur la terre, on ne les regarde pas dans nos pays; il n'y a que les moindres bourgeoises qui s'en parent.

« Comme nous avons une agilité merveilleuse et incroyable de nous transporter où nous voulons, en moins de rien, nous n'avons besoin ni de chars, ni de montures. Il n'y a pas de roi, néanmoins, qui n'ait ses écuries et ses haras de chevaux marins; mais ils ne s'en servent ordinairement que dans les divertissements, dans les fêtes et dans les réjouissances publiques : les uns, après les avoir bien exercés, se plaisent à les monter, et à faire paraître leur adresse dans les courses ; d'autres les attellent à des chars de nacre de perle, ornés de mille coquillages de toutes sortes de couleurs les plus vives. Ces chars sont à découvert, avec un trône, où les rois sont assis lorsqu'ils se font voir à leurs sujets. Ils sont adroits à les conduire eux-mêmes, et ils n'ont pas besoin de cochers. Je passe sous silence une infinité d'autres particularités très-curieuses, touchant les pays marins, ajouta la reine Gulnare, qui feraient un très-grand plaisir à votre majesté ; mais elle voudra bien que je remette à l'en entretenir plus à loisir, pour lui parler d'une autre chose qui est présentement de plus d'importance. Ce que j'ai à lui dire, sire, c'est que les couches des femmes de la mer sont différentes des couches des femmes de la terre, et j'ai un juste sujet de craindre que les sages-femmes de ce pays ne m'accouchent mal. Comme votre majesté n'y a pas moins d'intérêt que moi, sous son bon plaisir, je trouve à propos, pour la sûreté de mes couches, de faire venir la reine, ma mère, avec des cousines que j'ai, et en même temps le roi, mon frère, avec lequel je suis bien aise de me réconcilier. Ils seront ravis de me revoir, dès que je leur aurai raconté mon histoire, et qu'ils auront appris que je suis femme du puissant roi de Perse. Je supplie votre majesté de me le permettre; ils seront bien aises aussi de lui rendre leurs respects, et je puis lui promettre qu'elle aura de la satisfaction de les voir. »

« Madame, reprit le roi de Perse, vous êtes la maîtresse, faites ce qu'il vous plaira; je tâcherai de les recevoir avec tous les honneurs qu'ils méritent. Mais je voudrais bien savoir par quelle voie vous leur ferez savoir ce que vous désirez d'eux, et quand ils pourront arriver, afin que je donne ordre aux préparatifs pour leur réception, et que j'aille moi-même au-devant d'eux. — Sire, repartit la reine Gulnare, il n'est pas besoin de ces cérémonies; ils seront ici dans un moment, et votre majesté verra de quelle manière ils arriveront : elle n'a qu'à entrer dans ce petit cabinet, et regarder par la jalousie. »

Le jour vint interrompre la sultane; elle reprit le lendemain la parole en ces termes :

CCLIIIᵉ NUIT.

« Sire, quand le roi de Perse fut entré dans le cabinet, la reine Gulnare se fit apporter une cassolette avec du feu par une de ses femmes, qu'elle renvoya, en lui disant de fermer la porte. Lorsqu'elle fut seule, elle prit un morceau de bois d'aloès dans une boîte, le mit dans la cassolette, et dès qu'elle vit paraître la fumée, elle prononça des paroles inconnues au roi de Perse, qui observait avec grande attention tout ce qu'elle faisait, et elle n'avait pas encore achevé, que l'eau de la mer se troubla : le cabinet où était le roi était disposé de manière qu'il s'en aperçut au travers de la jalousie, en regardant du côté des fenêtres qui étaient sur la mer.

Enfin la mer s'entr'ouvrit à quelque distance, et aussitôt il s'en éleva un jeune homme bien fait et de belle taille, avec la moustache de vert de mer ; une dame, déjà sur l'âge, mais d'un air majestueux, s'en éleva de même, un peu derrière lui, avec cinq jeunes dames, qui ne cédaient en rien à la beauté de la reine Gulnare.

La reine Gulnare se présenta aussitôt à une des fenêtres, et elle reconnut le roi, son frère, la reine, sa mère, et ses parentes, qui la reconnurent de même. La troupe s'avança comme portée sur la surface de l'eau, sans marcher, et quand ils furent tous sur le bord, ils s'élancèrent légèrement, l'un après l'autre, sur la fenêtre où la reine Gulnare avait paru, et d'où elle s'était retirée pour leur faire place. Le roi Saleh, la reine, sa mère, et ses parentes l'embrassèrent avec beaucoup de tendresse et les larmes aux yeux, à mesure qu'ils entrèrent.

Quand la reine Gulnare les eut reçus avec tout l'honneur possible, et qu'elle leur eut fait prendre place sur le sofa, la reine, sa mère, prit la parole : « Ma fille, lui dit-elle, j'ai bien de la joie de vous revoir, après une si longue absence, et je suis sûre que votre frère et vos parentes n'en ont pas moins que moi. Votre éloignement, sans en avoir rien dit à personne, nous a jetés dans une affliction inexprimable, et nous ne pourrions vous dire combien nous en avons versé de larmes. Nous ne savons autre chose du sujet qui peut vous avoir obligée de prendre un parti si surprenant, que ce que votre frère nous a rapporté de l'entretien qu'il avait eu avec vous. Le conseil qu'il vous donna alors lui avait paru avantageux pour votre établissement, dans l'état où vous étiez, aussi bien que nous. Il ne fallait pas vous alarmer si fort, s'il ne vous plaisait pas, et vous voudrez bien que je vous dise que vous avez pris la chose tout autrement que vous ne le deviez. Mais laissons là ce discours, qui ne ferait que renouveler des sujets de douleur et de plainte, que vous devez oublier avec nous : faites-nous part de tout ce qui vous est arrivé depuis un si long temps que nous ne vous avons vue, et de l'état où vous êtes présentement ; sur toute chose, marquez-nous si vous êtes contente. »

La reine Gulnare se jeta aussitôt aux pieds de la reine, sa mère, et après qu'elle lui eut baisé la main en se relevant : « Madame, reprit-elle, j'ai commis une grande faute, je l'avoue, et je ne suis redevable qu'à votre bonté du pardon que vous voulez bien m'en accorder. Ce que j'ai à vous dire, pour vous obéir, vous fera connaître que c'est en vain, bien souvent, qu'on a de la répugnance pour de certaines choses : j'ai éprouvé par moi-même que la chose à quoi ma volonté était la plus opposée est justement celle où ma destinée m'a conduite malgré moi. » Elle lui raconta tout ce qui lui était arrivé depuis que le dépit l'avait portée à se lever du fond de la mer pour venir sur la terre. Lorsqu'elle eut achevé, en disant qu'enfin elle avait été vendue au roi de Perse, chez qui elle se trouvait : « Ma sœur, lui dit le roi, son frère, vous avez grand tort d'avoir souffert tant d'indignités, et vous ne pouvez vous en plaindre qu'à vous-même. Vous aviez le moyen de vous en délivrer, et je m'étonne de votre patience à demeurer si long-temps dans l'esclavage : levez-vous, et revenez avec nous au royaume que j'ai reconquis sur le fier ennemi qui s'en était emparé. »

Le roi de Perse, qui entendit ces paroles du cabinet où il était, en fut dans la dernière alarme : « Ah! dit-il en lui-même, je suis perdu, et ma mort est certaine, si ma reine, si ma Gulnare écoute un conseil si pernicieux ! Je ne puis plus vivre sans elle, et l'on m'en veut priver ! » La reine Gulnare ne le laissa pas long-temps dans la crainte où il était.

« Mon frère, reprit-elle en souriant, ce que je viens d'entendre me fait mieux comprendre que jamais combien l'amitié que vous avez pour moi est sincère. Je ne pus supporter le conseil que vous me donniez de me marier à un prince de la terre : aujourd'hui, peu s'en faut que je ne me mette en colère contre vous de celui que vous me donnez, de quitter l'engagement que j'ai avec le plus puissant et le plus renommé de tous les princes. Je ne parle pas de l'engagement d'une esclave avec un maître : il nous serait aisé de lui restituer les dix mille pièces d'or que je lui ai coûté ; je parle de celui d'une femme avec un mari, et une femme qui ne peut se plaindre d'aucun sujet de mécontentement de sa part : c'est un monarque religieux, sage, modéré, qui m'a donné les marques d'amour les plus essentielles. Il ne pouvait pas m'en donner une plus signalée, que de congédier, dès les premiers jours que je fus à lui, le grand nombre de femmes qu'il avait pour ne s'attacher qu'à moi uniquement. Je suis sa femme, et il vient de me déclarer reine de Perse pour participer à ses conseils. Je dis de plus que je suis grosse, et que si j'ai le bonheur, avec la faveur du Ciel, de lui donner un fils, ce sera un autre lien qui m'attachera à lui plus inséparablement. Ainsi, mon frère, poursuivit la reine Gulnare, bien loin de suivre votre conseil, toutes ces considérations, comme vous le voyez, ne m'obligent pas seulement d'aimer le roi de Perse, autant qu'il m'aime, mais même de demeurer et de passer ma vie avec lui, plus par reconnaissance que par devoir. J'espère que ni ma mère, ni vous, avec mes bonnes cousines, vous ne désapprouverez ma résolution, non plus que l'alliance que j'ai faite sans l'avoir cherchée, qui fait honneur également aux monarques de la mer et de la terre. Excusez-moi si je vous ai donné la peine de venir ici du plus profond des ondes pour vous en faire part, et avoir le bonheur de vous voir après une si longue séparation. »

« Ma sœur, reprit le roi Saleh, la proposition que je vous ai faite de revenir avec nous sur le récit de vos aventures, que je n'ai pu entendre sans douleur, n'a été que pour vous marquer combien nous vous aimons tous, combien je vous honore en particulier, et que rien ne nous touche davantage que tout ce qui peut contribuer à votre bonheur. Par ces mêmes motifs, je ne puis, en mon particulier, qu'approuver une résolution si raisonnable et si digne de vous, après ce que vous venez de nous dire de la personne du roi de Perse, votre époux, et des grandes obligations que vous lui avez. Pour ce qui est de la reine, votre mère et la mienne, je suis persuadé qu'elle n'est pas d'un autre sentiment. »

Cette princesse confirma ce que le roi, son fils, venait d'avancer : « Ma fille, reprit-elle, en s'adressant aussi à la reine Gulnare, je suis ravie que vous soyez contente, et je n'ai rien à ajouter à ce que le roi, votre frère, vient de vous témoigner. Je serais la première à vous condamner, si vous n'aviez toute la reconnaissance que vous devez pour un monarque qui vous aime avec tant de passion, et qui a fait de si grandes choses pour vous. »

Autant le roi de Perse, qui était dans le cabinet, avait été affligé par la crainte de perdre la reine Gulnare, autant il eut de joie de voir qu'elle était résolue à ne le pas abandonner. Comme il ne pouvait plus douter de son amour après une déclaration si authentique, il l'en aima mille fois davantage, et il se promit bien de lui en marquer sa reconnaissance par tous les moyens qui seraient en son pouvoir.

Pendant que le roi de Perse s'entretenait ainsi avec lui-même, la reine Gulnare avait frappé des mains, et avait commandé à des esclaves, qui étaient entrés aussitôt, de servir la collation. Quand elle fut servie, elle invita la reine, sa mère, le roi, son frère, et ses parentes à s'approcher et à manger. Mais ils eurent tous la même pensée, que, sans en avoir demandé la permission, ils se trouvaient dans le palais d'un puissant roi, qui ne les avait jamais vus et qui ne les connaissait pas, et qu'il y aurait une grande incivilité à manger à sa table sans lui. La rougeur leur monta au visage; et de l'émotion où ils en étaient, ils jetèrent des flammes par les narines et par la bouche, avec des yeux enflammés.

Le roi de Perse fut dans une frayeur inexprimable à ce spectacle, auquel il ne s'attendait pas, et dont il ignorait la cause. La reine Gulnare, qui se douta de ce qui en était, et qui avait compris l'intention de ses parents, ne fit que leur marquer, en se levant de sa place, qu'elle allait revenir. Elle passa au cabinet, où elle rassura le roi par sa présence: « Sire, lui dit-elle, je ne doute pas que votre majesté ne soit contente du témoignage que je viens de rendre des grandes obligations dont je lui suis redevable. Il n'a tenu qu'à moi de m'abandonner à leurs désirs, et de retourner avec eux dans nos états; mais je ne suis pas capable d'une ingratitude dont je me condamnerais la première. — Ah! ma reine, s'écria le roi de Perse, ne parlez pas des obligations que vous m'ayez, vous ne m'en avez aucune! Je vous en ai moi-même de si grandes, que jamais je ne pourrai vous en témoigner assez de reconnaissance. Je n'avais pas cru que vous m'aimassiez au point que je vois que vous m'aimez: vous venez de me le faire connaître de la manière la plus éclatante. — Eh! sire, reprit la reine Gulnare, pouvais-je en faire moins que ce que je viens de faire? Je n'en fais pas encore assez, après tous les honneurs que j'ai reçus, après tant de bienfaits dont vous m'avez comblée, après tant de marques d'amour auxquelles il n'est pas possible que je sois insensible! Mais, sire, ajouta la reine Gulnare, laissons là ce discours pour vous assurer de l'amitié sincère dont la reine, ma mère, et le roi, mon frère, vous honorent. Ils meurent de l'envie de vous voir, et de vous en assurer eux-mêmes. J'ai même pensé me faire une affaire avec eux, en voulant leur donner la collation avant de leur procurer cet honneur. Je supplie donc votre majesté de vouloir bien entrer, et de les honorer de votre présence. »

« Madame, repartit le roi de Perse, j'aurai un grand plaisir à saluer des personnes qui vous appartiennent de si près; mais ces flammes que j'ai vues sortir de leurs narines et de leur bouche me donnent de la frayeur. — Sire, répliqua la reine en riant, ces flammes ne doivent pas faire la moindre peine à votre majesté : elles ne signifient autre chose que leur répugnance à manger de ses biens dans son palais, qu'elle ne les honore de sa présence, et ne mange avec eux. »

Scheherazade en resta là pour cette nuit; elle reprit, le lendemain, la parole en ces termes :

CCLIV^e NUIT.

Sire, le roi de Perse, rassuré par ces paroles, se leva de sa place et entra dans la chambre avec la reine Gulnare, et la reine Gulnare le présenta à la reine, sa mère, au roi, son frère, et à ses parentes, qui se prosternèrent aussitôt la face contre terre. Le roi de Perse courut aussitôt à eux, les obligea de se relever, et les embrassa l'un après l'autre. Après qu'ils se furent tous assis, le roi Saleh prit la parole : « Sire, dit-il au roi de Perse, nous ne pouvons assez témoigner notre joie à votre majesté de ce que la reine Gulnare, ma sœur, dans sa disgrâce, a eu le bonheur de se trouver sous la protection d'un monarque si puissant. Nous pouvons l'assurer qu'elle n'est pas indigne du haut rang où il lui a fait l'honneur de l'élever. Nous avons toujours eu une si grande amitié et tant de tendresse pour elle, que nous n'avons pu nous résoudre à l'accorder à aucun des puissants princes de la mer, qui nous l'avaient demandée en mariage avant même qu'elle fût en âge. Le Ciel vous la réservait, sire; et nous ne pouvons mieux le remercier de la faveur qu'il lui a faite, qu'en lui demandant d'accorder à votre majesté la grâce de vivre de longues années avec elle, avec toutes sortes de prospérités et de satisfactions. »

« Il fallait bien, reprit le roi de Perse, que le Ciel me l'eût réservée, comme vous le remarquez : en effet, la passion ardente dont je l'aime me fait connaître que je n'avais jamais rien aimé avant de l'avoir vue. Je ne puis assez témoigner de reconnaissance à la reine, sa mère, ni à vous, prince, ni à toute votre parenté, de la générosité avec laquelle vous consentez à me recevoir dans une alliance qui m'est si glorieuse. » En achevant ces paroles, il les invita à se mettre à table, et il s'y mit aussi avec la reine Gulnare. La collation achevée, le roi de Perse s'entretint avec eux bien avant dans la nuit; et lorsqu'il fut temps de se retirer, il les conduisit lui-même chacun à l'appartement qu'il leur avait fait préparer.

Le roi de Perse régala ses illustres hôtes par des fêtes continuelles, dans lesquelles il n'oublia rien de tout ce qui pouvait faire paraître sa grandeur et sa magnificence; et insensiblement il les engagea à demeurer à la cour jusqu'aux couches de la reine. Dès qu'elle en sentit les approches, il donna ordre à ce que rien ne lui manquât de toutes les choses dont elle pouvait avoir besoin dans cette conjoncture. Elle accoucha enfin, et elle mit au monde un fils, avec une grande joie de la reine, sa mère, qui l'accoucha, et qui alla le présenter au roi, dès qu'il fut dans ses premiers langes, qui étaient magnifiques.

Le roi de Perse reçut ce présent avec une joie qu'il est plus aisé d'imaginer que d'exprimer. Comme le visage du petit prince, son fils, était plein et éclatant de beauté, il ne crut pas pouvoir lui donner un nom plus convenable que celui de Beder[1]. En actions de grâces au Ciel, il assigna de grandes aumônes aux pauvres; il fit sortir les prisonniers hors des prisons; il donna la liberté à tous ses esclaves de l'un et de l'autre sexe; il fit distribuer de grosses sommes aux ministres et aux dévots de sa religion. Il fit aussi de grandes largesses à sa cour et au peuple, et l'on publia par son ordre des réjouissances de plusieurs jours par toute la ville.

Après que la reine Gulnare fut relevée de ses couches, un jour que le roi de Perse, la reine Gulnare, la reine, sa mère, le roi Saleh, son frère, et les princesses, leurs parentes, s'entretenaient ensemble dans la chambre de la reine, la nourrice y entra avec le petit prince Beder qu'elle portait entre ses bras. Le roi Saleh se leva aussitôt de sa place, courut au petit prince, et après l'avoir pris d'entre les bras de la nourrice dans les siens, il se mit à le baiser et à le caresser avec de grandes démonstrations de tendresse. Il fit plusieurs tours par la chambre en jouant, en le tenant en l'air entre ses mains; et tout d'un coup, dans le transport de sa joie, il s'élança par une fenêtre qui était ouverte, et se plongea dans la mer avec le prince.

Le roi de Perse, qui ne s'attendait pas à ce spectacle, poussa des cris épouvantables, dans la croyance qu'il ne reverrait plus le prince, son cher fils, ou s'il avait à le revoir, qu'il ne le reverrait que noyé. Peu s'en fallut qu'il ne rendît l'âme au milieu de son affliction, de sa douleur et de ses pleurs : « Sire, lui dit la reine Gulnare d'un visage et d'un ton propre à le rassurer lui-même, que votre majesté ne craigne rien : le petit prince est mon fils, comme

[1] Pleine lune, en arabe.

il est le vôtre, et je ne l'aime pas moins que vous l'aimez : vous voyez cependant que je n'en suis pas alarmée; je ne le dois pas être aussi. En effet, il ne court aucun risque, et vous verrez bientôt reparaître le roi, son oncle, qui le rapportera sain et sauf. Quoiqu'il soit de votre sang, il est aussi du mien, et ne laisse pas d'avoir le même avantage que nous, de pouvoir vivre également dans la mer et sur la terre. » La reine, sa mère, et les princesses, ses parentes, lui confirmèrent la même chose; mais leurs discours ne firent pas un grand effet pour le guérir de sa frayeur : il ne lui fut pas possible d'en revenir tout le temps que le prince Beder ne parut plus à ses yeux.

La mer enfin se troubla, et l'on revit bientôt le roi Saleh, qui s'en éleva avec le petit prince entre les bras, et qui, en se soutenant en l'air, rentra par la même fenêtre par laquelle il était sorti. Le roi de Perse fut ravi, et dans une grande admiration de revoir le prince Beder aussi tranquille que quand il avait cessé de le voir. Le roi Saleh lui demanda : « Sire, votre majesté n'a-t-elle pas eu une grande peur, quand elle m'a vu plonger dans la mer avec le prince, mon neveu? — Ah! prince, reprit le roi de Perse, je ne puis vous l'exprimer! Je l'ai cru perdu dès ce moment, et vous m'avez redonné la vie en me le rapportant. — Sire, repartit le roi Saleh, je m'en étais douté; mais il n'y avait pas le moindre sujet de crainte. Avant de me plonger, j'avais prononcé sur lui les paroles mystérieuses qui étaient gravées sur le sceau du grand roi Salomon, fils de David. Nous pratiquons la même chose à l'égard de tous les enfants qui nous naissent dans les régions du fond de la mer; et en vertu de ces paroles, ils reçoivent le même privilége que nous avons par-dessus les hommes qui demeurent sur la terre. Par ce que votre majesté vient de voir, elle peut juger de l'avantage que le prince Beder a acquis par sa naissance du côté de la reine Gulnare, ma sœur. Tant qu'il vivra, et toutes les fois qu'il le voudra, il lui sera libre de se plonger dans la mer, et de parcourir les vastes empires qu'elle renferme dans son sein. »

Après ces paroles, le roi Saleh, qui avait déjà remis le petit prince Beder entre les bras de sa nourrice, ouvrit une caisse qu'il était allé prendre dans son palais dans le peu de temps qu'il avait disparu, et qu'il avait apportée remplie de trois cents diamants gros comme des œufs de pigeon, d'un pareil nombre de rubis d'une grosseur extraordinaire, d'autant de verges d'émeraudes de la longueur d'un demi-pied, et de trente filets ou colliers de perles, chacun de dix : « Sire, dit-il au roi de Perse, en lui faisant présent de cette caisse, lorsque nous avons été appelés par la reine, ma sœur, nous ignorions en quel endroit de la terre elle était, et qu'elle eût l'honneur d'être l'épouse d'un si grand monarque : c'est ce qui a fait que nous sommes arrivés les mains vides. Comme nous ne pouvons témoigner notre reconnaissance à votre majesté, nous la supplions d'en agréer cette faible marque en considération des faveurs singulières qu'il lui a plu de lui faire, auxquelles nous ne prenons pas moins de part qu'elle-même. »

On ne peut exprimer quelle fut la surprise du roi de Perse, quand il vit tant de richesses renfermées dans un si petit espace : « Hé quoi! prince, s'écria-t-il, appelez-vous une faible marque de votre reconnaissance, lorsque vous ne me devez rien, un présent d'un prix inestimable? Je vous déclare encore une fois que vous ne m'êtes redevables de rien, ni la reine, votre mère, ni vous. Je m'estime trop heureux du consentement que vous avez donné à l'alliance que j'ai contractée avec vous. Madame, dit-il à la reine Gulnare en se tournant de son côté, le roi, votre frère, me met dans une confusion dont je ne puis revenir ; et je le supplierais de trouver bon que je refuse son présent, si je ne craignais qu'il ne s'en offensât : priez-le d'agréer que je me dispense de l'accepter. »

« Sire, repartit le roi Saleh, je ne suis pas surpris que votre majesté trouve le présent extraordinaire : je sais qu'on n'est pas accoutumé sur la terre à voir des pierreries de cette qualité, et en si grand nombre tout à la fois. Mais si elle savait que je connais où sont les minières d'où on les tire, et qu'il est en ma disposition d'en faire un trésor plus riche que tout ce qu'il y a dans les trésors des rois de la terre, elle s'étonnerait que nous ayons pris la hardiesse de lui faire un présent de si peu de valeur. Aussi nous vous supplions de ne le pas regarder par cet endroit, mais par l'amitié sincère qui nous oblige de vous l'offrir, et de ne nous pas donner la mortification de ne pas le recevoir de même. » Des manières si honnêtes obligèrent le roi de Perse à l'accepter, et il lui en fit de grands remerciements, de même qu'à la reine, sa mère.

Quelques jours après, le roi Saleh témoigna au roi de Perse que la reine, sa mère, les princesses, ses parentes, et lui, n'auraient pas un plus grand plaisir que de passer toute leur vie à sa cour ; mais comme il y avait long-temps qu'ils étaient absents de leur royaume, et que leur présence y était nécessaire, ils le priaient de trouver bon qu'ils prissent congé de lui et de la reine Gulnare. Le roi de Perse leur marqua qu'il était bien fâché de ce qu'il n'était pas en son pouvoir de leur rendre la même civilité, en allant leur rendre visite dans leurs états : « Mais comme je suis persuadé, ajouta-t-il, que vous n'oublierez pas la reine Gulnare, et que vous viendrez la voir de temps en temps, j'espère que j'aurai l'honneur de vous revoir plus d'une fois. »

Il y eut beaucoup de larmes répandues de part et d'autre dans leur séparation. Le roi Saleh se sépara le premier; mais la reine, sa mère et les princesses furent obligées, pour le suivre, de s'arracher en quelque manière aux embrassements de la reine Gulnare, qui ne pouvait se résoudre à les laisser partir. Dès que cette troupe royale eut disparu, le roi de Perse ne put s'empêcher de dire à la reine Gulnare: Madame, j'eusse regardé comme un homme qui eût voulu abuser de ma crédulité, celui qui eût entrepris de me faire passer pour véritables les merveilles dont j'ai été témoin, depuis le moment où votre illustre famille a honoré mon palais de sa présence. Mais je ne puis démentir mes yeux : je m'en souviendrai toute ma vie, et je ne cesserai de bénir le Ciel de ce qu'il vous a adressée à moi préférablement à tout autre prince. »

Le petit prince Beder fut nourri et élevé dans le palais, sous les yeux du roi et de la reine de Perse, qui le virent croître et augmenter en beauté avec une grande satisfaction. Il leur en donna beaucoup plus à mesure qu'il avança en âge, par son enjouement continuel, par ses manières agréables, en tout ce qu'il faisait, et par les marques de la justesse et de la vivacité de son esprit en tout ce qu'il disait; et cette satisfaction leur était d'autant plus sensible, que le roi Saleh, son oncle, la reine, sa grand'mère, et les princesses, ses cousines, venaient souvent en prendre leur part. On n'eut point de peine à lui apprendre à lire et à écrire, et on lui enseigna avec la même facilité toutes les sciences qui convenaient à un prince de son rang.

En cet endroit, Scheherazade avertit le sultan que le jour paraissait : le prince, curieux de connaître la suite de cette histoire, permit à la sultane de la continuer la nuit suivante.

CCLV^e NUIT.

Sire, quand le prince de Perse eut atteint l'âge de quinze ans, il s'acquittait déjà de tous ses exercices avec infiniment plus d'adresse et de bonne grâce que ses maîtres : avec cela il était d'une sagesse et d'une prudence admirables. Le roi de Perse, qui avait reconnu en lui, presque dès sa naissance, ces vertus si nécessaires à un monarque, qui l'avait vu s'y fortifier jusqu'alors, et qui d'ailleurs s'apercevait tous les jours des grandes infirmités de la vieillesse, ne voulut pas attendre que sa mort lui donnât lieu de le mettre en possession du royaume. Il n'eut pas de peine à faire consentir son conseil à ce qu'il souhaitait là-dessus, et les peuples apprirent sa résolution avec d'autant plus de joie, que le prince Beder était digne de les commander. En effet, comme il y avait long-temps qu'il paraissait en public, ils avaient eu tout le loisir de remarquer qu'il n'avait pas cet air dédaigneux, fier et rebutant, si familier à la plupart des autres princes, qui regardent tout ce qui est au-dessous d'eux avec une hauteur et un mépris insupportables. Ils savaient, au contraire, qu'il regardait tout le monde avec une bonté qui invitait à s'approcher de lui ; qu'il écoutait favorablement ceux qui avaient à lui parler ; qu'il leur répondait avec une bienveillance qui lui était particulière, et qu'il ne refusait rien à personne, pour peu que ce qu'on lui demandait fût juste.

Le jour de la cérémonie fut arrêté, et ce jour-là, au milieu de son conseil, qui était plus nombreux qu'à l'ordinaire, le roi de Perse, qui d'abord s'était assis sur son trône, en descendit, ôta sa couronne de dessus sa tête, la mit sur celle du prince Beder ; et après l'avoir aidé à monter à sa place, il lui baisa la main pour marque qu'il lui remettait toute son autorité et tout son pouvoir ; après quoi il se mit au-dessous de lui, au rang des vizirs et des émirs.

Aussitôt les vizirs, les émirs et tous les principaux officiers vinrent se jeter aux pieds du nouveau roi, et lui prêtèrent le serment de fidélité, chacun dans son rang. Le grand vizir fit ensuite le rapport de plusieurs affaires importantes, sur lesquelles il prononça avec une sagesse qui fit l'admiration de tout le conseil. Il déposa ensuite plusieurs gouverneurs convaincus de malversation, et en mit d'autres à leur place, avec un discernement si juste et si équitable, qu'il s'attira les acclamations de tout le monde, d'autant plus honorables, que la flatterie n'y avait aucune part. Il sortit ensuite du conseil; et accompagné du roi, son père, il alla à l'appartement de la reine Gulnare. La reine ne le vit pas plutôt avec la couronne sur la tête, qu'elle courut à lui et l'embrassa avec beaucoup de tendresse, en lui souhaitant un règne de longue durée.

La première année de son règne, le roi Beder s'acquitta de toutes les fonctions royales avec une grande assiduité. Sur toutes choses il prit un grand soin de s'instruire de l'état des affaires, et de tout ce qui pouvait contribuer à la félicité de ses sujets. L'année suivante, après qu'il eut laissé l'administration des affaires à son conseil, sous le bon plaisir de l'ancien roi, son père, il sortit de la capitale sous prétexte de prendre le divertissement de la chasse; mais c'était pour parcourir toutes les provinces du royaume, afin d'y corriger les abus, d'établir le bon ordre et la discipline partout, et d'ôter aux princes, ses voisins, malintentionnés, l'envie de rien entreprendre contre la sûreté et la tranquillité de ses états, en se faisant voir sur les frontières.

Il ne fallut pas moins de temps qu'une année entière, à ce jeune roi, pour exécuter un dessein si digne de lui. Il n'y avait pas longtemps qu'il était de retour, lorsque le roi, son père, tomba malade si dangereusement, que d'abord il connut lui-même qu'il n'en relèverait pas. Il attendit le dernier moment de sa vie avec une grande tranquillité, et l'unique soin qu'il eut fut de recommander aux ministres et aux seigneurs de la cour du roi, son fils, de persister dans la fidélité qu'ils lui avaient jurée, et il n'y en eut pas un qui n'en renouvelât le serment avec autant de bonne volonté que la première fois. Il mourut enfin, avec un regret très-sensible du roi Beder et de la reine Gulnare, qui firent porter son corps dans un superbe mausolée, avec une pompe proportionnée à sa dignité.

Après que les funérailles furent achevées, le roi Beder n'eut pas de peine à suivre la coutume de Perse, de pleurer les morts un mois entier, et de ne voir personne tout ce temps-là; il eût pleuré son père toute sa vie, s'il eût écouté l'excès de son affliction, et s'il eût été permis à un grand roi de s'y abandonner tout entier. Dans cet intervalle, la reine, mère de la reine Gulnare, et le roi Saleh, avec les princesses, leurs parentes, arrivèrent, et prirent une grande part à leur affliction avant de leur parler de se consoler.

Quand le mois fut écoulé, le roi ne put se dispenser de donner entrée à son grand vizir et à tous les seigneurs de sa cour, qui le supplièrent de quitter l'habit de deuil, de se faire voir à ses sujets, et de reprendre le soin des affaires comme auparavant. Il témoigna d'abord une si grande répugnance à les écouter, que le grand vizir fut obligé de prendre la parole, et de lui dire : « Sire, il n'est pas besoin de représenter à votre majesté qu'il n'appartient qu'à des femmes de s'opiniâtrer à demeurer dans un deuil perpétuel. Nous ne doutons pas qu'elle n'en soit très-persuadée, et que ce ne soit pas son intention de suivre leur exemple : nos larmes ni les vôtres ne sont pas capables de redonner la vie au roi, votre père, quand nous ne cesserions de pleurer toute notre vie : il a subi la loi commune à tous les hommes, qui les soumet au tribut indispensable de la mort. Nous ne pouvons cependant dire absolument qu'il soit mort, puisque nous le revoyons en votre sacrée personne. Il n'a pas douté lui-même en mourant qu'il ne dût revivre en vous : c'est à votre majesté à faire voir qu'il ne s'est pas trompé. »

Le roi Beder ne put résister à des instances si pressantes ; il quitta l'habit de deuil dès ce moment, et, après qu'il eut repris l'habillement et les ornements royaux, il commença de pourvoir aux besoins de son royaume et de ses sujets, avec la même attention qu'avant la mort du roi, son père. Il s'en acquitta avec une approbation universelle, et, comme il était exact à maintenir l'observation des ordonnances de ses prédécesseurs, les peuples ne s'aperçurent pas qu'ils avaient changé de maître.

Le roi Saleh, qui était retourné dans ses états de la mer, avec la reine, sa mère, et les princesses, dès qu'il eut vu que le roi Beder avait repris le gouvernement, revint seul au bout d'un an, et le roi Beder et la reine Gulnare furent ravis de le revoir. Un soir, au sortir de table, après qu'on eut desservi et qu'on les eut laissés seuls, ils s'entretinrent de plusieurs choses.

Insensiblement, le roi Saleh tomba sur les louanges du roi, son neveu, et témoigna à la reine, sa sœur, combien il était satisfait de la sagesse avec laquelle il gouvernait, qui lui avait acquis une si grande réputation, non-seulement auprès des rois, ses voisins, mais même jusqu'aux royaumes les plus éloignés. Le roi Beder, qui ne pouvait entendre parler de sa personne si avantageusement, et ne voulait pas aussi par bienséance imposer silence au roi, son oncle, se tourna de l'autre côté, et fit semblant de dormir, en appuyant sa tête sur un coussin qui était derrière lui.

Des louanges qui ne regardaient que la conduite merveilleuse et l'esprit supérieur en toutes choses du roi Beder, le roi Saleh passa à celles du corps, et il en parla comme d'un prodige qui n'avait rien de semblable sur la terre ni dans tous les royaumes de dessous les eaux de la mer, dont il eût connaissance : « Ma sœur, s'écria-t-il tout d'un coup, tel qu'il est fait, et tel que vous le voyez vous-même, je m'étonne que vous n'ayez pas encore songé à le marier : si je ne me trompe, cependant, il est dans sa vingtième année, et à cet âge il n'est pas permis à un prince comme lui d'être sans femme. Je veux y penser moi-même, puisque vous n'y pensez pas, et lui donner pour épouse une princesse de nos royaumes qui soit digne de lui. »

« Mon frère, reprit la reine Gulnare, vous me faites souvenir d'une chose dont je vous avoue que je n'ai pas eu la moindre pensée jusqu'à présent ; comme il n'a pas encore témoigné qu'il eût aucun penchant pour le mariage, je n'y avais pas fait attention moi-même, et je suis bien aise que vous vous soyez avisé de m'en parler. Comme j'approuve fort de lui donner une de nos princesses, je vous prie de m'en donner quelqu'une ; mais si belle et si accomplie, que le roi, mon fils, soit forcé de l'aimer. »

« J'en sais une, repartit le roi Saleh en parlant bas ; mais, avant de vous dire qui elle est, je vous prie de voir si le roi, mon neveu, dort : je vous dirai pourquoi il est bon que nous prenions cette précaution. La reine Gulnare se retourna, et comme elle vit Beder dans la situation où il était, elle ne douta nullement qu'il ne dormît profondément. Le roi Beder, cependant, bien loin de dormir, redoubla son attention pour ne rien perdre de ce que le roi, son oncle, avait à dire avec tant de secret : « Il n'est pas besoin que vous vous contraigniez, dit la reine au roi, son frère, vous pouvez parler librement sans crainte d'être entendu. »

Schahriar aurait bien voulu savoir ce que le roi Saleh dit à sa sœur ; mais l'arrivée du jour le força de renvoyer ce plaisir à la nuit suivante.

CCLVI^e NUIT.

« Il n'est pas à propos, reprit le roi Saleh, que le roi, mon neveu, ait si tôt connaissance de ce que j'ai à vous dire. L'amour, comme vous le savez, se prend quelquefois par l'oreille, et il n'est pas nécessaire qu'il aime de cette manière celle que j'ai à vous nommer. En effet, je vois de grandes difficultés à surmonter, non pas du côté de la princesse, comme je l'espère, mais du côté du roi, son père. Je n'ai qu'à vous nommer la princesse Giauhare [1] et le roi de Samandal. »

« Que dites-vous, mon frère ? repartit la reine Gulnare ; la princesse Giauhare n'est-elle pas encore mariée ? Je me souviens de

---

[1] Giauhare, en arabe, signifie pierre précieuse.

l'avoir vue peu de temps avant que je me séparasse d'avec vous ; elle avait environ dix-huit mois, et dès lors elle était d'une beauté surprenante ; il faut qu'elle soit aujourd'hui la merveille du monde, si sa beauté a toujours augmenté depuis ce temps-là. Le peu d'âge qu'elle a plus que le roi, mon fils, ne doit pas nous empêcher de faire nos efforts pour lui procurer un parti si avantageux : il ne s'agit que de savoir les difficultés que vous y trouvez, et de les surmonter.

« Ma sœur, répliqua le roi Saleh, c'est que le roi de Samandal est d'une vanité si insupportable, qu'il se regarde au-dessus des autres rois, et qu'il y a peu d'apparence de pouvoir entrer en traité avec lui sur cette alliance. J'irai moi-même, néanmoins, lui faire la demande de la princesse, sa fille, et s'il nous refuse, nous nous adresserons ailleurs, où nous serons écoutés plus favorablement. C'est pour cela, comme vous le voyez, ajouta-t-il, qu'il est bon que le roi, mon neveu, ne sache rien de notre dessein, que nous ne soyions certains du consentement du roi de Samandal, de crainte que l'amour pour la princesse Giauhare ne s'empare de son cœur, et que nous ne puissions réussir à la lui obtenir. » Ils s'entretinrent encore quelque temps sur le même sujet, et, avant de se séparer, ils convinrent que le roi Saleh retournerait incessamment dans son royaume, et ferait la demande de la princesse Giauhare au roi de Samandal, pour le roi de Perse.

La reine Gulnare et le roi Saleh, qui croyaient que le roi Beder dormait véritablement, l'éveillèrent quand ils voulurent se retirer, et le roi Beder réussit fort bien à faire semblant de se réveiller, comme s'il eût dormi d'un profond sommeil. Il était vrai, cependant, qu'il n'avait pas perdu un mot de leur entretien, et que le portrait qu'ils avaient fait de la princesse Giauhare avait enflammé son cœur d'une passion qui lui était toute nouvelle : il se forma une idée si avantageuse de sa beauté, que le désir de la posséder lui fit passer toute la nuit dans des inquiétudes qui ne lui permirent pas de fermer l'œil un moment.

Le lendemain, le roi Saleh voulut prendre congé de la reine Gulnare et du roi, son neveu. Le jeune roi de Perse, qui savait bien que le roi, son oncle, ne voulait partir si tôt que pour aller travailler à son bonheur, sans perdre de temps, ne laissa pas de changer de couleur à ce discours. Sa passion était déjà si forte, qu'elle ne lui permettait pas de demeurer, sans voir l'objet qui la causait, aussi long-temps qu'il jugeait qu'il en mettrait à traiter de son mariage. Il prit la résolution de le prier de vouloir bien l'emmener avec lui ; mais comme il ne voulait pas que la reine, sa mère, en sût rien, afin d'avoir occasion de lui en parler en particulier, il l'engagea à demeurer encore ce jour-là pour être d'une partie de chasse avec lui le jour suivant, résolu de profiter de cette occasion pour lui déclarer son dessein.

La partie de chasse se fit, et le roi Beder se trouva seul plusieurs fois avec son oncle; mais il n'eut pas la hardiesse d'ouvrir la bouche pour lui dire un mot de ce qu'il avait projeté. Au plus fort de la chasse, le roi Saleh, s'étant séparé de Beder, et aucun de ses officiers ni de ses gens n'étant resté près de lui, le jeune prince mit pied à terre près d'un ruisseau, et après qu'il eut attaché son cheval à un arbre qui faisait un très-bel ombrage sur ses bords, il se coucha à demi sur le gazon, et donna un libre cours à ses larmes, qui coulèrent en abondance, accompagnées de soupirs et de sanglots. Il demeura long-temps dans cet état, abîmé dans ses pensées, sans proférer une seule parole.

Cependant le roi Saleh, qui ne vit plus le roi, son neveu, fut dans une grande peine de savoir où il était, et il ne trouvait personne qui lui en donnât des nouvelles. Il se sépara d'avec les autres chasseurs, et, en le cherchant, il l'aperçut de loin. Il avait remarqué dès le jour précédent, et encore plus clairement le même jour, qu'il n'avait pas son enjouement ordinaire; qu'il était rêveur, contre sa coutume; et qu'il n'était pas prompt à répondre aux demandes qu'on lui faisait, ou, s'il y répondait, qu'il ne le faisait pas à propos; mais il n'avait pas eu le moindre soupçon de la cause de ce changement. Dès qu'il le vit dans la situation où il était, il ne douta pas qu'il n'eût entendu l'entretien qu'il avait eu avec la reine Gulnare, et qu'il ne fût amoureux. Il mit pied à terre assez loin de lui; après qu'il eut attaché son cheval à un arbre, il prit un grand détour, et s'en approcha sans faire de bruit, si près qu'il lui entendit prononcer ces paroles :

« Aimable princesse du royaume de Samandal, s'écriait-il, on ne m'a fait sans doute qu'une faible ébauche de votre incomparable beauté. Je vous tiens encore plus belle, préférablement à toutes les princesses du monde, que le soleil n'est beau préférablement à la lune et à tous les autres astres ensemble. J'irais dès ce moment vous offrir mon cœur, si je savais où vous trouver; il vous appartient, et jamais princesse ne le possèdera que vous. »

Le roi Saleh n'en voulut pas entendre davantage; il s'avança, et en se faisant voir au roi Beder : « A ce que je vois, mon neveu, lui dit-il, vous avez entendu ce que nous disions avant-hier de la princesse Giauhare, la reine, votre mère, et moi. Ce n'était pas notre intention, et nous avons cru que vous dormiez. — Mon cher oncle, reprit le roi Beder, je n'en ai pas perdu une parole, et j'en ai éprouvé l'effet que vous aviez prévu et que vous n'avez pu éviter. Je vous avais retenu exprès, dans le dessein de vous parler de mon amour avant votre départ; mais la honte de vous faire l'aveu de ma faiblesse, si c'en est une d'aimer une princesse si digne d'être aimée, m'a fermé la bouche. Je vous supplie donc, par l'amitié que vous avez pour un prince qui a l'honneur d'être votre allié de si près, d'avoir pitié de moi, et de ne pas attendre à me procurer la vue de la divine Giauhare, que vous ayez obtenu le consentement du roi, son père, pour notre mariage, à moins que vous n'aimiez mieux que je meure d'amour pour elle avant de la voir. »

Ce discours du roi de Perse embarrassa fort le roi Saleh, qui lui représenta combien il était difficile qu'il lui donnât la satisfaction qu'il demandait; qu'il ne pouvait le faire sans l'emmener avec lui; et, comme sa présence était nécessaire dans son royaume, que tout était à craindre s'il s'en absentait, il le conjura de modérer sa passion jusqu'à ce qu'il eût mis les choses en état de pouvoir le contenter, en l'assurant qu'il y allait employer toute la diligence possible, et qu'il viendrait lui en rendre compte dans peu de jours. Le roi de Perse n'écouta pas ces raisons : « Oncle cruel, repartit-il, je vois bien que vous ne m'aimez pas autant que je me l'étais persuadé, et que vous aimez mieux que je meure que de m'accorder la première prière que je vous ai faite de ma vie. »

« Je suis prêt à prouver à votre majesté, répliqua le roi Saleh, qu'il n'y a rien que je ne veuille faire pour vous obliger; mais je ne puis vous emmener avec moi que vous n'en ayez parlé à la reine, votre mère. Que dirait-elle de vous et de moi ? Je le veux bien, si elle y consent, et je joindrai mes prières aux vôtres. »

« Vous n'ignorez pas, reprit le roi de Perse, que la reine, ma mère, ne voudra jamais que je l'abandonne, et cette excuse me fait mieux connaître la dureté que vous avez pour moi. Si vous m'aimez autant que vous voulez que je le croie, il faut que vous retourniez en votre royaume dès ce moment, et que vous m'emmeniez avec vous. »

La sultane, obligée ici d'interrompre son discours, le reprit le lendemain de cette manière :

CCLVII° NUIT.

Sire, le roi Saleh, forcé de céder à la volonté du roi de Perse, tira une bague qu'il avait au doigt, où étaient gravés les mêmes noms mystérieux de Dieu que sur le sceau de Salomon, qui avaient fait tant de prodiges par leur vertu. En la lui présentant : « Prenez cette bague, dit-il, mettez-la à votre doigt, et ne craignez ni les eaux de la mer, ni sa profondeur. » Le roi de Perse prit la bague, et quand il l eut mise au doigt : « Faites comme moi, » lui dit encore le roi Saleh. Et en même temps ils s'élevèrent en l'air légèrement, en avançant vers la mer, qui n'était pas éloignée, où ils se plongèrent.

Le roi marin ne mit pas beaucoup de temps à arriver à son palais avec le roi de Perse, son neveu, qu'il mena d'abord à l'appartement de la reine, à qui il le présenta. Le roi de Perse baisa la main de la reine, sa grand'mère, et la reine l'embrassa avec une grande démonstration de joie : « Je ne vous demande pas des nouvelles de votre santé, lui dit-elle, je vois que vous vous portez bien, et j'en suis ravie ; mais je vous prie de m'en apprendre de celle de la reine Gulnare, votre mère et ma fille. » Le roi de Perse se garda bien de lui dire qu'il était parti sans prendre congé d'elle ; il l'assura, au contraire, qu'il l'avait laissée en parfaite santé, et qu'elle l'avait chargé de lui bien faire ses compliments. La reine lui présenta ensuite les princesses, et pendant qu'elle lui donna lieu de s'entretenir avec elles, elle entra dans un cabinet avec le roi Saleh, qui lui apprit l'amour du roi de Perse pour la princesse Giauhare, sur le seul récit de sa beauté, et contre son intention ; qu'il l'avait amené sans avoir pu s'en défendre, et qu'il allait aviser aux moyens de la lui procurer en mariage.

Quoique le roi Saleh, à proprement parler, fût innocent de la passion du roi de Perse, la reine, néanmoins, lui sut fort mauvais gré d'avoir parlé de la princesse Giauhare devant lui avec si peu de précaution : « Votre imprudence n'est point pardonnable, lui dit-elle : espérez-vous que le roi de Samandal, dont le caractère vous est si connu, aura plus de considération pour vous que pour tant d'autres rois à qui il a refusé sa fille, avec un mépris si éclatant ? Voulez-vous qu'il vous renvoie avec la même confusion ? »

« Madame, reprit le roi Saleh, je vous ai déjà marqué que c'est contre mon intention que le roi, mon neveu, a entendu ce que j'ai raconté de la beauté de la princesse Giauhare à la princesse, ma sœur. La faute est faite, et nous devons songer qu'il l'aime très-passionnément, et qu'il mourra d'affliction et de douleur si nous ne la lui obtenons de quelque manière que ce soit. Je ne dois y rien oublier, puisque c'est moi, quoique innocemment, qui ai fait le mal, et j'emploierai tout ce qui est en mon pouvoir pour y apporter le remède. J'espère, madame, que vous approuverez ma résolution d'aller trouver moi-même le roi de Samandal, avec un riche présent de pierreries, et lui demander la princesse, sa fille, pour le roi de Perse, votre petit-fils. J'ai quelque confiance qu'il ne me refusera pas, et qu'il agréera de s'allier avec un des plus puissants monarques de la terre. »

« Il eût été à souhaiter, reprit la reine, que nous n'eussions pas été dans la nécessité de faire cette demande, dont il n'est pas sûr que nous ayons un succès aussi heureux que nous le souhaiterions; mais comme il s'agit du repos et de la satisfaction du roi, mon petit-fils, j'y donne mon consentement. Sur toutes choses, puisque vous connaissez l'humeur du roi de Samandal, prenez garde, je vous en supplie, de lui parler avec tous les égards qui lui sont dus, et d'une manière si obligeante, qu'il ne puisse s'en offenser. »

La reine prépara le présent elle-même, et le composa de diamants, de rubis, d'émeraudes et de filets de perles, et les mit dans une cassette fort riche et fort propre. Le lendemain, le roi Saleh prit congé d'elle et du roi de Perse, et partit avec une troupe choisie et peu nombreuse de ses officiers et de ses gens. Il arriva bientôt au royaume, à la capitale, et au palais du roi de Samandal; et le roi de Samandal ne différa pas de lui donner audience, dès qu'il eut appris son arrivée. Il se leva de son trône dès qu'il le vit paraître; et le roi Saleh, qui voulut bien oublier ce qu'il était pour quelques moments, se prosterna à ses pieds, en lui souhaitant l'accomplissement de tout ce qu'il pouvait désirer. Le roi de Samandal se baissa aussitôt pour le faire relever; et après qu'il lui eut fait prendre place auprès de lui, il lui dit qu'il était le bienvenu, et lui demanda s'il y avait quelque chose qu'il pût faire pour son service.

« Sire, répondit le roi Saleh, quand je n'aurais pas d'autres motifs que celui de rendre mes respects à un prince des plus puissants qu'il y ait au monde, et si distingué par sa sagesse et par sa valeur, je ne marquerais que faiblement à votre majesté combien je l'honore. Si elle pouvait pénétrer jusqu'au fond de mon cœur, elle connaîtrait la grande vénération dont il est rempli pour elle, et le désir ardent que j'ai de lui donner des témoignages de mon attachement. »

En disant ces paroles, il prit la cassette des mains d'un de ses gens, l'ouvrit; et en la lui présentant, il le supplia de vouloir bien l'agréer.

« Prince, reprit le roi de Samandal, vous ne faites pas un présent de cette considération, que vous n'ayez une demande proportionnée à me faire. Si c'est quelque chose qui dépende de mon pouvoir, je me ferai un très-grand plaisir de vous l'accorder ; parlez, et dites-moi librement en quoi je puis vous obliger. »

« Il est vrai, sire, repartit le roi Saleh, que j'ai une grâce à demander à votre majesté, et je me garderais bien de la lui demander, s'il n'était en son pouvoir de me l'accorder. La chose dépend d'elle si absolument, que je la solliciterais en vain de tout autre. Je la lui demande donc avec toutes les instances possibles, et la supplie de ne me la pas refuser. — Si cela est ainsi, répliqua le roi de Samandal, vous n'avez qu'à m'apprendre ce que c'est ; et vous verrez de quelle manière je sais obliger quand je le puis. »

« Sire, lui dit alors le roi Saleh, après la confiance que votre majesté veut bien que je prenne sur sa bonne volonté, je ne dissimulerai pas davantage que je viens la supplier de nous honorer de son alliance, par le mariage de la princesse Giauharé, son honorable fille, et de fortifier par là la bonne intelligence qui unit les deux royaumes depuis si long-temps. »

A ce discours, le roi de Samandal fit de grands éclats de rire, en se laissant aller à la renverse sur le coussin où il avait le dos appuyé, et d'une manière injurieuse au roi Saleh : « Roi Saleh, lui dit-il d'un air de mépris, je m'étais imaginé que vous étiez un prince de bon sens, sage et avisé ; et votre discours, au contraire, me fait connaître combien je me suis trompé. Dites-moi, je vous prie, où était votre esprit quand vous vous êtes formé une chimère aussi grande que celle dont vous venez de me parler ? Avez-vous pu bien concevoir seulement la pensée d'aspirer au mariage d'une princesse, fille d'un roi aussi grand et aussi puissant que je le suis ? Vous deviez mieux considérer auparavant la grande distance qu'il y a de vous à moi, et ne pas venir perdre en un moment l'estime que je faisais de votre personne. »

Le roi Saleh fut extrêmement offensé d'une réponse si outrageante, et il eut bien de la peine à retenir son juste ressentiment : « Que Dieu, sire, reprit-il avec toute la modération possible, récompense votre majesté comme elle le mérite ; elle voudra bien que j'aie l'honneur de lui dire que je ne demande pas la princesse, sa fille, en mariage pour moi. Quand cela serait, bien loin que votre majesté dût s'en offenser, ou la princesse elle-même, je croirais faire beaucoup d'honneur à l'un et à l'autre. Votre majesté sait bien que je suis un des rois de la mer, comme elle ; que les rois mes prédécesseurs ne cèdent en rien par leur ancienneté à aucune des autres familles royales, et que le royaume que je tiens d'eux n'est pas moins florissant ni moins puissant que de leur temps. Si elle ne m'eût pas interrompu, elle eût bientôt compris que la grâce que je lui demande ne me regarde pas, mais le jeune roi de Perse, mon neveu, dont la puissance et la grandeur, non plus que les qualités personnelles, ne doivent pas lui être inconnues. Tout le monde reconnaît que la princesse Giauhare est la plus belle personne qu'il y ait sous les cieux ; mais il n'est pas moins vrai que le jeune roi de Perse est le prince le mieux fait et le plus accompli qu'il y ait sur la terre et dans tous les royaumes de la mer : les avis ne sont point partagés là-dessus. Ainsi, comme la grâce que je demande ne peut tourner qu'à une grande gloire pour elle et pour la princesse Giauhare, elle ne doit pas douter que le consentement qu'elle donnera à une alliance si proportionnée ne soit suivi d'une approbation universelle. La princesse est digne du roi de Perse, et le roi de Perse n'est pas moins digne d'elle. Il n'y a ni roi ni prince au monde qui puisse le lui disputer. »

Le roi de Samandal n'eût pas donné le loisir au roi Saleh de lui parler si long-temps, si l'emportement où il le mit lui en eût laissé la liberté. Il fut encore du temps sans prendre la parole, après qu'il eut cessé, tant il était hors de lui-même. Il éclata enfin par des injures atroces et indignes d'un grand roi : « Chien, s'écria-t-il, tu oses me tenir ce discours, et proférer seulement le nom de ma fille devant moi ? Penses-tu que le fils de ta sœur Gulnare puisse entrer en comparaison avec ma fille ? Qui es-tu, toi ? Qui était ton père ? Qui est ta sœur, et qui est ton neveu ? Son père n'était-il pas un chien, et fils de chien comme toi ? Qu'on arrête l'insolent, et qu'on lui coupe le cou. »

Les officiers en petit nombre qui étaient autour du roi de Samandal se mirent aussitôt en devoir d'obéir ; mais comme le roi Saleh était dans la force de son âge, léger et dispos, il s'échappa avant qu'ils eussent tiré le sabre, et il gagna la porte du palais, où il trouva mille hommes de ses parents et de sa maison, bien armés et bien équipés, qui ne faisaient que d'arriver. La reine, sa mère, avait fait réflexion sur le peu de monde qu'il avait pris avec lui ; et comme elle avait pressenti la mauvaise réception que le roi de Samandal pouvait lui faire, elle les avait envoyés et priés de faire grande diligence. Ceux de ses parents qui se trouvèrent à la tête se surent bon gré d'être arrivés si à propos, quand ils le virent venir avec ses gens qui le suivaient dans un grand désordre, et qu'on le poursuivait : « Sire, s'écrièrent-ils, au moment qu'il les joignait, de quoi s'agit-il? Nous voici prêts à vous venger : vous n'avez qu'à commander. »

Le roi Saleh leur raconta la chose en peu de mots, se mit à la tête d'une grosse troupe, pendant que les autres restèrent à la porte dont ils se saisirent, et retourna sur ses pas. Comme le peu d'officiers et de gardes qui l'avaient poursuivi s'étaient dissipés, il rentra dans l'appartement du roi de Samandal, qui fut d'abord abandonné des autres et arrêté en même temps. Le roi Saleh laissa du monde suffisamment auprès de lui pour s'assurer de sa personne, et il alla d'appartement en appartement, en cherchant celui de la princesse Giauhare. Mais, au premier bruit, cette princesse s'était élancée à la surface de la mer, avec les femmes qui s'étaient trouvées auprès d'elle, et s'était sauvée dans une île déserte.

Comme ces choses se passaient au palais du roi de Samandal, des gens du roi Saleh qui avaient pris la fuite, dès les premières menaces de ce roi, mirent la reine, sa mère, dans une grande alarme en lui annonçant le danger où ils l'avaient laissé. Le jeune roi Beder, qui était présent à leur arrivée, en fut d'autant plus alarmé, qu'il se regarda comme la première cause de tout le mal qui en pouvait arriver. Il ne se sentit pas assez de courage pour soutenir la présence de la reine, sa grand'mère, après le danger où était le roi Saleh à son occasion. Pendant qu'il la vit occupée à donner les ordres qu'elle jugea nécessaires dans cette conjoncture, il s'élança du fond de la mer; et comme il ne savait quel chemin prendre pour retourner au royaume de Perse, il se sauva dans la même île où la princesse Giauhare s'était réfugiée.

Comme ce prince était hors de lui-même, il alla s'asseoir au pied d'un grand arbre qui était environné de plusieurs autres. Dans le temps qu'il reprenait ses esprits, il entendit que l'on parlait : il prêta aussitôt l'oreille; mais comme il était un peu trop éloigné pour rien comprendre de ce que l'on disait, il se leva, et en s'avançant, sans faire de bruit, du côté d'où venait le son des paroles, il aperçut entre des feuillages une beauté dont il fut ébloui : « Sans doute, dit-il en lui-même en s'arrêtant, et en la considérant avec admiration, que c'est la princesse Giauhare, que la frayeur a peut-être obligée d'abandonner le palais du roi, son père; si ce n'est pas elle, elle ne mérite pas moins que je l'aime de toute mon âme. » Il ne s'arrêta pas davantage, il se fit voir; et s'approchant de la princesse en la saluant profondément : « Madame, lui dit-il, je ne puis assez remercier le Ciel de la faveur qu'il me fait aujourd'hui d'offrir à mes yeux ce qu'il voit de plus beau. Il ne pouvait m'arriver un plus grand bonheur que l'occasion de vous faire offre de mes très-humbles services. Je vous supplie, madame, de l'accepter : une personne comme vous ne se trouve pas dans cette solitude sans avoir besoin de secours. »

« Il est vrai, seigneur, reprit la princesse Giauhare d'un air fort triste, qu'il est très-extraordinaire à une dame de mon rang de se trouver dans l'état où je suis. Je suis princesse, fille du roi de Samandal, et je m'appelle Giauhare. J'étais tranquillement dans son palais, dans mon appartement, lorsque tout à coup j'ai entendu un bruit effroyable. On est venu m'annoncer aussitôt que le roi Saleh, je ne sais pour quel sujet, avait forcé le palais, et s'était saisi du roi, mon père, après avoir fait main-basse sur tous ceux de sa garde qui lui avaient fait résistance. Je n'ai eu que le temps de me sauver et de chercher ici un asile contre sa violence. »

Au discours de la princesse, le roi Beder eut de la confusion d'avoir abandonné la reine, sa grand'mère, si brusquement, sans attendre l'éclaircissement de la nouvelle qu'on lui avait apportée. Mais il fut ravi que le roi, son oncle, se fût rendu maître de la personne du roi de Samandal; il ne douta pas en effet que le roi de Samandal ne lui accordât la princesse pour avoir sa liberté. « Adorable princesse, reprit-il, votre douleur est très-juste ; mais il est aisé de la faire cesser avec la captivité du roi, votre père. Vous en tomberez d'accord lorsque vous saurez que je m'appelle Beder, que je suis roi de Perse, et que le roi Saleh est mon oncle. Je puis bien vous assurer qu'il n'a aucun dessein de s'emparer des états du roi, votre père. Il n'a d'autre but que d'obtenir que j'aie l'honneur et le bonheur d'être son gendre, en vous recevant de sa main pour épouse : je vous avais déjà abandonné mon cœur sur le seul récit de votre beauté et de vos charmes. Loin de m'en repentir, je vous supplie de le recevoir, et d'être persuadée qu'il ne brûlera jamais que pour vous. J'ose espérer que vous ne le refuserez pas, et que vous considèrerez qu'un roi qui est sorti de ses états uniquement pour venir vous l'offrir mérite de la reconnaissance : souffrez donc, belle princesse, que j'aie l'honneur d'aller vous présenter à mon oncle. Le roi, votre père, n'aura pas sitôt donné son consentement à notre mariage, qu'il le laissera maître de ses états comme auparavant. »

La déclaration du roi Beder ne produisit pas l'effet qu'il en avait attendu. La princesse ne l'avait pas plutôt aperçu, qu'à sa bonne mine, à son air, et à la bonne grâce avec laquelle il l'avait abordée, elle l'avait regardé comme une personne qui ne lui eût pas déplu. Mais dès qu'elle eut appris par lui-même qu'il était la cause du mauvais traitement qu'on venait de faire au roi, son père, de la douleur qu'elle en avait, de la frayeur qu'elle en avait eue elle-même par rapport à sa propre personne, et de la nécessité où elle avait été réduite de prendre la fuite, elle le regarda comme un ennemi avec qui elle ne devait pas avoir de commerce. D'ailleurs, quelque disposition qu'elle eût eue à consentir elle-même au mariage qu'il désirait, comme elle jugea qu'une des raisons que le roi, son père, pouvait avoir de rejeter cette alliance, c'était que le roi Beder était né d'un roi de la terre, elle était résolue de se soumettre entièrement à sa volonté sur cet article. Elle ne voulut pas, néanmoins, témoigner rien de son ressentiment; elle imagina seulement un moyen de se délivrer adroitement des mains du roi Beder; et en faisant semblant de le voir avec plaisir : « Seigneur, reprit-elle avec toute l'honnêteté possible, vous êtes donc fils de la reine Gulnare, si célèbre par sa beauté singulière? J'en ai bien de la joie; je suis ravie de voir en vous un prince si digne d'elle. Le roi, mon père, a grand tort de s'opposer si fortement à nous unir ensemble. Il ne vous aura pas plutôt vu, qu'il n'hésitera pas à nous rendre heureux l'un et l'autre. » En disant ces paroles, elle lui présenta la main pour marque d'amitié.

Le roi Beder crut qu'il était au comble de son bonheur; il avança la main, et prenant celle de la princesse, il se baissa pour la baiser par respect. La princesse ne lui en donna pas le temps.

« Téméraire, lui dit-elle en le repoussant et en lui crachant au visage faute d'eau, quitte cette forme d'homme, et prends celle d'un oiseau blanc, avec le bec et les pieds rouges. »

En cet endroit, Scheherazade cessa de parler, au grand regret de sa sœur et du sultan : il leur tardait d'apprendre ce que devint le prince Beder après sa métamorphose; c'est ce que leur raconta, le lendemain, la sultane des Indes.

CCLVIII° NUIT.

Sire, dit Scheherazade, dès que Giauhare eut prononcé ces paroles, le roi Beder fut changé en oiseau de cette forme, avec autant de mortification que d'étonnement : « Prenez-le, dit-elle aussitôt à une de ses femmes, et portez-le dans l'île Sèche. » Cette île n'était qu'un rocher affreux où il n'y avait pas une goutte d'eau.

La femme prit l'oiseau ; mais en exécutant l'ordre de la princesse Giauhare, elle eut compassion de la destinée du roi Beder : « Ce serait dommage, dit-elle en elle-même, qu'un prince si digne de vivre mourût de faim et de soif. La princesse, si bonne et si douce, se repentira peut-être d'un ordre si cruel, quand elle sera revenue de sa grande colère ; il vaut mieux que je le porte dans un lieu où il puisse mourir de sa belle mort. » Elle le porta dans une île bien peuplée, et elle le laissa dans une campagne très-agréable, plantée de toutes sortes d'arbres fruitiers, et arrosée de plusieurs ruisseaux.

Mais revenons au roi Saleh. Après qu'il eut cherché lui-même la princesse Giauhare, et qu'il l'eut fait chercher par tout le palais sans la trouver, il fit enfermer le roi de Samandal dans son propre palais, sous bonne garde ; et quand il eut donné les ordres nécessaires pour le gouvernement du royaume en son absence, il vint rendre compte à la reine, sa mère, de l'action qu'il venait de faire. Il demanda où était le roi, son neveu, en arrivant, et il apprit avec une grande surprise et beaucoup de chagrin qu'il avait disparu : « On est venu nous apprendre, lui dit la reine, le grand danger où vous étiez au palais du roi de Samandal ; et pendant que je donnais des ordres pour vous envoyer d'autres secours ou pour vous venger, il a disparu. Il faut qu'il ait été épouvanté d'apprendre que vous étiez en danger, et qu'il n'ait pas cru qu'il fût en sûreté avec nous. »

Cette nouvelle affligea extrêmement le roi Saleh, qui se repentit alors de la trop grande facilité qu'il avait eue de condescendre au désir du roi Beder, sans en parler auparavant à la reine Gulnare. Il envoya après lui de tous les côtés ; mais quelque diligence qu'il pût faire, on ne lui en apporta aucune nouvelle, et au lieu de la joie qu'il s'était déjà faite d'avoir si fort avancé un mariage qu'il regardait comme son ouvrage, la douleur qu'il eut de cet incident, auquel il ne s'attendait pas, en fut plus mortifiante. En attendant qu'il apprît de ses nouvelles, bonnes ou mauvaises, il laissa son royaume sous l'administration de la reine, et alla gouverner celui du roi de Samandal, qu'il continua de faire garder avec beaucoup de vigilance, quoique avec tous les égards dus à son caractère.

Le même jour que le roi Saleh était parti pour retourner au royaume de Samandal, la reine Gulnare, mère du roi Beder, arriva chez la reine, sa mère. Cette princesse ne s'était pas étonnée de n'avoir pas vu revenir le roi, son fils, le jour de son départ ; elle s'était imaginée que l'ardeur de la chasse, comme cela lui était arrivé quelquefois, l'avait emporté plus loin qu'il ne se l'était proposé. Mais quand elle vit qu'il n'était pas revenu le lendemain, ni le jour d'après, elle en fut dans une alarme dont il était aisé de juger par la tendresse qu'elle avait pour lui. Cette alarme fut beaucoup plus grande quand elle eut appris des officiers qui l'avaient accompagné, et qui avaient été obligés de revenir après l'avoir cherché long-temps, lui et le roi Saleh, son oncle, sans les avoir trouvés, qu'il fallait qu'il leur fût arrivé quelque chose de fâcheux, ou qu'ils fussent ensemble en quelque endroit qu'ils ne pouvaient deviner ; qu'ils avaient bien trouvé leurs chevaux, mais que pour leurs personnes ils n'en avaient eu aucune nouvelle, quelques diligences qu'ils eussent faites pour en apprendre. Sur ce rapport, elle avait pris la résolution de dissimuler et de cacher sa douleur, et elle les avait chargés de retourner sur leurs pas et de faire de nouvelles recherches. Pendant ce temps-là elle avait pris son parti ; sans rien dire à personne, et après avoir témoigné à ses femmes qu'elle voulait être seule, elle s'était plongée dans la mer, pour s'éclaircir sur le soupçon qu'elle avait que le roi Saleh pouvait avoir emmené le roi de Perse avec lui.

Cette grande reine eût été reçue par la reine, sa mère, avec un grand plaisir, si, dès qu'elle l'eut aperçue, elle ne se fût doutée du sujet qui l'avait amenée : « Ma fille, lui dit-elle, ce n'est pas pour me voir que vous venez ici, je m'en aperçois bien : vous venez me demander des nouvelles du roi, votre fils, et celles que j'ai à vous donner ne sont capables que d'augmenter votre affliction aussi bien que la mienne. J'avais eu une grande joie de le voir arriver avec son oncle ; mais je n'eus pas plutôt appris qu'il était parti sans vous en avoir parlé, que je pris part à la peine que vous en souffririez. » Elle lui fit ensuite le récit du zèle avec lequel le roi Saleh était allé faire lui-même la demande de la princesse Giauhare, et de ce qui en était arrivé, jusqu'au moment où le roi Beder avait disparu : « J'ai envoyé du monde après lui, ajouta-t-elle ; et le roi, mon fils, qui ne fait que de partir pour aller gouverner le royaume de Samandal, a fait aussi ses diligences de son côté : ça été sans succès jusqu'à présent ; mais il faut espérer que nous le reverrons lorsque nous ne l'attendrons pas. »

La reine Gulnare, désolée, ne se paya pas d'abord de cette espérance ; elle regarda le roi, son cher fils, comme perdu, et elle pleura amèrement, en mettant toute la faute sur le roi, son frère. La reine, sa mère, lui fit considérer la nécessité qu'il y avait qu'elle fît des efforts pour ne pas succomber à sa douleur : « Il est vrai, lui dit-elle, que le roi, votre frère, ne devait pas vous parler de ce mariage avec si peu de précaution, ni consentir jamais à emmener le roi, mon petit-fils, sans vous en avertir auparavant. Mais comme il n'y a pas de certitude que le roi de Perse ait péri, vous ne devez rien négliger pour lui conserver son royaume. Ne perdez donc pas de temps, retournez à votre capitale : votre présence y est nécessaire, et il ne vous sera pas difficile de tenir toutes choses dans l'état paisible où elles sont, en faisant publier que le roi de Perse a été bien aise de venir nous voir. »

Il ne fallait pas moins qu'une raison aussi forte que celle-là, pour obliger la reine Gulnare de s'y rendre. Elle prit congé de la reine, sa mère, et elle fut de retour au palais de la capitale de Perse avant qu'on se fût aperçu qu'elle s'en était absentée. Elle dépêcha aussitôt des gens pour rappeler les officiers qu'elle avait renvoyés à la quête de son fils, et leur annoncer qu'elle savait où il était, et qu'on le reverrait bientôt. Elle en fit aussi répandre le bruit par toute la ville, et elle gouverna toutes choses de concert avec le premier ministre et le conseil, avec la même tranquillité que si le roi Beder eût été présent.

Pour revenir au roi Beder, que la femme de la princesse Giauhare avait porté et laissé dans l'île, comme nous l'avons dit, ce monarque fut dans un grand étonnement quand il se vit seul et sous la forme d'un oiseau ; il s'estima d'autant plus malheureux dans cet état, qu'il ne savait où il était, ni en quelle partie du monde le royaume de Perse était situé. Quand il l'eût su, et qu'il eût assez connu la force de ses ailes pour se hasarder à traverser tant de mers, et à s'y rendre, qu'eût-il gagné autre chose que de se trouver dans la même peine et dans la même difficulté où il était, d'être connu non pas pour roi de Perse, mais même pour un homme ? Il fut contraint de demeurer où il était, de vivre de la même nourriture que les oiseaux de son espèce, et de passer la nuit sur un arbre.

Au bout de quelques jours, un paysan, fort adroit à prendre des oiseaux aux filets, arriva à l'endroit où il était, et eut une grande joie quand il eut aperçu un si bel oiseau, d'une espèce qui lui était inconnue, quoiqu'il y eût de longues années qu'il chassait aux filets. Il employa toute l'adresse dont il était capable, et il prit si bien ses mesures qu'il s'empara de l'oiseau. Ravi d'une si bonne capture, qui, selon l'estime qu'il en fit, devait lui valoir plus que beaucoup d'autres oiseaux ensemble de ceux qu'il prenait ordinairement, à cause de la rareté, il le mit dans une cage et le porta à la ville. Dès qu'il fut arrivé au marché, un bourgeois l'arrêta, et lui demanda combien il voulait vendre l'oiseau.

Au lieu de répondre à cette demande, le paysan demanda à son tour au bourgeois ce qu'il en prétendait faire quand il l'aurait acheté : « Bonhomme, reprit le bourgeois, que veux-tu que j'en fasse, si je ne le fais rôtir pour le manger ? — Sur ce pied-là, repartit le paysan, vous croiriez l'avoir bien acheté si vous m'en aviez donné la moindre pièce d'argent? Je l'estime bien davantage, et ce ne serait pas pour vous quand vous m'en donneriez une pièce d'or. Je suis bien vieux, mais, depuis que je me connais, je n'en ai pas encore vu un pareil. Je vais en faire un présent au roi ; il en connaîtra mieux le prix que vous. »

Au lieu de s'arrêter au marché, le paysan alla au palais, où il s'arrêta devant l'appartement du roi. Le roi était près d'une fenêtre d'où il voyait tout ce qui se passait dans la place ; ayant aperçu le bel oiseau, il envoya un officier des eunuques avec ordre de le lui acheter. L'officier vint au paysan, et lui demanda combien il voulait le vendre : « Si c'est pour sa majesté, reprit le paysan, je la supplie d'agréer que je lui en fasse un présent, et je vous prie de le lui porter. » L'officier porta l'oiseau au roi, et le roi le trouva si singulier, qu'il chargea l'officier de compter dix pièces d'or au paysan, qui se retira très-content ; après quoi il mit l'oiseau dans une cage magnifique, et lui donna du grain et de l'eau dans des vases précieux.

Le roi, qui était prêt à monter à cheval pour aller à la chasse, et qui n'avait pas eu le temps de bien voir l'oiseau, se le fit apporter dès qu'il fut de retour. L'officier apporta la cage, et afin de le mieux considérer, le roi l'ouvrit lui-même et prit l'oiseau sur sa main. En le regardant avec une grande admiration, il demanda à l'officier s'il l'avait vu manger : « Sire, reprit l'officier, votre majesté peut voir que le vase de sa mangeaille est encore plein, et je n'ai pas remarqué qu'il y ait touché. » Le roi dit qu'il fallait lui en donner de plusieurs sortes, afin qu'il choisît celle qui lui convenait.

Comme on avait déjà mis la table, on servit dans le même temps que le roi prescrivit cet ordre. Dès qu'on eut posé les plats, l'oiseau battit des ailes, s'échappa de la main du roi, vola sur la table, où il se mit à becqueter sur le pain et sur les viandes, tantôt dans un plat et tantôt dans un autre. Le roi en fut si surpris, qu'il envoya l'officier des eunuques avertir la reine de venir voir cette merveille. L'officier raconta la chose à la reine en peu de mots, et la reine vint aussitôt. Mais, dès qu'elle eut vu l'oiseau, elle se couvrit le visage de son voile, et voulut se retirer. Le roi, étonné de cette action, d'autant plus qu'il n'y avait que des eunuques dans la chambre, et des femmes qui l'avaient suivie, lui demanda quelle raison elle avait d'en user ainsi.

« Sire, répondit la reine, votre majesté n'en sera pas étonnée, quand elle aura appris que cet oiseau n'est pas un oiseau, comme elle se l'imagine, et que c'est un homme. — Madame, reprit le roi, plus étonné qu'auparavant, vous voulez vous moquer de moi sans doute? Vous ne me persuaderez pas qu'un oiseau soit un homme. — Sire, Dieu me garde de me moquer de votre majesté! Rien n'est plus vrai que ce que j'ai l'honneur de lui dire, et je l'assure que c'est le roi de Perse qui se nomme Beder, fils de la célèbre Gulnare, princesse d'un des plus grands royaumes de la mer, neveu de Saleh, roi de ce royaume, et petit-fils de la reine Farasche, mère de Gulnare et de Saleh; et c'est la princesse Giauhare, fille du roi de Samandal, qui l'a ainsi métamorphosé. » Afin que le roi n'en pût pas douter, elle lui raconta comment et pourquoi la princesse Giauhare s'était ainsi vengée du mauvais traitement que le roi Saleh avait fait au roi de Samandal, son père.

Le roi eut d'autant moins de peine à ajouter foi à tout ce que la reine lui raconta de cette histoire, qu'il savait qu'elle était une magicienne des plus habiles qu'il y eût jamais eu au monde, et que comme elle n'ignorait rien de tout ce qui s'y passait, il était d'abord informé par son moyen des mauvais desseins des rois, ses voisins, contre lui, et les prévenait. Il eut compassion du roi de Perse, et il pria la reine avec instance de rompre l'enchantement qui le retenait sous cette forme.

La reine y consentit avec beaucoup de plaisir : « Sire, dit-elle au roi, que votre majesté prenne la peine d'entrer dans son cabinet avec l'oiseau, je lui ferai voir en peu de moments un roi digne de la considération qu'elle a pour lui. » L'oiseau qui avait cessé de manger, pour être attentif à l'entretien du roi et de la reine, ne donna pas au roi la peine de le prendre; il passa le premier dans le cabinet, et la reine y rentra bientôt après avec un vase plein d'eau à la main. Elle prononça sur le vase des paroles inconnues au roi, jusqu'à ce que l'eau commençât à bouillonner; elle en prit aussitôt dans la main, et en la jetant sur l'oiseau :

« Par la vertu des paroles saintes et mystérieuses que je viens de prononcer, dit-elle, et au nom du Créateur du ciel et de la terre, qui ressuscite les morts et maintient l'univers dans son état, quitte cette forme d'oiseau, et reprends celle que tu as reçue de ton Créateur. »

La reine avait à peine achevé ces paroles, qu'au lieu de l'oiseau, le roi vit paraître un jeune prince de belle taille, dont l'air distingué et la bonne mine le charmèrent. Le roi Beder se prosterna d'abord, et rendit grâces à Dieu de la faveur qu'il venait de lui faire. Il prit la main du roi en se relevant, et la baisa, pour lui marquer sa parfaite reconnaissance ; mais le roi l'embrassa avec bien de la joie, et lui témoigna combien il avait de satisfaction de le voir. Il voulut aussi remercier la reine ; mais elle s'était déjà retirée dans son appartement. Le roi le fit mettre à table avec lui, et après le repas, il le pria de lui raconter comment la princesse Giauhare avait eu l'inhumanité de transformer en oiseau un prince aussi aimable qu'il l'était, et le roi de Perse le satisfit d'abord. Quand il eut achevé, le roi indigné du procédé de la princesse, ne put s'empêcher de la blâmer. « Il était louable à la princesse de Samandal, reprit-il, de n'être pas insensible au traitement qu'on avait fait au roi, son père ; mais qu'elle ait poussé la vengeance à un si grand excès contre un prince qui ne devait pas en être accusé, c'est de quoi elle ne se justifiera jamais auprès de personne. Mais laissons ce discours, et dites-moi en quoi je puis vous obliger davantage. »

« Sire, repartit le roi Beder, l'obligation que j'ai à votre majesté est si grande, que je devrais demeurer toute ma vie auprès d'elle pour lui en témoigner ma reconnaissance ; mais puisqu'elle ne met pas de bornes à sa générosité, je la supplie de vouloir bien m'accorder un de ses vaisseaux pour me ramener en Perse, où je crains que mon absence, qui n'est déjà que trop longue, n'ait causé du désordre, et même que la reine, ma mère, à qui j'ai caché mon départ, ne soit morte de douleur, dans l'incertitude où elle doit avoir été de ma vie ou de ma mort. »

Le roi lui accorda ce qu'il demandait de la meilleure grâce du monde ; et sans différer, il donna l'ordre pour l'équipement d'un vaisseau le plus fort et le meilleur voilier qu'il eût dans sa flotte nombreuse. Le vaisseau fut bientôt fourni de tous ses agrès, de matelots, de soldats, de provisions et des munitions nécessaires ; et dès que le vent fut favorable, le roi Beder s'y embarqua, après avoir pris congé du roi, et l'avoir remercié de tous les bienfaits dont il lui était redevable.

Le vaisseau mit à la voile avec le vent en poupe, qui le fit avancer considérablement dans sa route dix jours sans discontinuer; le onzième jour, il devint un peu contraire; il augmenta, et enfin il fut si violent, qu'il causa une tempête furieuse. Le vaisseau ne s'écarta pas seulement de sa route, il fut encore si fortement agité, que tous ses mâts se rompirent, et que, porté au gré du vent, il donna sur une sèche, et s'y brisa.

La plus grande partie de l'équipage fut submergée d'abord ; les uns se fièrent à la force de leurs bras pour se sauver à la nage, et les autres se prirent à quelque pièce de bois, ou à une planche. Beder fut des derniers ; et emporté tantôt par les courants, et tantôt par les vagues, dans une grande incertitude de sa destinée, il s'aperçut enfin qu'il était près de terre, et peu loin d'une ville de grande apparence. Il profita de ce qui lui restait de force pour y aborder, et il arriva enfin si près du rivage, où la mer était tranquille, qu'il toucha le fond. Il abandonna aussitôt la pièce de bois qui lui avait été d'un si grand secours. Mais en s'avançant dans l'eau pour gagner la grève, il fut fort surpris de voir accourir de toutes parts des chevaux, des chameaux, des mulets, des ânes, des bœufs, des vaches, des taureaux, et d'autres animaux qui bordèrent le rivage, et se mirent en état de l'empêcher d'y mettre le pied : il eut toutes les peines du monde à vaincre leur obstination et à se faire passage. Quand il en fut venu à bout, il se mit à l'abri de quelques rochers, jusqu'à ce qu'il eut un peu repris haleine, et qu'il eut séché son habit au soleil.

Lorsque ce prince voulut s'avancer pour entrer dans la ville, il eut encore la même difficulté avec les mêmes animaux, comme s'ils eussent voulu le détourner de son dessein, et lui faire comprendre qu'il y avait du danger pour lui.

Le roi Beder entra dans la ville, et il y vit plusieurs rues belles et spacieuses, mais avec un grand étonnement de ce qu'il ne rencontrait personne. Cette grande solitude lui fit considérer que ce n'était pas sans sujet que tant d'animaux avaient fait tout ce qui était en leur pouvoir, pour l'obliger de s'en éloigner plutôt que d'entrer. En avançant, néanmoins, il remarqua plusieurs boutiques ouvertes, qui lui firent connaître que la ville n'était pas aussi dépeuplée qu'il se l'était imaginé. Il s'approcha d'une de ces boutiques où il y avait plusieurs sortes de fruits exposés en vente d'une manière fort propre, et salua un vieillard qui y était assis.

La sultane, réveillée plus tôt que de coutume, avait fait un récit plus long qu'à l'ordinaire, que Schahriar avait écouté avec le même plaisir; aussi en obtint-elle facilement la permission de continuer cette histoire la nuit suivante.

CCLIXᵉ NUIT.

Sire, le vieillard, qui était occupé à quelque chose, leva la tête; et comme il vit un jeune homme dont l'aspect annonçait quelque chose de grand, il lui demanda, d'un air qui témoignait beaucoup de surprise, d'où il venait, et quelle occasion l'avait amené. Le roi Beder le satisfit en peu de mots, et le vieillard lui demanda encore s'il n'avait rencontré personne en son chemin : « Vous êtes le premier que j'aie vu, repartit le roi, et je ne puis comprendre qu'une ville si belle et de tant d'apparence soit déserte comme elle l'est. — Entrez, ne demeurez pas davantage à la porte, répliqua le vieillard; peut-être vous en arriverait-il quelque mal. Je satisferai votre curiosité à loisir, et je vous dirai la raison pourquoi il est bon que vous preniez cette précaution. »

Le roi Beder ne se le fit pas dire deux fois, il entra et s'assit près du vieillard; mais comme le vieillard avait compris, par le récit de sa disgrâce, que le prince avait besoin de nourriture, il lui présenta d'abord de quoi reprendre des forces, et quoique le roi Beder l'eût prié de lui expliquer pourquoi il avait pris la précaution de le faire entrer, il ne voulut, néanmoins, lui rien dire qu'il n'eût achevé de manger. C'est qu'il craignait que les choses fâcheuses qu'il avait à lui dire ne l'empêchassent de manger tranquillement. En effet, quand il vit qu'il avait fini son repas : « Vous devez bien remercier Dieu, lui dit-il, de ce que vous êtes venu jusque chez moi sans aucun accident. — Eh! pour quel sujet, reprit le roi Beder alarmé et effrayé? — Il faut que vous sachiez, repartit le vieillard, que cette ville s'appelle la Ville des Enchantements, et qu'elle est gouvernée, non pas par un roi, mais par une reine; et cette reine, qui est la plus belle personne de son sexe, dont on ait jamais entendu parler, est aussi magicienne, mais la plus insigne et la plus dangereuse que l'on puisse connaître. Vous en serez convaincu quand vous saurez que tous ces chevaux, ces mulets et ces autres animaux que vous avez vus, sont autant d'hommes comme vous et comme moi, qu'elle a ainsi métamorphosés par son art diabolique. Tous les jeunes gens bien faits comme vous qui entrent dans la ville, sont arrêtés par des hommes apostés par elle, et qui, de gré ou de force, les conduisent devant cette méchante reine. Elle les reçoit avec un accueil des plus obligeants; elle les caresse, elle les régale, elle les loge magnifiquement, et elle leur donne tant de facilités pour leur persuader qu'elle les aime, qu'elle n'a pas de peine à y réussir; mais elle ne les laisse pas jouir long-temps de leur bonheur prétendu; il n'y en a pas un qu'elle ne métamorphose en quelque animal ou en quelque oiseau, au bout de quarante jours, selon qu'elle le juge à propos. Vous m'avez parlé de tous ces animaux qui se sont présentés pour vous empêcher d'aborder à terre et d'entrer dans la ville; c'est qu'en ne pouvant vous faire comprendre d'une autre manière le danger auquel vous vous exposiez, ils faisaient ce qui était en leur pouvoir pour vous en détourner. »

Ce discours affligea très-sensiblement le jeune roi de Perse: « Hélas! s'écria-t-il, à quelle extrémité suis-je réduit par ma mauvaise destinée! Je suis à peine délivré d'un enchantement dont j'ai encore horreur, que je me vois exposé à quelque autre plus terrible. » Cela lui donna lieu de raconter son histoire plus au long au vieillard, de lui parler de sa naissance, de sa qualité, de sa passion pour la princesse de Samandal, et de la cruauté qu'elle avait eue de le changer en oiseau, au moment qu'il venait de la voir et de lui faire la déclaration de son amour.

Quand ce prince eut achevé par le récit du bonheur qu'il avait eu de trouver une reine qui avait rompu cet enchantement, et par des témoignages de la peur qu'il avait de retomber dans un plus grand malheur, le vieillard, qui voulut le rassurer: « Quoique ce que je vous ai dit de la reine magicienne et de sa méchanceté, lui dit-il, soit véritable, cela ne doit pas, néanmoins, vous donner la grande inquiétude où je vois que vous en êtes. Je suis aimé de toute la ville, je ne suis pas même inconnu à la reine et je puis dire qu'elle a beaucoup de considération pour moi: ainsi c'est un grand bonheur pour vous que votre bonne fortune vous ait adressé à moi plutôt qu'à un autre. Vous êtes en sûreté dans ma maison, où je vous conseille de demeurer, si vous l'agréez ainsi. Pourvu que vous ne vous en écartiez pas, je vous garantis qu'il ne vous arrivera rien qui puisse vous donner sujet de vous plaindre de ma mauvaise foi. De la sorte, il n'est pas besoin que vous vous contraigniez en quoi que ce soit. »

En cet endroit, l'arrivée du jour interrompit le récit de Scheherazade; le lendemain, elle le reprit, et le continua les nuits suivantes, de la manière accoutumée.

CCLXᵉ NUIT.

Sire, le roi Beder remercia le vieillard de l'hospitalité qu'il exerçait envers lui, et de la protection qu'il lui donnait avec tant de bonne volonté. Il s'assit à l'entrée de la boutique, et il n'y parut pas plutôt que sa jeunesse et sa bonne mine attirèrent les yeux de tous les passants; plusieurs s'arrêtèrent même, et firent compliment au vieillard sur ce qu'il avait acquis un esclave si bien fait, comme ils se l'imaginaient ; et ils en paraissaient d'autant plus surpris, qu'ils ne pouvaient comprendre qu'un si beau jeune homme eût échappé aux actives recherches de la reine : « Ne croyez pas que ce soit un esclave, leur disait le vieillard, vous savez que je ne suis ni assez riche, ni d'une condition assez élevée, pour en avoir de cette beauté : c'est mon neveu, fils d'un frère que j'avais, qui est mort, et comme je n'ai pas d'enfants, je l'ai fait venir pour me tenir compagnie. » Ils se réjouirent avec lui de la satisfaction qu'il devait avoir de son arrivée; mais en même temps ils ne purent s'empêcher de lui témoigner la crainte qu'ils avaient que la reine ne le lui enlevât : « Vous la connaissez, lui disaient-ils, et vous ne devez pas ignorer le danger auquel vous vous êtes exposé, après tous les exemples que vous en avez. Quelle douleur serait la vôtre, si elle lui faisait le même traitement qu'à tant d'autres que nous savons ! »

« Je vous suis bien obligé, reprenait le vieillard, de la bonne amitié que vous me témoignez, et de la part que vous prenez à mes intérêts ; je vous en remercie avec toute la reconnaissance possible. Mais je me garderai bien de penser même que la reine voulût me faire le moindre déplaisir, après toutes les bontés qu'elle ne cesse d'avoir pour moi. Au cas qu'elle en apprenne quelque chose et qu'elle m'en parle, j'espère qu'elle ne songera pas seulement à lui, dès que je lui aurai marqué qu'il est mon neveu. »

Le vieillard était ravi d'entendre les louanges qu'on donnait au jeune roi de Perse; il y prenait part comme si véritablement il eût été son propre fils, et il conçut pour lui une amitié qui augmenta à mesure que le séjour qu'il fit chez lui lui donna lieu de le mieux connaître. Il y avait environ un mois qu'ils vivaient ensemble, lorsqu'un jour le roi Beder, étant assis à l'entrée de la boutique à son ordinaire, la reine Labe (c'est ainsi que s'appelait la **reine** magicienne), vint à passer devant la maison du vieillard avec un pompeux cortége. Le roi Beder n'eut pas plutôt aperçu la tête des gardes qui marchaient devant elle, qu'il se leva, rentra dans la boutique, et demanda au vieillard ce que cela signifiait : « C'est la reine qui va passer, reprit-il, mais demeurez et ne craignez rien. »

Les gardes de la reine Labe, habillés d'un habit uniforme, couleur pourpre, montés et équipés avantageusement, passèrent en quatre files, le sabre haut, au nombre de mille, et il n'y eut pas un officier qui ne saluât le vieillard en passant devant sa boutique. Ils furent suivis d'un pareil nombre d'eunuques, habillés de brocard et mieux montés, dont les officiers lui firent le même honneur. Après eux, autant de jeunes demoiselles, presque toutes également belles, richement habillées et ornées de pierreries, venaient à pied d'un pas grave avec la demi-pique à la main, et la reine Labe paraissait au milieu d'elles sur un cheval tout brillant de diamants, avec une selle d'or et une housse d'un prix inestimable. Les jeunes demoiselles saluèrent aussi le vieillard à mesure qu'elles passaient, et la reine, frappée de la bonne mine du roi Beder, s'arrêta devant la boutique : « Abdallah, lui dit-elle (c'est ainsi qu'il s'appelait), dites-moi, je vous prie ; est-ce à vous cet esclave si bien fait et si charmant ? Y a-t-il long-temps que vous avez fait cette acquisition ? »

Avant de répondre à la reine, Abdallah se prosterna contre terre, et en se relevant : « Madame, lui dit-il, c'est mon neveu, fils d'un frère que j'avais, qui est mort il n'y a pas long-temps. Comme je n'ai pas d'enfants, je le regarde comme mon fils, et je l'ai fait venir pour ma consolation, et pour recueillir, après ma mort, le peu de bien que je laisserai. »

CCLXIᵉ NUIT.

La reine Labe, qui n'avait encore vu personne de comparable au roi Beder, et qui venait de concevoir une forte passion pour lui, songea sur ce discours à faire en sorte que le vieillard le lui abandonnât : « Bon père, reprit-elle, ne voulez-vous pas bien me faire l'amitié de m'en faire un présent? Ne me refusez pas, je vous en prie. Je jure, par le feu et par la lumière, que je le rendrai si grand et si puissant, que jamais particulier au monde n'aura fait une si haute fortune. Quand j'aurais le dessein de faire du mal à tout le genre humain, il sera le seul à qui je me garderai bien d'en faire. J'ai confiance que vous m'accorderez ce que je vous demande; et je fonde cette confiance plus encore sur l'amitié que je sais que vous avez pour moi, que sur l'estime que je fais et que j'ai toujours faite de votre personne. »

« Madame, reprit le bon Abdallah, je suis infiniment obligé à votre majesté de toutes les bontés qu'elle a pour moi et de l'honneur qu'elle veut faire à mon neveu. Il n'est pas digne d'approcher d'une si grande reine : je supplie votre majesté de trouver bon qu'il s'en dispense. »

« Abdallah, répliqua la reine, je m'étais flattée que vous m'aimiez davantage, et je n'eusse jamais cru que vous dussiez me donner une marque si évidente du peu d'état que vous faites de mes prières. Mais je jure encore une fois par le feu et par la lumière, et même par tout ce qu'il y a de plus sacré dans ma religion, que je ne passerai pas outre que je n'aie vaincu votre opiniâtreté. Je comprends fort bien ce qui vous fait de la peine; mais je vous promets que vous n'aurez pas le moindre sujet de vous repentir de m'avoir obligée si sensiblement. »

Le vieillard Abdallah eut une mortification inexprimable par rapport à lui et par rapport au roi Beder, d'être forcé de céder à la volonté de la reine : « Madame, reprit-il, je ne veux pas que votre majesté ait lieu d'avoir si mauvaise opinion du respect que j'ai pour elle, ni de mon zèle pour contribuer à tout ce qui peut lui faire plaisir. J'ai une confiance entière dans sa parole, et je ne doute pas qu'elle ne me la tienne. Je la supplie seulement de différer à faire un si grand honneur à mon neveu, jusqu'au premier jour qu'elle repassera. — Ce sera donc demain, repartit la reine. » Et en disant ces paroles, elle baissa la tête pour lui marquer l'obligation qu'elle lui avait, et reprit le chemin de son palais.

Quand la reine Labe eut achevé de passer avec toute la pompe qui l'accompagnait : « Mon fils, dit le bon Abdallah au roi Beder qu'il s'était accoutumé d'appeler ainsi, afin de ne le pas faire connaître en parlant de lui en public, je n'ai pu, comme vous l'avez vu vous-même, refuser à la reine ce qu'elle m'a demandé avec la vivacité dont vous avez été témoin, afin de ne pas lui donner lieu d'en venir à quelque violence d'éclat ou secrète, en employant son art magique, et de vous faire, autant par dépit contre vous que contre moi, un traitement plus cruel et plus signalé qu'à tous ceux dont elle a pu disposer jusqu'à présent, comme je vous en ai déjà entretenu. J'ai quelque raison de croire qu'elle en usera bien, comme elle me l'a promis, par la considération toute particulière qu'elle a pour moi. Vous l'avez pu remarquer vous-même par celle de toute sa cour, et par les honneurs qui m'ont été rendus. Elle serait bien maudite du ciel, si elle me trompait ; mais elle ne me tromperait pas impunément, et je saurais bien m'en venger. »

Ces assurances, qui paraissaient fort incertaines, ne firent pas un grand effet sur l'esprit du roi Beder : « Après tout ce que vous m'avez raconté des méchancetés de cette reine, reprit-il, je ne vous dissimule pas combien je redoute de m'approcher d'elle. Je mépriserais peut-être tout ce que vous m'en avez pu dire, et je me laisserais éblouir par l'éclat de la grandeur qui l'environne, si je ne savais déjà par expérience ce que c'est que d'être à la discrétion d'une magicienne. L'état où je me suis trouvé par l'enchantement de la princesse Giauhare, et dont il semble que je n'ai été délivré que pour rentrer presque aussitôt dans un autre, me la fait regarder avec horreur. » Ses larmes l'empêchèrent d'en dire davantage, et firent connaître avec quelle répugnance il se voyait dans la nécessité fatale d'être livré à la reine Labe.

« Mon fils, repartit le vieillard Abdallah, ne vous affligez pas ; j'avoue qu'on ne peut pas faire un grand fondement sur les promesses, et même sur les serments d'une reine si pernicieuse. Je veux bien que vous sachiez que tout son pouvoir ne s'étend pas jusqu'à moi. Elle ne l'ignore pas ; et c'est pour cela, préférablement à toute autre chose, qu'elle a tant d'égards pour moi. Je saurai bien l'empêcher de vous causer le moindre mal, quand elle serait assez perfide pour oser entreprendre de vous en faire. Vous pouvez vous fier à moi ; et pourvu que vous suiviez exactement les avis que je vous donnerai avant que je vous abandonne à elle, je vous suis garant qu'elle n'aura pas plus de puissance sur vous que sur moi. »

La reine magicienne ne manqua pas de passer le lendemain devant la boutique du vieillard Abdallah, avec la même pompe que le jour d'auparavant, et le vieillard l'attendait avec un grand respect : « Bon père, lui dit-elle en s'arrêtant, vous devez juger de l'impatience où je suis d'avoir votre neveu auprès de moi, par mon exactitude à venir vous faire souvenir de vous acquitter de votre promesse. Je sais que vous êtes homme de parole, et je ne veux pas croire que vous ayez changé de sentiment. »

Abdallah, qui s'était prosterné dès qu'il avait vu que la reine s'approchait, se releva quand elle eut cessé de parler; et comme il ne voulait pas que personne entendît ce qu'il avait à lui dire, il s'avança avec respect jusqu'à la tête de son cheval, et en lui parlant bas : « Puissante reine, dit-il, je suis persuadé que votre majesté ne prend pas en mauvaise part la difficulté que je fis de lui confier mon neveu dès hier : elle doit avoir compris elle-même le motif que j'en ai eu. Je veux bien le lui abandonner aujourd'hui ; mais je la supplie d'avoir pour agréable de mettre en oubli tous les secrets de cette science merveilleuse qu'elle possède au souverain degré. Je regarde mon neveu comme mon propre fils ; et votre majesté me mettrait au désespoir, si elle en usait avec lui d'une autre manière qu'elle a eu la bonté de me le promettre. »

« Je vous le promets encore, repartit la reine, et je vous répète par le même serment qu'hier, que vous et lui aurez tout sujet de vous louer de moi. Je vois bien que je ne vous suis pas encore assez connue, ajouta-t-elle, vous ne m'avez vue jusqu'à présent que le visage couvert ; mais comme je trouve votre neveu digne de mon amitié, je veux vous faire voir que je ne suis pas indigne de la sienne. » En disant ces paroles, elle laissa voir au roi Beder, qui s'était approché avec Abdallah, une beauté incomparable ; mais le roi Beder en fut peu touché : « En effet, ce n'est pas assez d'être belle, dit-il en lui-même, il faut que les actions soient aussi régulières que la beauté est accomplie. »

CCLXII² NUIT.

Dans le temps que le roi Beder faisait ces réflexions les yeux attachés sur la reine Labe, le vieillard Abdallah se tourna de son côté; et en le prenant par la main, il le lui présenta: « Le voilà, madame, lui dit-il; je supplie encore une fois votre majesté de se souvenir qu'il est mon neveu, et de permettre qu'il vienne me voir quelquefois. » La reine le lui promit; et pour lui marquer sa reconnaissance, elle lui fit donner un sac de mille pièces d'or qu'elle avait fait apporter. Il s'excusa d'abord de le recevoir; mais elle voulut absolument qu'il l'acceptât, et il ne put s'en dispenser. Elle avait fait amener un cheval aussi richement harnaché que le sien, pour le roi de Perse. On le lui présenta; et pendant qu'il mettait le pied à l'étrier: « J'oubliais, dit la reine à Abdallah, de vous demander comment s'appelle votre neveu. » Comme il lui eut répondu qu'il se nommait Beder (Pleine Lune): « On s'est mépris, reprit-elle, on devait plutôt le nommer Schems (Soleil). »

Dès que le roi Beder fut monté à cheval, il voulut prendre son rang derrière la reine; mais elle le fit avancer à sa gauche, et voulut qu'il marchât à côté d'elle. Elle regarda Abdallah, et après avoir fait une inclination, elle reprit sa marche.

Au lieu de remarquer sur le visage du peuple une certaine satisfaction accompagnée de respect à la vue de sa souveraine, le roi Beder s'aperçut, au contraire, qu'on la regardait avec mépris, et même que plusieurs faisaient mille imprécations contre elle : « La magicienne, disaient quelques-uns, a trouvé un nouveau sujet d'exercer sa méchanceté. Le ciel ne délivrera-t-il jamais le monde de sa tyrannie? — Pauvre étranger, s'écriaient d'autres, tu es bien trompé, si tu crois que ton bonheur durera long-temps : c'est pour rendre ta chute plus affreuse qu'on t'élève si haut! » Ces discours lui firent connaître que le vieillard Abdallah lui avait dépeint la reine Labe telle qu'elle était en effet; mais comme il ne dépendait plus de lui de se retirer du danger où il était, il s'abandonna à la Providence, et à ce qu'il plairait au Ciel de décider de son sort.

La reine magicienne arriva à son palais; et quand elle eut mis pied à terre, elle se fit donner la main par le roi Beder, et entra avec lui, accompagnée de ses femmes et des officiers de ses eunuques. Elle lui fit voir elle-même tous les appartements, où il n'y avait qu'or massif, pierreries, et que meubles d'une magnificence singulière. Quand elle l'eut mené dans son cabinet, elle s'avança avec lui sur un balcon, d'où elle lui fit remarquer un jardin d'une beauté enchantée. Le roi Beder louait tout ce qu'il voyait avec beaucoup d'esprit, de manière, néanmoins, qu'elle ne pouvait se douter qu'il fût autre chose que le neveu du vieillard Abdallah. Ils s'entretinrent de plusieurs choses indifférentes, jusqu'à ce qu'on vînt avertir la reine que l'on avait servi.

La reine et le roi Beder se levèrent, et allèrent se mettre à table. La table était d'or massif, et les plats de la même matière. Ils mangèrent, et ils ne burent presque pas jusqu'au dessert; mais alors la reine se fit emplir sa coupe d'or d'excellent vin; et après qu'elle eut bu à la santé du roi Beder, elle la fit remplir sans la quitter, et la lui présenta. Le roi Beder la reçut avec beaucoup de respect; et par une inclination de tête fort bas, il lui marqua qu'il buvait réciproquement à sa santé.

Dans le même temps, dix femmes de la reine Labé entrèrent avec des instruments, dont elles firent un agréable concert avec leurs voix, pendant qu'ils continuèrent de boire bien avant dans la nuit. A force de boire, enfin ils s'échauffèrent si fort l'un et l'autre, qu'insensiblement le roi Beder oublia que la reine était magicienne, et qu'il ne la regarda plus que comme la plus belle reine qu'il y eût au monde. Dès que la reine se fut aperçue qu'elle l'avait amené au point qu'elle souhaitait, elle fit signe aux eunuques et à ses femmes de se retirer. Ils obéirent, et le roi Beder et elle couchèrent ensemble.

Le lendemain, la reine et le roi Beder allèrent au bain dès qu'ils furent levés, et, au sortir du bain, les femmes qui y avaient servi le roi lui présentèrent du linge blanc et un habit des plus magnifiques. La reine, qui avait pris aussi un autre habit plus magnifique que celui du jour d'auparavant, vint le prendre, et ils allèrent ensemble à son appartement. On leur servit un bon repas; après quoi ils passèrent la journée agréablement à la promenade dans le jardin, et à plusieurs sortes de divertissements.

La reine Labé traita et régala le roi Beder de cette manière pendant quarante jours, comme elle avait coutume d'en user envers tous ses amants. La nuit du quarantième qu'ils étaient couchés, comme elle croyait que le roi Beder dormait, elle se leva sans faire de bruit; mais le roi Beder, qui était éveillé, et qui s'aperçut qu'elle avait quelque dessein, fit semblant de dormir, et fut attentif à ses actions. Lorsqu'elle fut levée, elle ouvrit une cassette, d'où elle tira une boîte pleine d'une certaine poudre jaune; elle prit de cette poudre et en fit une traînée au travers de la chambre. Aussitôt cette traînée se changea en un ruisseau d'une eau très-claire, au grand étonnement du roi Beder. Il en trembla de frayeur, et il se contraignit davantage à faire semblant qu'il dormait, pour ne pas donner à connaître à la magicienne qu'il fût éveillé.

Scheherazade s'étant arrêtée à ces mots : « Hélas ! ma sœur, s'écria Dinarzade, que ce prince est malheureux ! à peine est-il délivré d'un enchantement que le voilà exposé à subir une seconde métamorphose ! Je voudrais bien savoir s'il eut le bonheur de s'y soustraire. » Vous le saurez, lui répondit Scheherazade, si le sultan, mon seigneur, le permet. Schahriar y consentit, et, la nuit suivante, elle reprit en ces termes :

CCLXIII^e NUIT.

Sire, la reine Labe puisa de l'eau du ruisseau dans un vase, et en versa dans un bassin où il y avait de la farine, dont elle fit une pâte qu'elle pétrit fort long-temps ; elle y mit enfin de certaines drogues qu'elle prit en différentes boîtes, et elle en fit un gâteau qu'elle mit dans une tourtière couverte. Comme avant toute chose elle avait allumé un grand feu, elle tira de la braise, mit la tourtière dessus, et, pendant que le gâteau cuisait, elle remit en leur lieu les vases et les boîtes dont elle s'était servie, et, à de certaines paroles qu'elle prononça, le ruisseau qui coulait au milieu de la chambre disparut. Quand le gâteau fut cuit, elle l'ôta de dessus la braise et le porta dans un cabinet ; après quoi elle revint coucher avec le roi Beder, qui sut si bien dissimuler, qu'elle n'eut pas le moindre soupçon qu'il eût rien vu de tout ce qu'elle venait de faire.

Le roi Beder, à qui les plaisirs et les divertissements avaient fait oublier le bon vieillard Abdallah, son hôte, depuis qu'il l'avait quitté, se souvint de lui, et crut qu'il avait besoin de son conseil, après ce qu'il avait vu faire à la reine Labe pendant la nuit. Dès qu'il fut levé, il témoigna à la reine le désir qu'il avait de l'aller voir, et la supplia de vouloir bien le lui permettre : « Hé quoi ! mon cher Beder, reprit la reine, vous ennuyez-vous déjà, je ne dis pas de demeurer dans un palais si superbe, et où vous devez trouver tant d'agréments, mais de la compagnie d'une reine qui vous aime si passionnément et qui vous en donne tant de marques. »

« Grande reine, reprit le roi Beder, comment pourrais-je m'ennuyer de tant de grâces et de tant de faveurs dont votre majesté a la bonté de me combler ? Bien loin de cela, madame, je demande cette permission plutôt pour rendre compte à mon oncle des obligations infinies que j'ai à votre majesté, que pour lui faire connaître que je ne l'oublie pas. Je ne désavoue pas, néanmoins, que c'est en partie pour cette raison : comme je sais qu'il m'aime avec tendresse, et qu'il y a quarante jours qu'il ne m'a vu, je ne veux pas lui donner lieu de penser que je ne réponds pas à ses sentiments pour moi, en demeurant plus long-temps sans le voir. — Allez, repartit la reine, je le veux bien ; mais vous ne serez pas long-temps à revenir si vous vous souvenez que je ne puis vivre sans vous. » Elle lui fit donner un cheval richement harnaché, et il partit.

Le vieillard Abdallah fut ravi de revoir le roi Beder ; sans avoir égard à sa qualité, il l'embrassa tendrement, et le roi Beder l'embrassa de même, afin que personne ne doutât qu'il ne fût son neveu. Quand ils se furent assis : « Eh bien ! demanda Abdallah au roi, comment vous êtes-vous trouvé et comment vous trouvez-vous encore avec cette infidèle, cette magicienne ? »

« Jusqu'à présent, reprit le roi Beder, je puis dire qu'elle a eu pour moi toutes sortes d'égards imaginables, et qu'elle a eu toute la considération et tout l'empressement possible pour mieux me persuader qu'elle m'aime parfaitement ; mais j'ai remarqué cette nuit une chose qui me donne un juste sujet de soupçonner que tout ce qu'elle a fait n'est que dissimulation : dans le temps qu'elle croyait que je dormais profondément, quoique je fusse éveillé, je m'aperçus qu'elle s'éloigna de moi avec beaucoup de précaution, et qu'elle se leva. Cette précaution fit qu'au lieu de me rendormir je m'attachai à l'observer, en feignant cependant que je dormais toujours. » En continuant son discours, il lui raconta comment et avec quelles circonstances il lui avait vu faire le gâteau ; et en achevant : « Jusqu'alors, ajouta-t-il, j'avoue que je vous avais presque oublié, avec tous les avis que vous m'aviez donnés de ses méchancetés ; mais cette action me fait craindre qu'elle ne tienne ni les paroles qu'elle vous a données, ni ses serments si solennels. J'ai songé à vous aussitôt, et je m'estime heureux de ce qu'elle m'a permis de vous venir voir, avec plus de facilité que je ne m'y étais attendu. »

« Vous ne vous êtes pas trompé, repartit le vieillard Abdallah avec un souris qui marquait qu'il n'avait pas cru lui-même qu'elle dût en user autrement ; rien n'est capable d'obliger la perfide à se corriger. Mais, ne craignez rien, je sais le moyen de faire en sorte que le mal qu'elle veut vous faire retombe sur elle. Vous êtes entré dans le soupçon fort à propos, et vous ne pouviez mieux faire que de recourir à moi. Comme elle ne garde pas ses amants plus de quarante jours, et qu'au lieu de les renvoyer honnêtement elle en fait autant d'animaux dont elle remplit ses forêts, ses parcs et la campagne, je pris dès hier les mesures pour empêcher qu'elle ne vous fasse le même traitement. Il y a trop long-temps que la terre porte ce monstre; il faut qu'elle soit traitée elle-même comme elle le mérite. »

CCLXIV^e NUIT.

En achevant ces paroles, Abdallah mit deux gâteaux entre les mains du roi Beder, et lui dit de les garder pour en faire l'usage qu'il allait entendre : « Vous m'avez dit, continua-t-il, que la magicienne a fait un gâteau cette nuit : c'est pour vous en faire manger, n'en doutez pas; mais gardez-vous d'en goûter. Ne laissez pas cependant d'en prendre quand elle vous en présentera, et, au lieu d'en mettre à la bouche, faites en sorte de manger, à la place, d'un des deux que je viens de vous donner, sans qu'elle s'en aperçoive. Dès qu'elle aura cru que vous aurez avalé du sien, elle ne manquera pas d'entreprendre de vous métamorphoser en quelque animal. Elle n'y réussira pas, et elle tournera la chose en plaisanterie, comme si elle n'eût voulu le faire que pour rire, et vous faire un peu de peur, pendant qu'elle en aura un dépit mortel dans l'âme et qu'elle s'imaginera avoir manqué en quelque chose dans la composition de son gâteau. Pour ce qui est de l'autre gâteau, vous lui en ferez présent, et vous la presserez d'en manger. Elle en mangera, quand ce ne serait que pour faire voir qu'elle ne se méfie pas de vous, après le sujet qu'elle vous aura donné de vous méfier d'elle. Quand elle en aura mangé, prenez un peu d'eau dans le creux de la main, et, en la lui jetant au visage, dites-lui :

« Quitte cette forme, et prends celle de tel ou tel animal qu'il vous plaira.

« Venez avec l'animal; je vous dirai ce qu'il faudra que vous fassiez. »

Le roi Beder marqua au vieillard Abdallah, en des termes les plus expressifs, combien il lui était obligé de l'intérêt qu'il prenait à empêcher qu'une magicienne si dangereuse n'eût le pouvoir d'exercer sa méchanceté contre lui, et, après qu'il se fut encore entretenu quelque temps avec lui, il le quitta et retourna au palais. En arrivant, il apprit que la magicienne l'attendait dans le jardin avec une grande impatience. Il alla la chercher, et la reine Labe ne l'eut pas plutôt aperçu, qu'elle vint à lui avec grand empressement : « Cher Beder, lui dit-elle, on a grande raison de dire que rien ne fait mieux connaître la force et l'excès de l'amour que l'éloignement de l'objet que l'on aime. Je n'ai pas eu de repos depuis que je vous ai perdu de vue, et il me semble qu'il y a des années que je ne vous ai vu. Pour peu que vous eussiez différé, je me préparais à vous aller chercher moi-même. »

« Madame, reprit le roi Beder, je puis assurer votre majesté que je n'ai pas eu moins d'impatience de me rendre auprès d'elle; mais je n'ai pu refuser quelques moments d'entretien à un oncle qui m'aime, et qui ne m'avait pas vu depuis si long-temps. Il voulait me retenir; mais je me suis arraché à sa tendresse pour venir où l'amour m'appelait, et de la collation qu'il m'avait préparée, je me suis contenté d'un gâteau que je vous ai apporté. » Le roi Beder, qui avait enveloppé l'un des deux gâteaux dans un mouchoir fort propre, le développa, et en le lui présentant : « Le voilà, madame, ajouta-t-il, je vous supplie de l'agréer. »

« Je l'accepte de bon cœur, repartit la reine en le prenant, et j'en mangerai avec plaisir pour l'amour de vous et de votre oncle, mon bon ami; mais auparavant je veux que pour l'amour de moi vous mangiez de celui-ci, que j'ai fait pendant votre absence. — Belle reine, lui dit le roi Beder en le recevant avec respect, des mains comme celles de votre majesté ne peuvent rien faire que d'excellent; et elle me fait une faveur, dont je ne puis assez lui témoigner ma reconnaissance. »

Le roi Beder substitua adroitement, à la place du gâteau de la reine, l'autre que le vieillard Abdallah lui avait donné, et il en rompit un morceau qu'il porta à la bouche : « Ah! reine, s'écria-t-il en le mangeant, je n'ai jamais rien goûté de plus exquis! » Comme ils étaient près d'un jet d'eau, la magicienne, qui vit qu'il avait avalé le morceau, et qu'il allait en manger un autre, puisa de l'eau du bassin dans le creux de sa main, et en la lui jetant au visage :

« Malheureux, lui dit-elle, quitte cette figure d'homme, et prends celle d'un vilain cheval borgne et boiteux. »

A cet endroit de son récit, qui intéressait tant le sort du prince Beder, la sultane fut obligée de l'interrompre; elle le reprit le lendemain, à la satisfaction de sa sœur et du sultan des Indes.

CCLXV^e NUIT.

Sire, ces paroles ne firent pas d'effet ; et la magicienne fut extrêmement étonnée de voir le roi Beder dans le même état, et donner seulement une marque de grande frayeur. La rougeur lui en monta au visage ; et comme elle vit qu'elle avait manqué son coup : « Cher Beder, lui dit-elle, ce n'est rien, remettez-vous, je n'ai pas voulu vous faire du mal, je l'ai fait seulement pour voir ce que vous en diriez. Vous pouvez juger que je serais la plus misérable et la plus exécrable de toutes les femmes, si je commettais une action si noire, je ne dis pas seulement après les serments que j'ai faits, mais même après les marques d'amour que je vous ai données. »

« Puissante reine, repartit le roi Beder, quelque persuadé que je sois que votre majesté ne l'a fait que pour se divertir, je n'ai pu, néanmoins, me garantir de la surprise. Quel moyen aussi de s'empêcher de n'avoir pas au moins quelque émotion à des paroles capables de faire un changement si étrange? Mais, madame, laissons là ce discours, et puisque j'ai mangé de votre gâteau, faites-moi la grâce de goûter du mien. »

La reine Labe, qui ne pouvait mieux se justifier qu'en donnant cette marque de confiance au roi de Perse, rompit un morceau de gâteau et le mangea. Dès qu'elle l'eut avalé, elle parut toute troublée et elle demeura comme immobile. Le roi Beder ne perdit pas de temps ; il prit de l'eau du même bassin, et en la lui jetant au visage :

« Abominable magicienne, s'écria-t-il, sors de cette figure, et change-toi en cavale. »

Au même moment, la reine Labe fut changée en une très-belle cavale ; et sa confusion fut si grande de se voir ainsi métamorphosée, qu'elle répandit des larmes en abondance. Elle baissa la tête jusqu'aux pieds du roi Beder, comme pour le toucher de compassion. Mais quand il eût voulut se laisser fléchir, il n'était pas en son pouvoir de réparer le mal qu'il lui avait fait. Il mena la cavale à l'écurie du palais, où il la mit entre les mains d'un palefrenier pour la brider ; mais de toutes les brides que le palefrenier présenta à la cavale, pas une ne se trouva propre. Il fit seller et brider deux chevaux, un pour lui et l'autre pour le palefrenier, et il se fit suivre par lui jusque chez le vieillard Abdallah, avec la cavale à la main.

Abdallah, qui aperçut de loin le roi Beder et la cavale, ne douta pas que ce prince n'eût fait ce qu'il lui avait recommandé : « Maudite magicienne, dit-il aussitôt en lui-même avec joie, le ciel enfin t'a châtiée comme tu le méritais. » Le roi Beder mit pied à terre en arrivant, et entra dans la boutique d'Abdallah, qu'il embrassa en le remerciant de tous les services qu'il lui avait rendus. Il lui raconta de quelle manière le tout s'était passé, et lui marqua qu'il n'avait pas trouvé de bride propre pour la cavale. Abdallah, qui en avait une à tout cheval, en brida la cavale lui-même ; et dès que le roi Beder eut renvoyé le palefrenier avec les deux chevaux : « Sire, lui dit-il, vous n'avez pas besoin de vous arrêter davantage en cette ville, montez la cavale et retournez en votre royaume. La seule chose que j'ai à vous recommander, c'est qu'au cas que vous veniez à vous défaire de la cavale, de vous bien garder de la livrer avec la bride. » Le roi Beder lui promit qu'il s'en souviendrait ; et après qu'il lui eut dit adieu, il partit.

Le jeune roi de Perse ne fut pas plutôt hors de la ville, qu'il ne se sentit pas de la joie d'être délivré d'un si grand danger, et d'avoir à sa disposition la magicienne, qu'il avait eu un si grand sujet de redouter. Trois jours après son départ, il arriva à une grande ville. Comme il était dans le faubourg, il fut rencontré par un vieillard de quelque considération qui allait à pied à une maison de plaisance qu'il avait : « Seigneur, lui dit le vieillard en s'arrêtant, oserais-je vous demander de quel côté vous venez ? » Il s'arrêta aussitôt pour le satisfaire ; et comme le vieillard lui faisait plusieurs questions, une vieille survint qui s'arrêta pareillement, et se mit à pleurer en regardant la cavale avec de grands soupirs.

Le roi Beder et le vieillard interrompirent leur entretien, pour regarder la vieille, et le roi Beder lui demanda quel sujet elle avait de pleurer ? « Seigneur, reprit-elle, c'est que votre cavale ressemble si parfaitement à une que mon fils avait, et que je regrette encore pour l'amour de lui, que je croirais que c'est la même, si elle n'était morte. Vendez-la-moi, je vous en supplie, je vous la paierai ce qu'elle vaut ; et avec cela, je vous en aurai une très-grande obligation. »

« Bonne mère, repartit le roi Beder, je suis fâché de ne pouvoir vous accorder ce que vous demandez, ma cavale n'est pas à vendre. — Ah ! seigneur, insista la vieille, ne me refusez pas, je vous en conjure au nom de Dieu ! nous mourrions de déplaisir, mon fils et moi, si vous ne nous accordiez pas cette grâce. — Bonne mère, répliqua le roi Beder, je vous l'accorderais très-volontiers, si je m'étais déterminé à me défaire d'une si bonne cavale ; mais quand cela serait, je ne crois pas que vous en voulussiez donner mille pièces d'or ; car en ce cas-là, je ne l'estimerais pas moins. — Pourquoi ne les donnerais-je pas? repartit la vieille. Vous n'avez qu'à donner votre consentement à la vente, je vais vous les compter. »

Le roi Beder, qui voyait que la vieille était habillée assez pauvrement, ne put s'imaginer qu'elle fût en état de trouver une si grosse somme. Pour éprouver si elle tiendrait le marché : « Donnez-moi l'argent, lui dit-il, la cavale est à vous. » Aussitôt la vieille détacha une bourse qu'elle avait autour de sa ceinture, et en la lui présentant : « Prenez la peine de descendre, lui dit-elle, que nous comptions si la somme y est; au cas qu'elle n'y soit pas, j'aurai bientôt trouvé le reste : ma maison n'est pas loin. »

L'étonnement du roi Beder fut extrême quand il vit la bourse : « Bonne mère, reprit-il, ne voyez-vous pas que ce que je vous en ai dit n'est que pour rire : je vous répète que ma cavale n'est pas à vendre. »

Le vieillard, qui avait été témoin de tout cet entretien, prit alors la parole : « Mon fils, dit-il au roi Beder, il faut que vous sachiez une chose, que je vois bien que vous ignorez, c'est qu'il n'est pas permis en cette ville de mentir en aucune manière, sous peine de mort : ainsi vous ne pouvez vous dispenser de prendre l'argent de cette bonne femme, et de lui livrer votre cavale, puisqu'elle vous en donne la somme que vous en avez demandée. Vous ferez mieux de faire la chose sans bruit, que de vous exposer au malheur qui pourrait vous en arriver. »

CCLXVIᴱ NUIT.

Scheherazade, continuant son récit :

Sire, le roi Beder, bien affligé de s'être engagé dans cette méchante affaire avec tant d'inconsidération, mit pied à terre avec un grand regret. La vieille fut prompte à se saisir de la bride et à débrider la cavale, et encore plus à prendre dans la main de l'eau d'un ruisseau qui coulait au milieu de la rue, et de la jeter sur la cavale en prononçant ces paroles :

« Ma fille, quittez cette forme étrangère et reprenez la vôtre. »

Le changement se fit en un moment, et le roi Beder, qui s'évanouit dès qu'il vit paraître la reine Labe devant lui, fût tombé par terre, si le vieillard ne l'eût retenu.

La vieille, qui était mère de la reine Labe, et qui l'avait instruite de tous les secrets de la magie, n'eut pas plutôt embrassé sa fille, pour lui témoigner sa joie, qu'en un instant elle fit paraître par un sifflement un génie d'une figure hideuse et d'une grandeur gigantesque. Le génie prit aussitôt le roi Beder sur une épaule, embrassa la vieille et la reine magicienne de l'autre, et les transporta en peu de moments au palais de la reine Labe, dans la ville des Enchantements.

La reine magicienne, en furie, fit de grands reproches au roi Beder, dès qu'elle fut de retour dans son palais : « Ingrat, lui dit-elle, c'est donc ainsi que ton indigne oncle et toi vous m'avez donné des marques de reconnaissance, après tout ce que j'ai fait pour vous? Je vous ferai sentir à l'un et à l'autre ce que vous méritez. » Elle ne lui en dit pas davantage; mais elle prit de l'eau, et en la lui jetant au visage :

« Sors de cette figure, dit-elle, et prends celle d'un vilain hibou. »

Ces paroles furent suivies de l'effet, et aussitôt elle commanda à une de ses femmes d'enfermer le hibou dans une cage, et de ne lui donner ni à boire ni à manger.

La femme emporta la cage, et, sans avoir égard à l'ordre de la reine Labe, elle y mit de quoi manger et de l'eau ; et cependant, comme elle était amie du vieillard Abdallah, elle envoya l'avertir secrètement de quelle manière la reine venait de traiter son neveu, et de son dessein de les faire périr l'un et l'autre, afin qu'il mît ordre à l'en empêcher, et qu'il songeât à sa propre conservation.

Abdallah vit bien qu'il n'y avait pas de ménagement à prendre avec la reine Labe : il ne fit que siffler d'une certaine manière, et aussitôt un grand génie à quatre ailes se fit voir devant lui, et lui demanda pour quel sujet il l'avait appelé.

« L'Éclair, lui dit-il (c'est ainsi que s'appelait ce génie), il s'agit de conserver la vie du roi Beder, fils de la reine Gulnare. Va au palais de la magicienne, et transporte incessamment à la capitale de Perse la femme pleine de compassion à qui elle a donné la cage en garde, afin qu'elle informe la reine Gulnare du danger où est le roi, son fils, et du besoin qu'il a de son secours. Prends garde de ne la pas épouvanter en te présentant devant elle, et dis-lui bien de ma part ce qu'elle doit faire. »

L'Éclair disparut, et passa en un instant au palais de la magicienne. Il instruisit la femme, il l'enleva dans l'air, et la transporta à la capitale de la Perse, où il la posa sur le toit en terrasse, qui répondait à l'appartement de la reine Gulnare. La femme descendit par l'escalier qui y conduisait, et elle trouva la reine Gulnare et la reine Farasche, sa mère, qui s'entretenaient du triste sujet de leur affliction commune. Elle leur fit une profonde révérence, et, par le récit qu'elle leur fit, elles connurent le besoin que le roi Beder avait d'être secouru promptement.

A cette nouvelle, la reine Gulnare fut dans un transport de joie, qu'elle marqua en se levant de sa place et en embrassant l'obligeante femme, pour lui témoigner combien elle lui était obligée du service qu'elle venait de lui rendre. Elle sortit aussitôt, et commanda qu'on fît jouer les trompettes, les timbales et les tambours du palais, pour annoncer à toute la ville que le roi de Perse arriverait bientôt. Elle revint, et elle trouva le roi Saleh, son frère, que la reine Farasche avait déjà fait venir par une certaine fumigation : « Mon frère, lui dit-elle, le roi, votre neveu, mon cher fils, est dans la ville des Enchantements, sous la puissance de la reine Labe ; c'est à vous, c'est à moi d'aller le délivrer : il n'y a pas de temps à perdre. »

CCLXVII^e NUIT.

Sire, le roi Saleh assembla une puissante armée des troupes de ses états marins, qui s'éleva bientôt de la mer. Il appela même à son secours les génies, ses alliés, qui parurent avec une autre armée plus nombreuse que la sienne. Quand les deux armées furent jointes, il se mit à la tête avec la reine Farasche, la reine Gulnare et les princesses, qui voulurent avoir part à l'action. Ils s'élevèrent dans l'air, et ils fondirent bientôt sur le palais et sur la ville des Enchantements, où la reine magicienne, sa mère, et tous les adorateurs du Feu furent détruits en un clin d'œil.

La reine Gulnare s'était fait suivre par la femme de la reine Labe, qui était venue lui annoncer la nouvelle de l'enchantement et de l'emprisonnement du roi, son fils, et elle lui avait recommandé de n'avoir pas d'autre soin dans la mêlée que d'aller prendre la cage et de la lui apporter. Cet ordre fut exécuté comme elle l'avait souhaité. Elle tira le hibou dehors, et en jetant sur lui de l'eau qu'elle se fit apporter :

« Mon cher fils, dit-elle, quittez cette figure étrangère, et prenez celle d'homme, qui est la vôtre. »

Dans le moment, la reine Gulnare ne vit plus le vilain hibou, elle vit le roi Beder, son fils. Elle l'embrassa aussitôt avec un excès de joie : ce qu'elle n'était pas en état de dire par ses paroles, dans le transport où elle était, ses larmes y suppléèrent d'une manière qui l'exprimait avec beaucoup de force ; elle ne pouvait se résoudre à le quitter, et il fallut que la reine Farasche le lui arrachât à son tour. Après elle, il fut embrassé de même par le roi, son oncle, et par les princesses, ses parentes.

Le premier soin de la reine Gulnare fut de faire chercher le vieillard Abdallah, à qui elle devait le bonheur d'avoir retrouvé le roi de Perse. Dès qu'on le lui eut amené : « L'obligation que je vous ai, lui dit-elle, est si grande, qu'il n'y a rien que je ne sois prête à faire pour vous en marquer ma reconnaissance : faites connaître vous-même en quoi je le puis, et vous serez satisfait. — Grande reine, reprit-il, si la dame que je vous ai envoyée veut bien consentir à la foi de mariage que je lui offre, et que le roi de Perse veuille bien me souffrir à sa cour, je consacre de bon cœur le reste de mes jours à son service. » La reine Gulnare se tourna aussitôt du côté de la dame, qui était présente, et comme la dame laissa voir par une pudique rougeur qu'elle n'avait pas de répugnance pour cette union, elle leur fit prendre la main l'un à l'autre, et le roi de Perse et elle prirent le soin de leur fortune.

Ce mariage donna lieu au roi de Perse de prendre la parole en l'adressant à la reine, sa mère : « Madame, dit-il en souriant, je suis ravi du mariage que vous venez de faire ; il en reste un autre auquel vous devriez bien songer. » La reine Gulnare ne comprit pas d'abord de quel mariage il entendait parler ; elle y pensa un moment, et dès qu'elle l'eut compris : « C'est du vôtre dont vous voulez parler, reprit-elle, j'y consens très-volontiers. » Elle regarda aussitôt les sujets marins du roi, son frère, et les génies qui étaient présents : « Partez, dit-elle, et parcourez tous les palais de la mer et de la terre, et venez nous donner avis de la princesse la plus belle et la plus digne du roi, mon fils, que vous aurez remarquée. »

« Madame, repartit le roi Beder, il est inutile de prendre toute cette peine ; vous n'ignorez pas sans doute que j'ai donné mon cœur à la princesse de Samandal, sur le simple récit de sa beauté : je l'ai vue, et je ne me suis pas repenti du présent que je lui ai fait. En effet, il ne peut pas y avoir, ni sur la terre, ni sous les ondes, une princesse qu'on puisse lui comparer. Il est vrai que, sur la déclaration que je lui ai faite, elle m'a traité d'une manière qui eût pu éteindre la flamme de tout autre amant moins embrasé que moi de son amour : mais elle est excusable, et elle ne pouvait me traiter moins rigoureusement, après l'emprisonnement du roi, son père, dont je ne laissais pas d'être la cause, quoiqu'innocent. Peut-être que le roi de Samandal aura changé de sentiment, et qu'elle n'aura plus de répugnance à m'aimer et à me donner sa foi, dès qu'il y aura consenti.

CCLXVIIIᵉ NUIT.

« Mon fils, répliqua la reine Gulnare, s'il n'y a que la princesse Giauhare au monde capable de vous rendre heureux, ce n'est pas mon intention de m'opposer à votre union, s'il est possible qu'elle se fasse. Le roi, votre oncle, n'a qu'à faire venir le roi de Samandal, et nous aurons bientôt appris s'il est toujours aussi peu traitable qu'il l'a été. »

Quelque étroitement que le roi de Samandal eût été gardé jusqu'alors, depuis sa captivité, par les ordres du roi Saleh, il avait toujours été traité, néanmoins, avec beaucoup d'égards, et il s'était humanisé avec les officiers qui le gardaient. Le roi Saleh se fit apporter un réchaud avec du feu, et il y jeta une certaine composition, en prononçant des paroles mystérieuses. Dès que la fumée commença à s'élever, le palais s'ébranla, et l'on vit bientôt paraître le roi de Samandal avec les officiers du roi Saleh, qui l'accompagnaient. Le roi de Perse se jeta aussitôt à ses pieds, et demeurant le genou en terre : « Sire, dit-il, ce n'est plus le roi Saleh qui demande à votre majesté l'honneur de son alliance pour le roi de Perse ; c'est le roi de Perse lui-même qui la supplie de lui faire cette grâce. Je ne puis me persuader qu'elle veuille être la cause de la mort d'un roi qui ne peut plus vivre s'il n'épouse l'aimable princesse Giauhare. »

Le roi de Samandal ne souffrit pas plus long-temps que le roi de Perse demeurât à ses pieds ; il l'embrassa, et l'obligeant de se relever : « Sire, repartit-il, je serais bien fâché d'avoir contribué en rien à la mort d'un monarque si digne de vivre. S'il est vrai qu'une vie si précieuse ne puisse se conserver sans la possession de ma fille, vivez, sire, elle est à vous : elle a toujours été très-soumise à ma volonté ; je ne crois pas qu'elle s'y oppose. » En achevant ces paroles, il chargea un de ses officiers, que le roi Saleh avait bien voulu qu'il eût auprès de lui, d'aller chercher la princesse Giauhare, et de l'amener incessamment.

La princesse Giauhare était toujours restée où le roi de Perse l'avait rencontrée ; l'officier l'y trouva, et on le vit bientôt de retour avec elle et avec ses femmes. Le roi de Samandal embrassa la princesse : « Ma fille, lui dit-il, je vous ai donné un époux : c'est le roi de Perse, que voilà, le monarque le plus accompli qu'il y ait aujourd'hui dans tout l'univers. La préférence qu'il vous a donnée par-dessus toutes les autres princesses nous oblige, vous et moi, de lui en marquer notre reconnaissance. »

« Sire, reprit la princesse Giauhare, votre majesté sait bien que je n'ai jamais manqué à la déférence que je devais à tout ce qu'elle a exigé de mon obéissance; je suis encore prête à obéir, et j'espère que le roi de Perse voudra bien oublier le mauvais traitement que je lui ai fait : je le crois assez équitable pour ne l'imputer qu'à la nécessité de mon devoir. »

Les noces furent célébrées dans le palais de la ville des Enchantements, avec une solennité d'autant plus grande, que tous les amants de la reine magicienne, qui avaient repris leur première forme au moment où elle avait cessé de vivre, et qui en étaient venus faire leurs remerciements au roi de Perse, à la reine Gulnare et au roi Saleh, y assistèrent. Ils étaient tous fils de rois, ou princes, ou d'une qualité très-distinguée.

Le roi Saleh, enfin, conduisit le roi de Samandal dans son royaume, et le remit en possession de ses états. Le roi de Perse, au comble de ses désirs, partit et retourna dans la capitale de Perse, avec la reine Gulnare ; la reine Farasche et les princesses, qui les y avaient accompagnés, y demeurèrent jusqu'à ce que le roi Saleh vînt les prendre, et les ramenât en son royaume, sous les flots de la mer.

Scheherazade termina ainsi l'histoire du roi de Perse. Le sultan des Indes l'avait écoutée avec beaucoup de plaisir ; aussi accorda-t-il sans peine à la sultane, son épouse, la permission d'en commencer une autre. Mais le jour allait paraître, et Schahriar fut obligé d'attendre la nuit suivante pour entendre la nouvelle histoire que Scheherazade lui promit de lui raconter.

CCLXIXᵉ NUIT.

HISTOIRE

DE GANEM, FILS D'ABOU AIBOU, L'ESCLAVE D'AMOUR.

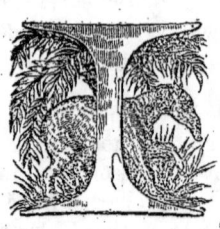IL y avait autrefois à Damas un marchand qui, par son industrie et par son travail, avait amassé de grands biens, dont il vivait fort honorablement. Abou Aibou, c'était son nom, avait un fils et une fille. Le fils fut d'abord appelé Ganem, et depuis surnommé l'Esclave d'Amour. Il était très-bien fait, et son esprit, qui était naturellement excellent, avait été cultivé par de bons maîtres que son père avait pris soin de lui donner. La fille fut nommée Force des Cœurs [1], parce qu'elle était pourvue d'une beauté si parfaite, que tous ceux qui la voyaient ne pouvaient s'empêcher de l'aimer.

Abou Aibou mourut. Il laissa des richesses immenses : cent charges de brocarts et d'autres étoffes de soie qui se trouvèrent dans son magasin, n'en faisaient que la moindre partie. Les charges étaient toutes faites, et, sur chaque balle, on lisait en gros caractères : POUR BAGDAD.

En ce temps-là, Mohammed, fils de Soliman, surnommé Zinebi, régnait dans la ville de Damas, capitale de Syrie : son parent, Haroun Alraschild, qui faisait sa résidence à Bagdad, lui avait donné ce royaume à titre de tributaire.

Peu de temps après la mort d'Abou Aibou, Ganem s'entretenait avec sa mère des affaires de leur maison, et à propos des charges de marchandises qui étaient dans le magasin, il demanda ce que voulait dire l'écriture qu'on lisait sur chaque balle : « Mon fils, lui répondit sa mère, votre père voyageait tantôt dans une province et tantôt dans une autre ; il avait coutume, avant son départ, d'écrire sur chaque balle le nom de la ville où il se proposait d'aller. Il avait mis toutes choses en état pour faire le voyage de Bagdad, et il était prêt à partir, quand la mort.... » Elle n'eut pas la force d'achever, un souvenir trop vif de la perte de son mari ne lui permit pas d'en dire davantage, et lui fit verser un torrent de larmes.

[1] En arabe, Alcolomb.

Ganem ne put voir sa mère attendrie, sans être attendri lui-même. Ils demeurèrent quelques moments sans parler; mais il se remit enfin, et lorsqu'il vit sa mère en état de l'écouter, il prit la parole : « Puisque mon père, dit-il, a destiné ces marchandises pour Bagdad, et qu'il n'est plus en état d'exécuter son dessein, je vais donc me disposer à faire ce voyage : je crois même qu'il est à propos que je presse mon départ, de peur que ces marchandises ne dépérissent ou que nous ne perdions l'occasion de les vendre avantageusement. »

La veuve d'Abou Aibou, qui aimait tendrement son fils, fut très-alarmée de cette résolution : « Mon fils, lui répondit-elle, je ne puis que vous louer de vouloir imiter votre père; mais songez que vous êtes trop jeune, sans expérience, et nullement accoutumé aux fatigues des voyages. D'ailleurs, voulez-vous m'abandonner, et ajouter une nouvelle douleur à celle dont je suis accablée? Ne vaut-il pas mieux vendre ces marchandises aux marchands de Damas, et nous contenter d'un profit raisonnable, que de vous exposer à périr? »

Elle avait beau combattre le dessein de Ganem par de bonnes raisons, il ne les pouvait goûter : l'envie de voyager et de perfectionner son esprit par une entière connaissance des choses du monde, le sollicitait à partir, et l'emporta sur les remontrances, les prières et sur les pleurs même de sa mère. Il alla au marché des esclaves; il en acheta de robustes, loua cent chameaux, et s'étant enfin pourvu de toutes les choses nécessaires, il se mit en chemin avec cinq ou six marchands de Damas qui allaient négocier à Bagdad.

Ces marchands, suivis de tous leurs esclaves, et accompagnés de plusieurs autres voyageurs, composaient une caravane si considérable, qu'ils n'eurent rien à craindre de la part des Bédouins, c'est-à-dire de ces Arabes qui n'ont d'autre profession que de battre la campagne, d'attaquer et piller les caravanes, quand elles ne sont pas assez fortes pour repousser leurs insultes. Ils n'eurent donc à essuyer que les fatigues ordinaires d'une longue route; ce qu'ils oublièrent facilement à la vue de Bagdad, où ils arrivèrent heureusement.

Ils allèrent mettre pied à terre dans le khan le plus magnifique et le plus fréquenté de la ville; mais Ganem, qui voulait être logé commodément et en particulier, n'y prit pas d'appartement; il se contenta d'y laisser ses marchandises dans un magasin, afin qu'elles y fussent en sûreté. Il loua dans le voisinage une très-belle maison, richement meublée, où il y avait un jardin fort agréable par la quantité de jets d'eau et de bosquets qu'on y voyait.

Quelques jours après que ce jeune marchand se fut établi dans cette maison, et qu'il se fut entièrement remis de la fatigue du voyage, il s'habilla fort proprement, et se rendit au lieu public où s'assemblaient les marchands, pour vendre ou acheter des marchandises. Il était suivi d'un esclave qui portait un paquet de plusieurs pièces d'étoffes et de toiles fines.

Les marchands reçurent Ganem avec beaucoup d'honnêteté; et leur chef ou syndic, à qui d'abord il s'adressa, prit et acheta tout le paquet, au prix marqué par l'étiquette qui était attachée à chaque pièce d'étoffe. Ganem continua ce négoce avec tant de bonheur, qu'il vendait toutes les marchandises qu'il faisait porter chaque jour.

Il ne lui restait plus qu'une balle, qu'il avait fait tirer du magasin et apporter chez lui, lorsqu'un jour il alla au lieu public. Il en trouva toutes les boutiques fermées. La chose lui parut extraordinaire; il en demanda la cause, et on lui dit qu'un des premiers marchands qui ne lui était pas inconnu était mort, et que tous ses confrères, suivant la coutume, étaient allés à son enterrement.

Ganem s'informa de la mosquée où se devait faire la prière, et d'où le corps devait être porté au lieu de la sépulture; quand on le lui eut indiqué, il renvoya son esclave avec son paquet de marchandises, et prit le chemin de la mosquée. Il y arriva que la prière n'était pas encore achevée, et on la faisait dans une salle toute tendue de satin noir. On enleva le corps, que la parenté, accompagnée des marchands et de Ganem, suivit jusqu'au lieu de sa sépulture, qui était hors de la ville et fort éloigné : c'était un édifice de pierre en forme de dôme, destiné à recevoir les corps de toute la famille du défunt; et comme il était fort petit, on avait dressé des tentes à l'entour, afin que tout le monde fût à couvert pendant la cérémonie. On ouvrit le tombeau, et l'on posa le corps, puis on le referma. Ensuite, l'iman et les autres ministres de la mosquée s'assirent en rond sur des tapis sous la principale tente, et récitèrent le reste des prières. Ils firent aussi la lecture des chapitres de l'Alcoran prescrits pour l'enterrement des morts. Les parents et les marchands, à l'exemple de ces ministres, s'assirent en rond derrière eux.

Il était presque nuit, lorsque tout fut achevé. Ganem, qui ne s'était pas attendu à une si longue cérémonie, commençait à s'inquiéter; et son inquiétude augmenta, quand il vit qu'on servait un repas en mémoire du défunt, selon l'usage de Bagdad. On lui dit même que les tentes n'avaient pas été tendues seulement contre les ardeurs du soleil, mais aussi contre le serein, parce que l'on ne s'en retournerait à la ville que le lendemain. Ce discours alarma Ganem : « Je suis étranger, dit-il en lui-même, et je passe pour un riche marchand : des voleurs peuvent profiter de mon absence et aller piller ma maison ; mes esclaves mêmes peuvent être tentés d'une si belle occasion ; ils n'ont qu'à prendre la fuite avec tout l'or que j'ai reçu de mes marchandises, où les irai-je chercher ? » Vivement occupé de ces pensées, il mangea quelques morceaux à la hâte, et se déroba finement à la compagnie.

Il précipita ses pas pour faire plus de diligence ; mais comme il arrive assez souvent que plus on est pressé, moins on avance, il prit un chemin pour un autre et s'égara dans l'obscurité, de manière qu'il était près de minuit quand il arriva à la porte de la ville. Pour surcroît de malheur, il la trouva fermée. Ce contre-temps lui causa une peine nouvelle, et il fut obligé de prendre le parti de chercher un endroit pour passer le reste de la nuit, et attendre qu'on ouvrît la porte. Il entra dans un cimetière si vaste, qu'il s'étendait depuis la ville jusqu'au lieu d'où il venait ; il s'avança jusqu'à des murailles assez hautes, qui entouraient un petit champ qui faisait le cimetière particulier d'une famille, et où était un palmier. Il y avait encore une infinité d'autres cimetières particuliers, dont on n'était pas exact à fermer les portes. Ainsi Ganem trouvant ouvert celui où il y avait un palmier, y entra et ferma la porte après lui ; il se coucha sur l'herbe, et fit tout ce qu'il put pour s'endormir ; mais l'inquiétude où il était de se voir hors de chez lui, l'en empêcha. Il se leva ; et après avoir en se promenant passé et repassé plusieurs fois devant la porte, il l'ouvrit sans savoir pourquoi ; aussitôt il aperçut de loin une lumière qui semblait venir à lui. A cette vue, la frayeur le saisit, il poussa la porte qui ne se fermait qu'avec un loquet, et monta promptement au haut du palmier, qui, dans la crainte dont il était agité, lui parut le plus sûr asile qu'il pût rencontrer.

Il n'y fut pas plutôt, qu'à la faveur de la lumière qui l'avait effrayé, il distingua et vit entrer dans le cimetière où il était trois hommes qu'il reconnut pour des esclaves à leur habillement : l'un marchait devant avec une lanterne, et les deux autres le suivaient, chargés d'un coffre long de cinq à six pieds qu'ils portaient sur leurs épaules ; ils le mirent à terre, et alors un des trois esclaves dit à ses camarades : « Frères, si vous m'en croyez, nous laisserons là ce coffre, et nous reprendrons le chemin de la ville. — Non, non, répondit un autre, ce n'est pas ainsi qu'il faut exécuter les ordres que notre maîtresse nous donne. Nous pourrions nous repentir de les avoir négligés : enterrons ce coffre, puisqu'on nous l'a commandé. » Les deux autres esclaves se rendirent à ce sentiment : ils commencèrent à remuer la terre avec des instruments qu'ils avaient apportés pour cela; et quand ils eurent fait une profonde fosse, ils mirent le coffre dedans, et le couvrirent de la terre qu'ils avaient ôtée. Ils sortirent du cimetière après cela, et s'en retournèrent chez eux.

Scheherazade cessa de parler, au grand déplaisir de sa sœur et du sultan, qui auraient bien voulu savoir tout de suite ce qui pouvait être renfermé dans ce coffre. La sultane le leur apprit le lendemain en ces termes :

CCLXX^e NUIT.

Sire, Ganem, qui du haut du palmier avait entendu les paroles que les esclaves avaient prononcées, ne savait que penser de cette aventure. Il jugea qu'il fallait que ce coffre renfermât quelque chose de précieux, et que la personne à qui il appartenait, avait ses raisons pour le faire cacher dans ce cimetière. Il résolut de s'en éclaircir sur-le-champ : il descendit du palmier; le départ des esclaves lui avait ôté sa frayeur. Il se mit à travailler à la fosse, et il y employa si bien les pieds et les mains, qu'en peu de temps il vit le coffre à découvert; mais il le trouva fermé d'un gros cadenas. Il fut très-mortifié de ce nouvel obstacle qui l'empêchait de satisfaire sa curiosité. Cependant il ne perdit point courage; et le jour, venant à paraître sur ces entrefaites, lui fit découvrir dans le cimetière plusieurs gros cailloux. Il en choisit un avec quoi il n'eut pas beaucoup de peine à forcer le cadenas. Alors plein d'impatience il ouvrit le coffre : au lieu d'y trouver de l'argent, comme il se l'était imaginé, Ganem fut dans une surprise que l'on ne peut exprimer d'y voir une jeune dame d'une beauté sans pareille. A son teint frais et vermeil, et plus encore à une respiration douce et réglée, il reconnut qu'elle était pleine de vie; mais il ne pouvait comprendre pourquoi, si elle n'était qu'endormie, elle ne s'était pas réveillée au bruit qu'il avait fait en forçant le cadenas. Elle avait un habillement si magnifique, des bracelets et des pendants d'oreille de diamants si beaux, avec un collier de perles fines si grosses, qu'il ne douta pas un moment que ce ne fût une dame des premières de la cour. A la vue d'un si bel objet, non-seulement la pitié et l'inclination naturelle à secourir les personnes qui sont en danger, mais quelque chose de plus fort, que Ganem alors ne pouvait pas bien démêler, le portèrent à donner à cette jeune beauté tout le secours qui dépendait de lui.

Avant toutes choses, il alla fermer la porte du cimetière que les esclaves avaient laissée ouverte; il revint ensuite prendre la dame entre ses bras. Il la tira hors du coffre et la coucha sur la terre qu'il avait ôtée. La dame fut à peine dans cette situation et exposée au grand air, qu'elle éternua, et qu'avec un petit effort qu'elle fit en tournant la tête, elle rendit par la bouche une liqueur dont il parut qu'elle avait l'estomac chargé : puis entr'ouvrant et se frottant les yeux, elle s'écria d'une voix dont Ganem, qu'elle ne voyait pas, fut enchanté : « Fleur de jardin [1], Branche de corail [2], Canne de sucre [3], Lumière du jour [4], Étoile du matin [5], Délices du temps [6], parlez donc, où êtes-vous? » C'étaient autant de noms de femmes esclaves qui avaient coutume de la servir. Elle les appelait, et elle était fort étonnée de ce que personne ne répondait. Elle ouvrit enfin les yeux; et se voyant dans un cimetière, elle fut saisie de crainte : « Quoi donc! s'écria-t-elle plus fort qu'auparavant, les morts ressuscitent-ils? Sommes-nous au jour du jugement? Quel étrange changement du soir au matin! »

Ganem ne voulut pas laisser la dame plus long-temps dans cette inquiétude. Il se présenta devant elle aussitôt avec tout le respect possible, et de la manière la plus honnête du monde : « Madame, lui dit-il, je ne puis vous exprimer que faiblement la joie que j'ai de m'être trouvé ici, pour vous rendre le service que je vous ai rendu, et de pouvoir vous offrir tous les secours dont vous avez besoin dans l'état où vous êtes. »

Pour engager la dame à prendre toute confiance en lui, il lui dit premièrement qui il était, et par quel hasard il se trouvait dans ce cimetière. Il lui raconta ensuite l'arrivée des trois esclaves, et de quelle manière ils avaient enterré le coffre. La dame, qui s'était couvert le visage de son voile dès que Ganem s'était présenté, fut vivement touchée de l'obligation qu'elle lui avait : « Je rends grâces à Dieu, lui dit-elle, de m'avoir envoyé un honnête homme comme vous, pour me délivrer de la mort. Mais puisque vous avez commencé une œuvre si charitable, je vous conjure de ne la pas laisser imparfaite. Allez de grâce dans la ville chercher un muletier, qui vienne avec un mulet me prendre et me transporter chez vous dans ce même coffre : car si j'allais avec vous à pied, mon habillement étant différent de celui des dames de la ville, quelqu'un y pourrait faire attention et me suivre; ce qu'il m'est de la dernière importance de prévenir. Quand je serai dans votre maison, vous apprendrez qui je suis par le récit que je vous ferai de mon histoire; et cependant soyez persuadé que vous n'avez pas obligé une ingrate. »

Avant que de quitter la dame, le jeune marchand tira le coffre

---

[1] Zohorob Bostan. [2] Schagrom Marglan. [3] Cassabos Souccar. [4] Nouronnihar. [5] Nagmatos Sohi. [6] Nouzhetos Zaman.

hors de la fosse; il la combla de terre, remit la dame dans le coffre et l'y renferma de telle sorte, qu'il ne paraissait pas que le cadenas eût été forcé. Mais, de peur qu'elle n'étouffât, il ne referma pas exactement le coffre, et y laissa pénétrer l'air. En sortant du cimetière, il tira la porte après lui, et comme celle de la ville était ouverte, il eut bientôt trouvé ce qu'il cherchait. Il revint au cimetière, où il aida le muletier à charger le coffre en travers sur le mulet, et, pour lui ôter tout soupçon, il lui dit qu'il était arrivé la nuit avec un autre muletier, qui, pressé de s'en retourner, avait déchargé le coffre dans le cimetière.

Ganem, qui, depuis son arrivée à Bagdad, ne s'était occupé que de son négoce, n'avait pas encore éprouvé la puissance de l'amour; il en sentit alors les premiers traits. Il n'avait pu voir la jeune dame sans en être ébloui, et l'inquiétude dont il se sentit agité en suivant de loin le muletier, et la crainte qu'il n'arrivât en chemin quelque accident qui lui fît perdre sa conquête, lui apprirent à démêler ses sentiments. Sa joie fut extrême, lorsqu'étant arrivé heureusement chez lui, il vit décharger le coffre. Il renvoya le muletier; puis ayant fait fermer par un de ses esclaves la porte de sa maison, il ouvrit le coffre, aida la dame à en sortir, lui présenta la main, et la conduisit à son appartement, en la plaignant de ce qu'elle devait avoir souffert dans une si étroite prison : « Si j'ai souffert, dit-elle, j'en suis bien dédommagée par ce que vous avez fait pour moi, et par le plaisir que je sens à me voir en sûreté. »

L'appartement de Ganem, tout richement meublé qu'il était, attira moins les regards de la dame, que la taille et la bonne mine de son libérateur, dont la politesse et les manières engageantes lui inspirèrent une vive reconnaissance. Elle s'assit sur un sofa, et pour commencer à faire connaître au marchand combien elle était sensible au service qu'elle en avait reçu, elle ôta son voile. Ganem, de son côté, sentit toute la grâce qu'une dame si aimable lui faisait de se montrer à lui le visage découvert, ou plutôt il sentit qu'il avait déjà pour elle une passion violente. Quelque obligation qu'elle lui eût, il se crut trop récompensé par une faveur si précieuse.

La dame pénétra les sentiments de Ganem, et n'en fut pas alarmée, parce qu'il paraissait fort respectueux. Comme il jugea qu'elle avait besoin de manger, et ne voulant charger personne que lui-même du soin de régaler une hôtesse si charmante, il sortit, suivi d'un esclave, et alla chez un traiteur ordonner un repas. De chez le traiteur, il passa chez un fruitier, où il choisit les plus beaux et les meilleurs fruits. Il fit aussi provision d'excellent vin, et du même pain qu'on mangeait au palais du kalife.

Dès qu'il fut de retour chez lui, il dressa de sa propre main une pyramide de tous les fruits qu'il avait achetés, et les servant lui-même à la dame dans un bassin de porcelaine très-fine : « Madame, lui dit-il, en attendant un repas plus solide et plus digne de vous, choisissez, de grâce, prenez quelques-uns de ces fruits. » Il voulait demeurer debout; mais elle lui dit qu'elle ne toucherait à rien, qu'il ne fût assis, et qu'il ne mangeât avec elle. Il obéit; et, après qu'ils eurent mangé quelques morceaux, Ganem, remarquant que le voile de la dame, qu'elle avait mis auprès d'elle sur le sofa, avait le bord brodé d'une écriture en or, lui demanda de voir cette broderie. La dame mit aussitôt la main sur le voile et le lui présenta, en lui demandant s'il savait lire : « Madame, répondit-il d'un air modeste, un marchand ferait mal ses affaires, s'il ne savait au moins lire et écrire. — Hé bien, reprit-elle, lisez les paroles qui sont écrites sur ce voile; aussi bien c'est une occasion pour moi de vous raconter mon histoire. »

Ganem prit le voile et lut ces mots : « Je suis à vous, et vous êtes à moi, ô descendant de l'oncle du prophète ! » Ce descendant de l'oncle du prophète était le kalife Haroun Alraschild, qui régnait alors, et qui descendait d'Abbas, oncle de Mahomet.

Quand Ganem eut compris le sens de ces paroles : « Ah! madame, s'écria-t-il tristement, je viens de vous donner la vie, et voilà une écriture qui me donne la mort ! Je n'en comprends pas tout le mystère; mais elle ne me fait que trop connaître que je suis le plus malheureux de tous les hommes. Pardonnez-moi, madame, la liberté que je prends de vous le dire. Je n'ai pu vous voir sans vous donner mon cœur; vous n'ignorez pas vous-même qu'il n'a pas été en mon pouvoir de vous le refuser, et c'est ce qui rend excusable ma témérité. Je me proposais de toucher le vôtre par mes respects, mes soins, mes complaisances, mes assiduités, mes soumissions et par ma constance, et à peine j'ai conçu ce dessein flatteur, que me voilà déchu de toutes mes espérances. Je ne réponds pas de soutenir long-temps un si grand malheur; mais, quoi qu'il en puisse être, j'aurai la consolation de mourir tout à vous. Achevez, madame, je vous en conjure, achevez de me donner un entier éclaircissement sur ma triste destinée. »

Il ne put prononcer ces paroles sans répandre quelques larmes. La dame en fut touchée. Bien loin de se plaindre de la déclaration qu'elle venait d'entendre, elle en sentit une joie secrète; car son cœur commençait à se laisser surprendre. Elle dissimula toutefois; et comme si elle n'eût pas fait d'attention au discours de Ganem : « Je me serais bien gardée, lui répondit-elle, de vous montrer mon voile, si j'eusse cru qu'il dût vous causer tant de déplaisir; et je ne vois pas que les choses que j'ai à vous dire, doivent rendre votre sort aussi déplorable que vous vous l'imaginez. Vous saurez donc, poursuivit-elle, pour vous apprendre mon histoire, que je me nomme Tourmente[1], nom qui me fut donné au moment de ma naissance, à cause que l'on jugea que ma vue causerait un jour bien des maux. Il ne vous doit pas être inconnu, puisqu'il n'y a personne dans Bagdad qui ne sache que le kalife Haroun Alraschild, mon souverain maître et le vôtre, a une favorite qui s'appelle ainsi. On m'amena dans son palais dès mes plus tendres années, et j'ai été élevée avec tout le soin que l'on a coutume d'avoir des personnes de mon sexe, destinées à y demeurer. Je ne réussis pas mal dans tout ce qu'on prit la peine de m'enseigner; et cela joint à quelques traits de beauté, m'attira l'amitié du kalife, qui me donna un appartement particulier auprès du sien. Ce prince n'en demeura pas à cette distinction, il nomma vingt femmes pour me servir, avec autant d'eunuques; et depuis ce temps-là il m'a fait des présents si considérables, que je me suis vue plus riche qu'aucune reine qu'il y ait au monde. Vous jugez bien par là que Zobéide, femme et parente du kalife, n'a pu voir mon bonheur sans en être jalouse. Quoique Haroun ait pour elle toutes les considérations imaginables, elle a cherché toutes les occasions possibles de me perdre. Jusqu'à présent, je m'étais assez bien garantie de ses piéges; mais enfin j'ai succombé au dernier effort de la jalousie, et sans vous je serais à l'heure qu'il est dans l'attente d'une mort inévitable. Je ne doute pas qu'elle n'ait corrompu une de mes esclaves, qui me présenta hier au soir dans la limonade une drogue qui cause un assoupissement si grand, qu'il est aisé de disposer de ceux à qui l'on en fait prendre; et cet assoupissement est tel, que pendant sept ou huit heures rien n'est capable de le dissiper. J'ai d'autant plus de sujet de porter ce jugement, que j'ai le sommeil naturellement très-léger, et que je m'éveille au moindre bruit. Zobéide, pour exécuter son mauvais dessein, a pris le temps de l'absence du kalife, qui depuis peu de jours est allé se mettre à la tête de ses troupes, pour punir l'audace de quelques rois, ses voisins, qui se sont ligués pour lui faire la guerre. Sans cette conjoncture, ma rivale, toute furieuse qu'elle est, n'aurait osé rien entreprendre contre ma vie. Je ne sais ce qu'elle fera pour dérober au kalife la connaissance de cette action; mais vous voyez que j'ai un très-grand intérêt que vous me gardiez le secret. Il y va de ma vie; je ne serais pas en sûreté chez vous, tant que le kalife sera hors de Bagdad. Vous

---

[1] En arabe, Fetnab.

êtes intéressé vous-même à tenir mon aventure secrète : car si Zobéide apprenait l'obligation que je vous ai, elle vous punirait vous-même de m'avoir conservée. Au retour du kalife, j'aurai moins de mesures à garder : je trouverai moyen de l'instruire de tout ce qui s'est passé, et je suis persuadée qu'il sera plus empressé que moi-même à reconnaître un service qui me rend à son amour. »

Aussitôt que la belle favorite d'Haroun Alraschild eut cessé de parler, Ganem prit la parole : « Madame, lui dit-il, je vous rends mille grâces de m'avoir donné l'éclaircissement que j'ai pris la liberté de vous demander, et je vous supplie de croire que vous êtes ici en sûreté. Les sentiments que vous m'avez inspirés vous répondent de ma discrétion. Pour celle de mes esclaves, j'avoue qu'il faut s'en défier : ils pourraient manquer à la fidélité qu'ils me doivent, s'ils savaient par quel hasard et dans quel lieu j'ai eu le bonheur de vous rencontrer. Mais c'est ce qu'il leur est impossible de deviner ; j'oserai même vous assurer qu'ils n'auront pas la moindre curiosité de s'en informer. Il est si naturel aux jeunes gens de chercher de belles esclaves, qu'ils ne seront nullement surpris de vous voir ici, dans l'opinion qu'ils auront que vous en êtes une, et que je vous ai achetée. Ils croiront encore que j'ai eu mes raisons pour vous amener chez moi de la manière qu'ils l'ont vu : ayez donc l'esprit en repos là-dessus, et soyez sûre que vous serez servie avec tout le respect qui est dû à la favorite d'un monarque aussi grand que le nôtre. Mais quelle que soit la grandeur qui l'environne, permettez-moi de vous déclarer, madame, que rien ne sera capable de me faire révoquer le don que je vous ai fait de mon cœur. Je sais bien que je n'oublierai jamais « que ce qui appartient au maître est défendu à l'esclave. » Mais je vous aimais avant que vous m'eussiez appris que votre foi était engagée au kalife ; il ne dépend pas de moi de vaincre une passion qui, quoiqu'encore naissante, a toute la force d'un amour fortifié par une parfaite réciprocité. Je souhaite que votre auguste et trop heureux amant vous venge de la malignité de Zobéide, en vous rappelant auprès de lui, et quand vous vous verrez rendue à ses souhaits, que vous vous souveniez de l'infortuné Ganem, qui n'est pas moins votre conquête que le kalife. Tout puissant qu'il est, ce prince, je me flatte, si vous n'êtes sensible qu'à la tendresse, qu'il ne m'effacera point de votre souvenir : il ne peut vous aimer avec plus d'ardeur que je vous aime, et je ne cesserai point de brûler pour vous, en quelque lieu du monde que j'aille expirer, après vous avoir perdue. »

Tourmente s'aperçut que Ganem était pénétré de la plus vive douleur; elle en fut attendrie; mais voyant l'embarras où elle allait se jeter en continuant la conversation sur cette matière, qui pouvait insensiblement la conduire à faire paraître le penchant qu'elle se sentait pour lui : « Je vois bien, lui dit-elle, que ce discours vous fait trop de peine, laissons-le, et parlons de l'obligation infinie que je vous ai. Je ne puis assez vous exprimer ma joie, quand je songe que sans votre secours je serais privée de la lumière du jour. »

Heureusement pour l'un et pour l'autre, on frappa à la porte en ce moment. Ganem se leva pour aller voir ce que ce pouvait être, et il se trouva que c'était un des esclaves qui venait lui annoncer l'arrivée du traiteur. Ganem, qui, pour plus grande précaution, ne voulait pas que ses esclaves entrassent dans la chambre où était Tourmente, alla prendre ce que le traiteur avait apprêté, et le servit lui-même à sa belle hôtesse, qui, dans le fond de son âme, était ravie des soins qu'il avait pour elle.

Après le repas, Ganem desservit comme il avait servi ; et quand il eut remis toutes choses à la porte de la chambre entre les mains de ses esclaves : « Madame, dit-il à Tourmente, vous serez peut-être bien aise de reposer présentement : je vous laisse ; et quand vous aurez pris quelque repos, vous me verrez prêt à recevoir vos ordres. » En achevant ces paroles, il sortit et alla acheter deux femmes esclaves ; il acheta aussi deux paquets ; l'un de linge fin, et l'autre de tout ce qui peut composer une toilette digne de la favorite du kalife. Il mena chez lui les deux esclaves, et les présentant à Tourmente : « Madame, lui dit-il, une personne comme vous a besoin de deux filles au moins pour la servir ; trouvez bon que je vous donne celles-ci. »

Tourmente admira l'attention de Ganem : « Seigneur, lui dit-elle, je vois bien que vous n'êtes pas homme à faire les choses à demi. Vous augmentez par vos manières l'obligation que je vous ai ; mais j'espère que je ne mourrai pas ingrate, et que le Ciel me mettra bientôt en état de reconnaître toutes vos actions généreuses. »

La sultane, interrompue dans son récit par l'arrivée du jour, le reprit, la nuit suivante, de cette manière :

CCLXXIᵉ NUIT.

Sire, quand les femmes esclaves se furent retirées dans une chambre voisine où le jeune marchand les envoya, il s'assit sur le sofa où était Tourmente, mais à certaine distance d'elle, pour lui marquer plus de respect. Il remit l'entretien sur sa passion, et dit des choses très-touchantes sur les obstacles invincibles qui lui ôtaient toute espérance : « Je n'ose même espérer, disait-il, d'exciter par ma tendresse le moindre mouvement de sensibilité dans un cœur comme le vôtre, destiné au plus puissant prince du monde. Hélas! dans mon malheur, ce serait une consolation pour moi, si je pouvais me flatter que vous n'avez pu voir avec indifférence l'excès de mon amour. — Seigneur, lui répondit Tourmente.... — Ah! madame, interrompit Ganem à ce mot de seigneur, c'est pour la seconde fois que vous me faites l'honneur de me traiter de seigneur! La présence des femmes esclaves m'a empêché la première fois de vous dire ce que j'en pensais : au nom de Dieu, madame, ne me donnez point ce titre d'honneur; il ne me convient pas. Traitez-moi de grâce comme votre esclave. Je le suis, et je ne cesserai jamais de l'être. »

« Non, non, interrompit Tourmente à son tour, je me garderai bien de traiter ainsi un homme à qui je dois la vie. Je serais une ingrate, si je disais ou si je faisais quelque chose qui ne vous convînt pas. Laissez-moi donc suivre les mouvements de ma reconnaissance, et n'exigez pas, pour prix de vos bienfaits, que j'en use malhonnêtement avec vous : c'est ce que je ne ferai jamais. Je suis trop touchée de votre conduite respectueuse pour en abuser, et je vous avouerai que je ne vois point d'un œil indifférent tous les soins que vous prenez. Je ne vous en puis dire davantage. Vous savez les raisons qui me condamnent au silence. »

Ganem fut enchanté de cette déclaration : il en pleura de joie, et ne pouvant trouver de termes assez forts à son gré pour remercier Tourmente, il se contenta de lui dire que, si elle savait bien ce qu'elle devait au kalife, il n'ignorait pas, de son côté, que CE QUI APPARTIENT AU MAÎTRE EST DÉFENDU A L'ESCLAVE.

Comme il s'aperçut que la nuit approchait, il se leva pour aller chercher de la lumière. Il en apporta lui-même, et de quoi faire la collation, selon l'usage ordinaire de la ville de Bagdad, où, après avoir fait un bon repas à midi, on passe la soirée à manger quelques fruits et à boire du vin, en s'entretenant agréablement jusqu'à l'heure de se retirer.

Ils se mirent tous deux à table. D'abord, ils se firent des compliments sur les fruits qu'ils se présentaient l'un à l'autre. Insensiblement l'excellence du vin les engagea tous deux à boire, et ils n'eurent pas plutôt bu deux ou trois coups, qu'ils se firent une loi de ne plus boire sans chanter quelque air auparavant. Ganem chantait des vers qu'il composait sur-le-champ, et qui exprimaient la force de sa passion, et Tourmente, animée par son exemple, composait et chantait aussi des chansons qui avaient du rapport à son aventure, et dans lesquelles il y avait toujours quelque chose que Ganem pouvait expliquer favorablement pour lui. A cela près, la fidélité qu'elle devait au kalife y fut exactement gardée. La collation dura fort long-temps : la nuit était déjà fort avancée, qu'ils ne songeaient point encore à se séparer. Ganem, toutefois, se retira dans un autre appartement, et laissa Tourmente dans celui où elle était, et les femmes esclaves qu'il avait achetées y entrèrent pour la servir.

Ils vécurent ensemble de cette manière pendant plusieurs jours. Le jeune marchand ne sortait que pour des affaires de la dernière importance : encore prenait-il le temps que sa dame reposait; car il ne pouvait se résoudre à perdre un seul des moments qu'il lui était permis de passer auprès d'elle. Il n'était occupé que de sa chère Tourmente, qui, de son côté, entraînée par son penchant, lui avoua qu'elle n'avait pas moins d'amour pour lui qu'il en avait pour elle. Cependant, quelque épris qu'ils fussent l'un de l'autre, la considération du kalife eut le pouvoir de les retenir dans les bornes qu'elle exigeait d'eux ; ce qui rendait leur passion plus vive.

Tandis que Tourmente, arrachée, pour ainsi dire, des mains de la mort, passait si agréablement le temps chez Ganem, Zobéide n'était pas sans embarras au palais d'Haroun Alraschild.

Les trois esclaves, ministres de sa vengeance, n'eurent pas plutôt enlevé le coffre, sans savoir ce qu'il y avait dedans, ni même sans avoir la moindre curiosité de l'apprendre, comme gens accoutumés à exécuter aveuglément ses ordres, qu'elle devint la proie d'une cruelle inquiétude; mille importunes réflexions vinrent troubler son repos; elle ne put goûter un moment la douceur du sommeil; elle passa la nuit à rêver aux moyens de cacher son crime : « Mon époux, disait-elle, aime Tourmente plus qu'il n'a jamais aimé aucune de ses favorites. Que lui répondrai-je à son retour, lorsqu'il me demandera de ses nouvelles? » Il lui vint dans l'esprit plusieurs stratagèmes; mais elle n'en était pas contente : elle y trouvait toujours des difficultés, et elle ne savait à quoi se déterminer. Elle avait auprès d'elle une vieille dame, qui l'avait élevée dès sa plus tendre enfance; elle la fit venir dès la pointe du jour, et après lui avoir fait confidence de son secret : « Ma bonne mère, lui dit-elle, vous m'avez toujours aidée de vos bons conseils; si jamais j'en ai eu besoin, c'est dans cette occasion-ci, où il s'agit de calmer mon esprit qu'un trouble mortel agite, et de me donner un moyen de contenter le kalife. »

« Ma chère maîtresse, répondit la vieille dame, il eût beaucoup mieux valu ne vous pas mettre dans l'embarras où vous êtes; mais comme c'est une affaire faite, il n'en faut plus parler. Il ne faut songer qu'au moyen de tromper le Commandeur des croyants, et je suis d'avis que vous fassiez tailler en diligence une pièce de bois en forme de cadavre : nous l'envelopperons de vieux linges, et, après l'avoir enfermée dans une bière, nous la ferons enterrer dans quelque endroit du palais; ensuite, sans perdre de temps, vous ferez bâtir un mausolée de marbre en dôme sur le lieu de la sépulture, et dresser une représentation que vous ferez couvrir d'un drap noir, et accompagner de grands chandeliers et de gros cierges à l'entour. Il y a encore une chose, poursuivit la vieille dame, qu'il est bon de ne pas oublier : il faudra que vous preniez le deuil, et que vous le fassiez prendre à vos femmes aussi bien qu'à celles de Tourmente, à vos eunuques et enfin à tous les officiers du palais. Quand le kalife sera de retour, qu'il verra tout son palais en deuil et vous-même, il ne manquera pas d'en demander le sujet. Alors vous aurez lieu de vous en faire un mérite auprès de lui, en disant que c'est à sa considération que vous avez voulu rendre les derniers devoirs à Tourmente, qu'une mort subite a enlevée : vous lui direz que vous avez fait bâtir un mausolée, et qu'enfin vous avez fait à sa favorite tous les honneurs qu'il lui aurait rendus lui-même, s'il avait été présent. Comme sa passion pour elle a été extrême, il ira sans doute répandre des larmes sur son tombeau. Peut-être aussi, ajouta la vieille, ne croira-t-il point qu'elle soit morte effectivement : il pourra vous soupçonner de l'avoir chassée du palais par jalousie, et regarder tout ce deuil comme un artifice pour le tromper et l'empêcher de la faire chercher. Il est à croire qu'il fera déterrer et ouvrir la bière, mais il est sûr qu'il sera persuadé de sa mort, sitôt qu'il verra la figure d'un mort enseveli. Il vous saura bon gré de tout ce que vous aurez fait, il vous en témoignera de la reconnaissance. Quant à la pièce de bois, je me charge de la faire tailler moi-même par un charpentier de la ville, qui ne saura pas l'usage qu'on en veut faire. Pour vous, madame, ordonnez à cette femme de Tourmente, qui lui présenta hier la limonade, d'annoncer à ses compagnes qu'elle vient de trouver leur maîtresse morte dans son lit, et, afin qu'elles ne songent qu'à la pleurer, sans vouloir entrer dans sa chambre, qu'elle ajoute qu'elle vous en a donné avis, et que vous avez déjà donné ordre à Mesrour de la faire ensevelir et enterrer. »

D'abord que la vieille dame eut achevé de parler, Zobéide tira un riche diamant de sa cassette, et le lui mettant au doigt en l'embrassant : « Ah ! ma bonne mère, lui dit-elle toute transportée de joie, que je vous ai d'obligation ! Je ne me serais jamais avisée d'un expédient si ingénieux. Il ne peut manquer de réussir, et je sens que je commence à reprendre ma tranquillité. Je me remets donc sur vous du soin de la pièce de bois, et je vais donner ordre au reste. »

La pièce de bois fut préparée avec toute la diligence que Zobéide pouvait souhaiter, et portée ensuite par la vieille dame même à la chambre de Tourmente, où elle l'ensevelit comme un mort, et la mit dans une bière ; puis Mesrour, qui fut trompé lui-même, fit enlever la bière et le fantôme de Tourmente, que l'on enterra, avec les cérémonies accoutumées, dans l'endroit que Zobéide avait marqué, au milieu des pleurs que versaient les femmes de la favorite, dont celle qui avait présenté la limonade encourageait les autres par ses cris et ses lamentations.

Dès le même jour, Zobéide fit venir l'architecte du palais et des autres maisons du kalife, et, sur les ordres qu'elle lui donna, le mausolée fut achevé en très-peu de temps : des princesses aussi puissantes que l'était l'épouse d'un prince qui commandait du levant au couchant, sont toujours obéies à point nommé dans l'exécution de leurs volontés. Elle eut aussi bientôt pris le deuil avec toute sa cour ; ce qui fut cause que la nouvelle de la mort de Tourmente se répandit dans toute la ville.

Ganem fut des derniers à l'apprendre ; car, comme je l'ai déjà dit, il ne sortait presque point : il l'apprit pourtant un jour : « Madame, dit-il à la belle favorite du kalife, on vous croit morte dans Bagdad, et je ne doute pas que Zobéide elle-même n'en soit bien persuadée. Je bénis le Ciel d'être la cause et l'heureux témoin que vous vivez ; et plût à Dieu que, profitant de ce faux bruit, vous voulussiez lier votre sort au mien, et venir avec moi loin d'ici régner sur mon cœur ! Mais où m'emporte un transport trop doux ? Je ne songe pas que vous êtes née pour faire le bonheur du plus puissant prince de la terre, et que le seul Haroun Alraschild est digne de vous. Quand même vous seriez capable de me le sacrifier, quand vous voudriez me suivre, devrais-je y consentir ?

Non; je dois me souvenir sans cesse que CE QUI APPARTIENT AU MAÎTRE EST DÉFENDU A L'ESCLAVE. »

L'aimable Tourmente, quoique sensible aux tendres mouvements qu'il faisait paraître, gagnait sur elle de n'y pas répondre : « Seigneur, lui dit-elle, nous ne pouvons empêcher Zobéide de triompher. Je suis peu surprise de l'artifice dont elle se sert pour couvrir son crime ; mais laissons-la faire, je me flatte que ce triomphe sera bientôt suivi de douleur. Le kalife reviendra, et nous trouverons moyen de l'informer secrètement de tout ce qui s'est passé. Cependant prenons plus de précautions que jamais pour qu'elle ne puisse apprendre que je vis ; je vous en ai déjà dit les conséquences. »

Au bout de trois mois, le kalife revint à Bagdad, glorieux et vainqueur de tous ses ennemis. Impatient de revoir Tourmente, et de lui faire hommage de ses nouveaux lauriers, il entre dans son palais ; il est étonné de voir les officiers qu'il y avait laissés tous habillés de deuil. Il en frémit sans savoir pourquoi, et son émotion redoubla lorsqu'en arrivant à l'appartement de Zobéide, il aperçut cette princesse qui venait au-devant de lui en deuil, aussi bien que toutes les femmes de sa suite. Il lui demanda d'abord avec beaucoup d'agitation le sujet de ce deuil : « Commandeur des croyants, répondit Zobéide, je l'ai pris pour Tourmente, votre esclave, qui est morte si promptement, qu'il n'a pas été possible d'apporter aucun remède à son mal. » Elle voulut poursuivre, mais le kalife ne lui en donna pas le temps : il fut si saisi de cette nouvelle, qu'il en poussa un grand cri, et s'évanouit entre les bras de Giafar, son vizir, dont il était accompagné. Il revint pourtant bientôt de sa faiblesse, et, d'une voix qui marquait son extrême douleur, il demanda où sa chère Tourmente avait été enterrée : « Seigneur, lui dit Zobéide, j'ai pris soin moi-même de ses funérailles, et n'ai rien épargné pour les rendre superbes. J'ai fait bâtir un mausolée de marbre sur le lieu de sa sépulture ; je vais vous y conduire si vous le souhaitez. »

Le kalife ne voulut pas que Zobéide prît cette peine, et se contenta de s'y faire mener par Mesrour. Il y alla dans l'état où il était, c'est-à-dire en habit de campagne. Quand il vit la représentation couverte d'un drap noir, les cierges allumés tout autour, et la magnificence du mausolée, il s'étonna que Zobéide eût fait les obsèques de sa rivale avec tant de pompe, et comme il était naturellement soupçonneux, il se défia de la générosité de sa femme, et pensa que sa maîtresse pouvait n'être pas morte ; que Zobéide, profitant de sa longue absence, l'avait peut-être chassée du palais, avec ordre à ceux qu'elle avait chargés de sa conduite, de la mener si loin, que l'on n'entendît jamais parler d'elle. Il n'eut pas d'autre soupçon : car il ne croyait pas Zobéide assez méchante pour avoir attenté à la vie de sa favorite.

Pour s'éclaircir par lui-même de la vérité, ce prince commanda qu'on ôtât la représentation, et fit ouvrir la fosse et la bière en sa présence ; mais dès qu'il eut vu le linge qui enveloppait la pièce de bois, il n'osa passer outre : ce religieux kalife craignit d'offenser la religion en permettant que l'on touchât au corps de la défunte, et cette scrupuleuse crainte l'emporta sur l'amour et sur la curiosité. Il ne douta plus de la mort de Tourmente. Il fit refermer la bière, remplir la fosse, et remettre la représentation dans l'état où elle était auparavant.

Le kalife, se croyant obligé de rendre quelques soins au tombeau de sa favorite, envoya chercher les ministres de la religion, ceux du palais, et les lecteurs de l'Alcoran ; et tandis qu'on était occupé à les rassembler, il demeura dans le mausolée, où il arrosa de ses larmes la terre qui couvrait le fantôme de son amante. Quand tous les ministres qu'il avait appelés furent arrivés, il se mit à la tête de la représentation, et eux se rangèrent à l'entour, et récitèrent de longues prières ; après quoi les lecteurs de l'Alcoran lurent plusieurs chapitres.

La même cérémonie se fit tous les jours pendant l'espace d'un mois, le matin et l'après-dînée, et toujours en présence du kalife, du grand vizir Giafar, et des principaux officiers de la cour, qui tous étaient en deuil, aussi bien que le kalife, qui, durant tout ce temps-là, ne cessa d'honorer de ses larmes la mémoire de **Tourmente**, et ne voulut entendre parler d'aucune affaire.

CCLXXIIᵉ NUIT.

Scheherazade s'adressant au sultan des Indes :
Sire, le dernier jour du mois, les prières et la lecture de l'Alcoran durèrent depuis le matin jusqu'à la pointe du jour suivant; et enfin, lorsque tout fut achevé, chacun se retira chez soi. Haroun Alraschild, fatigué d'une si longue veille, alla se reposer dans son appartement, et s'endormit sur un sofa entre deux dames de son palais, dont l'une assise au chevet, et l'autre au pied de son lit, s'occupaient durant son sommeil à des ouvrages de broderie, et demeuraient dans un grand silence.

Celle qui était au chevet et qui s'appelait Aube du jour [1], voyant le kalife endormi, dit tout bas à l'autre dame : « Étoile du matin [2] (car elle se nommait ainsi), il y a bien des nouvelles. Le Commandeur des croyants, notre cher seigneur et maître, sentira une grande joie à son réveil, lorsqu'il apprendra ce que j'ai à lui dire. Tourmente n'est pas morte; elle est en parfaite santé. — O Ciel ! s'écria d'abord Étoile du matin, toute transportée de joie, serait-il bien possible que la belle, la charmante, l'incomparable Tourmente fût encore du monde? » Étoile du matin prononça ces paroles avec tant de vivacité et d'un ton si haut, que le kalife s'éveilla. Il demanda pourquoi on avait interrompu son sommeil : « Ah ! seigneur, reprit Étoile du matin, pardonnez-moi cette indiscrétion ! Je n'ai pu apprendre tranquillement que Tourmente vit encore : j'en ai senti un transport que je n'ai pu retenir. — Eh ! qu'est-elle donc devenue, dit le kalife, s'il est vrai qu'elle ne soit pas morte? — Commandeur des croyants, répondit Aube du jour, j'ai reçu ce soir, d'un homme inconnu, un billet sans signature, mais écrit de la propre main de Tourmente, qui me mande sa triste aventure, et m'ordonne de vous en instruire. J'attendais, pour m'acquitter de ma commission, que vous eussiez pris quelques moments de repos, jugeant que vous deviez en avoir besoin après la fatigue, et.... — Donnez, donnez-moi ce billet, interrompit avec précipitation le kalife, vous avez mal à propos différé de me le remettre. »

Aube du jour lui présenta aussitôt le billet; il l'ouvrit avec beaucoup d'impatience : Tourmente y faisait le détail de tout ce qui s'é-

---

[1] Nouronnihar.
[2] Nagmatossobi.

tait passé; mais elle s'étendait un peu trop sur les soins que Ganem avait d'elle. Le kalife, naturellement jaloux, au lieu d'être touché de l'inhumanité de Zobéide, ne fut sensible qu'à l'infidélité qu'il s'imagina que Tourmente lui avait faite : « Eh quoi! dit-il, après avoir lu le billet, il y a quatre mois que la perfide est avec un jeune marchand dont elle a l'effronterie de me vanter l'attention pour elle! Il y a trente jours que je suis de retour à Bagdad, et elle s'avise aujourd'hui de me donner de ses nouvelles! L'ingrate, pendant que je consume les jours à la pleurer, elle les passe à me trahir! Allons, vengeons-nous d'une infidèle et du jeune audacieux qui m'outrage. » En achevant ces mots, ce prince se leva et entra dans une grande salle où il avait coutume de se faire voir et de donner audience aux seigneurs de sa cour. La première porte en fut ouverte, et aussitôt les courtisans qui attendaient ce moment entrèrent. Le grand vizir Giafar parut, et se prosterna devant le trône où le kalife s'était assis. Ensuite, il se releva et se tint debout devant son maître, qui lui dit d'un air à lui marquer qu'il voulait être obéi promptement : « Giafar, ta présence est nécessaire pour l'exécution d'un ordre important dont je vais te charger. Prends avec toi quatre cents hommes de ma garde, et t'informe premièrement où demeure un marchand de Damas, nommé Ganem, fils d'Abou Aibou. Quand tu le sauras, rends-toi à sa maison, et fais-la raser jusqu'aux fondements; mais saisis-toi auparavant de la personne de Ganem, et me l'amène ici avec Tourmente, mon esclave, qui demeure chez lui depuis quatre mois. Je veux la châtier, et faire un exemple du téméraire qui a eu l'insolence de me manquer de respect. »

Le grand vizir, après avoir reçu cet ordre précis, fit une profonde inclination au kalife, en se mettant la main sur la tête, pour marquer qu'il voulait la perdre plutôt que de ne lui pas obéir, et puis il sortit. La première chose qu'il fit fut d'envoyer demander au syndic des marchands d'étoffes étrangères et de toiles fines des nouvelles de Ganem, avec ordre surtout de s'informer de la rue et de la maison où il demeurait. L'officier qu'il chargea de cet ordre lui rapporta bientôt qu'il y avait quelques mois qu'il ne paraissait presque plus, et que l'on ignorait ce qui pouvait le retenir chez lui, s'il y était. Le même officier apprit aussi à Giafar l'endroit où demeurait Ganem, et jusqu'au nom de la veuve qui lui avait loué sa maison.

Sur ces avis auxquels on pouvait se fier, ce ministre, sans perdre de temps, se mit en marche avec les soldats que le kalife lui avait ordonné de prendre; il alla chez le juge de police, dont il se fit accompagner; et, suivi d'un grand nombre de maçons et de charpentiers munis d'outils nécessaires pour raser une maison, il arriva devant celle de Ganem. Comme elle était isolée, il disposa les soldats à l'entour, pour empêcher que le jeune marchand ne lui échappât.

Tourmente et Ganem achevaient alors de dîner : la dame était assise près d'une fenêtre qui donnait sur la rue ; elle entend du bruit ; elle regarde par la jalousie ; et voyant le grand vizir qui s'approchait avec toute sa suite, elle jugea qu'on n'en voulait pas moins à elle qu'à Ganem. Elle comprit que son billet avait été reçu ; mais elle ne s'était pas attendue à une pareille réponse, et elle avait espéré que le kalife prendrait la chose d'une autre manière. Elle ne savait pas depuis quel temps ce prince était de retour ; et quoiqu'elle lui connût du penchant à la jalousie, elle ne craignait rien de ce côté-là. Cependant la vue du grand vizir et des soldats la fit trembler, non pour elle à la vérité, mais pour Ganem : elle ne douta point qu'elle ne se justifiât, pourvu que le kalife voulût bien l'entendre. A l'égard de Ganem, qu'elle chérissait moins par reconnaissance que par inclination, elle prévoyait que son rival irrité voudrait le voir, et pourrait le condamner sur sa jeunesse et sa bonne mine. Prévenue de cette pensée, elle se retourna vers le jeune marchand : « Ah! Ganem, lui dit-elle, nous sommes perdus! C'est vous et moi que l'on cherche. » Il regarda aussitôt par la jalousie, et fut saisi de frayeur, lorsqu'il aperçut les gardes du kalife, le sabre nu, et le grand vizir avec le juge de police à leur tête. A cette vue, il demeura immobile, et n'eut pas la force de prononcer une seule parole : « Ganem, reprit la favorite, il n'y a point de temps à perdre : si vous m'aimez, prenez vite l'habit d'un de vos esclaves, et frottez-vous le visage et les bras de noir de cheminée. Mettez ensuite quelques-uns de ces plats sur votre tête ; on pourra vous prendre pour le garçon du traiteur, et on vous laissera passer. Si l'on vous demande où est le maître de la maison, répondez sans hésiter qu'il est au logis. — Ah! madame, dit à son tour Ganem, moins effrayé pour lui que pour Tourmente, vous ne songez qu'à moi! Hélas! qu'allez-vous devenir? — Ne vous en mettez pas en peine, reprit-elle ; c'est à moi d'y songer. A l'égard de ce que vous laissez dans cette maison, j'en aurai soin, et j'espère qu'un jour tout vous sera fidèlement rendu, quand la colère du kalife sera passée ; mais évitez sa violence : les ordres qu'il donne dans ses premiers mouvements sont toujours funestes. » L'affliction du jeune marchand était telle, qu'il ne savait pas à quoi se déterminer ; et il se serait sans doute laissé surprendre par les soldats du kalife, si Tourmente ne l'eût pressé de se déguiser. Il se rendit à ses instances : il prit un habit d'esclave, se barbouilla de suie ; et il était temps, car on frappa à la porte ; et tout ce qu'ils purent faire, ce fut de s'embrasser tendrement. Ils étaient tous deux si pénétrés de douleur, qu'il leur fut impossible de se dire un seul mot. Tels furent leurs adieux. Ganem sortit enfin avec quelques plats sur sa tête. On le prit effectivement pour un garçon traiteur, et on ne l'arrêta point. Au contraire, le grand vizir, qui le rencontra le premier, se rangea pour le laisser passer, étant fort éloigné de s'imaginer que ce fût celui qu'il cherchait. Ceux qui étaient derrière le grand vizir lui firent place de même, et favorisèrent ainsi sa fuite. Il gagna une des portes de la ville en diligence, et se sauva.

Pendant qu'il se dérobait aux poursuites du grand vizir Giafar, ce ministre entra dans la chambre où était Tourmente assise sur un sofa, et où il y avait une assez grande quantité de coffres remplis des hardes de Ganem et de l'argent qu'il avait fait de ses marchandises.

Dès que Tourmente vit entrer le grand vizir, elle se prosterna la face contre terre, et demeurant en cet état comme disposée à recevoir la mort : « Seigneur, dit-elle, je suis prête à subir l'arrêt que le Commandeur des croyants a prononcé contre moi; vous n'avez qu'à me l'annoncer. — Madame, lui répondit Giafar en se prosternant aussi jusqu'à ce qu'elle se fût relevée, à Dieu ne plaise que personne ose mettre sur vous une main profane ! Je n'ai pas dessein de vous faire le moindre déplaisir. Je n'ai point d'autre ordre que de vous supplier de vouloir bien venir au palais avec moi, et de vous y conduire avec le marchand qui demeure en cette maison. — Seigneur, reprit la favorite en se levant, partons, je suis prête à vous suivre. Pour ce qui est du jeune marchand à qui je dois la vie, il n'est point ici : il y a près d'un mois qu'il est allé à Damas, où ses affaires l'ont appelé, et, jusqu'à son retour, il m'a laissé en garde ces coffres que vous voyez. Je vous conjure de vouloir bien les faire porter au palais, et de donner ordre qu'on les mette en sûreté, afin que je tienne la promesse que je lui ai faite, d'en avoir tout le soin imaginable. »

« Vous serez obéie, madame, » répliqua Giafar. Et aussitôt il fit venir des porteurs. Il leur ordonna d'enlever les coffres et de les porter à Mesrour.

D'abord que les porteurs furent partis, il parla à l'oreille du juge de police; il le chargea du soin de faire raser la maison, et d'y faire auparavant chercher partout Ganem, qu'il soupçonnait d'y être caché, quoi que lui eût dit Tourmente. Ensuite il sortit, et emmena avec lui cette jeune dame, suivie des deux femmes esclaves qui la servaient. A l'égard des esclaves de Ganem, on n'y fit pas d'attention. Ils se mêlèrent parmi la foule, et on ne sait ce qu'ils devinrent.

Le jour, qui parut, obligea la sultane de discontinuer sa narration. Schahriar se leva pour aller présider son conseil ; il sortit, pénétré de compassion pour l'infortuné Ganem, et blâmant intérieurement l'injuste colère du Commandeur des croyants.

CCLXXIII^e NUIT.

Sire, reprit le lendemain la sultane, Giafar fut à peine hors de la maison, que les maçons et les charpentiers commencèrent à la raser, et ils firent si bien leur devoir, qu'en moins d'une heure il n'en resta aucun vestige. Mais le juge de police n'ayant pu trouver Ganem, quelque perquisition qu'il en eût faite, en fit donner avis au grand vizir avant que ce ministre arrivât au palais : « Hé bien ! lui dit Haroun Alraschild en le voyant entrer dans son cabinet, as-tu exécuté mes ordres ? — Oui, seigneur, répondit Giafar, la maison où demeurait Ganem est rasée de fond en comble, et je vous amène Tourmente, votre favorite : elle est à la porte de votre cabinet ; je vais la faire entrer, si vous me l'ordonnez. Pour le jeune marchand, on ne l'a pu trouver, quoiqu'on l'ait cherché partout : Tourmente assure qu'il est parti pour Damas depuis un mois. »

Jamais emportement n'égala celui que le kalife fit paraître, lorsqu'il apprit que Ganem lui était échappé. Pour sa favorite, prévenu qu'elle lui avait manqué de fidélité, il ne voulut ni la voir ni lui parler : « Mesrour, dit-il au chef des eunuques qui était présent, prends l'ingrate, la perfide Tourmente, et va l'enfermer dans la tour obscure. » Cette tour était dans l'enceinte du palais, et servait ordinairement de prison aux favorites qui donnaient quelque sujet de plainte au kalife.

Mesrour, accoutumé à exécuter sans réplique les ordres de son maître, quelque violents qu'ils fussent, obéit à regret à celui-ci. Il en témoigna sa douleur à Tourmente, qui en fut d'autant plus affligée, qu'elle avait compté que le kalife ne refuserait pas de lui parler. Il lui fallut céder à sa triste destinée, et suivre Mesrour qui la conduisit à la tour obscure, où il la laissa.

Cependant le kalife irrité renvoya son grand vizir, et n'écoutant que sa passion, écrivit de sa propre main la lettre qui suit au roi de Syrie, son cousin et son tributaire, qui demeurait à Damas.

LETTRE

DU KALIFE HAROUN ALRASCHILD A MOHAMMED ZINEBI, ROI DE SYRIE.

« Mon cousin, cette lettre est pour vous apprendre qu'un mar-
« chand de Damas, nommé Ganem, fils d'Abou Aïbou, a séduit la
« plus aimable de mes esclaves, nommée Tourmente, et qu'il a
« pris la fuite. Mon intention est qu'après ma lettre reçue, vous
« fassiez chercher et saisir Ganem. Dès qu'il sera en votre puissance,
« vous le ferez charger de chaînes, et, pendant trois jours consécu-
« tifs, vous lui ferez donner cinquante coups de nerf de bœuf. Qu'il
« soit conduit ensuite par tous les quartiers de la ville, avec un crieur
« qui crie devant lui : Voila le plus léger des chatiments
« que le Commandeur des croyants fait souffrir a celui qui
« offense son seigneur et séduit une de ses esclaves. Après
« cela, vous me l'enverrez sous bonne garde. Ce n'est pas tout : je
« veux que vous mettiez sa maison au pillage, et, quand vous l'au-
« rez fait raser, ordonnez que l'on en transporte les matériaux hors
« de la ville, au milieu de la campagne. Outre cela, s'il a père,
« mère, sœurs, femmes, filles et autres parents, faites-les dépouiller,
« et, quand ils seront nus, donnez-les en spectacle trois jours de
« suite à toute la ville, avec défense, sous peine de la vie, de leur
« donner retraite. J'espère que vous n'apporterez aucun retarde-
« ment à l'exécution de ce que je vous recommande.

« Haroun-Alraschild. »

Le kalife, après avoir écrit cette lettre, en chargea un courrier, lui ordonnant de faire diligence, et de porter avec lui des pigeons, afin d'être plus promptement informé de ce qu'aurait fait Mohammed Zinebi.

Les pigeons de Bagdad ont cela de particulier, qu'en quelque lieu éloigné qu'on les porte, ils reviennent à Bagdad dès qu'on les a lâchés, surtout lorsqu'ils y ont des petits. On leur attache sous l'aile un billet roulé, et par ce moyen on a bientôt des nouvelles des lieux d'où l'on en veut savoir [1].

---

[1] Ce moyen de correspondance extrêmement rapide est encore employé dans plusieurs villes de l'Orient, et particulièrement à Alep.

Le courrier du kalife marcha jour et nuit pour s'accommoder à l'impatience de son maître; et en arrivant à Damas, il alla droit au palais du roi Zinebi, qui s'assit sur son trône pour recevoir la lettre du kalife. Le courrier l'ayant présentée, Mohammed la prit; et reconnaissant l'écriture, il se leva par respect, baisa la lettre et la mit sur sa tête, pour marquer qu'il était prêt à exécuter avec soumission les ordres qu'elle pouvait contenir. Il l'ouvrit, et sitôt qu'il l'eut lue, il descendit de son trône, et monta sans délai à cheval avec les principaux officiers de sa maison. Il fit aussi avertir le juge de police, qui le vint trouver; et, suivi de tous les soldats de sa garde, il se rendit à la maison de Ganem.

Depuis que ce jeune marchand était parti de Damas, sa mère n'en avait reçu aucune lettre : cependant les autres marchands avec qui il avait entrepris le voyage de Bagdad étaient de retour. Ils lui dirent tous qu'ils avaient laissé son fils en parfaite santé; mais comme il ne revenait point, et qu'il négligeait de donner lui-même de ses nouvelles, il n'en fallut pas davantage pour faire croire à cette tendre mère qu'il était mort. Elle se le persuada si bien, qu'elle en prit le deuil. Elle pleura Ganem comme si elle l'eût vu mourir, et qu'elle lui eût elle-même fermé les yeux. Jamais mère ne montra tant de douleur; et loin de chercher à se consoler, elle prenait plaisir à nourrir son affliction. Elle fit bâtir au milieu de la cour de sa maison un dôme, sous lequel elle mit une figure qui représentait son fils, et qu'elle couvrit elle-même d'un drap mortuaire. Elle passait presque les jours et les nuits à pleurer sous ce dôme, de même que si le corps de son fils eût été enterré là; et la belle Force des Cœurs, sa fille, lui tenait compagnie et mêlait ses pleurs avec les siens.

Il y avait déjà du temps qu'elles s'occupaient ainsi à s'affliger, et que le voisinage, qui entendait leurs cris et leurs lamentations, plaignait des parents si tendres, lorsque Mohammed Zinebi vint frapper à la porte; et une esclave du logis lui ayant ouvert, il entra brusquement en demandant où était Ganem, fils d'Abou Aïbou.

La sultane, réveillée par sa sœur plus tard que de coutume, ne put, cette nuit, faire un plus long récit; le lendemain, elle le reprit en ces termes :

CCLXXIV NUIT.

Sire, quoique l'esclave n'eût jamais vu le roi Zinebi, elle jugea néanmoins à sa suite, qu'il devait être un des principaux officiers de Damas : « Seigneur, lui répondit-elle, ce Ganem que vous cherchez est mort. Ma maîtresse, sa mère, est dans le tombeau que vous voyez, où elle pleure actuellement sa perte. » Le roi, sans s'arrêter au rapport de l'esclave, fit faire par ses gardes une exacte perquisition de Ganem dans tous les endroits de la maison. Ensuite, il s'avança vers le tombeau, où il vit la mère et la fille assises sur une simple natte auprès de la figure qui représentait Ganem, et leurs visages lui parurent baignés de larmes. Ces pauvres femmes se couvrirent de leurs voiles aussitôt qu'elles aperçurent un homme à la porte du dôme. Mais la mère, qui reconnut le roi de Damas, se leva et courut se prosterner à ses pieds : « Ma bonne dame, lui dit ce prince, je cherchais votre fils Ganem ; est-il ici ? — Ah ! sire, s'écria-t-elle, il y a long-temps qu'il n'est plus ! Plût à Dieu que je l'eusse au moins enseveli de mes propres mains, et que j'eusse la consolation d'avoir ses os dans ce tombeau ! Ah ! mon fils, mon cher fils !... » Elle voulut continuer ; mais elle fut saisie d'une si vive douleur, qu'elle n'en eut pas la force.

Zinebi en fut touché : c'était un prince d'un naturel fort doux et très-compatissant aux peines des malheureux : « Si Ganem est seul coupable, disait-il en lui-même, pourquoi punir la mère et la sœur qui sont innocentes ? Ah ! cruel Haroun Alraschild, à quelle mortification me réduis-tu, en me faisant ministre de ta vengeance, en m'obligeant à persécuter des personnes qui ne t'ont point offensé ! »

Les gardes que le roi avait chargés de chercher Ganem lui vinrent dire qu'ils avaient fait une recherche inutile. Il en demeura très-persuadé : les pleurs de ces deux femmes ne lui permettaient pas d'en douter. Il était au désespoir de se voir dans la nécessité d'exécuter les ordres du kalife ; mais de quelque pitié qu'il se sentît saisi, il n'osait se résoudre à tromper le ressentiment du kalife : « Ma bonne dame, dit-il à la mère de Ganem, sortez de ce tombeau, vous et votre fille ; vous n'y seriez pas en sûreté. » Elles sortirent, et en même temps, pour les mettre hors d'insulte, il ôta sa robe de dessus, qui était fort ample, et les couvrit toutes deux, en leur commandant de ne pas s'éloigner de lui. Cela fait, il ordonna de laisser entrer la populace pour commencer le pillage, qui se fit avec une extrême avidité, et avec des cris dont la mère et la sœur de Ganem furent d'autant plus épouvantées, qu'elles en ignoraient la cause. On emporta les plus précieux meubles, des coffres pleins de richesses, des tapis de Perse et des Indes, des coussins garnis d'étoffes d'or et d'argent, des porcelaines ; enfin, on enleva tout, on ne laissa dans la maison que les murs ; et ce fut un spectacle bien affligeant pour ces malheureuses dames de voir piller tous leurs biens, sans savoir pourquoi on les traitait si cruellement.

Mohammed, après le pillage de la maison, donna ordre au juge de police de la faire raser avec le tombeau ; et pendant qu'on y travaillait, il emmena dans son palais Force des Cœurs et sa mère. Ce fut là qu'il redoubla leur affliction, en leur déclarant les volontés du kalife : « Il veut, leur dit-il, que je vous fasse dépouiller, et que je vous expose toutes nues aux yeux du peuple pendant trois jours : c'est avec une extrême répugnance que je fais exécuter cet arrêt cruel et plein d'ignominie. » Le roi prononça ces paroles d'un air qui faisait connaître qu'il était effectivement pénétré de douleur et de compassion. Quoique la crainte d'être détrôné l'empêchât de suivre les mouvements de sa pitié, il ne laissa pas d'adoucir en quelque façon la rigueur des ordres d'Haroun Alraschild, en faisant faire pour la mère de Ganem et pour Force des Cœurs de grosses chemises sans manches d'un gros tissu de crin de cheval.

Le lendemain, ces deux victimes de la colère du kalife furent dépouillées de leurs habits et revêtues de leurs chemises de crin. On leur ôta aussi leurs coiffures, de sorte que leurs cheveux épars flottaient sur leurs épaules. Force des Cœurs les avait du plus beau blond du monde, et ils tombaient jusqu'à terre : ce fut dans cet état qu'on les fit voir au peuple. Le juge de police, suivi de ses gens, les accompagnait, et on les promena par toute la ville. Elles étaient précédées d'un crieur, qui de temps en temps disait à haute voix : Tel est le châtiment de ceux qui se sont attiré l'indignation du Commandeur des Croyants.

Pendant qu'elles marchaient ainsi dans les rues de Damas, les bras et les pieds nus, couvertes d'un si étrange habillement, et tâchant de cacher leur confusion sous leurs cheveux dont elles se couvraient le visage, tout le peuple fondait en larmes.

Les dames, surtout, les regardant comme innocentes au travers des jalousies, et touchées principalement de la jeunesse et de la beauté de Force des Cœurs, faisaient retentir l'air de cris effroyables, à mesure qu'elles passaient sous leurs fenêtres. Les enfants même, effrayés par ces cris et par le spectacle qui les causait, mêlaient leurs pleurs à cette désolation générale, et y ajoutaient une nouvelle horreur. Enfin, quand les ennemis de l'état auraient été dans la ville de Damas, et qu'ils y auraient tout mis à feu et à sang, on n'y aurait pas vu régner une plus grande consternation.

Il était presque nuit lorsque cette scène affreuse finit. On ramena la mère et la fille au palais du roi Mohammed. Comme elles n'étaient point accoutumées à marcher les pieds nus, elles se trouvèrent si fatiguées en arrivant, qu'elles demeurèrent long-temps évanouies. La reine de Damas, vivement touchée de leur malheur, malgré la défense que le kalife avait faite de les secourir, leur envoya quelques-unes de ses femmes pour les consoler, avec toutes sortes de rafraîchissements, et du vin pour leur faire reprendre des forces.

Les femmes de la reine les trouvèrent encore évanouies, et presque hors d'état de profiter du secours qu'elles leur apportaient. Cependant, à force de soins, on leur fit reprendre leurs esprits. La mère de Ganem les remercia d'abord de leur honnêteté : « Ma bonne dame, lui dit une des femmes de la reine, nous sommes très-sensibles à vos peines, et la reine de Syrie, notre maîtresse, nous a fait grand plaisir quand elle nous a chargées de vous secourir. Nous pouvons vous assurer que cette princesse prend beaucoup de part à vos malheurs, aussi bien que le roi, son époux. » La mère de Ganem pria les femmes de la reine de rendre à cette princesse mille grâces pour elle et pour Force des Cœurs ; et s'adressant ensuite à celle qui lui avait parlé : « Madame, lui dit-elle, le roi ne m'a point dit pourquoi le Commandeur des croyants nous fait souffrir tant d'outrages ; apprenez-nous, de grâce, quels crimes nous avons commis. — Ma bonne dame, répondit la femme de la reine, l'origine de votre malheur vient de votre fils Ganem : il n'est pas mort, ainsi que vous le croyez. On l'accuse d'avoir enlevé la belle Tourmente, la plus chérie des favorites du kalife ; et comme il s'est dérobé par une prompte fuite à la colère de ce prince, le châtiment est tombé sur vous. Tout le monde condamne le ressentiment du kalife ; mais tout le monde le craint, et vous voyez que le roi Zinebi, lui-même, n'ose contrevenir à ses ordres, de peur de lui déplaire. Ainsi, tout ce que nous pouvons faire, c'est de vous plaindre et de vous exhorter à prendre patience. »

« Je connais mon fils, reprit la mère de Ganem ; je l'ai élevé avec grand soin, et dans le respect dû au Commandeur des croyants : il n'a point commis le crime dont on l'accuse, et je réponds de son innocence. Je cesse donc de murmurer et de me plaindre, puisque c'est pour lui que je souffre, et qu'il n'est pas mort. Ah ! Ganem, ajouta-t-elle, emportée par un mouvement mêlé de tendresse et de joie, mon cher fils Ganem, est-il possible que tu vives encore ?

Je ne regrette plus mes biens ; et à quelque excès que puissent aller les ordres du kalife, je lui en pardonne toute la rigueur pourvu que le Ciel ait conservé mon fils. Il n'y a que ma fille qui m'afflige; ses maux seuls font toute ma peine. Je la crois pourtant assez bonne sœur pour suivre mon exemple. »

A ces paroles, Force des Cœurs, qui avait paru insensible jusque-là, se tourna vers sa mère, et lui jetant ses bras au cou : « Oui, ma chère mère, lui dit-elle, je suivrai toujours votre exemple, à quelque extrémité que puisse vous porter votre amour pour mon frère. »

La mère et la fille, confondant ainsi leurs soupirs et leurs larmes, demeurèrent assez long-temps dans un embrassement si touchant. Cependant les femmes de la reine, que ce spectacle attendrissait fort, n'oublièrent rien pour engager la mère de Ganem à prendre quelque nourriture. Elle mangea un morceau pour les satisfaire, et Force des Cœurs en fit autant.

Comme l'ordre du kalife portait que les parents de Ganem paraîtraient trois jours de suite aux yeux du peuple, dans l'état qu'on a dit, Force des Cœurs et sa mère servirent de spectacle le lendemain, pour la seconde fois, depuis le matin jusqu'au soir ; mais ce jour-là et les suivants, les choses ne se passèrent pas de la même manière : les rues, qui avaient d'abord été pleines de monde, devinrent désertes ; tous les marchands, indignés du traitement que l'on faisait à la veuve et à la fille d'Abou Aibou, fermèrent leurs boutiques, et demeurèrent enfermés chez eux ; les dames, au lieu de regarder par leurs jalousies, se retirèrent dans le derrière de leurs maisons. Il ne se trouva pas une âme dans les places publiques par où l'on fit passer ces deux infortunées : il semblait que tous les habitants de Damas eussent abandonné leur ville.

Le quatrième jour, le roi Mohammed Zinebi, qui voulait exécuter fidèlement les ordres du kalife, quoiqu'il ne les approuvât point, envoya des crieurs dans tous les quartiers de la ville publier une défense rigoureuse à tout citoyen de Damas, ou étranger, de quelque condition qu'il fût, sous peine de la vie, et d'être livré aux chiens pour leur servir de pâture après sa mort, de donner retraite à la mère et à la sœur de Ganem ; ni de leur fournir un morceau de pain ni une seule goutte d'eau ; en un mot, de leur prêter la moindre assistance, et d'avoir aucune communication avec elles.

Après que les crieurs eurent fait ce que le roi leur avait ordonné, ce prince commanda qu'on mît la mère et la fille hors du palais, et qu'on leur laissât la liberté d'aller où elles voudraient. On ne les vit pas plutôt paraître, que tout le monde s'éloigna d'elles : tant la défense qui venait d'être publiée avait fait d'impression sur les esprits.

Elles s'aperçurent bien qu'on les fuyait ; mais comme elles en ignoraient la cause, elles en furent très-surprises, et leur étonnement augmenta encore lorsqu'en entrant dans la rue, où, parmi plusieurs personnes, elles reconnurent quelques-uns de leurs meilleurs amis, elles les virent disparaître avec autant de précipitation que les autres : « Quoi donc, dit alors la mère de Ganem, sommes-nous pestiférées ? Le traitement injuste et barbare qu'on nous fait doit-il nous rendre odieuses à nos concitoyens ? Allons, ma fille, poursuivit-elle, sortons au plus tôt de Damas ; ne demeurons plus dans une ville où nous faisons horreur à nos amis mêmes. »

En parlant ainsi, ces deux misérables dames gagnèrent une des extrémités de la ville, et se retirèrent dans une masure pour y passer la nuit. Là, quelques musulmans, poussés par un esprit de charité et de compassion, les vinrent trouver dès que la fin du jour fut arrivée. Ils leur apportèrent des provisions ; mais ils n'osèrent s'arrêter pour les consoler, de peur d'être découverts, et d'être punis comme désobéissants aux ordres du kalife.

Cependant le roi Zinebi avait lâché le pigeon pour informer Haroun Alraschild de son exactitude : il lui mandait tout ce qui s'était passé, et le conjurait de lui faire savoir ce qu'il voulait ordonner de la mère et de la sœur de Ganem. Il reçut bientôt par la même voie la réponse du kalife, qui lui écrivit qu'il les bannissait pour jamais de Damas. Aussitôt le roi de Syrie envoya des gens dans la masure, avec ordre de prendre la mère et la fille, de les conduire à trois journées de Damas, et de les laisser là, en leur faisant défense de revenir dans la ville.

Les gens de Zinebi s'acquittèrent de leur commission ; mais, moins exacts que leur maître à exécuter de point en point les ordres d'Haroun Alraschild, ils donnèrent par pitié à Force des Cœurs et à sa mère quelques menues monnaies pour se procurer de quoi vivre, et à chacune un sac, qu'ils leur passèrent au cou, pour mettre leurs provisions.

Dans cette situation déplorable, elles arrivèrent au premier village. Les paysannes s'assemblèrent autour d'elles, et comme au travers de leur déguisement on ne laissait pas de remarquer que c'étaient des personnes de quelque condition, on leur demanda ce qui les obligeait à voyager ainsi sous un habillement qui paraissait n'être pas leur habillement naturel. Au lieu de répondre à la question qu'on leur faisait, elles se mirent à pleurer ; ce qui ne servit qu'à augmenter la curiosité des paysannes, et à leur inspirer de la compassion. La mère de Ganem leur conta ce qu'elle et sa fille avaient souffert. Les bonnes villageoises en furent attendries, et tâchèrent de les consoler. Elles les régalèrent autant que leur pauvreté le leur permit ; elles leur firent quitter leurs chemises de crin de cheval, qui les incommodaient fort, pour en prendre d'autres qu'elles leur donnèrent, avec des souliers, et de quoi se couvrir la tête, pour conserver leurs cheveux.

De ce village, après avoir bien remercié ces paysannes charitables, Force des Cœurs et sa mère s'avancèrent du côté d'Alep, à petites journées. Elles avaient accoutumé de se retirer autour des mosquées ou dans les mosquées mêmes, où elles passaient la nuit sur la natte, lorsque le pavé en était couvert ; autrement elles couchaient sur le pavé même, ou bien elles allaient loger dans les lieux publics destinés à servir de retraite aux voyageurs. A l'égard de la nourriture, elles n'en manquaient pas : elles rencontraient souvent de ces lieux où l'on fait des distributions de pain, de riz cuit, et d'autres mets, à tous les voyageurs qui en demandent.

Enfin elles arrivèrent à Alep, mais elles ne voulurent pas s'y arrêter, et continuant leur chemin vers l'Euphrate, elles passèrent ce fleuve, et entrèrent dans la Mésopotamie, qu'elles traversèrent jusqu'à Moussoul. De là, quelques peines qu'elles eussent déjà souffertes, elles se rendirent à Bagdad. C'était le lieu où tendaient leurs désirs, dans l'espérance d'y rencontrer Ganem, quoiqu'elles ne dussent pas se flatter qu'il fût dans une ville où le kalife faisait sa demeure ; mais elles l'espéraient parce qu'elles le souhaitaient. Leur tendresse pour lui, malgré tous leurs malheurs, augmentait au lieu de diminuer ; leurs discours roulaient ordinairement sur lui ; elles en demandaient même des nouvelles à tous ceux qu'elles rencontraient. Mais laissons là Force des Cœurs et sa mère, pour revenir à Tourmente.

Elle était toujours enfermée très-étroitement dans la tour obscure, depuis le jour qui avait été si funeste à Ganem et à elle. Cependant, quelque désagréable que lui fût la prison, elle en était beaucoup moins affligée que du malheur de Ganem, dont le sort incertain lui causait une inquiétude mortelle : il n'y avait presque pas de moment qu'elle ne le plaignît.

Une nuit que le kalife se promenait seul dans l'enceinte de son palais, ce qui lui arrivait assez souvent, car c'était le prince du monde le plus curieux, et quelquefois, dans ses promenades nocturnes, il apprenait des choses qui se passaient dans le palais, et qui, sans cela, ne seraient jamais venues à sa connaissance ; une nuit donc, en se promenant, il passa près de la tour obscure, et comme il crut entendre parler, il s'arrêta ; il s'approcha de la porte pour mieux écouter, et il entendit distinctement ces paroles, que

Tourmente, toujours en proie au souvenir de Ganem, prononça d'une voix assez haute : « O Ganem! trop infortuné Ganem! où es-tu présentement? Dans quel lieu ton destin déplorable t'a-t-il conduit? Hélas! c'est moi qui t'ai rendu malheureux! Que ne me laissais-tu périr misérablement, au lieu de me prêter un secours généreux? Quels tristes fruits as-tu recueillis de tes soins et de tes respects? Le Commandeur des croyants, qui devait te récompenser, te persécute pour prix de m'avoir toujours regardée comme une personne réservée à son lit; tu perds tous tes biens, et te vois obligé de chercher ton salut dans la fuite. Ah! kalife, barbare kalife, que direz-vous pour votre défense lorsque vous vous trouverez avec Ganem devant le tribunal du juge souverain, et que les anges rendront témoignage de la vérité en votre présence? Toute la puissance que vous avez aujourd'hui, et sous qui tremble presque toute la terre, n'empêchera pas que vous ne soyez condamné et puni de votre injuste violence. » Tourmente cessa de parler à ces mots; car ses soupirs et ses larmes l'empêchèrent de continuer.

Il n'en fallut pas davantage pour obliger le kalife à rentrer en lui-même : il vit bien que si ce qu'il venait d'entendre était vrai, sa favorite était innocente, et qu'il avait donné des ordres contre Ganem et sa famille avec trop de précipitation. Pour approfondir une chose où l'équité dont il se piquait paraissait intéressée, il retourna aussitôt à son appartement, et dès qu'il y fut arrivé, il chargea Mesrour d'aller à la tour obscure, et de lui amener Tourmente.

Le chef des eunuques jugea par cet ordre, et encore plus à l'air du kalife, que ce prince voulait pardonner à sa favorite, et la rappeler auprès de lui. Il en fut ravi; car il aimait Tourmente, et avait pris beaucoup de part à sa disgrâce. Il vole sur-le-champ à la tour : « Madame, dit-il à la favorite d'un ton qui marquait sa joie, prenez la peine de me suivre; j'espère que vous ne reviendrez plus dans cette vilaine tour ténébreuse : le Commandeur des croyants veut vous entretenir, et j'en conçois un heureux présage. »

Tourmente suivit Mesrour, qui la mena et l'introduisit dans le cabinet du kalife. D'abord, elle se prosterna devant ce prince, et elle demeura dans cet état, le visage baigné de larmes. « Tourmente, lui dit le kalife, sans lui dire de se relever, il me semble que tu m'accuses de violence et d'injustice. Qui est donc celui qui, malgré les égards et la considération qu'il a eus pour moi, se trouve dans une situation misérable? Parle, tu sais combien je suis bon naturellement, et que j'aime à rendre justice. »

La favorite comprit par ce discours que le kalife l'avait entendue parler, et profitant d'une si belle occasion de justifier son cher Ganem : « Commandeur des croyants, répondit-elle, s'il m'est échappé quelque parole qui ne soit point agréable à votre majesté, je vous supplie très-humblement de me le pardonner. Mais celui dont vous voulez connaître l'innocence et la misère, c'est Ganem, le malheureux fils d'Abou Aibou, marchand de Damas ; c'est lui qui m'a sauvé la vie et qui m'a donné un asile en sa maison. Je vous avouerai que, dès qu'il me vit, peut-être forma-t-il la pensée de se donner à moi, et l'espérance de m'engager à souffrir ses soins : j'en jugeai ainsi par l'empressement qu'il fit paraître à me régaler, et à me rendre tous les services dont j'avais besoin dans l'état où je me trouvais. Mais sitôt qu'il apprit que j'avais l'honneur de vous appartenir : « Ah ! madame, me dit-il, CE QUI APPARTIENT AU MAÎTRE EST DÉFENDU A L'ESCLAVE. Depuis ce moment, je dois cette justice à sa vertu, sa conduite n'a point démenti ses paroles. Cependant vous savez, Commandeur des croyants, avec quelle rigueur vous l'avez traité, et vous en répondrez devant le tribunal de Dieu. »

Le kalife ne sut point mauvais gré à Tourmente de la liberté qu'il y avait dans ce discours : « Mais, reprit-il, puis-je me fier aux assurances que tu me donnes de la retenue de Ganem ? — Oui, repartit-elle, vous le pouvez : je ne voudrais pas, pour toute chose au monde, vous déguiser la vérité, et, pour vous prouver que je suis sincère, il faut que je vous fasse un aveu qui vous déplaira peut-être, mais j'en demande pardon par avance à votre majesté. — Parle, ma fille, dit alors Haroun Alraschild, je te pardonne tout, pourvu que tu ne me caches rien. — Hé bien, répliqua Tourmente, apprenez que l'attention respectueuse de Ganem, jointe à tous les bons offices qu'il m'a rendus, me firent concevoir de l'estime pour lui. Je passai même plus avant : vous connaissez la tyrannie de l'amour. Je sentis naître en mon cœur de tendres sentiments ; il s'en aperçut, mais, loin de chercher à profiter de ma faiblesse, et malgré tout le feu dont il se sentait brûler, il demeura toujours ferme dans son devoir, et tout ce que sa passion pouvait lui arracher, c'étaient ces termes que j'ai déjà dit à votre majesté : CE QUI APPARTIENT AU MAÎTRE EST DÉFENDU A L'ESCLAVE. »

Cette déclaration ingénue aurait peut-être aigri tout autre que le kalife, mais ce fut ce qui acheva d'adoucir ce prince. Il ordonna à Tourmente de se relever, et la faisant asseoir auprès de lui : « Raconte-moi, lui dit-il, ton histoire depuis le commencement jusqu'à la fin. » Alors elle s'en acquitta avec beaucoup d'adresse et d'esprit : elle passa légèrement sur ce qui regardait Zobéide ; elle s'étendit davantage sur les obligations qu'elle avait à Ganem, sur la dépense qu'il avait faite pour elle, surtout elle vanta fort sa discrétion, voulant par là faire comprendre au kalife qu'elle s'était trouvée dans la nécessité de demeurer cachée chez Ganem pour tromper Zobéide. Et elle finit enfin par la fuite du jeune marchand, à laquelle, sans déguisement, elle dit au kalife qu'elle l'avait forcé pour se dérober à sa colère.

Quand elle eut cessé de parler, ce prince lui dit : « Je crois tout ce que vous avez raconté ; mais pourquoi avez-vous tant tardé à me donner de vos nouvelles ? Fallait-il attendre un mois entier après mon retour, pour me faire savoir où vous étiez ? — Commandeur des croyants, répondit Tourmente, Ganem sortait si rarement de sa maison, qu'il ne faut pas vous étonner que nous n'ayons point appris les premiers votre retour. D'ailleurs Ganem, qui s'était chargé de faire tenir le billet que j'ai écrit à Aube du jour, a été long-temps sans trouver le moment favorable de le remettre en main propre. »

« C'est assez, Tourmente, reprit le kalife, je reconnais ma faute, et voudrais la réparer, en comblant de bienfaits ce jeune marchand de Damas : vois donc ce que je puis faire pour lui ; demande-moi ce que tu voudras, je te l'accorderai. » A ces mots, la favorite se jeta aux pieds du kalife, la face contre terre, et se relevant : « Commandeur des croyants, dit-elle, après avoir remercié votre majesté pour Ganem, je la supplie très-humblement de faire publier dans vos états que vous pardonnez au fils d'Abou Aibou, et qu'il n'a qu'à vous venir trouver. — Je ferai plus, repartit ce prince ; pour t'avoir conservé la vie, pour reconnaître la considération qu'il a eue pour moi, pour le dédommager de la perte de ses biens, et enfin pour réparer le tort que j'ai fait à sa famille, je te le donne pour époux. » Tourmente ne pouvait trouver d'expressions assez fortes pour remercier le kalife de sa générosité. Ensuite, elle se retira dans l'appartement qu'elle occupait avant sa cruelle aventure. Le même ameublement y était encore : on n'y avait nullement touché. Mais ce qui lui fit plus de plaisir, ce fut d'y voir les coffres et les ballots de Ganem, que Mesrour avait eu soin d'y faire porter.

« Je vois avec plaisir, dit le sultan des Indes, que le kalife rendit enfin justice à ce bon jeune homme ; quels regrets ne dut pas éprouver ce prince, d'avoir accablé de traitements si rigoureux une innocente famille ! » Sire ! dit Scheherazade, le kalife ne se borna pas à reconnaître son erreur ; il montra dans cette occasion une grande générosité, comme je vous le dirai la nuit suivante.

CCLXXVᵉ NUIT.

Sire, le lendemain, Haroun Alraschild donna ordre au grand vizir de faire publier par toutes les villes de ses états qu'il pardonnait à Ganem, fils d'Abou Aibou; mais cette publication fut inutile : car il se passa un temps considérable sans qu'on entendît parler de ce jeune marchand. Tourmente crut que sans doute il n'avait pu survivre à la douleur de l'avoir perdue. Une affreuse inquiétude s'empara de son esprit; mais comme l'espérance est la dernière chose qui abandonne les amants, elle supplia le kalife de lui permettre de faire elle-même la recherche de Ganem; ce qui lui ayant été accordé, elle prit une bourse de mille pièces d'or qu'elle tira de sa cassette, et sortit un matin du palais montée sur une mule des écuries du kalife, très-richement enharnachée. Deux eunuques noirs l'accompagnaient, qui avaient de chaque côté la main sur la croupe de la mule.

Elle alla de mosquée en mosquée faire des largesses aux dévots de la religion musulmane, en implorant le secours de leurs prières pour l'accomplissement d'une affaire importante, d'où dépendait, leur disait-elle, le repos de deux personnes. Elle employa toute la journée et ses mille pièces d'or à faire des aumônes dans les mosquées, et sur le soir elle retourna au palais.

Le jour suivant elle prit une autre bourse de la même somme, et dans le même équipage elle se rendit à la joaillerie. Elle s'arrêta devant la porte, et sans mettre pied à terre, elle fit appeler le syndic par un des eunuques noirs. Le syndic, qui était un homme très-charitable, et qui employait plus des deux tiers de son revenu à soulager les pauvres étrangers, soit qu'ils fussent malades, ou mal dans leurs affaires, ne fit point attendre Tourmente, qu'il reconnut à son habillement pour une dame du palais : « Je m'adresse à vous, lui dit-elle en lui mettant sa bourse entre les mains, comme à un homme dont on vante dans la ville la piété. Je vous prie de distribuer ces pièces d'or aux pauvres étrangers que vous assistez : car je n'ignore pas que vous faites profession de secourir les étrangers qui ont recours à votre charité. Je sais même que vous prévenez leurs besoins, et que rien n'est plus agréable pour vous que de trouver occasion d'adoucir leur misère. — Madame, lui répondit le syndic, j'exécuterai avec plaisir ce que vous m'ordonnez; mais si vous souhaitez d'exercer votre charité vous-même, prenez la peine de venir jusque chez moi, vous y verrez deux femmes dignes de votre pitié. Je les rencontrai hier comme elles arrivaient dans la ville ; elles étaient dans un état pitoyable ; et j'en fus d'autant plus touché, qu'il me parut que c'étaient des personnes de condition. Au travers des haillons qui les couvraient, malgré l'impression que l'ardeur du soleil a faite sur leur visage, je démêlai un air noble que n'ont point ordinairement les pauvres que j'assiste. Je les menai toutes deux dans ma maison, et les mis entre les mains de ma femme, qui en porta d'abord le même jugement que moi. Elle leur fit préparer de bons lits par ses esclaves, pendant qu'elle-même s'occupait à leur laver le visage et à leur faire changer de linge. Nous ne savons point encore qui elles sont, parce que nous voulons leur laisser prendre quelque repos avant de les fatiguer par nos questions. »

Tourmente, sans savoir pourquoi, se sentit quelque curiosité de les voir. Le syndic se mit en devoir de la mener chez lui ; mais elle ne voulut pas qu'il prît cette peine, et elle s'y fit conduire par un esclave qu'il lui donna. Quand elle fut à la porte, elle mit pied à terre, et suivit l'esclave du syndic, qui avait pris les devants, pour aller avertir sa maîtresse qui était dans la chambre de Force des Cœurs et de sa mère : car c'était d'elles dont le syndic venait de parler à Tourmente.

La femme du syndic, ayant appris par son esclave qu'une dame du palais était dans sa maison, voulut sortir de la chambre où elle était pour l'aller recevoir ; mais Tourmente, qui suivait de près l'esclave, ne lui en donna pas le temps et entra. La femme du syndic se prosterna devant elle, pour marquer le respect qu'elle avait pour tout ce qui appartenait au kalife. Tourmente la releva, et lui dit : « Ma bonne dame, je vous prie de me faire parler aux deux étrangères qui sont arrivées à Bagdad hier au soir. — Madame, répondit la femme du syndic, elles sont couchées dans ces deux petits lits que vous voyez l'un auprès de l'autre. » Aussitôt la favorite s'approcha de celui de la mère, et la considérant avec attention : « Ma bonne femme, lui dit-elle, je viens vous offrir mon secours. Je ne suis pas sans crédit dans cette ville, et je pourrai vous être utile à vous et à votre compagne. — Madame, répondit la mère de Ganem, aux offres obligeantes que vous nous faites, je vois que le Ciel ne nous a point encore abandonnées. Nous avions pourtant sujet de le croire, après les malheurs qui nous sont arrivés. » En achevant ces paroles, elle se mit à pleurer si amèrement, que Tourmente et la femme du syndic ne purent aussi retenir leurs larmes.

La favorite du kalife, après avoir essuyé les siennes, dit à la mère de Ganem : « Apprenez-nous, de grâce, vos malheurs, et nous racontez votre histoire ; vous ne sauriez faire ce récit à des gens plus disposés que nous à chercher tous les moyens possibles de vous consoler. — Madame, reprit la triste veuve d'Abou Aibou, une favorite du Commandeur des croyants, une dame nommée Tourmente, cause toute notre infortune. » A ce discours, la favorite se sentit frappée comme d'un coup de foudre ; mais dissimulant son trouble et son agitation, elle laissa parler la mère de Ganem, qui poursuivit de cette manière : « Je suis veuve d'Abou Aibou, marchand de Damas ; j'avais un fils nommé Ganem, qui étant venu trafiquer à Bagdad, a été accusé d'avoir enlevé cette Tourmente. Le kalife l'a fait chercher partout pour le faire mourir ; et ne l'ayant pu trouver, il a écrit au roi de Damas de faire piller et raser notre maison, et de nous exposer, ma fille et moi, trois jours de suite toutes nues aux yeux du peuple, et puis de nous bannir de Syrie à perpétuité. Mais avec quelqu'indignité qu'on nous ait traitées, je m'en consolerais si mon fils vivait encore et que je pusse le rencontrer. Quel plaisir pour sa sœur et pour moi de le revoir ! Nous oublierions en l'embrassant la perte de nos biens, et tous les maux que nous avons soufferts pour lui. Hélas ! je suis persuadée qu'il n'en est que la cause innocente, et qu'il n'est pas plus coupable envers le kalife que sa sœur et moi. — Non, sans doute, interrompit Tourmente en cet endroit, il n'est pas plus criminel que vous. Je puis vous assurer de son innocence, puisque cette même Tourmente dont vous avez tant à vous plaindre, c'est moi, qui, par la fatalité des astres, ai causé tous vos malheurs. C'est à moi que vous devez imputer la perte de votre fils, s'il n'est plus au monde ; mais si j'ai fait votre infortune, je puis aussi la soulager. J'ai déjà justifié Ganem dans l'esprit du kalife ; ce prince a fait publier par tous ses états qu'il pardonnait au fils d'Abou Aibou ; et ne doutez pas qu'il ne vous fasse autant de bien qu'il vous a fait de mal : vous n'êtes plus ses ennemis. Il attend Ganem pour le récompenser du service qu'il m'a rendu, en unissant nos fortunes ; il me donne à lui pour épouse : ainsi regardez-moi comme votre fille, et permettez-moi que je vous consacre une éternelle amitié. » En disant cela, elle se pencha sur la mère de Ganem, qui ne put répondre à ce discours, tant il lui causa d'étonnement. Tourmente la tint long-temps embrassée, et ne la quitta que pour courir à l'autre lit embrasser Force des Cœurs, qui, s'étant levée sur son séant pour la recevoir, lui tendit les bras.

Après que la charmante favorite du kalife eut donné à la mère et à la fille toutes les marques de tendresse qu'elles pouvaient attendre de la femme de Ganem, elle leur dit : « Cessez de vous affliger l'une et l'autre ; les richesses que Ganem avait en cette ville ne sont pas perdues; elles sont au palais du kalife dans mon appartement. Je sais bien que toutes les richesses du monde ne sauraient vous consoler sans Ganem : c'est le jugement que je fais de sa mère et de sa sœur, si je dois juger d'elles par moi-même; le sang n'a pas moins de force que l'amour dans les grands cœurs. Mais pourquoi faut-il désespérer de le revoir? Nous le retrouverons : le bonheur de vous avoir rencontrées m'en fait concevoir l'espérance. Peut-être même que c'est aujourd'hui le dernier jour de vos peines, et le commencement d'un bonheur plus grand que celui dont vous jouissiez à Damas, dans le temps que vous y possédiez Ganem. »

Tourmente allait poursuivre, lorsque le syndic des joailliers arriva : « Madame, lui dit-il, je viens de voir un objet bien touchant! C'est un jeune homme qu'un chamelier amenait à l'hôpital de Bagdad. Il était lié avec des cordes sur un chameau, parce qu'il n'avait pas la force de se soutenir. On l'avait déjà délié, et on était prêt à le porter à l'hôpital, lorsque j'ai passé par là. Je me suis approché du jeune homme, je l'ai considéré avec attention, et il m'a paru que son visage ne m'était pas tout à fait inconnu. Je lui ai fait des questions sur sa famille; mais pour toute réponse, je n'en ai tiré que des pleurs et des soupirs. J'en ai eu pitié; et connaissant, par l'habitude que j'ai de voir des malades, qu'il était dans un pressant besoin d'être soigné, je n'ai pas voulu qu'on le mît à l'hôpital : car je sais trop de quelle manière on y gouverne les malades, et je connais l'incapacité des médecins. Je l'ai fait apporter chez moi par mes esclaves, qui, dans une chambre particulière où je l'ai mis, lui donnent par mon ordre de mon propre linge, et le servent comme ils me serviraient moi-même. »

Tourmente tressaillit à ce discours du joaillier, et sentit une émotion dont elle ne pouvait se rendre raison : « Menez-moi, dit-elle au syndic, dans la chambre de ce malade, je souhaite de le voir. » Le syndic l'y conduisit, et, tandis qu'elle y allait, la mère de Ganem dit à Force des Cœurs : « Ah! ma fille, quelque misérable que soit cet étranger malade, votre frère, s'il est encore en vie, n'est peut-être pas dans un état plus heureux! »

La favorite du kalife, étant dans la chambre où était le malade, s'approcha du lit où les esclaves du syndic l'avaient déjà couché. Elle vit un jeune homme qui avait les yeux fermés, le visage pâle, défiguré et tout couvert de larmes. Elle l'observe avec attention, son cœur palpite, elle croit reconnaître Ganem; mais bientôt elle se défie du rapport de ses yeux : si elle trouve quelque chose de Ganem dans l'objet qu'elle considère, il lui paraît d'ailleurs si différent, qu'elle n'ose s'imaginer que c'est lui qui s'offre à sa vue. Ne pouvant, toutefois, résister à l'envie de s'en éclaircir : « Ganem, lui dit-elle d'une voix tremblante, est-ce vous que je vois? » A ces mots, elle s'arrêta pour donner au jeune homme le temps de répondre; mais s'apercevant qu'il y paraissait insensible : « Ah! Ganem, reprit-elle, ce n'est point à toi que je parle : mon imagination, trop pleine de ton image, a prêté à cet étranger une trompeuse ressemblance. Le fils d'Abou Aibou, quelque malade qu'il pût être, entendrait la voix de Tourmente. » Au nom de Tourmente, Ganem (car c'était effectivement lui) ouvrit les paupières et tourna la tête vers la personne qui lui adressait la parole, et reconnaissant la favorite du kalife : « Ah! madame, est-ce vous? Par quel miracle.... » Il ne put achever : il fut tout à coup saisi d'un transport de joie si vif, qu'il s'évanouit. Tourmente et le syndic s'empressèrent de le secourir; mais, dès qu'ils remarquèrent qu'il commençait à revenir de son évanouissement, le syndic pria la dame de se retirer, de peur que sa vue n'irritât le mal de Ganem.

Ce jeune homme, ayant repris ses esprits, regarda de tout côté, et ne voyant pas ce qu'il cherchait : « Belle Tourmente, s'écria-t-il, qu'êtes-vous devenue? Vous êtes-vous en effet présentée à mes yeux, ou n'est-ce qu'une illusion? — Non, seigneur, lui dit le syndic, ce n'est point une illusion : c'est moi qui ai fait sortir cette dame; mais vous la reverrez sitôt que vous serez en état de soutenir sa vue. Vous avez besoin de repos présentement, et rien ne doit vous empêcher d'en prendre. Vos affaires ont changé de face, puisque vous êtes, ce me semble, ce Ganem à qui le Commandeur des croyants a fait publier dans Bagdad qu'il pardonnait le passé. Qu'il vous suffise pour le moment de savoir cela. La dame qui vient de vous parler vous en instruira plus amplement : ne songez donc qu'à rétablir votre santé; pour moi, je vais y contribuer autant qu'il me sera possible. » En achevant ces mots, il laissa reposer Ganem, et alla lui faire préparer tous les remèdes qu'il jugea nécessaires pour réparer ses forces épuisées par la diète et par la fatigue.

Pendant ce temps-là, Tourmente était dans la chambre de Force des Cœurs et de sa mère, où se passa la même scène à peu près; car lorsque la mère de Ganem apprit que cet étranger malade, que le syndic venait de faire apporter chez lui, était Ganem lui-même, elle en eut tant de joie qu'elle s'évanouit aussi; et dès que, par les soins de Tourmente et de la femme du syndic, elle fut revenue de sa faiblesse, elle voulut se lever pour aller voir son fils; mais le syndic, qui arriva sur ces entrefaites, l'en empêcha en lui représentant que Ganem était si faible et si exténué, que l'on ne pouvait, sans compromettre sa vie, exciter en lui les mouvements que doit causer .a vue inopinée d'une mère et d'une sœur qu'on aime. Le syndic n'eut pas besoin de longs discours pour persuader la mère de Ganem. Dès qu'on lui dit qu'elle ne pouvait entretenir son fils sans mettre en danger ses jours, elle ne fit plus d'instance pour l'aller trouver. Alors Tourmente prenant la parole : « Bénissons le Ciel, dit-elle, de nous avoir tous rassemblés dans un même lieu. Je vais retourner au palais informer le kalife de toutes ces aventures, et demain matin je reviendrai vous joindre. » Après avoir parlé de cette manière, elle embrassa la mère et la fille, et sortit. Elle arriva au palais, et dès qu'elle y fut, elle fit demander une audience particulière au kalife : elle l'obtint dans le moment. On l'introduisit dans le cabinet de ce prince ; il y était seul. Elle se jeta d'abord à ses pieds, la face contre terre, selon la coutume : il lui dit de se relever, et, l'ayant fait asseoir, il lui demanda si elle avait appris des nouvelles de Ganem. « Commandeur des croyants, lui dit-elle, j'ai si bien fait, que je l'ai retrouvé avec sa mère et sa sœur. » Le kalife fut curieux d'apprendre comment elle avait pu les rencontrer en si peu de temps. Elle satisfit sa curiosité, et lui dit tant de bien de la mère de Ganem et de Force des Cœurs, qu'il eut envie de les voir aussi bien que le jeune marchand.

CCLXXVIᵉ NUIT.

Sire, si Haroun Alraschild était violent, et si, dans ses emportements, il se portait quelquefois à des actions cruelles, en récompense il était équitable et le plus généreux prince du monde, dès que sa colère était passée et qu'on lui faisait connaître son injustice. Ainsi, ne pouvant douter qu'il n'eût injustement persécuté Ganem et sa famille, et les ayant maltraités publiquement, il résolut de leur faire une satisfaction publique : « Je suis ravi, dit-il à Tourmente, de l'heureux succès de tes recherches ; j'en ai une extrême joie, moins pour l'amour de toi, qu'à cause de moi-même. Je tiendrai la promesse que j'ai faite : tu épouseras Ganem, et je déclare dès à présent que tu n'es plus mon esclave ; tu es libre. Va retrouver ce jeune marchand, et dès que sa santé sera rétablie, tu me l'amèneras avec sa mère et sa sœur. »

Le lendemain, de grand matin, Tourmente ne manqua pas de se rendre chez le syndic des joailliers, impatiente de savoir l'état de la santé de Ganem, et d'apprendre à la mère et à la fille les bonnes nouvelles qu'elle avait à leur annoncer. La première personne qu'elle rencontra fut le syndic, qui lui dit que Ganem avait fort bien passé la nuit; que son mal ne provenant que de mélancolie, et la cause en étant ôtée, il serait bientôt guéri.

Effectivement, le fils d'Abou Aibou se trouva beaucoup mieux; le repos et les bons remèdes qu'il avait pris, et, plus que tout cela, la nouvelle situation de son esprit, avaient produit un si bon effet, que le syndic jugea qu'il pouvait sans péril voir sa mère, sa sœur et sa maîtresse, pourvu qu'on le préparât à les recevoir, parce qu'il était à craindre que ne sachant pas que sa mère et sa sœur fussent à Bagdad, leur vue ne lui causât trop de surprise et de joie. Il fut résolu que Tourmente entrerait d'abord toute seule dans la chambre de Ganem, et qu'elle ferait signe aux deux autres dames de paraître quand il en serait temps.

Les choses étant ainsi réglées, Tourmente fut annoncée par le syndic au malade, qui fut si charmé de la revoir, que peu s'en fallut qu'il ne s'évanouît encore : « Eh bien! Ganem, lui dit-elle en s'approchant de son lit, vous retrouvez votre Tourmente, que vous vous imaginiez avoir perdue pour jamais. — Ah! madame, interrompit-il avec précipitation, par quel miracle venez-vous vous offrir à mes yeux? Je vous croyais au palais du kalife. Ce prince vous a sans doute écoutée ; vous avez dissipé ses soupçons, et il vous a redonné sa tendresse. — Oui, mon cher Ganem, reprit Tourmente, je me suis justifiée dans l'esprit du Commandeur des croyants, qui, pour réparer le mal qu'il vous a fait souffrir, me donne à vous pour épouse. » Ces dernières paroles causèrent à Ganem une joie si vive, qu'il ne put d'abord s'exprimer que par ce silence tendre si connu des amants. Mais il le rompit enfin : « Ah! belle Tourmente, s'écria-t-il, puis-je ajouter foi au discours que vous me tenez? Croirai-je qu'en effet le kalife vous cède au fils d'Abou Aibou? — Rien n'est plus véritable, repartit la dame; ce prince, qui vous faisait auparavant chercher pour vous ôter la vie, et qui, dans sa fureur, a fait souffrir mille indignités à votre mère et à votre sœur, souhaite de vous voir présentement, pour vous récompenser du respect que vous avez eu pour lui, et il n'est pas douteux qu'il ne comble de bienfaits toute votre famille. »

Ganem demanda de quelle manière le kalife avait traité sa mère et sa sœur; ce que Tourmente lui raconta. Il ne put entendre ce récit sans pleurer, malgré la situation où la nouvelle de son mariage avec sa maîtresse avait mis son esprit. Mais lorsque Tourmente lui dit qu'elles étaient actuellement à Bagdad, et dans la maison même où il se trouvait, il parut avoir une si grande impatience de les voir, que la favorite ne différa point à la satisfaire : elle les appela. Elles étaient à la porte, où elles n'attendaient que ce moment. Elles entrent, s'avancent vers Ganem, et l'embrassant tour à tour, le baisent à plusieurs reprises. Que de larmes furent répandues dans ces embrassements! Ganem en avait le visage tout couvert, aussi bien que sa mère et sa sœur; Tourmente en versait abondamment; le syndic même et sa femme, que ce spectacle attendrissait, ne pouvaient retenir leurs pleurs, ni se lasser d'admirer les ressorts secrets de la Providence, qui rassemblait chez eux quatre personnes que la fortune avait si cruellement séparées.

Après qu'ils eurent tous essuyé leurs larmes, Ganem en arracha de nouvelles en faisant le récit de tout ce qu'il avait souffert depuis le jour qu'il avait quitté Tourmente jusqu'au moment où le syndic l'avait fait apporter chez lui. Il leur apprit que s'étant réfugié dans un petit village, il y était tombé malade; que quelques paysans charitables en avaient eu soin; mais que, ne guérissant point, un chamelier s'était chargé de l'amener à l'hôpital de Bagdad. Tourmente raconta aussi tous les ennuis de sa prison; comment le kalife, après l'avoir entendue parler dans la tour, l'avait fait venir dans son cabinet, et par quels discours elle s'était justifiée. Enfin, quand ils se furent instruits des choses qui leur étaient arrivées, Tourmente dit : « Bénissons le Ciel, qui nous a tous réunis, et ne songeons qu'au bonheur qui nous attend. Dès que la santé de Ganem sera rétablie, il faudra qu'il paraisse devant le kalife avec sa mère et sa sœur; mais comme elles ne sont pas en état de se montrer, je vais y mettre bon ordre. Je vous prie de m'attendre un moment. »

En disant ces mots, elle sortit, alla au palais, et revint en peu de temps chez le syndic, avec une bourse où il y avait encore mille pièces d'or. Elle la donna au syndic, en le priant d'acheter des habits pour Force des Cœurs et pour sa mère. Le syndic, qui était un homme de bon goût, en choisit de fort beaux, et les fit faire avec toute la diligence possible. Ils se trouvèrent prêts au bout de trois jours, et Ganem, se sentant assez fort pour sortir, s'y disposa. Mais le jour qu'il avait pris pour aller saluer le kalife, comme il s'y préparait avec Force des Cœurs et sa mère, on vit arriver chez le syndic le grand vizir Giafar.

Ce ministre était à cheval avec une grande suite d'officiers : « Seigneur, dit-il à Ganem en entrant, je viens ici de la part du Commandeur des croyants, mon maître et le vôtre; l'ordre dont je suis chargé est bien différent de celui dont je ne veux pas vous renouveler le souvenir : je dois vous accompagner et vous présenter au kalife, qui souhaite de vous voir. » Ganem ne répondit au compliment du grand vizir que par une très-profonde inclination de tête, et monta un cheval des écuries du kalife, qu'on lui présenta, et qu'il mania avec beaucoup de grâce. On fit monter la mère et la fille sur des mules du palais, et tandis que Tourmente, aussi montée sur une mule, les menait chez le prince par un chemin détourné, Giafar conduisit Ganem par un autre, et l'introduisit dans la salle d'audience. Le kalife y était assis sur son trône, environné des émirs, des vizirs, des chefs des huissiers, et des autres courtisans arabes, persans, égyptiens, africains et syriens, de sa domination, sans parler des étrangers.

Quand le grand vizir eut amené Ganem au pied du trône, ce jeune marchand fit sa révérence en se jetant la face contre terre, et puis, s'étant levé, il débita un beau compliment en vers, qui, bien que composé sur-le-champ, ne laissa pas d'attirer l'approbation de toute la cour. Après son compliment, le kalife le fit approcher, et lui dit : « Je suis bien aise de te voir, et d'apprendre de toi-même où tu as trouvé ma favorite, et tout ce que tu as fait pour elle. » Ganem obéit, et parut si sincère, que le kalife fut convaincu de sa sincérité. Ce prince lui fit donner une robe fort riche, selon la coutume observée envers ceux à qui l'on donnait audience; ensuite il lui dit : « Ganem, je veux que tu demeures dans ma cour. — Commandeur des croyants, répondit le jeune marchand, l'esclave n'a point d'autre volonté que celle de son maître, de qui dépendent sa vie et son bien. » Le kalife fut très-satisfait de la réponse de Ganem, et lui donna une grosse pension. Ensuite ce prince descendit du trône, et se faisant suivre par Ganem et par le grand vizir seulement, il entra dans son appartement.

Comme il ne doutait pas que Tourmente n'y fût avec la mère et la fille d'Abou Aibou, il ordonna qu'on les lui amenât. Elles se prosternèrent devant lui. Il les fit relever; et il trouva Force des Cœurs si belle, qu'après l'avoir considérée avec attention : « J'ai tant de douleur, lui dit-il, d'avoir traité si indignement vos charmes, que je leur dois une réparation qui surpasse l'offense que je leur ai faite : je vous épouse, et par là je punirai Zobéide, qui deviendra la première cause de votre bonheur, comme elle l'est de vos malheurs passés. Ce n'est pas tout, ajouta-t-il en se tournant vers la mère de Ganem, madame, vous êtes encore jeune, et je crois que vous ne dédaignerez pas l'alliance de mon grand vizir : je vous donne à Giafar, et vous, Tourmente, à Ganem. Que l'on fasse venir un cadi et des témoins, et que les trois contrats soient dressés et signés tout à l'heure. » Ganem voulut représenter au kalife que sa sœur serait trop honorée d'être seulement au nombre de ses favorites; mais ce prince voulut épouser Force des Cœurs.

Il trouva cette histoire si extraordinaire, qu'il fit ordonner à un fameux historien de la mettre par écrit avec toutes ses circonstances. Elle fut ensuite déposée dans son trésor, d'où plusieurs copies, tirées sur cet original, l'ont rendue publique.

Après que Scheherazade eut achevé l'histoire de Ganem, fils d'Abou Aïbou, le sultan des Indes témoigna de nouveau qu'elle lui avait fait plaisir : Sire, dit alors la sultane, puisque cette histoire vous a diverti, je supplie très-humblement votre majesté de vouloir bien entendre celle du prince Zeyn Alasnam et du roi des Génies : vous n'en serez pas moins content.

Schahriar y consentit ; mais comme le jour commençait à paraître, on la remit à la nuit suivante. La sultane la commença de cette manière :

CCLXXVII[e] NUIT.

HISTOIRE

DU PRINCE ZEYN ALASNAM ET DU ROI DES GÉNIES [1].

N roi de Balsora possédait de grandes richesses ; il était aimé de ses sujets ; mais il n'avait point d'enfants, et cela l'affligeait beaucoup. Cependant, il engagea par des présents considérables tous les saints personnages de ses états à demander au Ciel un fils pour lui, et leurs prières ne furent pas inutiles : la reine devint grosse, et accoucha très-heureusement d'un prince, qui fut nommé Zeyn Alasnam, c'est-à-dire l'ornement des statues.

Le roi fit assembler tous les astrologues de son royaume, et leur ordonna de tirer l'horoscope de l'enfant. Ils découvrirent par leurs observations qu'il vivrait long-temps, qu'il serait courageux ; mais qu'il aurait besoin de son courage pour soutenir avec fermeté les malheurs qui le menaçaient. Le roi ne fut point épouvanté de cette prédiction : « Mon fils, dit-il, n'est pas à plaindre, puisqu'il doit être courageux : il est bon que les princes éprouvent des disgrâces, l'adversité purifie leur vertu ; ils en savent mieux régner. »

Il récompensa les astrologues et les renvoya. Il fit élever Zeyn

---

[1] Cette histoire et la suivante ne font point partie des *Mille et une Nuits*, et ne se trouvent point dans les premières éditions de Galland, imprimées d'après ses manuscrits.

avec tout le soin imaginable ; il lui donna des maîtres dès qu'il le vit en âge de profiter de leurs instructions ; enfin il se proposait d'en faire un prince accompli, quand tout à coup ce bon roi fut atteint d'une maladie que ses médecins ne purent guérir. Se voyant au lit de la mort, il appela son fils, et lui recommanda, entre autres choses, de s'attacher à se faire aimer plutôt qu'à se faire craindre de son peuple ; de ne point prêter l'oreille aux flatteurs ; et d'être aussi lent à récompenser qu'à punir, parce qu'il arrivait souvent que les rois, séduits par de fausses apparences, accablaient de bienfaits les méchants et opprimaient l'innocence.

Aussitôt que le roi fut mort, le prince Zeyn prit le deuil, qu'il porta durant sept jours ; le huitième, il monta sur le trône, ôta du trésor royal le sceau de son père, pour y mettre le sien[1], et commença à goûter la douceur de régner. Le plaisir de voir tous ses courtisans fléchir devant lui, et se faire leur unique étude de lui prouver leur obéissance et leur zèle, en un mot, le pouvoir souverain eut trop de charmes pour lui : il ne regarda que ce que ses sujets lui devaient, sans penser à ce qu'il devait à ses sujets ; il se mit peu en peine de les bien gouverner ; il se plongea dans toutes sortes de débauches avec de jeunes voluptueux, qu'il revêtit des premières charges de l'État ; il n'eut plus de règle. Comme il était naturellement prodigue, il ne mit aucun frein à ses largesses, et insensiblement ses femmes et ses favoris épuisèrent ses trésors.

La reine, sa mère, vivait encore : c'était une princesse sage et prudente ; elle avait essayé plusieurs fois inutilement d'arrêter le cours des prodigalités et des débauches du roi, son fils, en lui représentant que, s'il ne changeait bientôt de conduite, non-seulement il dissiperait ses richesses, mais qu'il aliénerait même l'esprit de ses peuples, et causerait une révolution qui lui coûterait peut-être la couronne et la vie. Peu s'en fallut que ce qu'elle avait prédit n'arrivât : les peuples commencèrent à murmurer contre le gouvernement, et leurs murmures auraient infailliblement été suivis d'une révolte générale, si la reine n'eût eu l'adresse de la prévenir. Mais cette princesse, informée de la mauvaise disposition des choses, en avertit le roi, qui se laissa enfin persuader. Il confia le ministère à de sages vieillards, qui surent bien retenir ses sujets dans le devoir.

Cependant Zeyn, voyant toutes ses richesses consommées, se repentit de n'en avoir pas fait un meilleur usage. Il tomba dans une mélancolie mortelle, et rien ne pouvait le consoler. Une nuit il vit

---

[1] Le sceau royal porte toujours les lettres du nom du prince régnant.

en songe un vénérable vieillard qui s'avança vers lui, et lui dit d'un air riant :

O Zeyn ! sache qu'il n'y a pas de chagrin qui ne soit suivi de joie ; point de malheur qui ne traîne à sa suite quelque bonheur. Si tu veux voir la fin de ton affliction, lève-toi, pars pour l'Egypte, va-t'en au Caire : une grande fortune t'y attend. »

Le prince, à son réveil, fut frappé de ce songe ; il en parla fort sérieusement à la reine, sa mère, qui n'en fit que rire : « Ne voudriez-vous point, mon fils, lui dit-elle, aller en Egypte sur la foi de ce beau songe ? — Pourquoi non, madame ? répondit Zeyn. Pensez-vous que tous les songes soient chimériques ? Non, non, il y en a de mystérieux ; mes précepteurs m'ont raconté mille histoires qui ne me permettent pas d'en douter [1]. D'ailleurs, quand je n'en serais pas persuadé, je ne pourrais me défendre d'écouter mon songe : le vieillard qui m'est apparu avait quelque chose de surnaturel. Ce n'est point un de ces hommes que la seule vieillesse rend respectables ; je ne sais quel air divin était répandu sur sa personne ; il était tel enfin qu'on nous représente le grand Prophète, et si vous voulez que je vous découvre ma pensée, je crois que c'est lui qui, touché de mes peines, veut les soulager. Je m'en fie à la confiance qu'il m'a inspirée ; je suis plein de ses promesses, et j'ai résolu de suivre sa voix. » La reine essaya de l'en détourner, mais elle n'en put venir à bout. Le prince lui laissa la conduite du royaume, sortit une nuit du palais fort secrètement, et prit la route du Caire, sans vouloir être accompagné de personne.

Après beaucoup de fatigues et de peines, il arriva dans cette fameuse ville, qui a peu de rivales au monde, soit pour la grandeur, soit pour la beauté. Il alla descendre à la porte d'une mosquée, où, se sentant accablé de lassitude, il se coucha. A peine fut-il endormi qu'il vit le même vieillard, qui lui dit :

« O mon fils ! je suis content de toi, tu as ajouté foi à mes paroles ; tu es venu ici sans que la longueur et les difficultés des chemins t'aient rebuté ; mais apprends que je ne t'ai fait faire un si long voyage que pour t'éprouver. Je vois que tu as du courage et de la fermeté ; tu mérites que je te rende le plus riche et le plus heureux prince de la terre : retourne à Balsora ; tu trouveras dans ton palais des richesses immenses. Jamais roi n'en a tant possédé qu'il y en a. »

Le prince ne fut pas satisfait de ce songe : « Hélas ! dit-il en lui-

[1] Tous les peuples ont cru et croient encore, plus ou moins, aux songes, mais les Orientaux particulièrement : ils ont un grand nombre de traités sur la manière de les interpréter, faits par des hommes très-recommandables d'ailleurs.

même après s'être réveillé, quelle était mon erreur! Ce vieillard, que je croyais notre grand prophète, n'est qu'un pur ouvrage de mon imagination agitée. J'en avais l'esprit si rempli, qu'il n'est pas surprenant que j'y aie rêvé une seconde fois. Retournons à Balsora. Que ferais-je ici plus long-temps? Je suis bien heureux de n'avoir dit à personne qu'à ma mère le motif de mon voyage; je deviendrais la fable de mes peuples, s'ils le savaient. »

Il reprit donc le chemin de son royaume; et dès qu'il y fut arrivé, la reine lui demanda s'il revenait content. Il lui conta tout ce qui s'était passé, et parut si mortifié d'avoir été trop crédule, que cette princesse, au lieu d'augmenter son ennui par des reproches ou par des railleries, le consola : « Cessez de vous affliger, mon fils, lui dit-elle : si Dieu vous destine des richesses, vous les acquerrez sans peine. Demeurez en repos; tout ce que j'ai à vous recommander, c'est d'être vertueux. Renoncez aux délices de la danse, des orgues et du vin couleur de pourpre; fuyez tous ces plaisirs; ils vous ont déjà pensé perdre. Appliquez-vous à rendre vos sujets heureux : en faisant leur bonheur vous assurerez le vôtre. »

Le prince Zeyn jura qu'il suivrait désormais tous les conseils de sa mère, et ceux des sages vizirs dont elle avait fait choix, pour l'aider à soutenir le poids du gouvernement. Mais, dès la première nuit qu'il fut de retour en son palais, il vit en songe pour la troisième fois le vieillard, qui lui dit :

« O courageux Zeyn, le temps de ta prospérité est enfin venu. Demain matin, d'abord que tu seras levé, prends une pioche, et va fouiller dans le cabinet du feu roi : tu y découvriras un grand trésor. »

Le prince ne fut pas plutôt réveillé qu'il se leva. Il courut à l'appartement de la reine, et lui raconta avec beaucoup de vivacité le nouveau songe qu'il venait de faire : « En vérité, mon fils, dit la reine en souriant, voilà un vieillard bien obstiné : il n'est pas content de vous avoir trompé deux fois; êtes-vous d'humeur à vous y fier encore? — Non, madame, répondit Zeyn, je ne crois nullement ce qu'il m'a dit; mais je veux par plaisir visiter le cabinet de mon père. — Oh! je m'en doutais bien, s'écria la reine en éclatant de rire : allez, mon fils, contentez-vous. Ce qui me console, c'est que la chose n'est pas si fatigante que le voyage d'Égypte. »

« Hé bien! madame, reprit le roi, il faut vous l'avouer, ce troisième songe m'a rendu ma confiance : il est lié aux deux autres. Car enfin examinons toutes les paroles du vieillard : il m'a d'abord ordonné d'aller en Égypte; là, il m'a dit qu'il ne m'avait fait faire ce voyage que pour m'éprouver :

« Retourne à Balsora, m'a-t-il dit ensuite : c'est là que tu dois trouver des trésors. »

« Cette nuit il m'a marqué précisément l'endroit où ils sont. Ces trois songes, ce me semble, sont suivis, ils n'ont rien d'équivoque : pas une circonstance qui embarrasse. Après tout, ils peuvent être chimériques; mais j'aime mieux faire une recherche vaine, que de me reprocher toute ma vie d'avoir manqué peut-être de grandes richesses en faisant mal à propos l'esprit fort. »

En achevant ces paroles, il sortit de l'appartement de la reine, se fit donner une pioche, et entra seul dans le cabinet du feu roi. Il se mit à piocher, et il leva plus de la moitié des carreaux du pavé sans apercevoir la moindre apparence de trésor. Il quitta l'ouvrage pour se reposer un moment, disant en lui-même : « J'ai bien peur que ma mère n'ait eu raison de se moquer de moi. » Néanmoins il reprit courage, et continua son travail. Il n'eut pas sujet de s'en repentir : il découvrit tout à coup une pierre blanche qu'il leva, et dessous il trouva une porte à laquelle était attaché un cadenas d'acier....

La nuit suivante, Schehérazade, s'adressant au sultan, son époux :

CCLXXVIII^e NUIT.

Sire, Zeyn rompit le cadenas à coups de pioche, et ouvrit la porte, qui couvrait un escalier de marbre blanc. Il alluma aussitôt une bougie, et descendit par cet escalier dans une chambre parquetée de porcelaine de la Chine, et dont les lambris et le plafond étaient de cristal. Mais il s'attacha particulièrement à regarder quatre estrades, sur chacune desquelles il y avait dix urnes de porphyre. Il s'imagina qu'elles étaient pleines de vin : « Bon! dit-il, ce vin doit être bien vieux; je ne doute pas qu'il ne soit excellent. » Il s'approcha de l'une de ces urnes, il en ôta le couvercle, et vit avec autant de surprise que de joie qu'elle était pleine de pièces d'or. Il visita les autres l'une après l'autre, et les trouva pleines de sequins. Il en prit une poignée qu'il porta à la reine.

Cette princesse fut dans un étonnement que l'on peut aisément s'imaginer, quand elle entendit le rapport que le roi lui fit de tout ce qu'il avait vu : « O mon fils, s'écria-t-elle, gardez-vous de dissiper follement tous ces biens, comme vous avez déjà fait ceux du trésor royal ! Que vos ennemis n'aient pas un si grand sujet de se réjouir ! — Non, madame, répondit Zeyn, je vivrai désormais d'une manière qui ne vous donnera que de la satisfaction. »

La reine pria le roi, son fils, de la mener dans cet admirable souterrain, que le feu roi, son mari, avait fait faire si secrètement qu'elle n'en avait jamais ouï parler. Zeyn la conduisit au cabinet, l'aida à descendre l'escalier de marbre, et la fit entrer dans la chambre où étaient les urnes. Elle regarda toutes choses d'un œil curieux, et remarqua dans un coin une petite urne de la même matière que les autres. Le prince ne l'avait point encore aperçue. Il la prit, et l'ayant ouverte, il trouva dedans une clef d'or : « Mon fils, dit alors la reine, cette clef enferme sans doute quelque nouveau trésor. Cherchons partout ; voyons si nous ne découvrirons point à quel usage elle est destinée. »

Ils examinèrent la chambre avec une extrême attention ; et trouvèrent enfin une serrure au milieu d'un lambris. Ils jugèrent que c'était celle dont ils avaient la clef. Le roi en fit l'essai sur-le-champ. Aussitôt une porte s'ouvrit, et leur laissa voir une autre chambre au milieu de laquelle étaient neuf piédestaux d'or massif, dont huit soutenaient chacun une statue faite d'un seul diamant ; et ces statues jetaient tant d'éclat, que la chambre en était tout éclairée :

« O Ciel, s'écria Zeyn tout surpris, où mon père a-t-il pu trouver de si belles choses? » Le neuvième piédestal redoubla son étonnement ; car il y avait dessus une pièce de satin blanc sur laquelle étaient écrits ces mots :

« O mon cher fils, ces huit statues m'ont coûté beaucoup de peine à acquérir? Mais quoiqu'elles soient d'une grande beauté, sache qu'il y en a une neuvième au monde qui les surpasse : elle vaut mieux toute seule que mille comme celles que tu vois. Si tu souhaites de t'en rendre possesseur, va dans la ville du Caire en Égypte. Il y a là un de mes anciens esclaves appelé Mobarec ; tu n'auras nulle peine à le découvrir : la première personne que tu rencontreras t'enseignera sa demeure. Va le trouver, dis-lui tout ce qui t'est arrivé. Il te connaîtra pour mon fils, et il te conduira jusqu'au lieu où est cette merveilleuse statue que tu acquerras avec le salut. »

Le prince, après avoir lu ces paroles, dit à la reine : « Je ne veux point manquer cette neuvième statue. Il faut que ce soit une pièce bien rare, puisque celles-ci toutes ensemble ne la valent pas. Je vais partir pour le Grand-Caire. Je ne crois pas, madame, que vous combattiez ma résolution. — Non, mon fils, répondit la reine, je ne m'y oppose point. Vous êtes sans doute sous la protection de notre grand prophète : il ne permettra pas que vous périssiez dans ce voyage. Partez quand il vous plaira : vos vizirs et moi, nous gouvernerons bien l'État pendant votre absence. » Le prince fit préparer son équipage, mais il ne voulut mener avec lui qu'un petit nombre d'esclaves seulement....

Cette nuit, la sultane n'en put dire davantage; le lendemain, elle reprit en ces termes la suite de son récit :

CCLXXIX^e NUIT.

Sire, il n'arriva au roi Zeyn nul accident sur la route. Il se rendit au Caire, où il demanda des nouvelles de Mobarec. On lui dit que c'était un des plus riches citoyens de la ville, qu'il vivait en grand seigneur, et que sa maison était ouverte particulièrement aux étrangers. Zeyn s'y fit conduire : il frappa à la porte; un esclave ouvre et lui dit : « Que souhaitez-vous, et qui êtes-vous? — Je suis étranger, répondit le prince. J'ai ouï parler de la générosité du seigneur Mobarec, et je viens loger chez lui. » L'esclave pria Zeyn d'attendre un moment; puis il alla dire cela à son maître, qui lui ordonna de faire entrer l'étranger. L'esclave revint à la porte, et dit au prince qu'il était le bienvenu.

Alors Zeyn entra, traversa une grande cour, et fut introduit dans une salle magnifiquement ornée, où Mobarec, qui l'attendait, le reçut fort civilement, et le remercia de l'honneur qu'il lui faisait de vouloir bien prendre un logement chez lui. Le prince, après avoir répondu à ce compliment, dit à Mobarec : « Je suis fils du feu roi de Balsora, et je m'appelle Zeyn Alasnam. — Ce roi, dit Mobarec, a été autrefois mon maître; mais, seigneur, je ne lui ai point connu de fils. Quel âge avez-vous? — J'ai vingt ans, répondit le prince. Combien y en a-t-il que vous avez quitté la cour de mon père? — Il y en a près de vingt-deux, dit Mobarec. Mais comment me persuaderez-vous que vous êtes son fils ? — Mon père, repartit Zeyn, avait sous son cabinet un souterrain, dans lequel j'ai trouvé quarante urnes de porphyre toutes pleines d'or. — Et quelle autre chose y a-t-il encore? répliqua Mobarec. — Il y a, dit le prince, neuf piédestaux d'or massif, sur huit desquels sont huit statues de diamant, et il y a sur le neuvième une pièce de satin blanc sur laquelle mon père a écrit ce qu'il faut que je fasse pour acquérir une nouvelle statue plus précieuse que les autres ensemble. Vous savez le lieu où est cette statue, parce qu'il est marqué sur le satin que vous m'y conduirez. »

Il n'eut pas achevé ces paroles, que Mobarec se jeta à ses genoux, et lui baisant une de ses mains à plusieurs reprises : « Je rends grâces à Dieu, s'écria-t-il, de vous avoir fait venir ici. Je vous connais pour le fils du roi de Balsora. Si vous voulez aller au lieu où est la statue merveilleuse, je vous y mènerai; mais il faut auparavant vous reposer ici quelques jours. Je donne aujourd'hui un festin aux grands du Caire; nous étions à table, lorsqu'on m'est venu avertir de votre arrivée: dédaignerez-vous, seigneur, de venir vous réjouir avec nous? — Non, répondit Zeyn, je serai ravi d'être de votre festin. » Aussitôt Mobarec le conduisit sous un dôme où était la compagnie; il le fit mettre à table, et commença de le servir à genoux. Les grands du Caire en furent surpris; ils se disaient tout bas les uns aux autres : « Hé! qui est donc cet étranger que Mobarec sert avec tant de respect? »

Après qu'ils eurent mangé, Mobarec prit la parole : « Grands du Caire, dit-il, ne soyez pas étonnés de m'avoir vu servir de cette sorte ce jeune étranger. Sachez que c'est le fils du roi de Balsora, mon maître. Son père m'acheta de ses propres deniers; il est mort sans m'avoir donné la liberté: ainsi, je suis encore esclave, et, par conséquent, tous mes biens appartiennent de droit à ce jeune prince, son unique héritier [1]. » Zeyn l'interrompit en cet endroit : « O Mobarec, lui dit-il, je déclare devant tous ces seigneurs que je vous affranchis dès ce moment, et que je retranche de mes biens votre personne et tout ce que vous possédez; voyez, outre cela, ce que vous voulez que je vous donne. » Mobarec, à ce discours, baisa la terre, et fit de grands remerciements au prince. Ensuite on apporta le vin : ils en burent toute la journée; et, sur le soir, les présents furent distribués aux convives, qui se retirèrent.

Le lendemain, Zeyn dit à Mobarec : « J'ai pris assez de repos. Je ne suis point venu au Caire pour vivre dans les plaisirs. J'ai dessein d'avoir la neuvième statue. Il est temps que nous partions pour l'aller conquérir. — Seigneur, répondit Mobarec, je suis prêt à céder à votre envie; mais vous ne savez pas tous les dangers qu'il faut courir, pour faire cette précieuse conquête. — Quelque péril qu'il y ait, répliqua le prince, j'ai résolu de l'entreprendre. J'y périrai, ou j'en viendrai à bout. Tout ce qui arrive, c'est Dieu qui le fait arriver. Accompagnez-moi seulement, et que votre fermeté soit égale à la mienne. »

Mobarec, le voyant déterminé à partir, appela ses domestiques, et leur ordonna d'apprêter les équipages. Ensuite, le prince et lui firent l'ablution et la prière de précepte appelée Farz [2], après quoi

---

[1] D'après la législation musulmane, tous les biens de l'esclave appartiennent au maître.

[2] Il n'y a pas de prière proprement appelée Farz. Les mahométans comprennent

ils se mirent en chemin. Ils remarquèrent sur leur route une infinité de choses rares et merveilleuses. Ils marchèrent pendant plusieurs jours, au bout desquels, étant arrivés dans un séjour délicieux, ils descendirent de cheval. Alors Mobarec dit à tous les domestiques qui le suivaient : « Demeurez en cet endroit, et gardez soigneusement les équipages jusqu'à notre retour. » Puis il dit à Zeyn : « Allons, Seigneur, avançons-nous seuls ; nous sommes proche du lieu terrible où l'on garde la neuvième statue : vous allez avoir besoin de votre courage. »

Ils arrivèrent bientôt au bord d'un grand lac. Mobarec s'assit sur le rivage, en disant au prince : « Il faut que nous passions cette mer. — Eh ! comment la pourrions-nous passer ? répondit Zeyn. Nous n'avons point de bateau. — Vous en verrez paraître un dans le moment, reprit Mobarec, le bateau enchanté du roi des Génies va venir vous prendre ; mais n'oubliez pas ce que je vais vous dire : il faut garder un profond silence ; ne parlez point au batelier ; quelque singulière que vous paraisse sa figure, quelque chose extraordinaire que vous puissiez remarquer, ne dites rien : car je vous avertis que si vous prononcez un seul mot, quand nous serons embarqués, la barque fondra sous les eaux. — Je saurai bien me taire, dit le prince : vous n'avez qu'à me prescrire tout ce que je dois faire, et je l'exécuterai fort exactement. »

En parlant ainsi, il aperçut tout à coup sur le lac un bateau fait de bois de sandal rouge. Il avait un mât d'ambre fin avec une banderole de satin bleu. Il n'y avait dedans qu'un batelier dont la tête ressemblait à celle d'un éléphant, et son corps avait la forme de celui d'un tigre. Le bateau s'étant approché du prince et de Mobarec, le batelier les prit avec sa trompe l'un après l'autre, et les mit dans son bateau. Ensuite, il les passa de l'autre côté du lac en un instant. Il les reprit avec sa trompe, les posa sur le rivage, et disparut aussitôt avec sa barque.

Schahriar écoutait avec plaisir Scheherazade, lorsque le jour vint interrompre son charmant récit ; elle le reprit la nuit suivante, au grand contentement de sa sœur et du sultan des Indes.

<hr />

sous ce nom les devoirs de droit divin, et qui sont d'une nécessité absolue pour être agréables à Dieu et à son Prophète, tels que la prière, l'aumône, le jeûne, etc.

CCLXXXᵉ NUIT.

« Sire, nous pouvons présentement parler, dit Mobarec: L'île où nous sommes est celle du roi des Génies; il n'y en a point de semblable dans le reste du monde : regardez de tous côtés, prince; est-il un plus charmant séjour? C'est sans doute une véritable image de ce lieu ravissant que Dieu destine aux fidèles observateurs de notre loi : voyez les champs parés de fleurs et de toutes sortes d'herbes odorantes; admirez ces beaux arbres, dont les fruits délicieux font plier les branches jusqu'à terre ; goûtez le plaisir que doivent causer ces chants harmonieux que forment dans les airs mille oiseaux de mille espèces inconnues dans les autres pays. » Zeyn ne pouvait se lasser de considérer la beauté des choses qui l'environnaient; et il en remarquait de nouvelles à mesure qu'il s'avançait dans l'île.

Enfin, ils arrivèrent devant un palais de fines émeraudes, entouré d'un large fossé; sur les bords duquel, d'espace en espace, étaient plantés des arbres si hauts qu'ils couvraient de leur ombrage tout le palais. Vis-à-vis de la porte, qui était d'or massif, il y avait un pont fait d'une seule écaille de poisson, quoiqu'il eût pour le moins six toises de long et trois de large. On voyait à la tête du pont une troupe de Génies d'une hauteur démesurée, qui défendaient l'entrée du château avec de grosses massues d'acier de la Chine.

« N'allons pas plus avant, dit Mobarec, ces Génies nous assommeraient; et si nous voulons les empêcher de venir à nous, il faut faire une cérémonie magique. » En même temps il tira d'une bourse qu'il avait sous sa robe quatre bandes de taffetas jaune. De l'une il entoura sa ceinture, et en mit une autre sur son dos; il donna les deux autres au prince, qui en fit le même usage. Après cela, Mobarec étendit sur la terre deux grandes nappes, au bord desquelles il répandit quelques pierreries avec du musc et de l'ambre. Il s'assit ensuite sur une de ces nappes, et Zeyn sur l'autre. Puis Mobarec parla dans ces termes au prince : « Seigneur, je vais présentement conjurer le roi des Génies, qui habite le palais qui s'offre à nos yeux : puisse-t-il venir à nous sans colère! Je vous avoue que je ne suis pas sans inquiétude sur la réception qu'il nous fera : si notre arrivée dans son île lui déplaît, il paraîtra sous la figure d'un monstre effroyable; mais s'il approuve votre dessein, il se montrera sous la forme d'un homme de bonne mine. Dès qu'il sera devant nous, il faudra vous lever et le saluer sans sortir de votre nappe, parce que vous péririez infailliblement si vous en sortiez. Vous lui direz :

« Souverain maître des Génies, mon père, qui était votre serviteur, a été emporté par l'ange de la mort : puisse votre majesté me protéger, comme elle a toujours protégé mon père ! »

« Et si le roi des Génies, ajouta Mobarec, vous demande quelle grâce vous voulez qu'il vous accorde, vous lui répondrez :

« Sire, c'est la neuvième statue que je vous supplie très-humblement de me donner. »

Mobarec, après avoir instruit de la sorte le prince Zeyn, commença de faire des conjurations. Aussitôt leurs yeux furent frappés d'un long éclair qui fut suivi d'un coup de tonnerre : toute l'île se couvrit d'épaisses ténèbres ; il s'éleva un vent furieux ; l'on entendit ensuite un cri épouvantable ; la terre fut ébranlée, et l'on sentit un tremblement pareil à celui qu'Asrafyel [1] doit causer, au jour du jugement.

Zeyn sentit quelque émotion, et commençait à tirer de ce bruit un fort mauvais présage, lorsque Mobarec, qui savait mieux que lui ce qu'il en fallait penser, se prit à sourire, et lui dit : « Rassurez-vous, mon prince, tout va bien. » En effet, dans le moment le roi des Génies se fit voir sous la forme d'un bel homme. Il ne laissait pas, toutefois, d'avoir dans son air quelque chose de farouche.

D'abord que le prince Zeyn l'aperçut, il lui fit le compliment que Mobarec lui avait dicté. Le roi des Génies en sourit, et répondit : « Ô mon fils, j'aimais ton père, et toutes les fois qu'il venait me rendre ses respects, je lui faisais présent d'une statue qu'il emportait. Je n'ai pas moins d'amitié pour toi. J'obligeai ton père, quelques jours avant sa mort, à écrire ce que tu as lu sur la pièce de satin blanc. Je lui promis de te prendre sous ma protection, et de te donner la neuvième statue qui surpasse en beauté celles que tu as. J'ai commencé à lui tenir parole : c'est moi que tu as vu en songe sous la forme d'un vieillard ; je t'ai fait découvrir le souterrain où sont les urnes et les statues, j'ai beaucoup de part à tout ce qui t'est arrivé, ou plutôt j'en suis la cause. Je sais ce qui t'a fait venir ici : tu obtiendras ce que tu désires. Quand je n'aurais pas promis à ton père de te le donner, je te l'accorderais volontiers ; mais il faut auparavant que tu me jures, par tout ce qui rend un serment inviolable, que tu reviendras dans cette île, et que tu m'amèneras une fille qui sera

---

[1] Asrafyel ou Asrafil ; c'est l'ange qui, suivant les mahométans, doit sonner de la trompette au son de laquelle tous les morts ressusciteront, pour paraître au dernier jugement.

dans sa quinzième année, qui n'aura jamais connu d'homme, ni souhaité d'en connaître. Il faut de plus que sa beauté soit parfaite, et que tu sois si bien maître de toi, que tu ne formes même aucun désir de la posséder en la conduisant ici. »

Zeyn fit le serment téméraire qu'on exigeait de lui : « Mais, seigneur, dit-il ensuite, je suppose que je sois assez heureux pour rencontrer une fille telle que vous la demandez, comment pourrai-je savoir que je l'aurai trouvée? — J'avoue, répondit le roi des Génies en souriant, que tu t'y pourrais tromper à la mine : cette connaissance passe les enfants d'Adam ; aussi n'ai-je pas dessein de m'en rapporter à toi là-dessus : je te donnerai un miroir qui sera plus sûr que tes conjectures. Dès que tu auras vu une fille de quinze ans parfaitement belle, tu n'auras qu'à regarder dans ton miroir, tu y verras l'image de cette fille : la glace se conservera pure et nette, si la fille est chaste ; et si, au contraire, la glace se ternit, ce sera une marque assurée que la fille n'aura pas toujours été sage, ou du moins qu'elle aura souhaité de cesser de l'être. N'oublie donc pas le serment que tu m'as fait ; garde-le en homme d'honneur : autrement, je t'ôterai la vie, quelque amitié que je me sente pour toi. » Le prince Zeyn Alasnam protesta de nouveau qu'il tiendrait exactement sa parole.

Alors le roi des Génies lui mit entre les mains un miroir, en disant : « O mon fils ! tu peux t'en retourner quand tu voudras ; voilà le miroir dont tu dois te servir. » Zeyn et Mobarec prirent congé du roi des Génies, et marchèrent vers le lac. Le batelier à tête d'éléphant vint à eux avec sa barque, et les repassa de la même manière qu'il les avait passés. Ils rejoignirent les personnes de leur suite, avec lesquelles ils retournèrent au Caire.

Le prince Alasnam se reposa quelques jours chez Mobarec. Ensuite il lui dit : « Partons pour Bagdad ; allons-y chercher une fille pour le roi des Génies. — Hé ! ne sommes-nous pas au Grand-Caire? répondit Mobarec. N'y trouverons-nous pas bien de belles filles? — Vous avez raison, reprit le prince ; mais comment ferons-nous pour découvrir les endroits où elles sont ? — Ne vous mettez point en peine de cela, seigneur, répliqua Mobarec ; je connais une vieille femme fort adroite, je la veux charger de cet emploi : elle s'en acquittera fort bien. »

Effectivement, la vieille eut l'adresse de faire voir au prince un grand nombre de très-belles filles de quinze ans ; mais, lorsqu'après les avoir regardées, il venait à consulter son miroir, la fatale pierre de touche de leur vertu, la glace, se ternissait toujours. Toutes les filles de la cour et de la ville, qui se trouvèrent dans leur quinzième année, subirent l'examen l'une après l'autre, et jamais la glace ne se conserva pure et nette.

Quand ils virent qu'ils ne pouvaient rencontrer des filles chastes au Caire, ils allèrent à Bagdad. Ils louèrent un palais magnifique dans un des plus beaux quartiers de la ville. Ils commencèrent à faire bonne chère; ils tenaient table ouverte, et après que tout le monde avait mangé dans le palais, on portait le reste aux derviches, qui, par là, subsistaient commodément.

Or il y avait dans le quartier un iman appelé Boubekir Muezzin : c'était un homme vain, fier et envieux ; il haïssait les gens riches, seulement parce qu'il était pauvre; sa misère l'aigrissait contre la prospérité de son prochain. Il entendit parler de Zeyn Alasnam, et de l'abondance qui régnait chez lui ; il ne lui en fallut pas davantage pour prendre ce prince en aversion ; il poussa même la chose si loin, qu'un jour, dans la mosquée, il dit au peuple, après la prière du soir : « O mes frères ! j'ai ouï dire qu'il est venu loger dans notre quartier un étranger qui dépense tous les jours des sommes immenses. Que sait-on ? Cet inconnu est peut-être un scélérat qui aura volé dans son pays des biens considérables, et il vient dans cette grande ville se donner du bon temps. Prenons-y garde, mes frères, si le kalife apprend qu'il y a un homme de cette sorte dans notre quartier, il est à craindre qu'il ne nous punisse de ne l'en avoir pas averti. Pour moi, je vous déclare que je m'en lave les mains, et que, s'il en arrive quelque accident, ce ne sera pas ma faute. » Le peuple, qui se laisse aisément persuader, cria tout d'une voix à Boubekir : « C'est votre affaire, docteur, faites savoir cela au conseil. » Alors l'iman, satisfait, se retira chez lui, et se mit à composer un mémoire, résolu de le présenter le lendemain au kalife.

Aux premiers rayons du jour, la sultane cessa de parler : « J'aurais bien voulu savoir, lui dit sa sœur, si ce méchant iman parvint à nuire au prince Zeyn. — Vous le saurez demain, répondit Scheherazade, et, si vous me réveillez de bonne heure, vous apprendrez la suite et la fin de cette histoire. Dinarzade promit qu'elle n'y manquerait pas.

CCLXXXI° NUIT.

Dinarzade fut en effet plus diligente, et la sultane parla au sultan des Indes en ces termes :

Sire, Mobarec, qui avait été à la prière et qui avait entendu comme les autres le discours du docteur, mit cinq cents sequins d'or dans un mouchoir, fit un paquet de plusieurs étoffes de soie, et s'en alla chez Boubekir. Le docteur lui demanda d'un ton brusque ce qu'il souhaitait : « O docteur ! lui répondit Mobarec d'un air doux, en lui mettant entre les mains l'or et les étoffes, je suis votre voisin et votre serviteur ; je viens de la part du prince Zeyn, qui demeure en ce quartier ; il a entendu parler de votre mérite, et il m'a chargé de vous venir dire qu'il souhaitait de faire connaissance avec vous. En attendant, il vous prie de recevoir ce petit présent. » Boubekir fut transporté de joie, et répondit à Mobarec : « De grâce, seigneur, demandez bien pardon au prince pour moi : je suis tout honteux de ne l'avoir point encore été voir ; mais je réparerai ma faute, et dès demain j'irai lui rendre mes devoirs. » En effet, le jour suivant, après la prière du matin, il dit au peuple : « Sachez, mes frères, qu'il n'y a personne qui n'ait ses ennemis ; l'envie attaque principalement ceux qui ont de grands biens : l'étranger dont je vous parlais hier au soir n'est point un méchant homme, comme quelques gens mal intentionnés ont voulu me le faire accroire ; c'est un jeune prince qui a mille vertus. Gardons-nous bien d'en aller faire quelque mauvais rapport au kalife. »

Boubekir, par ce discours, ayant effacé de l'esprit du peuple l'opinion qu'il avait donnée de Zeyn le soir précédent, s'en retourna chez lui. Il prit ses habits de cérémonie, et alla voir le jeune prince, qui le reçut très-agréablement. Après plusieurs compliments de part et d'autre, Boubekir dit au prince : « Seigneur, vous proposez-vous d'être long-temps à Bagdad ? — J'y demeurerai, lui répondit Zeyn, jusqu'à ce que j'aie trouvé une fille qui soit dans sa quinzième année, qui soit parfaitement belle, et si chaste, qu'elle n'ait jamais connu d'homme, ni souhaité d'en connaître. — Vous cherchez une chose assez rare, répliqua l'iman, et je craindrais fort que votre recherche ne fût inutile, si je ne savais pas où il y a une fille de ce caractère-là. Son père a été vizir autrefois ; mais il a quitté la cour, et vit depuis long-temps dans une maison écartée, où il se donne tout entier à l'éducation de sa fille. Je vais, seigneur, si vous voulez, la lui demander pour vous : je ne doute pas qu'il ne soit ravi d'avoir un gendre de votre naissance. — N'allons pas si vite, repartit le prince ; je n'épouserai point cette fille que je ne sache auparavant si elle me convient. Pour sa beauté, je puis m'en fier à vous ; mais à l'égard de sa vertu, quelles assurances m'en pouvez-vous donner ? — Eh ! quelles assurances en voulez-vous avoir ? dit Boubekir. — Il faut que je la voie en face, répondit Zeyn ; je n'en veux pas davantage pour me déterminer. — Vous vous connaissez donc bien en physionomie ? reprit l'iman en souriant. Eh bien ! venez avec moi chez son père, je le prierai de vous la laisser voir un moment en sa présence. »

Muezzin conduisit le prince chez le vizir, qui ne fut pas plutôt instruit de la naissance et du dessein de Zeyn, qu'il fit venir sa fille, et lui ordonna d'ôter son voile. Jamais une beauté si parfaite et si piquante ne s'était présentée aux yeux du jeune roi de Balsora ; il en demeura surpris. Dès qu'il put éprouver si cette fille était aussi chaste que belle, il tira son miroir, et la glace resta pure et nette.

Quand il vit qu'il avait enfin trouvé une jeune fille telle qu'il la souhaitait, il pria le vizir de la lui accorder. Aussitôt on envoya chercher le cadi, qui vint : on fit le contrat et la prière du mariage. Après cette cérémonie, Zeyn mena le vizir en sa maison, où il le régala magnifiquement et lui fit des présents considérables. Ensuite il envoya une infinité de joyaux à la mariée, par Mobarec, qui la lui amena chez lui, où les noces furent célébrées avec toute la pompe qui convenait au rang de Zeyn. Quand tout le monde se fut retiré, Mobarec dit à son maître : « Allons, seigneur, ne demeurons pas plus long-temps à Bagdad ; reprenons le chemin du Caire ; souvenez-vous de la promesse que vous avez faite au roi des Génies. — Partons, répondit le prince ; il faut que je m'en acquitte avec fidélité. Je vous avouerai pourtant, mon cher Mobarec, que si j'obéis au roi des Génies, ce n'est pas sans violence : la personne que je viens d'épouser est charmante, et je suis tenté de l'emmener à Balsora, pour la placer sur le trône. — Ah ! seigneur, gardez-vous bien de céder à votre envie ; rendez-vous maître de vos passions, et, quelque chose qui vous en puisse coûter, tenez parole au roi des Génies. — Eh bien ! Mobarec, dit le prince, ayez donc soin de me cacher cette aimable fille ; que jamais elle ne s'offre à mes yeux : peut-être même ne l'ai-je que trop vue ! »

Mobarec fit faire les préparatifs du départ. Ils retournèrent au Caire, et de là ils prirent la route de l'île du roi des Génies. Lorsqu'ils y furent, la fille, qui avait fait le voyage en litière, et que le prince n'avait point vue depuis le jour des noces, dit à Mobarec : « En quels lieux sommes-nous? Serons-nous bientôt dans les états du prince, mon mari? — Madame, répondit Mobarec, il est temps de vous détromper : le prince Zeyn ne vous a épousée que pour vous tirer du sein de votre père; ce n'est point pour vous rendre souveraine de Balsora qu'il vous a donné sa foi, c'est pour vous livrer au roi des Génies, qui lui a demandé une fille de votre caractère. » A ces mots elle se mit à pleurer amèrement, ce qui attendrit fort le prince et Mobarec : « Ayez pitié de moi, leur disait-elle. Je suis une étrangère. Vous répondrez devant Dieu de la trahison que vous m'avez faite. »

Ses larmes et ses plaintes furent inutiles ; on la présenta au roi des Génies, qui, après l'avoir regardée avec attention, dit à Zeyn : « Prince, je suis content de vous ; la fille que vous m'avez amenée est charmante et chaste, et l'effort que vous avez fait pour me tenir parole m'est agréable. Retournez dans vos états ; quand vous entrerez dans la chambre souterraine où sont les huit statues, vous y trouverez la neuvième que je vous ai promise : je vais l'y faire transporter par mes génies. » Zeyn remercia le roi, et reprit la route du Caire avec Mobarec; mais il ne demeura pas long-temps dans cette ville ; l'impatience de recevoir la neuvième statue lui fit précipiter son départ. Cependant il ne laissait pas de penser souvent à la fille qu'il avait épousée, et, se reprochant la tromperie qu'il lui avait faite, il se regardait comme la cause et l'instrument de son malheur : « Hélas! disait-il en lui-même, je l'ai enlevée aux tendresses de son père pour la sacrifier à un génie. O beauté sans pareille! vous méritiez un meilleur sort. »

Le prince Zeyn, occupé de ces pensées, arriva enfin à Balsora, où ses sujets, charmés de son retour, firent de grandes réjouissances. Il alla d'abord rendre compte de son voyage à la reine, sa mère, qui fut ravie d'apprendre qu'il avait obtenu la neuvième statue : « Allons, mon fils, dit-elle, allons la voir ; car elle est sans doute dans le souterrain, puisque le roi des Génies vous a dit que vous l'y trouveriez. » Le jeune roi et sa mère, tous deux pleins d'impatience de voir cette statue merveilleuse, descendirent dans le souterrain et entrèrent dans la chambre des statues. Mais quelle fut leur surprise lorsqu'au lieu d'une statue de diamant, ils aperçurent sur le neuvième piédestal une fille parfaitement belle, que le prince reconnut pour celle qu'il avait conduite dans l'île des Génies : « Prince, lui dit la jeune fille, vous êtes fort étonné de me voir ici : vous vous attendiez à trouver quelque chose de plus précieux que moi, et je ne doute point qu'en ce moment vous ne vous repentiez d'avoir pris tant de peine : vous vous proposiez une plus belle récompense. — Non, madame, répondit Zeyn, le Ciel m'est témoin que j'ai plus d'une fois pensé manquer de parole au roi des Génies, pour vous conserver à moi. De quelque prix que puisse être une statue de diamant, vaut-elle le plaisir de vous posséder? Je vous aime mieux que tous les diamants et toutes les richesses du monde. »

Dans le temps qu'il achevait de parler, on entendit un coup de tonnerre qui fit trembler le souterrain. La mère de Zeyn en fut épouvantée; mais le roi des Génies, qui parut aussitôt, dissipa sa frayeur : « Madame, lui dit-il, je protége et j'aime votre fils. J'ai voulu voir si à son âge il serait capable de dompter ses passions : je sais bien que les charmes de cette jeune personne l'ont frappé, et qu'il n'a pas tenu exactement la promesse qu'il m'avait faite de ne point souhaiter sa possession; mais je connais trop la fragilité de la nature humaine pour m'en offenser, et je suis charmé de sa retenue. Voilà cette neuvième statue que je lui destinais; elle est plus rare et plus précieuse que les autres. Vivez, Zeyn, poursuivit-il en s'adressant au prince, vivez heureux avec cette jeune dame; c'est votre épouse, et si vous voulez qu'elle vous garde une foi pure et constante, aimez-la toujours, mais aimez-la uniquement : ne lui donnez point de rivale, et je réponds de sa fidélité. » Le roi des Génies disparut à ces paroles, et Zeyn, enchanté de la jeune dame, consomma son mariage dès le jour même, la fit proclamer reine de Balsora, et ces deux époux, toujours fidèles, toujours amoureux, passèrent ensemble un grand nombre d'années.

La sultane des Indes n'eut pas plutôt fini l'histoire du prince Zeyn Alasnam, qu'elle demanda la permission d'en commencer une autre; ce que Schahriar lui ayant accordé pour la nuit suivante, parce que le jour allait bientôt paraître, cette princesse en fit le récit dans ces termes :

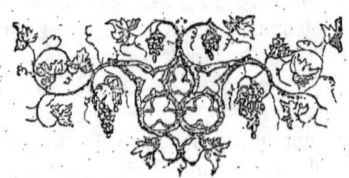

CCLXXXII° NUIT.

HISTOIRE

DE KODADAD ET DE SES FRÈRES.

EUX qui ont écrit l'histoire du royaume de Diarbekir rapportent que dans la ville de Harran régnait autrefois un roi très-magnifique et très-puissant. Il n'aimait pas moins ses sujets qu'il en était aimé. Il avait mille vertus, et il ne lui manquait, pour être parfaitement heureux, que d'avoir un héritier. Quoiqu'il eût dans son sérail les plus belles femmes du monde, il ne pouvait avoir d'enfants. Il en demandait sans cesse au Ciel ; et une nuit, pendant qu'il goûtait la douceur du sommeil, un homme de bonne mine, ou plutôt un prophète, lui apparut et lui dit :

« Tes prières sont exaucées ; tu as enfin obtenu ce que tu désirais. Lève-toi aussitôt que tu seras réveillé, mets-toi en prières, et fais deux génuflexions ; après cela, va dans les jardins de ton palais, appelle ton jardinier, et lui ordonne de t'apporter une grenade ; manges-en tant de grains qu'il te plaira, et tes souhaits seront comblés. »

Le roi, rappelant ce songe à son réveil, en rendit grâces au Ciel. Il se leva, se mit en prières, fit deux génuflexions ; puis il alla dans les jardins, où il prit cinquante grains de grenade qu'il compta l'un après l'autre, et qu'il mangea. Il avait cinquante femmes qui partageaient son lit : elles devinrent toutes grosses ; mais il y en eut une, nommée Pirouzé, dont la grossesse ne parut point. Il conçut de l'aversion pour cette dame, et voulait la faire mourir : « Sa stérilité, disait-il, est une marque certaine que le Ciel ne trouve pas Pirouzé digne d'être mère d'un prince. Il faut que je purge le monde d'un objet odieux au Seigneur. » Il formait cette cruelle résolution ; mais son vizir l'en détourna, en lui représentant que toutes les femmes n'étaient pas du même tempérament, et qu'il n'était pas impossible que Pirouzé fût grosse, quoique sa grossesse ne se déclarât point encore : « Eh bien ! reprit le roi, qu'elle vive ; mais qu'elle sorte de ma cour, car je ne puis la souffrir. — Que votre majesté, répliqua le vizir, l'envoie chez le prince Samer, votre cousin. » Le roi goûta cet avis : il envoya Pirouzé à Samarie avec une lettre, par laquelle il mandait à son cousin de la bien traiter ; et si elle était grosse, de lui donner avis de son accouchement.

Pirouzé ne fut pas plutôt arrivée dans ce pays-là, qu'on s'aperçut qu'elle était enceinte ; et enfin elle accoucha d'un prince plus beau que le jour. Le prince de Samarie écrivit aussitôt au roi de Harran, pour lui faire part de l'heureuse naissance de ce fils, et l'en féliciter. Le roi en eut beaucoup de joie, et fit une réponse au prince Samer dans ces termes :

« Mon cousin, toutes mes autres femmes ont mis aussi au monde
« chacune un prince, de sorte que nous avons ici un grand nombre
« d'enfants. Je vous prie d'élever celui de Pirouzé, de lui donner
« le nom de Kodadad [1], et vous me l'enverrez quand je vous le man-
« derai. »

Le prince de Samarie n'épargna rien pour l'éducation de son neveu. Il lui fit apprendre à monter à cheval, à tirer de l'arc, et toutes les autres choses qui conviennent aux fils des rois, si bien que Kodadad à dix-huit ans pouvait passer pour un prodige. Ce jeune prince, se sentant un courage digne de sa naissance, dit un jour à sa mère : « Madame, je commence à m'ennuyer à Samarie ; je sens que j'aime la gloire, permettez-moi d'aller chercher les occasions d'en acquérir dans les périls de la guerre. Le roi de Harran, mon père, a des ennemis : quelques princes, ses voisins, veulent troubler son repos. Que ne m'appelle-t-il à son secours? Pourquoi me laisse-t-il dans l'enfance si long-temps? Ne devrais-je pas être dans sa cour? Pendant que tous mes frères ont le bonheur de combattre à ses côtés, faut-il que je passe ici ma vie dans l'oisiveté? — Mon fils, lui répondit Pirouzé, je n'ai pas moins d'impatience que vous de voir votre nom fameux. Je voudrais que vous vous fussiez déjà signalé contre les ennemis du roi, votre père ; mais il faut attendre qu'il vous demande. — Non, madame, répliqua Kodadad, je n'ai que trop attendu. Je meurs d'envie de voir le roi, et je suis tenté de lui aller offrir mes services, comme un jeune inconnu. Il les acceptera sans doute, et je ne me découvrirai qu'après avoir fait mille actions glorieuses : je veux mériter son estime avant qu'il me reconnaisse. » Pirouzé approuva cette généreuse résolution ; et, de peur que le prince Samer ne s'y opposât, Kodadad, sans la lui communiquer, sortit un jour de Samarie, comme pour aller à la chasse.

Il était monté sur un cheval blanc qui avait une bride et des fers d'or, une selle avec une housse de satin bleu, toute parsemée de

---

[1] Dieudonné.

perles. Il avait un sabre dont la poignée était d'un seul diamant, et le fourreau de bois de sandal tout garni d'émeraudes et de rubis. Il portait sur ses épaules son carquois et son arc; et dans cet équipage qui relevait merveilleusement sa bonne mine, il arriva dans la ville de Harran. Il trouva bientôt moyen de se faire présenter au roi, qui, charmé de sa beauté, de sa taille avantageuse, ou peut-être entraîné par la force du sang, lui fit un accueil favorable, et lui demanda son nom et sa qualité : « Sire, répondit Kodadad, je suis fils d'un émir du Caire. Le désir de voyager m'a fait quitter ma patrie; et comme j'ai appris, en passant par vos états, que vous étiez en guerre avec quelques-uns de vos voisins, je suis venu dans votre cour pour offrir mon bras à votre majesté. » Le roi l'accabla de caresses, et lui donna de l'emploi dans ses troupes.

Ce jeune prince ne tarda guère à faire remarquer sa valeur : il s'attira l'estime des officiers, excita l'admiration des soldats; et comme il n'avait pas moins d'esprit que de courage, il gagna si bien les bonnes grâces du roi, qu'il devint bientôt son favori. Tous les jours les ministres et les autres courtisans ne manquaient point d'aller voir Kodadad; et ils recherchaient avec autant d'empressement son amitié, qu'ils négligeaient celle des autres fils du roi. Ces jeunes princes ne purent s'en apercevoir sans chagrin; et s'en prenant à l'étranger, ils conçurent tous pour lui une extrême haine. Cependant le roi, l'aimant de plus en plus tous les jours, ne se lassait pas de lui donner des marques de son affection : il le voulait avoir sans cesse auprès de lui, il admirait ses discours pleins d'esprit et de sagesse, et pour faire voir jusqu'à quel point il le croyait sage et prudent, il lui confia la conduite des autres princes, quoiqu'il fût de leur âge, de manière que voilà Kodadad gouverneur de ses frères.

Cela ne fit qu'irriter leur haine :

« Comment donc, dirent-ils, le roi ne se contente pas d'aimer un étranger plus que nous, il veut encore qu'il soit notre gouverneur, et que nous ne fassions rien sans sa permission? C'est ce que nous ne devons pas souffrir. Il faut nous défaire de cet étranger. — Nous n'avons, disait l'un, qu'à l'aller chercher tous ensemble, et le faire tomber sous nos coups. — Non, non, disait l'autre, gardons-nous bien de l'immoler nous-mêmes, sa mort nous rendrait odieux au roi, qui, pour nous en punir, nous déclarerait tous indignes de régner. Perdons l'étranger adroitement : demandons-lui permission d'aller à la chasse, et quand nous serons loin de ce palais, nous prendrons le chemin d'une autre ville, où nous irons passer quelque temps. Notre absence étonnera le roi, qui, ne nous voyant pas revenir, perdra patience, et fera peut-être mourir l'étranger; il le chassera du moins de sa cour, pour nous avoir permis de sortir du palais. »

Tous les princes applaudirent à cet artifice. Ils vont trouver Kodadad, et le prient de leur permettre d'aller prendre le divertissement de la chasse, en lui promettant de revenir le même jour. Le fils de Pirouzé donna dans le piége : il accorda la permission que ses frères lui demandaient. Ils partirent et ne revinrent point. Il y avait déjà trois jours qu'ils étaient absents, lorsque le roi dit à Kodadad : « Où sont les princes? Il y a long-temps que je ne les ai vus. — Sire, répondit-il, après avoir fait une profonde révérence, ils sont à la chasse depuis trois jours; ils m'avaient pourtant promis qu'ils reviendraient plus tôt. » Le roi devint inquiet, et son inquiétude augmenta lorsqu'il vit que le lendemain les princes ne paraissaient point encore. Il ne put retenir sa colère : « Imprudent étranger, dit-il à Kodadad, devais-tu laisser partir mes fils sans les accompagner? Est-ce ainsi que tu t'acquittes de l'emploi dont je t'ai chargé? Va les chercher tout à l'heure et me les amène; autrement ta perte est assurée. »

Ces paroles glacèrent d'effroi le malheureux fils de Pirouzé. Il se revêtit de ses armes, monta promptement à cheval. Il sort de la ville ; et, comme un berger qui a perdu son troupeau, il cherche partout ses frères dans la campagne, il s'informe dans tous les villages si on ne les a point vus; et n'en apprenant aucune nouvelle, il s'abandonne à la plus vive douleur : « Ah ! mes frères, s'écria-t-il, qu'êtes-vous devenus? Seriez-vous au pouvoir de nos ennemis? Ne serais-je venu à la cour de Harran que pour causer au roi un déplaisir si sensible? » Il était inconsolable d'avoir permis aux princes d'aller à la chasse, ou de ne les avoir point accompagnés.

Après quelques jours employés à une recherche vaine, il arriva dans une plaine d'une étendue prodigieuse, au milieu de laquelle il y avait un palais bâti de marbre noir. Il s'en approche, et voit à une fenêtre une dame parfaitement belle, mais parée de sa seule beauté : car elle avait les cheveux épars, des habits déchirés, et l'on remarquait sur son visage toutes les marques d'une profonde affliction. Sitôt qu'elle aperçut Kodadad, et qu'elle jugea qu'il pouvait l'entendre, elle lui adressa ces paroles . « O jeune homme, éloigne-toi de ce palais funeste, ou bien tu te verras bientôt en la puissance du monstre qui l'habite : un nègre qui se repaît de sang humain fait ici sa demeure ; il arrête toutes les personnes que leur mauvaise fortune fait passer par cette plaine, et il les enferme dans de sombres cachots, d'où il ne les tire que pour les dévorer. »

« Madame, lui répondit Kodadad, apprenez-moi qui vous êtes, et ne vous mettez point en peine du reste? — Je suis une fille de qualité du Caire, repartit la dame : je passais bien près de ce château pour aller à Bagdad; je rencontrai le nègre, qui tua tous mes domesques et m'amena ici. Je voudrais n'avoir rien à craindre que la mort ; mais, pour comble d'infortune, ce monstre veut que j'aie de la complaisance pour lui ; et si dès demain je ne me rends pas sans effort à sa brutalité, je dois m'attendre à la dernière violence. Encore une fois, poursuivit-elle, sauve-toi, le nègre va bientôt revenir ; il est sorti pour poursuivre quelques voyageurs qu'il a remarqués de loin dans la plaine : tu n'as pas de temps à perdre, et je ne sais pas même si par une prompte fuite tu pourras lui échapper. »

Elle n'eut pas achevé ces mots que le nègre parut : c'était un homme d'une grandeur démesurée et d'une mine effroyable. Il montait un puissant cheval de Tartarie, et portait un cimeterre si large et si pesant, que lui seul pouvait s'en servir. Le prince, l'ayant aperçu, fut étonné de sa taille monstrueuse. Il s'adressa au Ciel pour le prier de lui être favorable ; ensuite il tira son sabre, et attendit de pied ferme le nègre, qui, méprisant un si faible ennemi, le somma de se rendre sans combattre....

Scheherazade cessa de parler : le sultan parut regretter que l'arrivée du jour l'empêchât de savoir la suite de ce combat : aussi attendit-il impatiemment la nuit suivante.

CCLXXXIII^e NUIT.

Sire, Kodadad fit connaître par sa contenance qu'il voulait défendre sa vie, car il s'approcha de lui et le frappa rudement au genou. Le nègre, se sentant blessé, poussa un cri si effroyable, que toute la plaine en retentit. Il devient furieux, il écume de rage, il se lève sur ses étriers, et veut frapper à son tour Kodadad de son redoutable cimeterre. Le coup fut porté avec tant de raideur, que c'était fait du jeune prince, s'il n'eût pas eu l'adresse de l'éviter en faisant faire un mouvement à son cheval. Le cimeterre fit dans l'air un horrible sifflement. Alors, avant que le nègre eût eu le temps de porter un second coup, Kodadad lui en déchargea un sur le bras droit avec tant de force, qu'il le lui coupa. Le terrible cimeterre tomba avec la main qui le soutenait, et le nègre aussitôt, cédant à la violence du coup, vida les étriers, et fit retentir la terre du bruit de sa chute. En même temps le prince descendit de son cheval, se jeta sur son ennemi, et lui coupa la tête. En ce moment, la dame, dont les yeux avaient été témoins de ce combat, et qui faisait encore au Ciel des vœux ardents pour ce jeune héros qu'elle admirait, fit un cri de joie, et dit à Kodadad : « Prince (car la pénible victoire que vous venez de remporter me persuade, aussi bien que votre air noble, que vous ne devez pas être d'une condition commune), achevez votre ouvrage : le nègre a les clefs de ce château, prenez-les et venez me tirer de prison. » Le prince fouilla dans les poches du misérable qui était étendu sur la poussière, et y trouva plusieurs clefs.

Il ouvrit la première porte, et entra dans une grande cour, où il rencontra la dame qui venait au-devant de lui. Elle voulut se jeter à ses pieds pour mieux lui marquer sa reconnaissance ; mais il l'en empêcha. Elle loua sa valeur, et l'éleva au-dessus de tous les héros du monde. Il répondit à ses compliments, et comme elle lui parut encore plus aimable de près que de loin, je ne sais si elle sentait plus de joie de se voir délivrée de l'affreux péril où elle avait été, que lui d'avoir rendu cet important service à une si belle personne.

Leurs discours furent interrompus par des cris et des gémissements : « Qu'entends-je ? s'écria Kodadad. D'où partent ces voix pitoyables qui frappent mes oreilles ? — Seigneur, dit la dame, en lui montrant du doigt une porte basse qui était dans la cour, elles viennent de cet endroit : il y a là je ne sais combien de malheureux que leur étoile a fait tomber entre les mains du nègre ; ils sont tous enchaînés, et chaque jour ce monstre en tirait un pour le manger. »

« C'est un surcroît de joie pour moi, reprit le jeune prince, d'apprendre que ma victoire sauve la vie à ces infortunés : venez, madame, venez partager avec moi le plaisir de les mettre en liberté ; vous pouvez juger par vous-même de la satisfaction que nous allons leur causer. » A ces mots, ils s'avancèrent vers la porte du cachot : à mesure qu'ils en approchaient, ils entendaient plus distinctement les plaintes des prisonniers. Kodadad en était pénétré : impatient de terminer leurs peines, il met promptement une de ces clefs dans la serrure. D'abord il ne mit pas celle qu'il fallait ; il en prend une autre, et, au bruit qu'il fait, tous ces malheureux, persuadés que c'est le nègre qui vient, selon sa coutume, leur apporter à manger, et en même temps se saisir d'un de leurs compagnons, redoublèrent leurs cris et leurs gémissements : on entendait des voix lamentables qui semblaient sortir du centre de la terre.

Cependant le prince ouvrit la porte, et trouva un escalier assez raide, par où il descendit dans une vaste et profonde cave, qui re cevait un faible jour par un soupirail, et où il y avait plus de cent personnes attachées à des pieux, les mains liées : « Infortunés voyageurs, leur dit-il, misérables victimes, qui n'attendez que le moment d'une mort cruelle, rendez grâces au Ciel qui vous délivre aujourd'hui par le secours de mon bras! J'ai tué l'horrible nègre dont vous deviez être la proie, et je viens briser vos fers. » Les prisonniers n'eurent pas sitôt entendu ces paroles, qu'ils poussèrent tous ensemble un cri mêlé de surprise et de joie. Kodadad et la dame commencèrent à les délier ; et, à mesure qu'ils les déliaient, ceux qui se voyaient débarrassés de leurs chaînes aidaient à défaire celles des autres, de manière qu'en peu de temps ils furent tous en liberté.

Alors ils se mirent à genoux, et, après avoir remercié Kodadad de ce qu'il venait de faire pour eux, ils sortirent de la cave, et quand ils furent dans la cour, de quel étonnement fut frappé le prince, de voir parmi ces prisonniers ses frères qu'il cherchait, et qu'il n'espérait plus rencontrer ! « Ah! princes, s'écria-t-il en les apercevant, ne me trompé-je point? est-ce vous en effet que je vois? Puis-je me flatter que je pourrai vous rendre au roi, votre père, qui est inconsolable de vous avoir perdus? Mais n'en aura-t-il pas quelqu'un à pleurer? Êtes-vous tous en vie? Hélas! la mort d'un seul d'entre vous suffirait pour empoisonner la joie que je sens de vous avoir sauvés ! »

Les quarante-neuf princes se firent tous reconnaître à Kodadad, qui les embrassa l'un après l'autre, et leur apprit l'inquiétude que leur absence causait au roi. Ils donnèrent à leur libérateur toutes les louanges qu'il méritait, aussi bien que les autres prisonniers, qui ne pouvaient trouver de termes assez forts à leur gré pour lui témoigner toute la reconnaissance dont ils se sentaient pénétrés. Kodadad fit ensuite avec eux la visite du château, où il y avait des richesses immenses, des toiles fines, des brocards d'or, des tapis de Perse, des satins de la Chine, et une infinité d'autres marchandises que le nègre avait prises aux caravanes qu'il avait pillées, et dont la plus grande partie appartenait aux prisonniers que Kodadad venait de délivrer. Chacun reconnut son bien et le réclama ; le prince leur fit prendre leurs ballots, et partagea même entre eux le reste des marchandises. Puis il leur dit : « Comment ferez-vous pour porter vos étoffes ? Nous sommes ici dans un désert, il n'y a pas d'apparence que vous trouviez des chevaux. — Seigneur, répondit un des prisonniers, le nègre nous a volé nos chameaux avec nos marchandises ; peut-être sont-ils dans les écuries de ce château. — Cela n'est pas impossible, repartit Kodadad ; il faut nous en éclaircir. »

En même temps ils allèrent aux écuries, où non-seulement ils aperçurent les chameaux des marchands, mais même les chevaux des fils du roi de Harran ; ce qui les combla tous de joie. Il y avait dans les écuries quelques esclaves noirs, qui, voyant tous les prisonniers délivrés, et jugeant par-là que le nègre avait été tué, prirent l'épouvante et la fuite par des détours qui leur étaient connus. On ne songea point à les poursuivre. Tous les marchands, ravis d'avoir recouvré leurs chameaux et leurs marchandises, avec leur liberté, se disposèrent à partir ; mais, avant leur départ, ils firent de nouveaux remerciements à leur libérateur.

Quand ils furent partis, Kodadad, s'adressant à la dame, lui dit : « En quels lieux, madame, souhaitez-vous d'aller ? Où tendaient vos pas lorsque vous avez été surprise par le nègre ? Je prétends vous conduire jusqu'à l'endroit que vous avez choisi pour retraite, et je ne doute point que ces princes ne soient tous dans la même résolution. » Les fils du roi de Harran protestèrent à la dame qu'ils ne la quitteraient point qu'ils ne l'eussent rendue à ses parents :

« Princes, leur dit-elle, je suis d'un pays trop éloigné d'ici ; et outre que ce serait abuser de votre générosité que de vous faire faire tant de chemin, je vous avouerai que je suis pour jamais éloignée de ma patrie. Je vous ai dit tantôt que j'étais une dame du Caire ; mais après les bontés que vous me témoignez, et l'obligation que je vous ai, seigneur, ajouta-t-elle en regardant Kodadad, j'aurais mauvaise grâce de vous déguiser la vérité. Je suis fille de roi. Un usurpateur s'est emparé du trône de mon père, après lui avoir ôté la vie ; et pour conserver la mienne, j'ai été obligée d'avoir recours à la fuite. » A cet aveu, Kodadad et ses frères prièrent la princesse de leur conter son histoire, en l'assurant qu'ils prenaient toute la part possible à ses malheurs, et qu'ils étaient disposés à ne rien épargner pour la rendre plus heureuse. Après les avoir remerciés des nouvelles protestations de service qu'ils lui faisaient, elle ne put se dispenser de satisfaire leur curiosité, et elle commença de cette sorte le récit de ses aventures :

CCLXXXIV° NUIT.

HISTOIRE

DE LA PRINCESSE DE DERYABAR.

A sultane des Indes, au nom de la princesse de Deryabar, commença ainsi son histoire :

Sire, il y a dans une île une grande ville appelée Deryabar. Elle a été long-temps gouvernée par un roi puissant, magnifique et vertueux. Ce prince n'avait point d'enfants, et cela seul manquait à son bonheur. Il adressait sans cesse des prières au Ciel; mais le Ciel ne les exauça qu'à demi : car la reine, sa femme, après une longue attente, ne mit au monde qu'une fille.

« Je suis cette malheureuse princesse. Mon père eut plus de chagrin que de joie de ma naissance; mais il se soumit à la volonté de Dieu. Il me fit élever avec tout le soin imaginable, résolu, puisqu'il n'avait point de fils, à m'apprendre l'art de régner, et à me faire occuper sa place après lui.

« Un jour qu'il prenait le divertissement de la chasse, il aperçut un âne sauvage. En le poursuivant, il se sépara du gros de la chasse; et son ardeur l'emporta si loin, que, sans songer qu'il s'égarait, il courut jusqu'à la nuit. Alors il descendit de cheval, et s'assit à l'entrée d'un bois dans lequel il avait remarqué que l'âne s'était jeté. A peine le jour venait de se fermer, qu'il aperçut entre les arbres une lumière qui lui fit juger qu'il n'était pas loin de quelque village. Il s'en réjouit dans l'espérance d'y aller passer la nuit, et d'y trouver quelqu'un qu'il pût envoyer aux gens de sa suite, pour leur apprendre où il était. Il se leva, et marcha vers la lumière qui lui servait de fanal pour se conduire.

« Il connut bientôt qu'il s'était trompé : cette lumière n'était autre chose qu'un feu allumé dans une cabane. Il s'en approche, et voit avec étonnement un grand homme noir, ou plutôt un géant épouvantable, qui était assis sur un sofa. Le monstre avait devant lui une grosse cruche de vin, et faisait rôtir sur des charbons un bœuf qu'il venait d'écorcher. Tantôt il portait la cruche à sa bouche, et tantôt il dépeçait ce bœuf et en mangeait des morceaux.

Mais ce qui attira le plus l'attention du roi, mon père, fut une très-belle femme qu'il aperçut dans la cabane : elle paraissait plongée dans une profonde tristesse ; elle avait les mains liées ; et l'on voyait à ses pieds un petit enfant de deux ou trois ans, qui, comme s'il eût déjà senti les malheurs de sa mère, pleurait sans relâche, et faisait retentir l'air de ses cris.

« Mon père, frappé de cet objet pitoyable, fut d'abord tenté d'entrer dans la cabane et d'attaquer le géant ; mais faisant réflexion que ce combat serait inégal, il s'arrêta, et résolut, puisque ses forces ne suffisaient pas, de s'en défaire par surprise. Cependant le géant, après avoir vidé la cruche et mangé plus de la moitié du bœuf, se tourna vers la femme, et lui dit : « Belle princesse, pourquoi m'obligez-vous par votre opiniâtreté à vous traiter avec rigueur ? Il ne tient qu'à vous d'être heureuse : vous n'avez qu'à prendre la résolution de m'aimer et de m'être fidèle, et j'aurai pour vous des manières plus douces. — O satyre affreux ! répondit la dame, n'espère pas que le temps diminue l'horreur que j'ai pour toi ! Tu seras toujours un monstre à mes yeux ! » Ces mots furent suivis de tant d'injures, que le géant en fut irrité : « C'en est trop, s'écria-t-il d'un ton furieux, mon amour méprisé se convertit en rage ; ta haine excite enfin la mienne, je sens qu'elle triomphe de mes désirs, et que je souhaite ta mort avec plus d'ardeur que je n'ai souhaité ta possession. » En achevant ces paroles, il prend cette malheureuse femme par les cheveux, il la tient d'une main en l'air, et de l'autre tirant son sabre, il s'apprête à lui couper la tête, lorsque le roi, mon père, décoche une flèche et perce l'estomac du géant, qui chancelle et tombe aussitôt sans vie.

« Mon père entra dans la cabane ; il délia les mains de la femme, lui demanda qui elle était, et par quelle aventure elle se trouvait là ? « Seigneur, lui répondit-elle, il y a sur le rivage de la mer quelques familles sarrazines qui ont pour chef un prince qui est mon mari. Ce géant que vous venez de tuer était un de ses principaux officiers. Ce misérable conçut pour moi une passion violente, qu'il prit grand soin de cacher, jusqu'à ce qu'il pût trouver une occasion favorable d'exécuter le dessein qu'il forma de m'enlever. La fortune favorise plus souvent les entreprises injustes que les bonnes résolutions : un jour le géant me surprit avec mon enfant dans un lieu écarté ; il nous enleva tous deux ; et pour rendre inutiles toutes les perquisitions qu'il jugeait bien que mon mari ferait de ce rapt, il s'éloigna du pays qu'habitaient les Sarrazins, et nous amena jusque dans ce bois, où il me retient depuis plusieurs jours. Quelque déplorable pourtant que soit ma destinée, je ne laisse point de sentir une secrète consolation, quand je pense que ce géant, tout brutal et tout amoureux qu'il ait été, n'a point employé la violence pour obtenir ce que j'ai toujours refusé à ses prières ; ce n'est pas qu'il ne m'ait cent fois menacée qu'il en viendrait aux plus fâcheuses extrémités, s'il ne pouvait vaincre autrement ma résistance, et je vous avoue que tout à l'heure, quand j'ai excité sa colère par mes discours, j'ai moins craint pour ma vie que pour mon honneur. Voilà, seigneur, continua la femme du prince des Sarrazins, voilà mon histoire ; et je ne doute point que vous ne me trouviez assez digne de pitié pour ne pas vous repentir de m'avoir si généreusement secourue. »

« Oui, madame, lui dit mon père, vos malheurs m'ont attendri ; j'en suis vivement touché ; mais il ne tiendra pas à moi que votre sort ne devienne meilleur. Demain, dès que le jour aura dissipé les ombres de la nuit, nous sortirons de ce bois, nous chercherons le chemin de la grande ville de Deryabar, dont je suis le souverain, et si vous l'avez pour agréable, vous logerez dans mon palais, jusqu'à ce que le prince, votre époux, vous vienne réclamer. »

« La dame sarrazine accepta la proposition, et le lendemain elle suivit le roi, mon père, qui trouva à la sortie du bois tous ses officiers, qui avaient passé la nuit à le chercher, et qui étaient fort en peine de lui. Ils furent aussi ravis de le retrouver qu'étonnés de le voir avec une dame dont la beauté les surprit. Il leur conta de quelle manière il l'avait rencontrée, et le péril qu'il avait couru en s'approchant de la cabane, où sans doute il aurait perdu la vie si le géant l'eût aperçu. Un des officiers prit la dame en croupe, et un autre porta l'enfant.

« Ils arrivèrent dans cet équipage au palais du roi, mon père, qui donna un logement à la belle Sarrazine, et fit élever son enfant avec beaucoup de soin. La dame ne fut pas insensible aux bontés du roi ; elle eut pour lui toute la reconnaissance qu'il pouvait souhaiter. Elle avait paru d'abord assez inquiète et impatiente de ce que son mari ne la réclamait point ; mais peu à peu elle perdit son inquiétude : les déférences que mon père avait pour elle charmèrent son impatience, et je crois qu'elle eût enfin su plus mauvais gré à la fortune de la rapprocher de ses parents que de l'en avoir éloignée.

« Cependant le fils de cette dame devint grand ; il était fort bien fait, et comme il ne manquait pas d'esprit, il trouva moyen de plaire au roi, mon père, qui prit pour lui beaucoup d'amitié. Tous les courtisans s'en aperçurent, et jugèrent que ce jeune homme pourrait m'épouser. Dans cette pensée, et le regardant déjà comme l'héritier de la couronne, ils s'attachaient à lui, et chacun s'efforçait de gagner sa confiance. Il pénétra le motif de leur attachement ; il s'en applaudit, et, oubliant la distance qui était entre nos conditions, il se flatta de l'espérance qu'en effet mon père l'aimait assez pour préférer son alliance à celle de tous les princes du monde. Il fit plus : le roi tardant trop à son gré à lui offrir ma main, il eut la hardiesse de la lui demander. Quelque châtiment que méritât son audace, mon père se contenta de lui dire qu'il avait d'autres vues sur moi, et ne lui en fit pas plus mauvais visage. Le jeune homme fut irrité de ce refus ; cet orgueilleux se sentit aussi choqué du mépris qu'on faisait de sa recherche, que s'il eût demandé une fille du commun, ou que s'il eût été d'une naissance égale à la mienne. Il n'en demeura pas là ; il résolut de se venger du roi, et, par une ingratitude dont il est peu d'exemples, il conspira contre lui, le poignarda, et se fit proclamer roi de Deryabar par un grand nombre de personnes mécontentes, dont il sût ménager le chagrin. Son premier soin, dès qu'il se vit défait de mon père, fut de venir lui-même dans mon appartement, à la tête d'une partie des conjurés. Son dessein était de m'ôter la vie, ou de m'obliger par force à l'épouser ; mais j'eus le temps de lui échapper : tandis qu'il était occupé à égorger mon père, le grand vizir, qui avait toujours été fidèle à son maître, vint m'arracher du palais, et me mit en sûreté dans la maison d'un de ses amis, où il me retint jusqu'à ce qu'un vaisseau, secrètement préparé par ses soins, fût en état de faire voile. Alors je sortis de l'île, accompagnée seulement d'une gouvernante et de ce généreux ministre, qui aima mieux suivre la fille de son maître, et s'associer à ses malheurs, que d'obéir au tyran.

« Le grand vizir se proposait de me conduire dans les cours des rois voisins, d'implorer leur assistance et de les exciter à venger la mort de mon père ; mais le Ciel n'approuva pas une résolution qui nous paraissait si raisonnable : après quelques jours de navigation, il s'éleva une tempête si furieuse, que, malgré l'art de nos matelots, notre vaisseau, emporté par la violence des vents et des flots, se brisa contre un rocher. Je ne m'arrêterai point à vous faire la description de notre naufrage ; je vous peindrais mal de quelle manière ma gouvernante, le grand vizir, et tous ceux qui m'accompagnaient, furent engloutis dans les abîmes de la mer ; la frayeur dont j'étais saisie ne me permit pas de remarquer toute l'horreur de notre sort. Je perdis le sentiment, et, soit que j'eusse été portée sur la côte par quelques débris du vaisseau, soit que le Ciel, qui me réservait à d'autres malheurs, eût fait un miracle pour me sauver, quand j'eus repris mes esprits, je me trouvai sur le rivage.

« Souvent les malheurs nous rendent injustes : au lieu de remercier Dieu de la grâce particulière que j'en recevais, je ne levai les yeux au ciel que pour lui faire des reproches de m'avoir sauvée. Loin de pleurer le vizir et ma gouvernante, j'enviais leur destinée, et peu à peu ma raison cédant aux affreuses images qui la troublaient, je pris la résolution de me jeter dans la mer. J'étais prête à m'y lancer, lorsque j'entendis derrière moi un grand bruit d'hommes et de chevaux. Je tournai aussitôt la tête pour voir ce que c'était, et je vis plusieurs cavaliers armés, parmi lesquels il y en avait un monté sur un cheval arabe. Celui-là portait une robe brodée d'argent, avec une ceinture de pierreries, et il avait une couronne d'or sur la tête. Quand je n'aurais pas jugé à son habillement que c'était le maître des autres, je m'en serais aperçu à l'air de grandeur qui était répandu dans toute sa personne. C'était un jeune homme parfaitement bien fait et plus beau que le jour. Surpris de voir en cet endroit une jeune dame seule, il détacha quelques-uns de ses officiers pour venir me demander qui j'étais. Je ne leur répondis que par des pleurs. Comme le rivage était couvert de débris de notre vaisseau, ils jugèrent qu'un navire venait de se briser sur la côte, et que j'étais sans doute une personne échappée du naufrage. Cette conjecture et la vive douleur que je faisais paraître irritèrent la curiosité des officiers, qui commencèrent à me faire mille questions, en m'assurant que leur roi était un prince généreux, et que je trouverais dans sa cour de la consolation.

« Leur roi, impatient d'apprendre qui je pouvais être, s'ennuya d'attendre le retour de ses officiers ; il s'approcha de moi, me regarda avec beaucoup d'attention, et comme je ne cessais pas de pleurer et de m'affliger, sans pouvoir répondre à ceux qui m'interrogeaient, il leur défendit de me fatiguer davantage par leurs questions, et s'adressant à moi : « Madame, me dit-il, je vous conjure de modérer l'excès de votre affliction. Si le Ciel en colère vous fait éprouver sa rigueur, faut-il pour cela vous abandonner au désespoir? Ayez, je vous prie, plus de fermeté : la fortune, qui vous persécute, est inconstante ; votre sort peut changer ; j'ose même vous assurer que si vos malheurs peuvent être soulagés, ils le seront dans mes états. Je vous offre mon palais ; vous demeurerez auprès de la reine, ma mère, qui s'efforcera, par ses bons traitements, d'adoucir vos peines. Je ne sais point encore qui vous êtes, mais je sens que je m'intéresse déjà pour vous. »

« Je remerciai le jeune roi de ses bontés ; j'acceptai les offres obligeantes qu'il me faisait, et, pour lui montrer que je n'en étais pas indigne, je lui découvris ma condition. Je lui peignis l'audace du jeune Sarrazin, et je n'eus besoin que de raconter simplement mes malheurs pour exciter sa compassion et celle de tous ses officiers, qui m'écoutaient. Le prince, après que j'eus cessé de parler, reprit la parole, et m'assura de nouveau qu'il prenait beaucoup de part à mon infortune ; il me conduisit ensuite à son palais, où il me présenta à la reine, sa mère. Il fallut là recommencer le récit de mes aventures, et verser de nouvelles larmes. La reine se montra très-sensible à mes chagrins, et conçut pour moi une tendresse extrême. Le roi, son fils, de son côté, devint éperdument amoureux de moi, et m'offrit bientôt sa couronne et sa main. J'étais encore si occupée de mes disgrâces, que le prince, tout aimable qu'il était, ne fit pas sur moi toute l'impression qu'il aurait pu faire dans un autre temps ; cependant, pénétrée de reconnaissance, je ne refusai point de faire son bonheur : notre mariage se fit avec toute la pompe imaginable.

« Pendant que tout le monde était occupé à célébrer les noces de son souverain, un prince voisin et ennemi vint une nuit faire une descente dans l'île, avec un grand nombre de combattants. Ce redoutable ennemi était le roi de Zanguebar. Il surprit tout le monde, et tailla en pièces tous les sujets du prince, mon mari ; peu s'en fallut même qu'il ne nous prît tous deux : car il était déjà dans le palais avec tous ses gens ; mais nous trouvâmes moyen de nous sauver et de gagner le bord de la mer, où nous nous jetâmes dans une barque de pêcheur que nous eûmes le bonheur de rencontrer. Nous voguâmes au gré des vents pendant deux jours, sans savoir ce que nous deviendrions ; le troisième, nous aperçûmes un vaisseau qui venait à nous à toutes voiles. Nous nous en réjouîmes d'abord, parce que nous nous imaginâmes que c'était un vaisseau marchand qui pourrait nous recevoir ; mais nous fûmes dans un étonnement que je ne puis vous exprimer, lorsque, s'étant approchés de nous, dix ou douze corsaires armés parurent sur le tillac. Ils vinrent à l'abordage ; cinq ou six se jetèrent dans une barque, se saisirent de nous deux, lièrent le prince, mon mari, et nous firent passer dans leur vaisseau, où d'abord ils m'ôtèrent mon voile. Ma jeunesse et mes traits les frappèrent ; tous ces pirates témoignent qu'ils sont charmés de ma vue ; au lieu de tirer au sort, chacun prétend avoir la préférence et que je devienne sa proie ; ils s'échauffent, ils en viennent aux mains, ils combattent comme des furieux ; le tillac, en un moment, est couvert de morts. Enfin ils se tuèrent tous, à la réserve d'un seul, qui, se voyant maître de ma personne, me dit :
« Vous êtes à moi ; je vais vous conduire au Caire, pour vous livrer à un de mes amis, à qui j'ai promis une belle esclave. Mais, ajouta-t-il en regardant le roi, mon époux, qui est cet homme-là ? Quels liens l'attachent à vous ? Sont-ce ceux du sang ou de l'amour ? — Seigneur, lui répondis-je, c'est mon mari. — Cela étant reprit le

corsaire, il faut que je m'en défasse par pitié : il souffrirait trop de vous voir entre les bras de mon ami. » A ces mots, il prit ce malheureux prince, qui était lié, et le jeta dans la mer, malgré tous les efforts que je pus faire pour l'en empêcher.

« Je poussai des cris effroyables à cette cruelle action ; et je me serais indubitablement précipitée dans les flots si le pirate ne m'eût retenue. Il vit bien que je n'avais point d'autre envie : c'est pourquoi il me lia avec des cordes au grand mât, et puis mettant à la voile, il cingla vers la terre, où il alla descendre. Il m'ôta mes liens, me mena jusqu'à une petite ville, où il acheta des chameaux, des tentes et des esclaves, et prit ensuite la route du Caire, dans le dessein, disait-il toujours, de m'aller présenter à son ami, et de dégager sa parole.

« Il y avait déjà plusieurs jours que nous étions en marche, lorsqu'en passant hier par cette plaine, nous aperçûmes le nègre qui habitait ce château. Nous le prîmes de loin pour une tour, et, lorsqu'il fut près de nous, à peine pouvions-nous croire que ce fût un homme. Il tira son large cimeterre, et somma le pirate de se rendre prisonnier, avec tous ses esclaves et la dame qu'il conduisait. Le corsaire avait du courage, et, secondé de tous ses esclaves, qui promirent de lui être fidèles, il attaqua le nègre. Le combat dura longtemps ; mais enfin le pirate tomba sous les coups de son ennemi, aussi bien que tous ses esclaves, qui aimèrent mieux mourir que de l'abandonner. Après cela, le nègre m'emmena dans ce château, où il apporta le corps du pirate, qu'il mangea à son souper. Sur la fin de cet horrible repas, il me dit, voyant que je ne faisais que pleurer : « Jeune dame, dispose-toi à combler mes désirs, au lieu de t'affliger ainsi ; cède de bonne grâce à la nécessité : je te donne jusqu'à demain à faire tes réflexions ; que je te revoie toute consolée de tes malheurs, et ravie d'être réservée à mon lit. » En achevant ces paroles, il me conduisit lui-même dans une chambre, et se coucha dans la sienne, après avoir fermé lui-même toutes les portes du château. Il les a ouvertes ce matin, et refermées aussitôt, pour courir après quelques voyageurs qu'il a remarqués de loin ; mais il faut qu'ils lui soient échappés, puisqu'il revenait seul et sans leurs dépouilles, lorsque vous l'avez attaqué. »

Le jour parut lorsque Scheherazade terminait l'histoire de la princesse de Deryabar ; le lendemain, la sultane reprit celle de Kodadad, et s'adressant à Schahriar :

CCLXXXVᵉ NUIT.

La princesse n'eut pas plutôt achevé le récit de ses aventures, que Kodadad lui témoigna qu'il était vivement touché de ses malheurs : « Mais, madame, ajouta-t-il, il ne tiendra qu'à vous de vivre désormais tranquillement. Les fils du roi de Harran vous offrent un asile dans la cour de leur père; acceptez-le, de grâce; vous y serez chérie de ce prince et respectée de tout le monde, et si vous ne dédaignez pas la foi de votre libérateur, souffrez que je vous la présente, et que je vous épouse devant tous ces princes; qu'ils soient témoins de notre engagement. » La princesse y consentit, et dès le jour même ce mariage se fit dans le château, où se trouvèrent toutes sortes de provisions : les cuisines étaient pleines de viandes et d'autres mets, dont le nègre avait coutume de se nourrir lorsqu'il était rassasié de chair humaine. Il y avait aussi beaucoup de fruits, tous excellents dans leurs espèces, et, pour comble de délices, une grande quantité de liqueurs et de vins exquis.

Ils se mirent tous à table, et après avoir bien mangé et bien bu, ils emportèrent tout le reste des provisions, et sortirent du château dans le dessein de se rendre à la cour du roi de Harran. Ils marchèrent plusieurs jours, campant dans les endroits les plus agréables qu'ils pouvaient trouver. Ils n'étaient plus qu'à une journée de Harran, lorsque, s'étant arrêtés et achevant de boire leur vin, comme gens qui ne se souciaient plus de le ménager, Kodadad prit la parole : « Princes, dit-il, c'est trop long-temps vous cacher qui je suis : vous voyez votre frère Kodadad ; je dois le jour, aussi bien que vous, au roi de Harran; le prince de Samarie m'a élevé, et la princesse Pirouzé est ma mère. Madame, ajouta-t-il en s'adressant à la princesse de Deryabar, pardon si je vous ai fait aussi un mystère de ma naissance : peut-être qu'en vous la découvrant plus tôt j'aurais prévenu quelques réflexions désagréables qu'un mariage que vous avez cru inégal vous a pu faire faire. — Non, seigneur, lui répondit la princesse, les sentiments que vous m'avez d'abord inspirés se sont fortifiés de moment en moment, et, pour faire mon bonheur, vous n'aviez pas besoin de cette origine que vous me découvrez. »

Les princes félicitèrent Kodadad sur sa naissance, et lui en témoignèrent beaucoup de joie ; mais, dans le fond de leur cœur, au lieu d'en être bien aises, leur haine pour un si aimable frère ne fit que s'augmenter. Ils s'assemblèrent la nuit, et se retirèrent dans un lieu écarté, pendant que Kodadad et la princesse, sa femme, goûtaient sous leur tente la douceur du sommeil. Ces ingrats, ces frères envieux, oubliant que, sans le courageux fils de Pirouzé, ils seraient tous devenus la proie du nègre, résolurent entre eux de l'assassiner : « Nous n'avons point d'autre parti à prendre, dit l'un de ces méchants ; dès que le roi saura que cet étranger, qu'il aime tant, est son fils, et qu'il a eu assez de force pour terrasser lui seul un géant que nous n'avons pu vaincre tous ensemble, il l'accablera de caresses, il lui donnera mille louanges, et le déclarera son héritier, au mépris de tous ses autres fils, qui seront obligés de se prosterner devant leur frère et de lui obéir. »

A ces paroles il en ajouta d'autres qui firent tant d'impression sur ces esprits jaloux, qu'ils allèrent sur-le-champ trouver Kodadad endormi. Ils le percèrent de mille coups de poignard, et, le laissant sans sentiment dans les bras de la princesse, ils partirent pour se rendre à la ville de Harran, où ils arrivèrent le lendemain.

Leur arrivée causa d'autant plus de joie au roi, leur père, qu'il désespérait de les revoir. Il leur demanda la cause de leur retardement ; mais ils se gardèrent bien de la lui dire : ils ne firent aucune mention du nègre ni de Kodadad, et dirent seulement que, n'ayant pu résister à la curiosité de voir le pays, ils s'étaient arrêtés dans quelques villes voisines.

Cependant Kodadad, noyé dans son sang, et peu différent d'un homme mort, était sous sa tente avec la princesse, sa femme, qui ne paraissait guère moins à plaindre que lui : elle remplissait l'air de cris pitoyables, elle s'arrachait les cheveux, et mouillant de ses larmes le corps de son mari : « Ah ! Kodadad, s'écriait-elle à tous moments, mon cher Kodadad, est-ce toi que je vois prêt à passer chez les morts ? Quelles cruelles mains t'ont réduit en l'état où tu es ? Croirais-je que ce sont tes propres frères qui t'ont si impitoyablement déchiré, ces frères que ta valeur a sauvés ? Non, ce sont plutôt des démons, qui, sous des traits si chers, sont venus t'arracher la vie. Ah ! barbares, qui que vous soyez, avez-vous bien pu payer d'une si noire ingratitude le service qu'il vous a rendu ! Mais pourquoi m'en prendre à tes frères, malheureux Kodadad ? C'est à moi seule que je dois imputer ta mort ; tu as voulu joindre ta destinée à la mienne, et toute l'infortune que je traîne après moi, depuis que je suis sortie du palais de mon père, s'est répandue sur toi. O Ciel ! qui m'avez condamnée à mener une vie errante et pleine de disgrâces, si vous ne vouliez pas que j'aie d'époux, pourquoi souffrez-vous que j'en trouve? En voilà deux que vous m'ôtez dans le temps que je commence à m'attacher à eux. »

C'était par de semblables discours, et de plus touchants encore, que la princesse de Deryabar, éplorée, exprimait sa douleur, en regardant l'infortuné Kodadad, qui ne pouvait l'entendre. Il n'était pourtant pas mort, et sa femme, ayant pris garde qu'il respirait encore, courut vers un gros bourg qu'elle aperçut dans la plaine, pour y chercher un chirurgien. On lui en enseigna un, qui partit sur-le-champ avec elle ; mais quand ils furent sous la tente, ils n'y trouvèrent point Kodadad ; ce qui leur fit juger que quelque bête sauvage l'avait emporté pour le dévorer. La princesse recommença ses plaintes et ses lamentations de la manière du monde la plus pitoyable. Le chirurgien en fut attendri, et, ne voulant pas l'abandonner dans l'état affreux où il la voyait, il lui proposa de retourner dans le bourg, et lui offrit sa maison et ses services.

Elle se laissa entraîner ; le chirurgien l'emmena chez lui, et, sans savoir encore qui elle était, la traita avec toute la considération et tout le respect imaginable. Il tâchait, par ses discours, de la consoler ; mais il avait beau combattre sa douleur, il ne faisait que l'aigrir au lieu de la soulager : « Madame, lui dit-il un jour, apprenez-moi, de grâce, tous vos malheurs ; dites-moi de quel pays et de quelle condition vous êtes ; peut-être que je vous donnerai de bons conseils quand je serai instruit de toutes les circonstances de votre infortune. Vous ne faites que vous affliger, sans songer que l'on peut trouver des remèdes aux maux les plus désespérés. »

Le chirurgien parla avec tant d'éloquence, qu'il persuada la princesse : elle lui raconta toutes ses aventures. Lorsqu'elle en eut achevé le récit, le chirurgien reprit la parole : « Madame, dit-il, puisque les choses sont ainsi, permettez-moi de vous représenter que vous ne devez point vous abandonner à votre affliction ; vous devez plutôt vous armer de constance, et faire ce que le nom et le devoir d'une épouse exigent de vous : vous devez venger votre mari. Je vais, si vous souhaitez, vous servir d'écuyer. Allons à la cour du roi de Harran ; ce prince est bon et très-équitable ; vous n'avez qu'à lui peindre avec de vives couleurs le traitement que le prince Kodadad a reçu de ses frères, je suis persuadé qu'il vous fera justice.

— Je cède à vos raisons, répondit la princesse ; oui, je dois entreprendre la vengeance de Kodadad, et puisque vous êtes assez obligeant et assez généreux pour vouloir m'accompagner, je suis prête à partir. » Elle n'eut pas plutôt pris cette résolution, que le chirurgien fit préparer deux chameaux, sur lesquels la princesse et lui se mirent en chemin, et se rendirent à la ville de Harran.

Ils allèrent descendre au premier caravansérail qu'ils rencontrèrent. Ils demandèrent à l'hôte des nouvelles de la cour : « Elle est, leur dit-il, dans une assez grande inquiétude : le roi avait un fils, qui, comme un inconnu, a demeuré près de lui fort long-temps, et l'on ne sait ce qu'est devenu ce jeune prince. Une femme du roi, nommée Pirouzé, en est la mère ; elle a fait faire mille perquisitions qui ont été inutiles. Tout le monde est touché de la perte de ce prince, car il avait beaucoup de mérite. Le roi a quarante-neuf autres fils, tous sortis de mères différentes ; mais il n'y en a pas un qui ait assez de vertu pour consoler le roi de la mort de Kodadad. Je dis de la mort, parce qu'il n'est pas possible qu'il vive encore, puisqu'on ne l'a pu trouver, malgré toutes les recherches qu'on a faites. »

Sur le rapport de l'hôte, le chirurgien jugea que la princesse de Deryabar n'avait point d'autre parti à prendre que d'aller se présenter à Pirouzé ; mais cette démarche n'était pas sans péril et demandait beaucoup de précautions : il était à craindre que si les fils du roi de Harran apprenaient l'arrivée et le dessein de leur belle-sœur, ils ne la fissent enlever avant qu'elle pût parler à la mère de Kodadad. Le chirurgien fit toutes ces réflexions, et se représenta ce qu'il risquait lui-même ; c'est pourquoi, voulant se conduire prudemment dans cette conjoncture, il pria la princesse de demeurer au caravansérail pendant qu'il irait au palais reconnaître les chemins par où il pourrait sûrement la faire parvenir jusqu'à Pirouzé.

Il alla donc dans la ville, et il marchait vers le palais, comme un homme attiré seulement par la curiosité de voir la cour, lorsqu'il aperçut une dame montée sur une mule richement harnachée : elle était suivie de plusieurs demoiselles aussi montées sur des mules, et d'un très-grand nombre de gardes et d'esclaves noirs. Tout le peuple se rangeait en haie pour la voir passer, et la saluait en se prosternant la face contre terre. Le chirurgien la salua de la même manière, et demanda ensuite à un kalender, qui se trouva près de lui, si cette dame était femme du roi : « Oui, frère, lui dit le kalender, c'est une de ses femmes, et celle qui est la plus honorée et la plus chérie du peuple, parce qu'elle est la mère du prince Kodadad, dont vous devez avoir ouï parler. »

Le chirurgien n'en voulut pas savoir davantage ; il suivit Pirouzé jusqu'à une mosquée, où elle entra pour distribuer des aumônes et assister aux prières publiques que le roi avait ordonnées pour le retour de Kodadad. Le peuple, qui s'intéressait extrêmement à la destinée de ce jeune prince, courait en foule joindre ses vœux à ceux des imans, de sorte que la mosquée était remplie de monde. Le chirurgien fendit la presse et s'avança jusqu'aux gardes de Pirouzé. Il entendit toutes les prières, et, lorsque cette princesse sortit, il aborda un des esclaves, et lui dit à l'oreille : « Frère, j'ai un secret important à révéler à la princesse Pirouzé ; ne pourrais-je point, par votre moyen, être introduit dans son appartement? — Si ce secret, répondit l'esclave, regarde le prince Kodadad, j'ose vous promettre que, dès aujourd'hui, vous aurez d'elle l'audience que vous souhaitez ; mais, si ce secret ne le regarde point, il est inutile que vous cherchiez à vous faire présenter à la princesse : car elle n'est occupée que de son fils, et elle ne veut point entendre parler d'autre chose. — Ce n'est que de ce cher fils que je veux l'entretenir, reprit le chirurgien. — Cela étant, dit l'esclave, vous n'avez qu'à nous suivre jusqu'au palais, et vous lui parlerez bientôt. »

Effectivement, lorsque Pirouzé fut retournée dans son appartement, cet esclave lui dit qu'un homme inconnu avait quelque chose d'important à lui communiquer, et que le prince Kodadad y était intéressé. Il n'eut pas plutôt prononcé ces paroles, que Pirouzé témoigna une vive impatience de voir cet homme inconnu. L'esclave le fit aussitôt entrer dans le cabinet de la princesse, qui éloigna toutes ses femmes, à la réserve de deux pour qui elle n'avait rien de caché. Dès qu'elle aperçut le chirurgien, elle lui demanda avec précipitation quelles nouvelles de Kodadad il avait à lui annoncer : « Madame, lui répondit le chirurgien, après s'être prosterné la face contre terre, j'ai une longue histoire à vous raconter, et des choses sans doute qui vous surprendront. » Alors il lui fit le détail de tout ce qui s'était passé entre Kodadad et ses frères : ce qu'elle écouta avec une attention avide ; mais quand il vint à parler de l'assassinat, cette tendre mère, comme si elle se fût senti frapper des mêmes coups que son fils, tomba évanouie sur un sofa. Les deux femmes la secoururent promptement, et lui firent reprendre ses esprits. Le chirurgien continua son récit. Lorsqu'il eut achevé, cette princesse lui dit : « Allez retrouver la princesse de Deryabar, et annoncez-lui de ma part que le roi la reconnaîtra bientôt pour sa belle-fille ; et, à votre égard, soyez persuadé que vos services seront bien récompensés. »

Après que le chirurgien fut sorti, Pirouzé demeura sur le sofa dans l'accablement qu'on peut s'imaginer, et s'attendrissant au souvenir de Kodadad : « O mon fils ! disait-elle, me voilà donc pour jamais privée de ta vue ! Lorsque je te laissai partir de Samarie pour venir dans cette cour, et que je reçus tes adieux, hélas ! je ne croyais pas qu'une mort funeste t'attendît loin de moi ! O malheureux Kodadad ! pourquoi m'as-tu quittée? Tu n'aurais pas, à la vérité, acquis tant de gloire, mais tu vivrais encore, et tu ne coûterais pas tant de pleurs à ta mère. » En disant ces paroles elle pleurait amèrement, et ses deux confidentes, touchées de sa douleur, mêlaient leurs larmes avec les siennes.

Pendant qu'elles s'affligeaient comme à l'envi toutes trois, le roi entra dans le cabinet, et, les voyant en cet état, il demanda à Pirouzé si elle avait reçu de tristes nouvelles de Kodadad : « Ah ! Seigneur, lui dit-elle, c'en est fait, mon fils a perdu la vie, et, pour comble d'affliction, je ne puis lui rendre les honneurs de la sépulture ; car, selon toutes les apparences, des bêtes sauvages l'ont dévoré. » En même temps elle raconta tout ce que le chirurgien lui avait appris ; elle ne manqua pas de s'étendre sur la manière cruelle dont Kodadad avait été assassiné par ses frères.

Le roi ne donna pas le temps à Pirouzé d'achever son récit, il se sentit enflammé de colère, et cédant à son transport : « Madame, dit-il à la princesse, les perfides qui font couler vos larmes, et qui causent à leur père une douleur mortelle, vont éprouver un juste châtiment. » En parlant ainsi, ce prince, la fureur peinte en ses yeux, se rend dans la salle d'audience, où étaient ses courtisans et ceux d'entre le peuple qui avaient quelque prière à lui faire. Ils sont tous étonnés de le voir paraître d'un air furieux ; ils jugent qu'il est en colère contre son peuple ; leurs cœurs sont glacés d'effroi. Il monte sur le trône, et faisant approcher son grand vizir : « Hassan, lui dit-il, j'ai un ordre à te donner : va tout à l'heure prendre mille soldats de ma garde, et arrête tous les princes, mes fils ; enferme-les dans la tour destinée à servir de prison aux assassins, et que cela soit fait dans un moment. » A cet ordre extraordinaire, tous ceux qui étaient présents frémirent ; le grand vizir, sans répondre un seul mot, mit la main sur sa tête pour marquer qu'il était prêt à obéir, et sortit de la salle pour aller s'acquitter d'un emploi dont il était fort surpris. Cependant le roi renvoya les personnes qui venaient lui demander audience, et déclara que d'un mois il ne voulait entendre parler d'aucune affaire. Il était encore dans la salle quand le vizir revint : « Eh bien ! vizir, lui dit ce prince, tous mes fils sont-ils dans la tour ? — Oui, sire, répondit le ministre, vous êtes obéi. — Ce n'est pas tout, reprit le roi, j'ai encore un autre ordre à te donner. » En disant cela, il sortit de la salle d'audience, et retourna dans l'appartement de Pirouzé, avec le vizir, qui le suivait. Il demanda à cette princesse où était logée la veuve de Kodadad. Les femmes de Pirouzé le dirent ; car le chirurgien ne l'avait point oublié dans son récit. Alors le roi se tournant vers son ministre : « Va, lui dit-il, dans ce caravansérail, et amène ici une jeune princesse qui y loge; mais traite-la avec tout le respect dû à une personne de son rang. »

Le vizir ne fut pas long-temps à faire ce qu'on lui ordonnait : il monta à cheval avec tous les émirs et les autres courtisans, et se rendit au caravansérail où était la princesse de Deryabar, à laquelle il exposa son ordre, et lui présenta, de la part du roi, une belle mule blanche, qui avait une selle et une bride d'or, parsemée de rubis et d'émeraudes. Elle monta dessus, et, au milieu de tous ces seigneurs, elle prit le chemin du palais. Le chirurgien l'accompagnait aussi, monté sur un beau cheval tartare que le vizir lui avait fait donner. Tout le monde était aux fenêtres ou dans les rues, pour voir passer une si magnifique cavalcade; et comme on répandait le bruit que cette princesse, que l'on conduisait si pompeusement à la cour, était femme de Kodadad, ce ne fut qu'acclamations ; l'air retentit de mille cris de joie, qui se seraient sans doute tournés en gémissements, si l'on avait su la triste aventure de ce jeune prince, tant il était aimé de tout le monde.

La longueur de cette nuit n'avait point fatigué l'attention du sultan, et il aurait désiré que le jour n'eût point empêché Scheherazade de terminer ce conte. Il le témoigna à cette princesse, qui lui promit cette satisfaction pour le lendemain.

CCLXXXVI^e NUIT.

La princesse de Deryabar trouva le roi qui l'attendait à la porte du palais pour la recevoir. Il la prit par la main, et la conduisit à l'appartement de Pirouzé, où il se passa une scène fort touchante. La femme de Kodadad sentit renouveler son affliction à la vue du père et de la mère de son mari, comme le père et la mère ne purent voir l'épouse de leur fils sans en être fort agités. Elle se jeta aux pieds du roi, et, après les avoir baignés de larmes, elle fut saisie d'une si vive douleur, qu'elle n'eut pas la force de parler. Pirouzé n'était pas dans un état moins déplorable : elle paraissait pénétrée de ses déplaisirs, et le roi, frappé de ces objets touchants, s'abandonna à sa propre faiblesse. Ces trois personnes, confondant leurs soupirs et leurs pleurs, gardèrent quelque temps un silence aussi tendre que digne de pitié. Enfin la princesse de Deryabar, étant revenue de son accablement, raconta l'aventure du château et le malheur de Kodadad; ensuite elle demanda justice de la trahison des princes : « Oui, madame, lui dit le roi, ces ingrats périront;

mais il faut auparavant faire publier la mort de Kodadad, afin que le supplice de ses frères ne révolte pas mes sujets. D'ailleurs, quoique nous n'ayons pas le corps de mon fils, ne laissons pas de lui rendre les derniers devoirs. » A ces mots, il s'adressa à son vizir, et lui ordonna de faire bâtir un dôme de marbre blanc, dans une belle plaine au milieu de laquelle la ville de Harran est bâtie; et cependant il donna dans son palais un très-bel appartement à la princesse de Deryabar, qu'il reconnut pour sa belle-fille.

Hassan fit travailler avec tant de diligence, et employa tant d'ouvriers, qu'en peu de jours le dôme fut bâti. On éleva dessous un tombeau, sur lequel était une figure qui représentait Kodadad. Aussitôt que l'ouvrage fut achevé, le roi ordonna des prières, et marqua un jour pour les obsèques de son fils.

Ce jour étant venu, tous les habitants de la ville se répandirent dans la plaine pour voir la cérémonie, qui se fit de cette manière :

Le roi, suivi de son vizir et des principaux seigneurs de sa cour, marcha vers le dôme, et quand il y fut arrivé, il entra, et s'assit avec eux sur des tapis de satin à fleurs d'or; ensuite une grosse troupe de gardes à cheval, la tête basse et les yeux à demi fermés, s'approcha du dôme. Ils en firent le tour deux fois, gardant un profond silence; mais, à la troisième, ils s'arrêtèrent devant la porte, et dirent tous, l'un après l'autre, ces paroles à haute voix :

« O prince, fils du roi! si nous pouvions apporter quelque sou« lagement à ton mal, par le tranchant de nos cimeterres et par la « valeur humaine, nous te ferions voir la lumière; mais le roi des « rois a commandé, et l'ange de la mort a obéi! »

A ces mots, ils se retirèrent pour faire place à cent vieillards, qui étaient tous montés sur des mules noires, et qui portaient de longues barbes blanches.

C'étaient des solitaires, qui, pendant le cours de leur vie, se tenaient cachés dans des grottes; ils ne se montraient jamais aux yeux des hommes que pour assister aux obsèques des rois de Harran et des princes de leur maison. Ces vénérables personnages portaient sur leur tête chacun un gros livre, qu'ils tenaient d'une main; ils firent tous trois fois le tour du dôme sans rien dire; ensuite, s'étant arrêtés à la porte, l'un d'eux prononça ces paroles :

« O prince! que pouvons-nous faire pour toi? Si, par la prière « ou par la science, on pouvait te rendre la vie, nous frotterions « nos barbes blanches à tes pieds, et nous réciterions des oraisons; « mais le roi de l'univers t'a enlevé pour jamais! »

Ces vieillards, après avoir ainsi parlé, s'éloignèrent du dôme, et aussitôt cinquante jeunes filles parfaitement belles s'en approchèrent : elles montaient chacune un petit cheval blanc ; elles étaient sans voiles, et portaient des corbeilles d'or pleines de toutes sortes de pierres précieuses. Elles tournèrent aussi trois fois autour du dôme, et, s'étant arrêtée au même endroit que les autres, la plus jeune porta la parole, et dit :

« O prince ! autrefois si beau, quels secours peux-tu attendre de
« nous ? Si nous pouvions te ranimer par nos attraits, nous nous
« rendrions tes esclaves ; mais tu n'es plus sensible à la beauté, et
« tu n'as plus besoin de nous ! »

Les jeunes filles s'étant retirées, le roi et ses courtisans se levèrent et firent trois fois le tour du dôme ; puis le roi, prenant la parole, dit :

« O mon cher fils ! lumière de mes yeux, je t'ai donc perdu pour
« toujours ! »

Il accompagna ces mots de soupirs, et arrosa le tombeau de ses larmes. Les courtisans pleurèrent à son exemple ; ensuite on ferma la porte du dôme, et tout le monde retourna à la ville. Le lendemain, on fit des prières publiques dans les mosquées, et on les continua huit jours de suite.

Le neuvième, le roi résolut de faire couper la tête aux princes, ses fils. Tout le peuple, indigné du traitement qu'ils avaient fait au prince Kodadad, semblait attendre impatiemment leur supplice. On commença à dresser des échafauds ; mais on fut obligé de remettre l'exécution à un autre temps, parce que tout à coup on apprit que les princes voisins, qui avaient déjà fait la guerre au roi de Harran, s'avançaient avec des troupes plus nombreuses que la première fois, et qu'ils n'étaient pas même fort éloignés de la ville. Il y avait déjà long-temps qu'on savait qu'ils se préparaient à faire la guerre, mais on ne s'était point alarmé de leurs préparatifs. Cette nouvelle causa une consternation générale, et fournit une occasion de regretter de nouveau Kodadad, parce que ce prince s'était signalé dans la guerre précédente contre ces mêmes ennemis : « Ah ! disaient-ils, si le généreux Kodadad vivait encore, nous nous mettrions peu en peine de ces princes qui viennent nous surprendre. » Cependant le roi, au lieu de s'abandonner à la crainte, lève du monde à la hâte, forme une armée assez considérable, et, trop courageux pour attendre dans les murs que ses ennemis l'y reviennent chercher, il sort et marche au-devant d'eux. Les ennemis, de leur côté, ayant appris par leurs coureurs que le roi de Harran s'avançait pour les combattre, s'arrêtèrent dans une plaine et mirent leur armée en bataille.

Le roi ne les eut pas plutôt aperçus, qu'il range aussi et dispose ses troupes au combat ; il fait sonner la charge, et attaque avec une extrême vigueur ; on lui résiste de même ; il se répand de part et d'autre beaucoup de sang, et la victoire demeure long-temps incertaine. Mais enfin elle allait se déclarer pour les ennemis du roi de Harran, lesquels, étant en plus grand nombre, allaient l'envelopper, lorsqu'on vit paraître dans la plaine une grosse troupe de cavaliers, qui s'approchaient des combattants en bon ordre. La vue de ces nouveaux soldats étonna les deux partis, qui ne savaient ce qu'ils en devaient penser. Mais ils ne demeurèrent pas long-temps dans l'incertitude : ces cavaliers vinrent prendre en flanc les ennemis du roi de Harran, et les chargèrent avec tant de furie, qu'ils les mirent d'abord en désordre et bientôt en déroute. Ils n'en demeurèrent pas là, ils les poursuivirent vivement, et les taillèrent en pièces presque tous.

Le roi de Harran, qui avait observé avec beaucoup d'attention tout ce qui s'était passé, avait admiré l'audace de ces cavaliers, dont le secours inopiné venait de déterminer la victoire en sa faveur ; il avait surtout été charmé de leur chef, qu'il avait vu combattre avec une valeur extrême ; il souhaitait de savoir le nom de ce héros généreux. Impatient de le voir et de le remercier, il cherche à le joindre ; il s'aperçoit qu'il avance pour le prévenir. Ces deux princes s'approchent, et le roi de Harran, reconnaissant Kodadad dans ce brave guerrier qui venait de le secourir, ou plutôt de battre ses ennemis, il demeura immobile de surprise et de joie : « Seigneur, lui dit Kodadad, vous avez sujet, sans doute, d'être étonné de voir paraître tout à coup devant votre majesté un homme que vous croyiez peut-être sans vie. Je le serais, si le Ciel ne m'avait pas conservé pour vous servir encore contre vos ennemis. — Ah ! mon fils, s'écria le roi, est-il bien possible que vous me soyez rendu ? Hélas ! je désespérais de vous revoir. » En disant cela, il tendit les bras au jeune prince, qui se livra à un embrassement si doux.

« Je sais tout, mon fils, reprit le roi, après l'avoir tenu long-temps embrassé ; je sais de quel prix vos frères ont payé le service que vous leur avez rendu en les délivrant des mains du nègre ; mais vous serez vengé dès demain. Cependant allons au palais ; votre mère, à qui vous avez coûté tant de pleurs, m'attend pour se réjouir avec moi de la défaite de nos ennemis. Quelle joie nous lui causerons en lui apprenant que ma victoire est votre ouvrage ! — Seigneur, dit Kodadad, permettez-moi de vous demander comment vous avez pu être instruit de l'aventure du château ? Quelqu'un de mes frères, poussé par ses remords, vous l'aurait-il avouée ? — Non, répondit le roi, c'est la princesse de Deryabar qui nous a informés de toutes choses : car elle est venue dans mon palais, et elle n'y est venue que pour me demander justice du crime de vos frères. » Kodadad fut transporté de joie en apprenant que la princesse, sa femme, était à la cour : « Allons, seigneur, s'écria-t-il avec transport, allons trouver ma mère, qui nous attend ; je brûle d'impatience d'essuyer ses larmes, aussi bien que celles de la princesse de Deryabar. »

Le roi reprit aussitôt le chemin de la ville avec son armée, qu'il congédia ; il rentra victorieux dans son palais, aux acclamations du peuple, qui le suivait en foule, en priant le Ciel de prolonger ses années, et portant jusqu'aux nues le nom de Kodadad. Ces deux princes trouvèrent Pirouzé et sa belle-fille qui attendaient le roi pour le féliciter ; mais on ne peut exprimer tous les transports de joie dont elles furent agitées lorsqu'elles virent le jeune prince qui l'accompagnait. Ce furent des embrassements mêlés de larmes, bien différentes de celles qu'elles avaient déjà répandues pour lui. Après que ces quatre personnes eurent cédé à tous les mouvements que le sang et l'amour leur inspiraient, on demanda au fils de Pirouzé par quel miracle il était encore vivant.

Il répondit qu'un paysan, monté sur une mule, étant entré par hasard dans la tente où il était évanoui, le voyant seul et percé de coups, l'avait attaché sur la mule et conduit à sa maison, et que là il avait appliqué sur ses blessures certaines herbes mâchées, qui l'avaient rétabli en peu de jours : « Lorsque je me sentis guéri, ajouta-t-il, je remerciai le paysan, et lui donnai tous les diamants que j'avais. Je m'approchai ensuite de la ville de Harran ; mais ayant appris sur la route que quelques princes voisins avaient assemblé des troupes, et venaient fondre sur les sujets du roi, je me suis fait connaître dans les villages, et j'excitai le zèle de ses peuples à prendre sa défense ; j'armai un grand nombre de jeunes gens, et, me mettant à leur tête, je suis arrivé dans le temps que les deux armées en étaient aux mains. »

Quand il eut achevé de parler, le roi dit : « Rendons grâces à Dieu de ce qu'il a conservé Kodadad ; mais il faut que les traîtres qui l'ont voulu tuer périssent aujourd'hui. — Seigneur, reprit le généreux fils de Pirouzé, tout ingrats et tout méchants qu'ils sont, songez qu'ils sont formés de votre sang : ce sont mes frères, je leur pardonne leur crime, et je vous demande grâce pour eux. »

Ces nobles sentiments arrachèrent des larmes au roi, qui fit assembler le peuple, et déclara Kodadad son héritier. Il ordonna ensuite qu'on fît venir les princes prisonniers, qui étaient tous chargés de fers. Le fils de Pirouzé leur ôta leurs chaînes, et les embrassa tous, les uns après les autres, d'aussi bon cœur qu'il avait fait dans la cour du château du nègre. Le peuple fut charmé du bon naturel de Kodadad; et lui donna mille applaudissements. Ensuite on combla de biens le chirurgien, pour reconnaître les services qu'il avait rendus à la princesse de Deryabar.

La sultane Scheherazade avait raconté l'histoire de Ganem, celles de Zeyn et de Kodadad, avec tant d'agréments, que le sultan des Indes, son époux, ne put s'empêcher de lui témoigner qu'il les avait entendues avec un grand plaisir.

Sire, lui dit la sultane, je ne doute pas que votre majesté n'ait eu bien de la satisfaction d'avoir vu le kalife Haroun Alraschild changer de sentiment en faveur de Ganem, de sa mère, et de sa sœur, Force des Cœurs, et je crois qu'elle doit avoir été touchée sensiblement des disgraces des uns et des mauvais traitements faits aux autres ; je crois aussi qu'elle a dû être indignée de voir la perfidie des frères de Kodadad, le danger que ce prince courut, et qu'elle a éprouvé un grand plaisir en voyant Kodadad, rentré dans ses droits, pardonner généreusement à ses frères ; mais je suis persuadée que si votre majesté voulait bien entendre l'histoire du DORMEUR ÉVEILLÉ, au lieu de tous ces mouvements d'indignation et de compassion que celle de Ganem et celle de Kodadad doivent avoir excités dans son cœur, et dont il est encore ému, celle-ci, au contraire, ne lui inspirerait que de la joie et du plaisir.

Au seul titre de l'histoire dont la sultane venait de lui parler, le sultan, qui s'en promettait des aventures toutes nouvelles et toutes réjouissantes, eût bien voulu en entendre le récit dès le même jour; mais il était temps qu'il se levât : c'est pourquoi il remit au lendemain à entendre Scheherazade, qui, le jour suivant, après que Dinarzade l'eut éveillée, commença à la lui raconter de cette manière :

CCLXXXVII^e NUIT.

HISTOIRE
DU DORMEUR ÉVEILLÉ.

Sous le règne du kalife Haroun Alraschild, il y avait à Bagdad un marchand fort riche, dont la femme était déjà vieille. Ils avaient un fils unique nommé Abou Hassan, âgé d'environ trente ans, qui avait été élevé dans une grande retenue de toutes choses.

Le marchand mourut, et Abou Hassan, qui se vit seul héritier, se mit en possession des grandes richesses que son père avait amassées pendant sa vie, avec beaucoup d'épargne et avec un grand attachement à son négoce. Le fils, qui avait des vues et des inclinations différentes de celles de son père, en usa aussi tout autrement. Comme son père ne lui avait donné d'argent pendant sa jeunesse que ce qui suffisait précisément pour son entretien, et qu'il avait toujours porté envie aux jeunes gens de son âge qui n'en manquaient pas, et qui ne se refusaient aucun des plaisirs auxquels la jeunesse ne s'abandonne que trop aisément, il résolut de se signaler à son tour, en faisant des dépenses proportionnées aux grands biens dont la fortune venait de le favoriser. Pour cet effet, il partagea son bien en deux parts : l'une fut employée en acquisition de terres à la campagne et de maisons dans la ville, dont il se fit un revenu suffisant pour vivre à son aise, avec promesse de ne point toucher aux sommes qui en reviendraient, mais de les amasser à mesure qu'il les recevrait ; l'autre moitié, qui consistait en une somme considérable en argent comptant, fut destinée à réparer tout le temps qu'il croyait avoir perdu sous la dure contrainte où son père l'avait retenu jusqu'à sa mort ; mais il se fit une loi indispensable, qu'il se promit à lui-même de garder inviolablement, de ne rien dépenser au delà de cette somme, dans le dérèglement de vie qu'il s'était proposé.

Dans ce dessein, Abou Hassan se fit en peu de jours une société de gens à peu près de son âge et de sa condition, et il ne songea plus qu'à leur faire passer le temps très-agréablement. Pour cet effet, il ne se contenta pas de les bien régaler les jours et les nuits, et de leur faire des festins splendides, où les mets les plus délicieux et les vins les plus exquis étaient servis en abondance, il y joignit encore la musique, en y appelant les meilleures voix de l'un et de l'autre sexe. La jeune bande, de son côté, le verre à la main, mêlait quelquefois ses chansons à celles des musiciens, et tous ensemble ils semblaient s'accorder avec tous les instruments de musique dont ils étaient accompagnés. Ces fêtes étaient ordinairement terminées par des bals, où les meilleurs danseurs et baladins de l'un et de l'autre sexe, de la ville de Bagdad, étaient appelés. Tous ces divertissements, renouvelés chaque jour par des plaisirs nouveaux, jetèrent Abou Hassan dans des dépenses si prodigieuses, qu'il ne put continuer une si grande profusion au delà d'une année : la grosse somme qu'il avait consacrée à cette prodigalité et l'année finirent ensemble. Dès qu'il eut cessé de tenir table, les amis disparurent; il ne les rencontrait pas même en quelque endroit qu'il allât : en effet; ils le fuyaient dès qu'ils l'apercevaient, et si par hasard il en joignait quelqu'un et qu'il voulut l'arrêter, il s'excusait sur différents prétextes.

Abou Hassan fut plus sensible à la conduite étrange de ses amis, qui l'abandonnaient avec tant d'indignité et d'ingratitude, après tous les témoignages et les protestations d'amitié qu'ils lui avaient faits, qu'à tout l'argent qu'il avait dépensé avec eux si mal à propos. Triste, rêveur, la tête baissée, et avec un visage sur lequel un morne chagrin était dépeint, il entra dans l'appartement de sa mère, et il s'assit sur le bout du sofa, assez éloigné d'elle.

« Qu'avez-vous donc, mon fils ? lui demanda sa mère en le voyant en cet état. Pourquoi êtes-vous si changé, si abattu et si différent de vous-même ? Quand vous auriez perdu tout ce que vous avez au monde, vous ne seriez pas fait autrement. Je sais la dépense effroyable que vous avez faite, et, depuis que vous vous y êtes abandonné, je veux croire qu'il ne vous reste pas grand argent. Vous étiez maître de votre bien, et si je ne me suis point opposée à votre conduite déréglée, c'est que je savais la sage précaution que vous aviez prise de conserver la moitié de votre bien. Après cela, je ne vois pas ce qui peut vous avoir plongé dans cette profonde mélancolie. »

Abou Hassan fondit en larmes à ces paroles; et au milieu de ses pleurs et de ses soupirs : « Ma mère, s'écria-t-il, je connais enfin, par une expérience bien douloureuse, combien la pauvreté est insupportable; oui, je sens vivement que, comme le coucher du soleil nous prive de la splendeur de cet astre, de même la pauvreté nous ôte toute sorte de joie : c'est elle qui fait oublier entièrement toutes les louanges qu'on nous donnait et tout le bien que l'on disait de nous avant d'y être tombés ; elle nous réduit à ne marcher qu'en prenant des mesures pour ne pas être remarqués, et à passer les nuits en versant des larmes de sang ; en un mot, celui qui est pauvre n'est plus regardé, même par ses parents et par ses amis, que comme un étranger. Vous savez, ma mère, poursuivit-il, de quelle manière j'en ai usé avec mes amis depuis un an : je leur ai fait faire toute la bonne chère que j'ai pu imaginer, jusqu'à m'épuiser, et aujourd'hui, que je n'ai plus de quoi la continuer, je m'aperçois qu'ils m'ont tous abandonné. Quand je dis que je n'ai plus de quoi continuer à les régaler de même, j'entends parler de l'argent que j'avais mis à part, pour l'employer à l'usage que j'en ai fait : car, pour ce qui est de mon revenu, je rends grâces à Dieu de m'avoir inspiré l'idée de le réserver, sous la condition et sous le serment que j'ai fait de n'y pas toucher pour le dissiper si follement. Je l'observerai, ce serment, et je sais le bon usage que je ferai de ce qui me reste si heureusement ; mais auparavant je veux éprouver jusqu'à quel point mes amis, s'ils méritent d'être appelés de ce nom, pousseront leur ingratitude. Je veux les voir tous l'un après l'autre, et quand je leur aurai représenté les efforts que j'ai faits pour l'amour d'eux, je les solliciterai de me faire entre eux une somme qui serve en quelque façon à me relever de l'état malheureux où je me suis réduit pour leur procurer des moments agréables. Mais je ne veux faire ces démarches, comme je vous ai déjà dit, que pour voir si je trouverai en eux quelque sentiment de reconnaissance. »

« Mon fils, reprit la mère d'Abou Hassan, je ne prétends pas vous dissuader d'exécuter votre dessein ; mais je puis vous dire par avance que votre espérance est mal fondée. Croyez-moi : quoique vous puissiez faire, il est inutile que vous en veniez à cette épreuve ; vous ne trouverez de secours qu'en ce que vous vous êtes réservé par-devers vous. Je vois bien que vous ne connaissez pas encore ces amis qu'on appelle vulgairement de ce nom parmi les gens de votre sorte ; mais vous allez les connaître. Dieu veuille que ce soit de la manière que je le souhaite, c'est-à-dire pour votre bien ! — Ma mère, repartit Abou Hassan, je suis bien persuadé de la vérité de ce que vous me dites ; mais je serai plus certain d'un fait qui me regarde de si près, quand je me serai éclairci par moi-même de leur lâcheté et de leur insensibilité. »

Abou Hassan partit à l'heure même, et il prit si bien son temps, qu'il trouva tous ses amis chez eux. Il leur représenta le grand besoin où il était, et il les pria de lui ouvrir leur bourse pour le secourir efficacement. Il promit même de s'engager envers chacun d'eux en particulier, de leur rendre les sommes qu'ils lui auraient prêtées, dès que ses affaires seraient rétablies, sans néanmoins leur faire connaître que c'était en grande partie à leur considération qu'il s'était si fort gêné, afin de les piquer davantage de générosité. Il n'oublia pas de les leurrer aussi de l'espérance de recommencer un jour avec eux la bonne chère qu'il leur avait déjà faite.

Aucun de ses amis de bouteille ne fut touché des vives couleurs dont l'affligé Abou Hassan se servit pour tâcher de les persuader. Il eut même la mortification de voir que plusieurs lui dirent nettement qu'ils ne le connaissaient pas, et qu'ils ne se souvenaient pas même de l'avoir vu. Il revint chez lui le cœur pénétré de douleur et d'indignation : « Ah! ma mère, s'écria-t-il en rentrant dans son appartement, vous me l'aviez bien dit : au lieu d'amis, je n'ai trouvé que des perfides, des ingrats et des méchants, indignes de mon amitié! C'en est fait, je renonce à la leur, et je vous promets de ne les revoir jamais. »

Abou Hassan demeura ferme dans cette résolution. Dès ce moment il prit les précautions les plus convenables pour éviter les occasions d'y manquer; et afin de ne plus tomber dans le même inconvénient, il promit avec serment de ne donner à manger de sa vie à aucun homme de Bagdad. Ensuite il tira le coffre-fort, où était l'argent de son revenu, du lieu où il l'avait mis en réserve, et il le mit à la place de celui qu'il venait de vider. Il résolut de n'en tirer pour sa dépense de chaque jour qu'une somme réglée et suffisante pour régaler honnêtement une seule personne avec lui à souper. Il fit encore serment que cette personne ne serait pas de Bagdad, mais un étranger qui y serait arrivé le même jour, et qu'il le renverrait le lendemain matin, après lui avoir donné le couvert une nuit seulement.

Selon ce projet, Abou Hassan avait soin lui-même chaque matin de faire la provision nécessaire pour ce régal, et vers la fin du jour il allait s'asseoir au bout du pont de Bagdad, et dès qu'il voyait un étranger, de quelque état ou condition qu'il fût, il l'abordait civilement, et l'invitait de même à lui faire l'honneur de venir souper et loger chez lui pour la première nuit de son arrivée, et après l'avoir informé de la loi qu'il s'était faite, et la condition qu'il avait mise à son honnêteté, il l'emmenait en son logis.

Le repas dont Abou Hassan régalait son hôte n'était pas somptueux; mais il y avait suffisamment de quoi se contenter. Le bon vin surtout n'y manquait pas[1]. On faisait durer le repas jusque

---

[1] Quoique l'Alcoran interdise le vin, bien des musulmans, de toutes conditions, ne se font pas scrupule d'enfreindre cette loi formelle du Prophète.

bien avant dans la nuit ; et au lieu d'entretenir son hôte d'affaires d'état, de famille ou de négoce, comme il arrive fort souvent, il affectait au contraire de ne parler que de choses indifférentes, agréables et réjouissantes. Il était naturellement plaisant, de belle humeur et fort divertissant, et sur quelque sujet que ce fût, il savait donner un tour à son discours capable d'inspirer la joie aux plus mélancoliques.

En renvoyant son hôte le lendemain matin : « En quelque lieu que vous puissiez aller, lui disait Abou Hassan, Dieu vous préserve de tout sujet de chagrin. Quand je vous invitai hier à venir prendre un repas chez moi, je vous informai de la loi que je me suis imposée ; ainsi ne trouvez pas mauvais si je vous dis que nous ne boirons plus ensemble, et même que nous ne nous verrons plus ni chez moi ni ailleurs : j'ai mes raisons pour en user ainsi. Dieu vous conduise ! »

Abou Hassan était exact dans l'observation de cette règle ; il ne regardait plus les étrangers qu'il avait une fois reçus chez lui, et il ne leur parlait plus. Quand il les rencontrait dans les rues, dans les places ou dans les assemblées publiques, il faisait semblant de ne les pas voir ; il se détournait même, pour éviter qu'ils ne vinssent l'aborder ; enfin il n'avait plus aucun commerce avec eux. Il y avait du temps qu'il se gouvernait de la sorte, lorsqu'un peu avant le coucher du soleil, comme il était assis à son ordinaire au bout du pont, le kalife Haroun Alraschild parut, mais déguisé de manière qu'on ne pouvait pas le reconnaître.

Quoique ce monarque eût des ministres et des officiers chefs de justice d'une grande exactitude à bien s'acquitter de leur devoir, il voulait néanmoins prendre connaissance de toutes choses par lui-même. Dans ce dessein, comme nous l'avons déjà vu, il allait souvent déguisé en différentes manières par la ville de Bagdad. Il ne négligeait pas même les dehors, et, à cet égard, il s'était fait une coutume d'aller, chaque premier jour du mois, sur les grands chemins par où l'on abordait à Bagdad, tantôt d'un côté, tantôt d'un autre. Ce jour-là, premier du mois, il parut déguisé en marchand de Moussoul, qui venait de débarquer de l'autre côté du pont, et suivi d'un esclave grand et puissant.

Scheherazade, voyant paraître le jour, cessa de parler : elle reprit, le lendemain, la parole en ces termes :

CCLXXXVIII° NUIT.

Sire, comme le kalife avait dans son déguisement un air grave et respectable, Abou Hassan, qui le croyait marchand de Moussoul, se leva de l'endroit où il était assis; et après l'avoir salué d'un air gracieux et lui avoir baisé la main: « Seigneur, lui dit-il, je vous félicite de votre heureuse arrivée; je vous supplie de me faire l'honneur de venir souper avec moi, et de passer cette nuit en ma maison, pour tâcher de vous remettre de la fatigue de votre voyage. » Et afin de l'obliger davantage à ne lui pas refuser la grâce qu'il lui demandait, il lui expliqua en peu de mots la coutume qu'il s'était faite de recevoir chez lui chaque jour, autant qu'il lui serait possible, et pour une nuit seulement, le premier étranger qui se présenterait à lui.

Le kalife trouva quelque chose de si singulier dans la bizarrerie du goût d'Abou Hassan, que l'envie lui prit de le connaître à fond. Sans sortir du caractère du marchand, il lui marqua qu'il ne pouvait mieux répondre à une si grande honnêteté, à laquelle il ne s'était pas attendu à son arrivée à Bagdad, qu'en acceptant l'offre obligeante qu'il venait de lui faire; qu'il n'avait qu'à lui montrer le chemin, et qu'il était tout prêt à le suivre.

Abou Hassan, qui ne savait pas que l'hôte que le hasard venait de lui présenter était infiniment au-dessus de lui, en agit avec le kalife comme avec son égal. Il le mena à sa maison et le fit entrer dans une chambre meublée fort proprement, où il lui fit prendre, sur le sofa, la place la plus honorable. Le souper était prêt et le couvert était mis. La mère d'Abou Hassan, qui entendait fort bien la cuisine, servit trois plats : l'un au milieu, garni d'un bon chapon, flanqué de quatre gros poulets; et les deux autres à côté, qui servaient d'entrée: l'un d'une oie grasse, et l'autre de pigeonneaux en ragoût. Il n'y avait rien de plus, mais ces viandes étaient bien choisies et d'un goût délicieux.

Abou Hassan se mit à table vis-à-vis de son hôte, et le kalife et lui commencèrent à manger de bon appétit en prenant chacun ce qui était de son goût, sans parler et même sans boire, selon la coutume du pays. Quand ils eurent achevé de manger, l'esclave du kalife leur donna à laver, et cependant la mère d'Abou Hassan desservit, et apporta le dessert, qui consistait en diverses sortes de fruits de la saison, comme raisins, pêches, pommes, poires, et plusieurs sortes de pâte d'amandes sèches. Sur la fin du jour on alluma les bougies, après quoi Abou Hassan fit mettre les bouteilles et les tasses près de lui, et prit soin que sa mère fît souper l'esclave du kalife.

Quand le feint marchand de Moussoul, c'est-à-dire le kalife, et Abou Hassan se furent remis à table, celui-ci, avant de toucher au fruit prit une tasse, se versa à boire le premier, et en la tenant à la main : « Seigneur, dit-il au kalife, qui était, selon lui, un marchand de Moussoul, vous savez comme moi que le coq ne boit jamais qu'il n'appelle les poules pour venir boire avec lui : je vous invite donc à suivre mon exemple. Je ne sais ce que vous en pensez ; pour moi, il me semble qu'un homme qui hait le vin et qui veut faire le sage ne l'est pas. Laissons là ces sortes de gens avec leur humeur sombre et chagrine, et cherchons la joie ; elle est dans la tasse, et la tasse la communique à ceux qui la vident. »

Pendant qu'Abou Hassan buvait : « Cela me plaît, dit le kalife en se saisissant de la tasse qui lui était destinée, et voilà ce qu'on appelle un brave homme. Je vous aime avec cette humeur, et avec cette gaieté ; j'attends que vous m'en versiez autant.

Abou Hassan n'eut pas plutôt bu, qu'en remplissant la tasse que le kalife lui présentait : « Goûtez, seigneur, dit-il, vous le trouverez bon.

— J'en suis bien persuadé, reprit le kalife d'un air riant, il n'est pas possible qu'un homme comme vous ne sache faire le choix des meilleures choses. »

Pendant que le kalife buvait : « Il ne faut que vous regarder, repartit Abou Hassan, pour s'apercevoir, du premier coup d'œil, que vous êtes de ces gens qui ont vu le monde et qui savent vivre.

« Si ma maison, ajouta-t-il en vers arabes, était capable de sen-
« timent, et qu'elle fût sensible au sujet de joie qu'elle a de vous
« posséder, elle le marquerait hautement, et, en se prosternant
« devant vous, elle s'écrierait : Ah ! quel plaisir, quel bonheur de
« me voir honorée de la présence d'une personne si honnête et
« si complaisante, qu'elle ne dédaigne pas de prendre le couvert
« chez moi !

« Enfin, seigneur, je suis au comble de la joie d'avoir fait aujourd'hui la rencontre d'un homme de votre mérite. »

Ces saillies d'Abou Hassan divertissaient fort le kalife, qui avait naturellement l'esprit très-enjoué, et qui se faisait un plaisir de l'exciter à boire, en demandant souvent lui-même du vin, afin de le mieux connaître dans son entretien, par la gaieté que le vin lui inspirerait. Pour entrer en conversation, il lui demanda comment il

s'appelait, à quoi il s'occupait, et de quelle manière il passait sa vie :
« Seigneur, répondit-il, mon nom est Abou Hassan, j'ai perdu mon père, qui était marchand, non pas à la vérité des plus riches, mais au moins de ceux qui vivaient le plus commodément à Bagdad. En mourant, il me laissa une succession plus que suffisante pour vivre sans ambition, selon mon état. Comme sa conduite à mon égard avait été fort sévère, et que jusqu'à sa mort j'avais passé la meilleure partie de ma jeunesse dans une grande contrainte, je voulus tâcher de réparer le bon temps que je croyais avoir perdu. En cela néanmoins, poursuivit Abou Hassan, je me gouvernai d'une autre manière que ne font ordinairement tous les jeunes gens. Ils se livrent à la débauche sans considération, et ils s'y abandonnent jusqu'à ce que, réduits à la dernière pauvreté, ils fassent malgré eux une pénitence forcée pendant le reste de leurs jours. Afin de ne pas tomber dans ce malheur, je partageai tout mon bien en deux parts, l'une en fonds, et l'autre en argent comptant ; je destinai l'argent comptant pour les dépenses que je méditais, et je pris une ferme résolution de ne point toucher à mes revenus. Je fis une société de gens de ma connaissance et à peu près de mon âge ; et sur l'argent comptant que je dépensais à pleines mains, je les régalais splendidement chaque jour de manière que rien ne manquait à nos divertissements. Mais la durée n'en fut pas longue. Je ne trouvai plus rien au fond de ma cassette à la fin de l'année, et en même temps tous mes amis de table disparurent. Je les vis l'un après l'autre. Je leur représentai l'état malheureux où je me trouvais ; mais aucun ne m'offrit de quoi me soulager. Je renonçai donc à leur amitié, et en me réduisant à ne plus dépenser que mon revenu, je me retranchai à n'avoir plus de société qu'avec le premier étranger que je rencontrerais chaque jour à son arrivée à Bagdad, avec cette condition, de ne le régaler que ce seul jour-là. Je vous ai informé du reste, et je remercie ma bonne fortune de m'avoir présenté aujourd'hui un étranger de votre mérite. »

Le kalife, fort satisfait de cet éclaircissement, dit à Abou Hassan : « Je ne puis assez vous louer du bon parti que vous avez pris, d'avoir agi avec tant de prudence en vous jetant dans la débauche, et de vous être conduit d'une manière qui n'est pas ordinaire à la jeunesse ; je vous estime encore d'avoir été fidèle à vous-même au point que vous l'avez été. Le pas était bien glissant, et je ne puis assez admirer comment, après avoir vu la fin de votre argent comptant, vous avez eu assez de modération pour ne pas dissiper votre revenu, et même votre fonds. Pour vous dire ce que j'en pense, je tiens que vous êtes le seul débauché à qui pareille chose soit arrivée, et à qui elle arriva peut-être jamais. Enfin, je vous avoue que j'envie votre bonheur. Vous êtes le plus heureux mortel qu'il y ait sur la terre, d'avoir chaque jour la compagnie d'un honnête homme, avec qui vous pouvez vous entretenir agréablement, et à qui vous donnez lieu de publier partout la bonne réception que vous lui faites. Mais, ni vous ni moi, nous ne nous apercevons pas que c'est parler trop long-temps sans boire : buvez, et versez-m'en ensuite. » Le kalife et Abou Hassan continuèrent de boire long-temps, en s'entretenant de choses très-agréables.

La nuit était déjà fort avancée, et le kalife, en feignant d'être très-fatigué du chemin qu'il avait fait, dit à Abou Hassan qu'il avait besoin de repos : « Je ne veux pas aussi de mon côté, ajouta-t-il, que vous perdiez rien du vôtre pour l'amour de moi. Avant que nous nous séparions (car peut-être serai-je sorti demain de chez vous avant que vous soyez éveillé), je suis bien aise de vous marquer combien je suis sensible à votre bonne chère et à l'hospitalité que vous avez exercée envers moi si obligeamment. La seule chose qui me fait de la peine, c'est que je ne sais par quel endroit vous en témoigner ma reconnaissance. Je vous supplie de me le faire connaître, et vous verrez que je ne suis pas un ingrat. Il ne se peut pas faire qu'un homme comme vous n'ait quelque affaire, quelque besoin, et ne souhaite enfin quelque chose qui lui ferait plaisir. Ouvrez votre cœur et parlez-moi franchement. Tout marchand que je suis, je ne laisse pas d'être en état d'obliger par moi-même, ou par l'entremise de mes amis. »

Dinarzade avait éveillé bien tard la sultane, sa sœur, et le jour qui parut bientôt, obligea Schahriar de se lever pour aller faire sa prière. Le lendemain, Scheherazade, s'adressant au sultan des Indes, reprit son récit en ces termes:

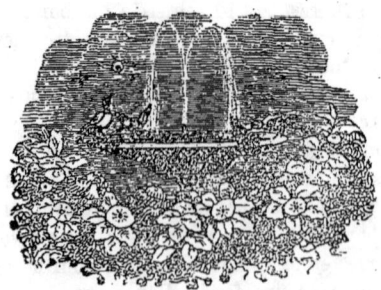

CCLXXXIX° NUIT.

Sire, à ces offres du kalife, qu'Abou Hassan ne prenait toujours que pour un marchand : « Mon bon seigneur, reprit Abou Hassan, je suis très-persuadé que ce n'est point par compliment que vous me faites des avances si généreuses. Mais, foi d'honnête homme, je puis vous assurer que je n'ai ni chagrin, ni affaires, ni désir, et que je ne demande rien à personne. Je n'ai pas la moindre ambition, comme je vous l'ai déjà dit, et je suis très-content de mon sort. Ainsi, je n'ai qu'à vous remercier, non-seulement de vos offres si obligeantes, mais même de la complaisance que vous avez eue de me faire l'honneur de venir prendre un méchant repas chez moi. Je vous dirai, néanmoins, poursuivit Abou Hassan, qu'une seule chose me fait de la peine, sans pourtant qu'elle aille jusqu'à troubler mon repos. Vous saurez que la ville de Bagdad est divisée par quartiers, et que dans chaque quartier il y a une mosquée avec un imam pour faire la prière aux heures ordinaires, à la tête du quartier qui s'y assemble. L'iman est un grand vieillard, d'un visage austère et parfait hypocrite, s'il y en eut jamais au monde. Pour conseil il s'est associé quatre autres barbons, mes voisins, gens à peu près de sa sorte, qui s'assemblent chez lui régulièrement chaque jour; et dans leurs conciliabules il n'y a médisance, calomnie et malice qu'ils ne mettent en usage contre moi et contre tout le quartier, pour en troubler la tranquillité, et y faire régner la dissension; ils se rendent redoutables aux uns, ils menacent les autres. Ils veulent enfin se rendre les maîtres, et que chacun se gouverne selon leur caprice, eux qui ne savent pas se gouverner eux-mêmes. Pour dire la vérité, je souffre de voir qu'ils se mêlent de tout autre chose que de leur Alcoran, et qu'ils ne laissent pas vivre le monde en paix. »

« Hé bien! reprit le kalife, vous voudriez apparemment trouver un moyen pour arrêter le cours de ce désordre? — Vous l'avez dit, repartit Abou Hassan; et la seule chose que je demanderais à Dieu pour cela, ce serait d'être kalife à la place du Commandeur des croyants, Haroun Alraschild, notre souverain seigneur, et maître seulement pour un jour. — Que feriez-vous, si cela arrivait? demanda le kalife. — Je ferais une chose d'un grand exemple, répondit Abou Hassan, et qui donnerait de la satisfaction à tous les honnêtes gens : je ferais donner cent coups de bâton sur la plante des pieds à chacun des quatre vieillards, et quatre cents à l'iman, pour leur apprendre qu'il ne leur appartient pas de troubler et chagriner anisi leurs voisins[1]. »

Le kalife trouva la pensée d'Abou Hassan fort plaisante; et comme il était né pour les aventures extraordinaires, elle lui fit naître l'envie de s'en faire un divertissement tout singulier: « Votre souhait me plaît d'autant plus, dit le kalife, que je vois qu'il part d'un cœur droit, et d'un homme qui ne peut souffrir que la malice des méchants demeure impunie. J'aurais un grand plaisir d'en voir l'effet; et peut-être n'est-il pas aussi impossible que cela arrive, que vous pourriez vous l'imaginer. Je suis persuadé que le kalife se dépouillerait volontiers de sa puissance pour vingt-quatre heures entre vos mains, s'il était informé de votre bonne intention et du bon usage que vous en feriez. Quoique marchand étranger, je ne laisse pas, néanmoins, d'avoir du crédit pour y contribuer en quelque chose. »

« Je vois bien, repartit Abou Hassan, que vous vous moquez de ma folle imagination, et le kalife s'en moquerait aussi, s'il avait connaissance d'une telle extravagance. Ce que cela pourrait peut-être produire, c'est qu'il se ferait informer de la conduite de l'iman et de ses conseillers, et qu'il les ferait châtier. »

« Je ne me moque pas de vous, répliqua le kalife : Dieu me garde d'avoir une pensée si déraisonnable sur une personne comme vous qui m'avez si bien régalé, [tout inconnu que je vous suis; et je vous assure que le kalife ne s'en moquerait pas. Mais laissons là ce discours: il n'est pas loin de minuit, et il est temps de nous coucher. »

« Brisons donc là notre entretien, dit Abou Hassan ; je ne veux pas apporter obstacle à votre repos. Mais comme il reste encore du vin dans la bouteille, il faut, s'il vous plaît, que nous la vidions ; après cela nous nous coucherons. La seule chose que je vous recommande, c'est qu'en sortant demain matin, au cas que je ne sois pas éveillé, vous ne laissiez pas la porte ouverte mais que vous preniez la peine de la fermer. » Ce que le kalife lui promit d'exécuter fidèlement.

Pendant qu'Abou Hassan parlait, le kalife s'était saisi de la bouteille et des deux tasses. Il se versa du vin le premier en faisant connaître à Abou Hassan que c'était pour le remercier. Quand il eut bu, il jeta adroitement dans la tasse d'Abou Hassan une pincée d'une poudre qu'il avait sur lui, et versa par-dessus le reste de la

---

[1] Pour infliger ce supplice, qui est très-usité dans l'Orient, on étend le patient sur le dos, on fait passer ses pieds dans un nœud qui les fixe à une longue perche; on les élève de manière à ce qu'ils en présentent la plante, et quatre hommes vigoureux frappent avec force.

bouteille. En la présentant à Abou Hassan : « Vous avez, dit-il, pris la peine de me verser à boire toute la soirée ; c'est bien la moindre chose que je doive faire que de vous en épargner la peine pour la dernière fois ; je vous prie de prendre cette tasse de ma main et de boire ce coup pour l'amour de moi. »

Abou Hassan prit la tasse ; et pour marquer davantage à son hôte avec combien de plaisir il recevait l'honneur qu'il lui faisait, il but, et il la vida presque tout d'un trait. Mais à peine eut-il mis la tasse sur la table que la poudre fit son effet. Il fut saisi d'un assoupissement si profond, que la tête lui tomba presque sur ses genoux d'une manière si subite, que le kalife ne put s'empêcher d'en rire. L'esclave par qui il s'était fait suivre était revenu dès qu'il avait eu soupé, et il y avait quelque temps qu'il était là tout prêt à recevoir ses commandements : « Charge cet homme sur tes épaules, lui dit le kalife ; mais prends garde de bien remarquer l'endroit où est cette maison, afin que tu le rapportes, quand je te le commanderai. »

Le sultan se leva à l'apparition du jour pour aller présider son conseil bien impatient de savoir ce que ferait Abou Hassan dans le palais du kalife : car il se doutait bien que c'était là où il serait transporté pendant son sommeil ; il s'en promettait un grand divertissement.

CCXC^e NUIT.

Sire, le kalife, suivi de l'esclave qui était chargé d'Abou Hassan, sortit de la maison, mais sans fermer la porte, comme Abou Hassan l'en avait prié ; et il le fit exprès. Dès qu'il fut arrivé à son palais, il rentra par une porte secrète, et il se fit suivre par l'esclave jusqu'à son appartement, où tous les officiers de sa chambre l'attendaient : « Déshabillez cet homme, leur dit-il, et couchez-le dans mon lit je vous dirai ensuite mes intentions. »

Les officiers déshabillèrent Abou Hassan, le revêtirent de l'habillement de nuit du kalife, et le couchèrent, selon son ordre. Personne n'était encore couché dans le palais. Le kalife fit venir tous ses autres officiers et toutes les dames ; et quand ils furent tous en sa présence : « Je veux, leur dit-il, que tous ceux qui ont coutume de se trouver à mon lever ne manquent pas de se rendre demain matin auprès de cet homme que voilà couché dans mon lit, et que chacun fasse auprès de lui, lorsqu'il s'éveillera, les mêmes fonctions qui s'observent ordinairement auprès de moi. Je veux aussi qu'on ait pour lui les mêmes égards que pour ma propre personne, et qu'il soit obéi en tout ce qu'il commandera. On ne lui refusera rien de tout ce qu'il pourra demander, et on ne le contre dira en quoi que ce soit de ce qu'il pourra dire ou souhaiter. Dans toutes les occasions où il s'agira de lui parler ou de lui répondre, on ne manquera pas de le traiter de Commandeur des croyants. En un mot, je demande qu'on ne songe non plus à ma personne, tout le temps qu'on sera près de lui, que s'il était véritablement ce que je suis, c'est-à-dire le kalife et le Commandeur des croyants. Sur toutes choses, qu'on prenne bien garde de se méprendre en la moindre circonstance. »

Les officiers et les dames, qui comprirent d'abord que le kalife voulait se divertir, ne répondirent que par une profonde inclination; et dès lors chacun de son côté se prépara à contribuer de tout son pouvoir, en tout ce qui serait de sa fonction, à se bien acquitter de son personnage.

En rentrant dans son palais, le kalife avait envoyé appeler le grand vizir Giafar par le premier officier qu'il avait rencontré; et ce premier ministre venait d'arriver. Le kalife lui dit: « Giafar, je t'ai fait venir pour t'avertir de ne pas t'étonner, quand tu verras demain, en entrant à mon audience, l'homme que voilà couché dans mon lit, assis sur mon trône avec mon habit de cérémonie. Aborde-le avec les mêmes égards et le même respect que tu as coutume de me rendre, en le traitant aussi de Commandeur des croyants. Écoute, et exécute ponctuellement tout ce qu'il te commandera, comme si je te le commandais. Il ne manquera pas de faire des libéralités, et de te charger de la distribution: fais tout ce qu'il te commandera là-dessus, quand même il s'agirait d'épuiser tous les coffres de mes finances. Souviens-toi d'avertir aussi mes émirs, mes huissiers et tous les autres officiers du dehors de mon palais, de lui rendre demain, à l'audience publique, les mêmes honneurs qu'à ma personne, et de dissimuler si bien, qu'il ne s'aperçoive pas de la moindre chose qui puisse troubler le divertissement que je veux me donner. Va, retire-toi, je n'ai rien à t'ordonner davantage, et donne-moi la satisfaction que je te demande. »

Après que le grand vizir se fut retiré, le kalife passa dans un autre appartement, et en se couchant, il donna à Mesrour, chef des eunuques, les ordres qu'il devait exécuter de son côté, afin que tout réussit de la manière qu'il l'entendait, pour remplir le souhait d'Abou Hassan, et voir comment il userait de la puissance et de l'autorité de kalife, dans le peu de temps qu'il l'avait désiré. Sur toutes choses il lui enjoignit de ne pas manquer de venir l'éveiller à l'heure accoutumée, et avant qu'on éveillât Abou Hassan, parce qu'il voulait y être présent.

Mesrour ne manqua pas d'éveiller le kalife dans le temps qu'il lui avait commandé. Dès que le kalife fut entré dans la chambre où Abou Hassan dormait, il se plaça dans un petit cabinet élevé, d'où il pouvait voir par une jalousie tout ce qui s'y passait sans être vu. Tous les officiers et toutes les dames qui devaient se trouver au lever d'Abou Hassan entrèrent en même temps, et se postèrent chacun à sa place accoutumée, selon son rang, et dans un grand silence, comme si c'eût été le kalife qui eût dû se lever, et prêts à s'acquitter de la fonction à laquelle ils étaient destinés.

Comme la pointe du jour avait déjà commencé de paraître, et qu'il était temps de se lever pour faire la prière d'avant le lever du soleil, l'officier qui était le plus près du chevet du lit approcha du nez d'Abou Hassan une petite éponge trempée dans du vinaigre.

Abou Hassan éternua aussitôt en tournant la tête sans ouvrir les yeux; et avec un petit effort, il jeta comme de la pituite, qu'on fut prompt à recevoir dans un petit bassin d'or pour empêcher qu'elle ne tombât sur le tapis de pied et qu'elle ne le gâtât; c'est l'effet ordinaire de la poudre que le kalife lui avait fait prendre, quand, à proportion de la dose, elle cesse, en plus ou moins de temps, de causer l'assoupissement pour lequel on la donne.

En remettant la tête sur le chevet, Abou Hassan ouvrit les yeux; et autant que le peu de jour qu'il faisait le lui permettait, il se vit au milieu d'une grande chambre magnifique et superbement meublée, avec un plafond à plusieurs enfoncements de diverses figures, peints à l'arabesque, ornée de grands vases d'or massif, de portières et d'un tapis de pied or et soie, et environné de jeunes dames, dont plusieurs avaient différentes sortes d'instruments de musique, prêtes à en toucher; toutes d'une beauté charmante; d'eunuques noirs, tous richement habillés et debout, dans une grande modestie. En jetant les yeux sur la couverture du lit, il vit qu'elle était de brocard d'or à fond rouge, rehaussée de perles et de diamants, et près du lit un habit de même étoffe et de même parure, et à côté de lui, sur un coussin, un bonnet de kalife....

A ces mots, Schéhérazade cessa de parler; et le lendemain, s'adressant au sultan des Indes:

CCXCIᵉ NUIT.

Sire, à ces objets si éclatants, Abou Hassan fut dans un étonnement et dans une confusion inexprimables. Il les regardait tous comme dans un songe : songe si véritable à son égard, qu'il désirait que ce n'en fût pas un. « Bon ! disait-il en lui-même, me voilà kalife ; mais, ajoutait-il un peu après en se reprenant, il ne faut pas que je me trompe ; c'est un songe, effet du souhait dont je m'entretenais tantôt avec mon hôte. » Et il refermait les yeux comme pour dormir.

En même temps un eunuque s'approcha : « Commandeur des croyants, lui dit-il respectueusement, que votre majesté ne se rendorme pas, il est temps qu'elle se lève pour faire sa prière ; l'aurore commence à paraître. »

A ces mots, qui furent d'une grande surprise pour Abou Hassan : « Suis-je éveillé, ou si je dors ? disait-il encore en lui-même. Mais je dors, continuait-il en tenant toujours les yeux fermés ; je ne dois pas en douter. »

Un moment après : « Commandeur des croyants, reprit l'eunuque, qui vit qu'il ne répondait rien et ne donnait aucune marque de vouloir se lever, votre majesté aura pour agréable que je lui répète qu'il est temps qu'elle se lève, à moins qu'elle ne veuille laisser passer le moment de faire sa prière du matin ; le soleil va se lever, et elle n'a pas coutume d'y manquer. »

» Je me trompais, dit aussitôt Abou Hassan, je ne dors pas, je suis éveillé ; ceux qui dorment n'entendent pas, et j'entends qu'on me parle. » Il ouvrit encore les yeux, et comme il était grand jour, il vit distinctement tout ce qu'il n'avait aperçu que confusément. Il se leva sur son séant avec un air riant, comme un homme plein de joie de se voir dans un état si fort au-dessus de sa condition ; et le kalife, qui l'observait sans être vu, pénétra dans sa pensée avec un grand plaisir.

Alors les jeunes dames du palais se prosternèrent la face contre terre devant Abou Hassan, et celles qui tenaient des instruments de musique lui donnèrent le bonjour par un concert de flûtes douces, de hautbois, de téorbes et d'autres instruments harmonieux, dont il fut enchanté et ravi en une telle extase, qu'il ne savait où il était, et qu'il ne se possédait pas lui-même. Il revint néanmoins à sa première idée, et il doutait encore si tout ce qu'il voyait et entendait était un songe ou une réalité. Il se mit les mains devant les yeux, et en baissant la tête: « Que veut dire tout ceci? disait-il en lui-même. Où suis-je? Que m'est-il arrivé? Qu'est-ce que ce palais? Que signifient ces eunuques, ces officiers si bien faits et si bien mis, ces dames si belles, et ces musiciennes qui m'enchantent? Est-il possible que je ne puisse distinguer si je rêve ou si je suis dans mon bon sens? » Il ôte enfin les mains de devant ses yeux, les ouvre et en levant la tête, il vit que le soleil jetait déjà ses premiers rayons au travers des fenêtres de la chambre où il était.

Dans ce moment, Mesrour, chef des eunuques, entra, se prosterna profondément devant Abou Hassan, et lui dit en se relevant: « Commandeur des croyants, votre majesté me permettra de lui représenter qu'elle n'a pas coutume de se lever si tard, et qu'elle a laissé passer le temps de faire sa prière. A moins qu'elle n'ait passé une mauvaise nuit, et qu'elle ne soit indisposée, elle n'a plus que celui d'aller monter sur son trône, pour tenir son conseil et se faire voir à l'ordinaire. Les généraux de ses armées, les gouverneurs de ses provinces, et les autres grands officiers de sa cour, attendent le moment que la porte de la salle du conseil leur soit ouverte. »

Au discours de Mesrour, Abou Hassan fut comme persuadé qu'il ne dormait pas, et que l'état où il se trouvait n'était pas un songe. Il ne se trouva pas moins embarrassé que confus dans l'incertitude du parti qu'il prendrait; enfin il regarda Mesrour entre les deux yeux et d'un ton sérieux: « A qui donc parlez-vous, lui demanda-t-il, et qui est celui que vous appelez Commandeur des croyants, vous que je ne connais pas? Il faut que vous me preniez pour un autre. »

Tout autre que Mesrour se fût peut-être déconcerté à la demande d'Abou Hassan; mais, instruit par le kalife, il joua merveilleusement bien son personnage : « Mon respectable seigneur et maître, s'écria-t-il, votre majesté me parle ainsi aujourd'hui apparemment pour m'éprouver: votre majesté n'est-elle pas le Commandeur des croyants, le monarque du monde, de l'orient à l'occident, et le vicaire sur la terre du prophète, envoyé de Dieu, maître de ce monde terrestre et du céleste? Mesrour, votre chétif esclave, ne l'a pas oublié depuis tant d'années qu'il a l'honneur et le bonheur de rendre ses respects et ses services à votre majesté. Il s'estimerait le plus malheureux des hommes, s'il avait encouru votre disgrâce : il vous supplie donc très-humblement d'avoir la bonté de le rassurer; il aime mieux croire qu'un songe fâcheux a troublé son repos cette nuit. »

Abou Hassan fit un si grand éclat de rire à ces paroles de Mesrour, qu'il se laissa aller à la renverse sur le chevet du lit, avec une grande joie du kalife, qui en eût ri de même, s'il n'eût craint de mettre fin, dès son commencement, à la plaisante scène qu'il avait résolu de se donner.

Abou Hassan, après avoir ri long-temps en cette posture, se remit sur son séant ; et en s'adressant à un petit eunuque noir comme Mesrour : « Ecoute, lui dit-il, dis-moi qui je suis ? — Seigneur, répondit le petit eunuque d'un air modeste, votre majesté est le Commandeur des croyants, et le vicaire en terre du maître des deux mondes. — Tu es un petit menteur, face de couleur de poix, » reprit Abou Hassan.

Abou Hassan appela ensuite une des dames qui était plus près de lui que les autres ; « Approchez-vous, la belle, dit-il en lui présentant la main, tenez, mordez-moi le bout du doigt, que je sente si je dors ou si je veille. »

La dame, qui savait que le kalife voyait tout ce qui se passait dans la chambre, fut ravie d'avoir occasion de faire voir de quoi elle était capable, quand il s'agissait de le divertir. Elle s'approcha donc d'Abou Hassan avec tout le sérieux possible ; et en serrant légèrement entre ses dents le bout du doigt qu'il lui avait avancé, elle lui fit sentir un peu de douleur.

En retirant la main promptement : « Je ne dors pas, dit aussitôt Abou Hassan, je ne dors pas, certainement. Par quel miracle suis-je donc devenu kalife en une nuit ? Voilà la chose du monde la plus merveilleuse et la plus surprenante ! » En s'adressant ensuite à la même dame : « Ne me cachez pas la vérité, dit-il, je vous en conjure par la protection de Dieu, en qui vous avez confiance aussi bien que moi. Est-il bien vrai que je sois le Commandeur des croyants ? — Il est si vrai, répondit la dame, que votre majesté est le Commandeur des croyants, que nous avons sujet tous tant que nous sommes de vos esclaves, de nous étonner qu'elle veuille faire accroire qu'elle ne l'est pas. — Vous êtes une menteuse, reprit Abou Hassan : je sais bien ce que je suis. »

Comme le chef des eunuques s'aperçut qu'Abou Hassan voulait se lever, il lui présenta la main, et l'aida à se mettre hors du lit. Dès qu'il fut sur ses pieds, toute la chambre retentit du salut que tous les officiers et toutes les dames lui firent en même temps par une acclamation en ces termes : « Commandeur des croyants, que Dieu donne le bonjour à votre majesté ! »

« Ah Ciel ! quelle merveille ! s'écria alors Abou Hassan. J'étais hier au soir Abou Hassan, et ce matin je suis le Commandeur des croyants ! Je ne comprends rien à un changement si prompt et si surprenant ! » Les officiers destinés à ce ministère l'habillèrent promptement ; et quand ils eurent achevé, comme les autres officiers, les eunuques et les dames s'étaient rangés en deux files jusqu'à la porte où il devait entrer dans la chambre du conseil, Mesrour marcha devant, et Abou Hassan le suivit. La portière fut tirée, et la porte ouverte par un huissier. Mesrour entra dans la chambre du conseil, et marcha encore devant lui jusqu'au pied du trône, où il s'arrêta pour l'aider à monter, en le prenant d'un côté par-dessous l'épaule pendant qu'un autre officier, qui suivait, l'aidait de même à monter de l'autre.

Le jour, qui parut, interrompit le récit de la sultane, au grand regret de Schahriar, qui prenait un plaisir toujours plus vif à entendre l'histoire du Dormeur éveillé.

FIN DU SECOND VOLUME.

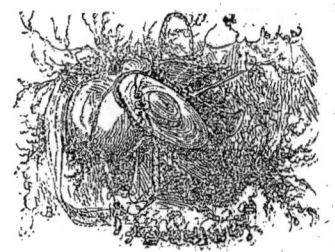

TABLE.

	Pages.
Histoire des amours de Camaralzaman, prince de l'île des Enfants de Khaledan, et de Badoure, princesse de la Chine.	62
Suite de l'histoire de Camaralzaman.	78
Histoire de Marzavan, avec la suite de celle de Camaralzaman.	89
Séparation du prince Camaralzaman d'avec la princesse Badoure.	103
Histoire de la princesse Badoure, après la séparation du prince Camaralzaman.	107
Suite de l'histoire du prince Camaralzaman, depuis sa séparation d'avec la princesse Badoure.	114
Histoire des princes Amgiad et Assad.	128
Histoire de Noureddin et de la Belle Persane.	163
Histoire de Beder, prince de Perse, et de Giauhare, princesse du royaume de Samandal.	213
Histoire de Ganem, fils d'Abou Aibou, l'Esclave d'amour.	279
Histoire du prince Zeyn Alasnam et du roi des Génies.	321
Histoire de Kodadad et de ses frères.	338
Histoire de la princesse de Deryabar.	346
Histoire du Dormeur éveillé.	363

FIN DE LA TABLE DU SECOND VOLUME.

EN VENTE A LA MEME LIBRAIRIE.

HISTOIRE DE FRANCE

Par Anquetil, revue, corrigée et suivie de l'Histoire de la Révolution de 89, du Directoire, du Consulat, de l'Empire, du retour des Bourbons, des Cent-Jours, de la Restauration, de la Révolution de 1830 et du règne de Louis-Philippe, jusqu'à nos jours, par une société de publicistes et d'historiens. Nouvelle édition, 8 volumes grand in-8, papier jésus satiné, ornés de magnifiques gravures sur acier, dessinées et gravées par les meilleurs artistes.

LES NUITS DE PARIS

Ou *Histoire des drames nocturnes, mystères et récits des nuits parisiennes*, par Paul Féval. 4 magnifiques volumes grand in-8 sur papier jésus satiné, illustrés de splendides gravures sur acier, représentant les scènes les plus dramatiques de l'ouvrage.

GÉOGRAPHIE UNIVERSELLE

Ou *Description de toutes les parties du Monde*, par MALTE-BRUN, précédée d'une histoire complète de la Géographie, dans tous les temps et chez tous les peuples, et d'un résumé de la Géographie mathématique et physique. Nouvelle Édition revue, corrigée et augmentée de toutes les découvertes les plus récentes, illustrée de 40 magnifiques vignettes sur acier, représentant des vues et des sites remarquables, dessinées et gravées par les meilleurs artistes.

LE LIVRE D'OR DE LA FAMILLE BONAPARTE

ÉTUDES HISTORIQUES

BIOGRAPHIES ET PORTRAITS NAPOLÉONIENS

4 volumes grand in-8, papier satiné, illustrés de nombreuses gravures sur acier et sur bois.

POISSY. — TYPOGRAPHIE ARBIEU.